汽车电子技术与电路设计

主　编　汤　沛　陆兆纳

副主编　倪骁骅　盛　敬　王学军

　　　　刘国满　沈利霞

参　编　刘基冈

中南大学出版社
www.csupress.com.cn

图书在版编目(CIP)数据

汽车电子技术与电路设计 / 汤沛,陆兆纳主编.
—长沙：中南大学出版社，2016.11(2021.1 重印)
ISBN 978-7-5487-2538-1

Ⅰ.汽… Ⅱ.①汤…②陆… Ⅲ.①汽车－电子技术－电路设计
Ⅳ.U463.6

中国版本图书馆 CIP 数据核字(2016)第 268156 号

汽车电子技术与电路设计

汤 沛 陆兆纳 主编

□责任编辑 韩 雪
□责任印制 周 颖
□出版发行 中南大学出版社
　　　　　社址：长沙市麓山南路　　　　　邮编：410083
　　　　　发行科电话：0731-88876770　　传真：0731-88710482
□印　装 长沙理工大印刷厂

□开　本 787 mm×1092 mm 1/16　□印张 16.5　□字数 416 千字
□版　次 2016 年 11 月第 1 版　□印次 2021 年 1 月第 2 次印刷
□书　号 ISBN 978-7-5487-2538-1
□定　价 42.00 元

应用型本科院校汽车服务工程专业"十三五"规划教材
学术委员会

应用型本科院校汽车服务工程专业"十三五"规划教材

编委会

前　言

现代汽车工业迅速发展，新技术的研究与应用主要集中在汽车电子技术领域。汽车电子控制技术的广泛应用，提高了汽车的安全性、动力性、舒适性，满足减少有害气体排放的需求。汽车电子技术的迅速发展给汽车相关专业的学生也提出了更高的理论和技术要求。基于此，汽车专业的学生通过对汽车电子技术这一涉及多学科领域知识的系统学习，获得汽车电子技术方面的综合知识对于培养应用型技术人才具有重要意义。

为了适应这一需求，编者在总结近年教学实践经验的基础上结合汽车电子技术发展的发展趋势，编写了本书。本书适用于高等院校交通运输、车辆工程、汽车服务工程等专业学生的教学需求，也可供汽车工程技术人员参考借鉴。

全书共 12 章，主要包括绪论、汽油机电控喷油技术、柴油机电控喷油技术、自动变速器电子控制技术、汽车行驶安全性控制系统、电子控制动力转向系统、电子控制悬架系统、巡航控制系统、中央门锁与防盗系统、车载网络技术、汽车电子控制新技术、汽车电路设计等内容。本书第 1、2、3 章由盐城工学院汤沛和南昌工程学院盛敬编写；第 4、5、6、7 章由南通理工学院陆兆纳和宁夏理工学院王学军编写；第 8、9 章由南昌工程学院刘国满编写；第 10、11、12 章由盐城工学院倪骁骅、刘基冈，汉江大学沈利霞编写。

在本书的编写过程中参考了大量的著作、发表的专业论文以及其他相关资料，在此对有关作者、编者以及同行致以衷心的感谢。本书的出版得到了盐城工学院教务处教材出版基金的资助，在此一并表示感谢。

限于作者的水平，书中错误疏漏之处在所难免，欢迎各位专家和读者提出宝贵意见和建议，以便丰富、完善和补充本书。

编　者

2016 年 11 月

目 录

第 1 章 绪 论

1.1 汽车电子技术的发展历程

汽车电子是建立在电子学的发展基础之上，从真空管、晶体管、集成电路、大规模集成电路到超大规模集成电路的技术进步，出现了计算机等各种各样的电子装置，汽车电子化也随之迅速发展。有的汽车电子装置占整车造价的 1/3，高级轿车有的装有几十个微控器、上百个传感器。电子化的程度可以说是衡量汽车高档与否的主要标志。

汽车电子技术主要包括硬件和软件两方面：硬件包括微机及其接口、执行部件、传感器等；软件主要是以汇编语言及其他高级语言编制的各种数据采集、计算判断、报警、程控、优化控制、监控、自诊断系统等程序。

微机是整个系统的核心，负责指挥其他设备工作。目前汽车上用的微机以通用单片机和高抗干扰及耐振的汽车专用微机为主，其速度和精度要求不如计算用微机高，但抗干扰性能较强，能适应汽车振动大等恶劣的工作环境。有的微机由单机控制（即一个微机控制一个项目，如控制点火）向集中控制发展，而汽车集中控制也由原来的多个计算机通信向网络化管理过渡。

汽车电子技术的发展及其大规模的应用是从 20 世纪 70 年代末开始的，从 20 世纪 70 年代到 80 年代，大致经历了 3 个发展阶段：

第一个发展阶段为 1971 年以前，开始生产技术起点较低的交流发电机、电压调节器、电子闪光器、电子喇叭、间歇刮水装置、汽车收音机、电子点火装置和数字钟等。

第二个发展阶段为 1974—1982 年，以集成电路和 16 位以下的微处理器在汽车上的应用为标志。主要包括电子燃油喷射、自动门锁、程控驾驶、高速警告系统、自动灯光系统、自动除霜控制、防抱死（ABS）系统、车辆导向、撞车预警传感器、电子正时、电子变速器、闭环排气控制、自动巡航控制、防盗系统、实车故障诊断等电子产品。这期间最具代表性的是电子汽油喷射技术的发展和防抱死（ABS）技术的成熟，使汽车的主要机械功能由电子技术来控制。

第三个发展阶段为 1982—1990 年，微电脑在汽车上的应用日趋可靠和成熟，并向智能化方向发展。开发的产品有胎压控制、数字式油压计、防睡器、牵引力控制、全轮转向控制、直视仪表板、声音合成与识别器、电子负荷调节器、电子道路监视器、蜂窝式电话、可热式挡风玻璃、倒车示警、高速限制器、自动后视镜系统、道路状况指示器、电子冷却控制和寄生功率

1

控制等。

从 2005 年开始，可以说进入了汽车电子技术的第四个发展阶段。微波系统、多路传输系统、ASKS－32 位微处理器、数字信号处理方式的应用，使通信与导向协调系统、自动防撞系统、动力最优化系统、自动驾驶与电子地图技术得到发展，特别是开发了智能化汽车。

1.2 汽车电子技术的发展趋势

近年来汽车电子技术的发展日新月异，主要在以下领域得到了迅速发展：

①电子控制喷油装置（EFI）。在现代汽车上，机械式或机电混合式燃油喷射系统已趋于被淘汰，电控燃油喷射装置因其性能优越而得到了日益普及。电子喷油装置可以自动地保证发动机始终在最佳状态工作，使其在输出一定功率的条件下最大限度地节油和净化空气。经过实验并修正得到发动机最佳工况时的供油控制规律，事先把这些客观规律编成程序存在微机的存储器中，当发动机工作时，根据各传感器测得的空气流量、排气管中含氧量、进气温度、发动机转速及工作温度等参数，按预先编好的运算程序进行运算，然后和内存中的最佳工况的参数进行比较和判断再调整供油量。这样就能够使发动机一直处于最优工作条件下运行，从而使发动机的综合性能得到提高。

②电子点火装置（ESA）。它由微机、传感器及其接口、执行机构等几部分构成。该装置可根据传感器送来的发动机各种参数进行运算、判断，然后进行点火时刻的调节，这样可以节约燃料，减少空气污染。此外，新型发动机电子控制装置还有自适应控制、智能控制及自诊断操作等装置。一般认为，发动机电子控制装置的节能效率在 15% 以上，而效果更明显的则是在环境保护方面。除此之外，在发动机部分利用电子技术的还有废气再循环（EGR）、怠速控制（ISC）、电动油泵、发电机输出、冷却风扇、发动机排量、节气门正时、二次空气喷射、发动机增压、油气蒸发及系统自我诊断功能等，它们在不同的车型上都不同程度地被应用。

③智能可变气门正时技术（VVT－i）。为了使发动机获得最佳的空燃比，使发动机在不同转速能得到不同的燃油供应，丰田的智能可变气门正时技术相当有代表性。VVT－i 系统由传感器、ECU 和凸轮轴液压控制阀、控制器等部分组成。ECU 储存了最佳气门正时参数值，曲轴位置传感器、进气歧管空气压力传感器、节气门位置传感器、水温传感器和凸轮轴位置传感器等反馈信息汇集到 ECU 并与预定参数值进行对比计算，计算出修正参数并发出指令到控制凸轮轴正时液压控制阀，控制阀根据 ECU 指令控制机油槽阀的位置，也就是改变液压流量，把提前、滞后、保持不变等信号指令选择输送至 VVT－i 控制器的不同油道上。

④电控自动变速器（ECT）。ECT 可以根据发动机的载荷、转速、车速、制动器工作状态及驾驶员所控制的各种参数，经过计算机的计算、判断后自动地改变变速杆的位置，从而实现变速器换挡的最佳控制，即可得到最佳挡位和最佳换挡时间。它的优点是加速性能好、灵敏度高、能准确地反映行驶负荷和道路条件等。传动系统的电子控制装置，能自动适应瞬时工况变化，保持发动机以尽可能低的转速工作。电子气动换挡装置是利用电子装置取代机械换挡杆及其与变速机构间的连接，并通过电磁阀及气动伺服阀汽缸来执行。它不仅能明显地简化汽车操纵，而且能实现最佳的行驶动力性和安全性。

⑤防抱死制动系统（ABS）。该系统是一种开发时间最长、推广应用最为迅速的重要的安

全性部件。它通过控制防止汽车制动时车轮的抱死来保证车轮与地面达到最佳滑动率（15% ~20%），从而使汽车在各种路面上制动时，车轮与地面都能达到纵向的峰值附着系数和较大的侧向附着系数，以保证车辆制动时不发生抱死拖滑、失去转向能力等不安全的工况，提高汽车的操纵稳定性和安全性，减小制动距离。驱动防滑系统（ASR）也叫做牵引力控制系统（TCS 或 TRC），是 ABS 的完善和补充，它可以防止起动和加速时的驱动轮打滑，既有助于提高汽车加速时的牵引性能，又能改善其操作稳定性。

⑥电子转向助力系统（EPS）。电子转向助力系统是用一部直流电机代替传统的液压助力缸、用蓄电池和电动机提供动力的。这种微机控制的转向助力系统和传统的液压助力系统比起来具有部件少、体积小、质量小的特点，优化了转向作用力、转向回正特性，提高了汽车的转向能力和转向响应特性，增加了汽车低速时的机动性以及调整行驶时的稳定性。

⑦适时调节的自适应悬挂系统。自适应悬挂系统能根据悬挂装置的瞬时负荷，自动地适时调节悬架弹簧的刚度和减振器的阻尼特性，以适应当时的负荷，保持悬挂的既定高度。这样就能够极大地改进车辆行驶的稳定性、操纵性和乘坐的舒适性。

⑧定速巡航自动控制系统（CCS）。在高速长途行驶时，可采用常速巡航自动控制系统，恒速行驶装置将根据行车阻力自动调整节气门开度，驾驶员不必经常踏油门以调整车速。若遇爬坡，车速有下降趋势，微机控制系统则自动加大节气门开度；在下坡时，又自动关小节气门开度，以调节发动机功率达到一定的转速。当驾驶员换低速挡或制动时，这种控制系统则会自动断开。随着世界各大汽车产家对汽车安全问题的高度重视，安全气囊系统、行驶动力学调节系统（FDR 或 VDC）、防撞系统、安全带控制、照相控制等方面已大量采用了电子新技术。

汽车电子技术向着控制分布化、集中化、智能化、网络化、模块化方向发展，主要表现在以下 8 个方面：

①重视安全、环保和节能。汽车电子的应用是解决安全、环保、节能的主要技术手段，例如：在节能方面，世界主要汽车生产国开始研究和应用电子模块控制的混合动力轿车、氢燃料电池混合动力轿车及纯电动轿车等。

②传感器性能不断提高、数量不断增加。由于汽车电子控制系统的多样化，使其所需要的传感器种类、数量不断增加，并不断研制出新型、高精度、高可靠性、低成本和智能化的传感器。在性能上，具有较强的抵抗外部电磁干扰的能力，保证传感器信号的质量不受影响，在特别严酷的使用条件下能保持较高的精度；在结构上，具有结构紧凑、安装方便的优点，从而免受机械特性的影响。

③车用微处理器不断升级换代。随着汽车电子占整车比例不断提高，MCU（微控制单元）在汽车领域的应用将超过家电和通信领域使用的数量，成为世界上最大的 MCU 应用领域。

④汽车电器系统不断升压。汽车电控技术的不断发展使汽车电子装置在整车中所占比例和相应耗电量大幅提高，大量汽车电子控制系统的应用已从 12 V 到 42 V。42 V 供电系统的应用已经成为一种发展趋势，将导致一场汽车电子产品的革命。

⑤数据总线技术应用日益普及。大量数据的快速交换、高可靠性及廉价性是对汽车电子网络系统的要求。汽车内部网络的构成主要依靠总线传输技术，其优点为：减少线束的数量和线束的容积，可提高电子系统的可靠性和可维护性；采用通用传感器达到数据共享的目的；通过系统软件实现系统功能的变化，以改善系统的灵活性等。

⑥智能汽车及智能交通系统(ITS)开始应用。以卫星通信、移动通信、计算机技术为依托进行车载电子产品的开发和应用,实现计算机、通信和消费类电子产品"3C"整合。如:车辆定位、自主导航、无线通信、语音识别、出行信息通报、电子防撞产品、车路通信以及多媒体车载终端等。

⑦车用嵌入式软件和硬件平台逐步替代传统设计开发模式。汽车电子产品的研发周期正在缩短,一般汽车发动机的更新周期为 7 年,而电子产品的更新周期通常在 1~3 年。

⑧新技术在汽车电子产品中不断得到应用。光纤在汽车信号传输中的应用、新的控制理论和方法的大量应用、蓝牙技术等都是汽车电子技术的发展趋势。

思考题

1. 汽车电子技术的发展趋势有哪些?
2. 汽车电子技术有哪些发展方向?

第 2 章　汽油机电控喷油技术

汽油机电控喷油技术简称汽油电喷技术，全称是汽油发动机电子控制燃油喷射技术，借鉴飞机汽油机喷油技术而诞生，并伴随着汽车油耗法规、排放法规和电子技术的进步而逐步发展到当今水平。因为电子控制燃油喷射式发动机（电控发动机或电喷发动机）具有降低油耗和减少有害物质排放等卓越性能，所以到 20 世纪末完全取代了化油器式发动机。

2.1　汽油机电控喷油系统组成

汽车发动机电子控制燃油喷射系统又称为发动机电控喷油系统或燃油喷射系统，英文名称为 Engine Fuel Injection，缩写为 EFI，主要由空气供给系统（供气系统）、燃油供给系统（供油系统）和燃油喷射电子控制系统 3 个子系统组成。

1. 空气供给系统

空气供给系统简称为供气系统。主要功用是向发动机提供新鲜空气，并测量进入汽缸的空气量。行驶时，空气量由节气门来控制；怠速时，节气门关闭，空气量由旁通气道控制。

根据燃油喷射式发动机怠速进气量的控制方式不同，供气系统分为旁通式和直接供气式两种。北京切诺基吉普车和 BJ2020VJ 型吉普车、桑塔纳 2000GLI 采用了旁通式供气系统；桑塔纳 2000GSI、3000 型轿车，宝来（BORA），捷达系列轿车和红旗轿车采用了直接供气式系统。

（1）旁通式供气系统

旁通式供气系统设置有旁通空气道，发动机怠速进气量由怠速控制阀控制，结构如图 2-1（a）所示，主要由空气滤清器、空气流量传感器、怠速控制阀、进气歧管、动力腔、节气门体等组成。

旁通式供气系统的工作路径根据发动机工况不同分两个通道，如图 2-2 所示。当发动机正常工作时，按照空气通道①进行；当发动机怠速运转时，按照空气通道②进行。汽车正常行驶时，由节气门控制进入发动机汽缸的空气流量，电控单元（ECU）根据安装在进气道上的空气流量传感器检测的进气量信号控制流量大小。怠速时，节气门关闭，由怠速控制阀控制流经旁通道空气道的空气量来实现怠速控制。

（2）直接供气式供气系统

直接供气式供气系统没有设置旁通空气道，发动机怠速进气量由节气门直接控制，其结构如图 2-1（b）所示，与旁通式供气系统相比，直接供气式供气系统没有怠速控制阀。

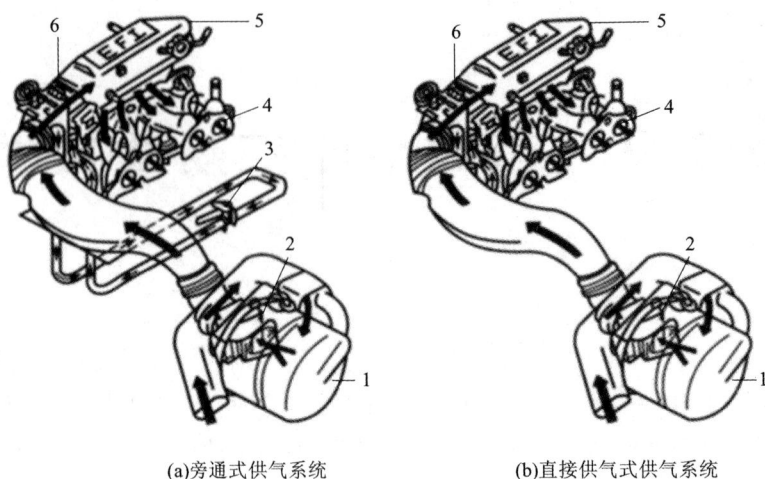

(a)旁通式供气系统　　　　　　　　(b)直接供气式供气系统

图 2 - 1　空气供给系统示意图

1—空气滤清器；2—空气流量传感器；3—怠速控制阀；4—进气歧管；5—动力腔；6—节气门体

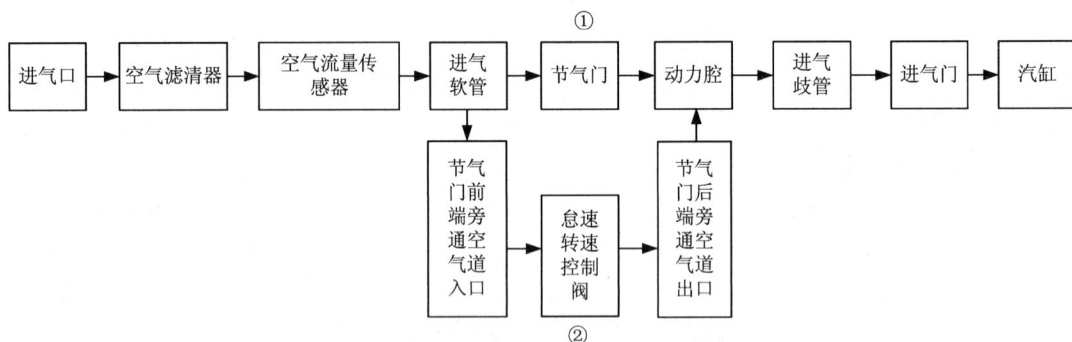

图 2 - 2　旁通式供气系统空气通道示意图

①发动机正常工作；②发动机怠速运行

　　发动机正常工作和怠速运转时的空气通道完全相同，其空气通道如图 2 - 3 所示。由节气门控制进入发动机汽缸的空气流量，电控单元(ECU)根据安装在进气道上的空气流量传感器检测的进气量信号控制流量大小。当发动机怠速运转时，捷达 AT、GTX 与桑塔纳 2000GSI、3000 型轿车发动机直接供气系统的标准进气量为 2.0 ~ 5.0 g/s。

图 2 - 3　直接供气式供气系统空气通道示意图

2. 燃油供给系统

燃油供给系统简称供油系统，其功用是向发动机供给燃烧所需的燃油。燃油喷射式发动机供油系统的结构如图 2 - 4 所示，主要由燃油箱、电动燃油泵、燃油滤清器、油压调节器、燃油分配管、喷油器和回油管等组成，其工作原理如图 2 - 5 所示。

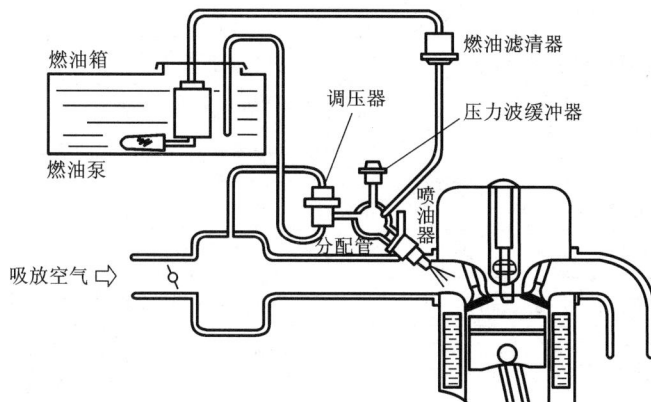

图 2 - 4　燃油供给系统

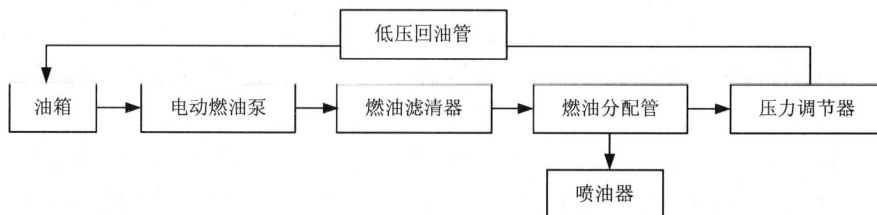

图 2 - 5　燃油供给系统工作原理图

发动机工作时，燃油由电动燃油泵从油箱中泵出，经燃油管、燃油滤清器，由压力调节器调压，然后经燃油分配管配送给各个喷油器和冷启动喷油器，喷油器根据 ECU 发出的指令，将适量的燃油适时喷入各进气支管或进气总管，与供气系统提供的空气混合形成雾化良好的可燃混合气。当进气门打开时，混合气被吸入汽缸燃烧做功。当燃油泵泵入供油系统的燃油增多、油路中的油压升高时，油压调节器将自动调节燃油压力，保证供给喷油器的油压基本不变，供油系统过剩的燃油由回油管流回油箱。

3. 燃油喷射电子控制系统

控制系统的功能是根据发动机工况和车辆运行状况确定汽油的最佳喷射量，使发动机既可获得较大的动力，又可具备良好的经济性，同时又能满足对排放的要求。该系统由传感器、电控单元(ECU)和执行器组成，其功能如表 2 - 1 所示。

表 2-1　电子控制燃油喷射系统组成部件及功能

传感器	进气管压力传感器	检测发动机的进气压力，用以计算空气流量
	空气流量传感器(空气流量计)	检测发动机吸入的空气流量
	空气温度传感器	检测进气温度，用以计算空气流量
	冷却液温度传感器	检测发动机冷却液温度
	转速与曲轴位置传感器	检测发动机转速及曲轴位置
	节气门位置传感器	检测节气门开度
	氧传感器	检测发动机空燃比
	车速传感器	测量汽车车速
	爆燃传感器	检测发动机有无爆燃产生
	开关量及其信号发生装置	检测各用电设备的开关状态，向 ECU 提供信号
电子控制单元 ECU		是系统控制的核心，根据由传感器确定的发动机运行工况，计算喷油量的大小，并对喷油器进行控制
执行器	主继电器	控制电控燃油喷射系统总电源
	断路继电器	控制燃油泵电源
	冷起动喷油器定时开关	控制冷起动喷油的喷油时间

　　电子控制系统部件总体构造如图 2-6 所示。传感器是检测发动机工作状态的元件，ECU 是电控汽油机喷射系统的核心，发动机的工作状态通过传感器感知并传递给 ECU，在 ECU 内，存储器存储喷射持续时间、点火时刻、怠速和故障诊断等数据，这些数据与发动机工况相匹配。ECU 经过逻辑运算，输出控制信号给执行器，通过执行器控制发动机工作状态。

　　发动机燃油喷射电子控制系统采用的传感器主要有空气流量传感器(或歧管压力传感器)、曲轴位置传感器、凸轮轴位置传感器、节气门位置传感器、冷却液温度传感器、进气温度传感器、氧传感器和车速传感器；开关信号主要有点火开关信号、起动开关信号、电源电压信号；执行器主要有电动燃油泵和电磁喷油器等。将这些传感器和执行器进行不同组合，即可组成若干个子控制系统，如喷油控制系统、断油控制系统和空燃比反馈控制系统等。其中空气流量传感器(或歧管压力传感器)、曲轴位置传感器、凸轮轴位置传感器和节气门位置传感器是不可少的，对发动机的控制运行起到了决定性作用，其他传感器主要用于精度控制，起到辅助作用。

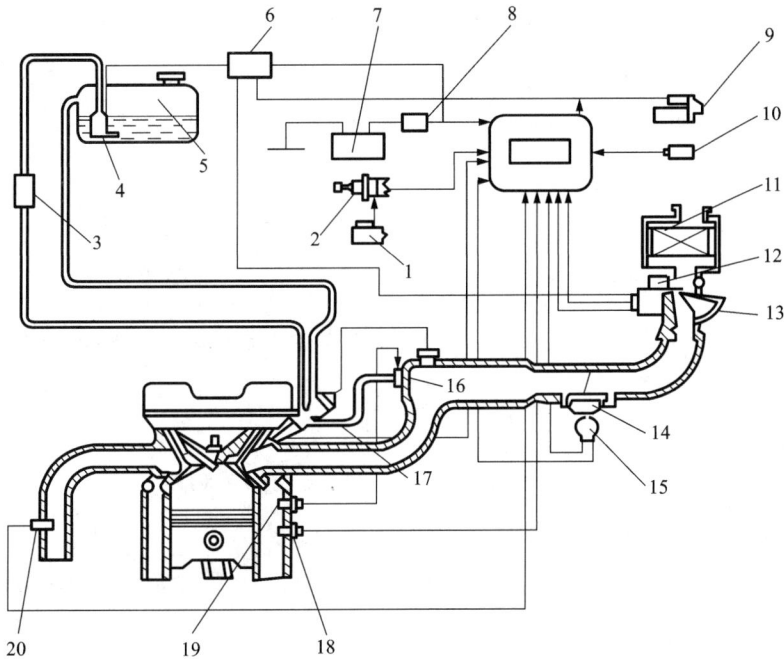

图 2 - 6　电子控制系统部件总体结构示意图

1—点火开关；2—曲轴位置传感器（分电器）；3—汽油滤清器；4—电动汽油泵；5—油箱；6—断路继电器；
7—蓄电池；8—主继电器；9—起动装置；10—大气压力传感器；11—空气滤清器；12—进气温度传感器；
13—空气流量计；14—空气阀；15—节气门位置传感器；16—冷起动喷油器；17—燃油压力调节器；18—冷却
液温度传感器；19—温度时间开关；20—氧传感器

2.2　汽油机电控喷油系统分类

汽车发动机燃油喷射技术经历了机械控制、机电结合控制和电子控制等发展过程。其分
类方法各不相同，常按控制方式、燃油喷射部位和喷油方式、空气流量的测量方式进行分类，
如图 2 - 7 所示。

按喷油器喷射燃油的部位不同，电子控制燃油喷射系统可分为缸内喷射系统和进气管喷
射（即缸外喷射）系统两种类型。进气管喷射系统又可分为单点喷射（SPI、TBI 或 CFI）和多点
喷射（MPI）两种类型。多点喷射系统按进气量的检测方式不向，又可分为压力型（D 型）和流
量型（L 型）燃油喷射系统两种类型。

（1）缸内喷射系统

缸内喷射是指喷油器将燃油直接喷射到汽缸内部的喷射，又称为缸内直接喷射，如
图 2 - 8（a）所示。缸内直喷技术是柴油机分层燃烧技术衍生而来的汽油喷射新技术。缸内直
喷系统均为多点喷射系统，这种喷射系统将喷油器安装在火花塞附近的汽缸盖上，并以较高
的燃油压力（10 MPa 左右）将燃油直接喷入汽缸燃烧。因为汽油黏度低而喷射压力较高，且

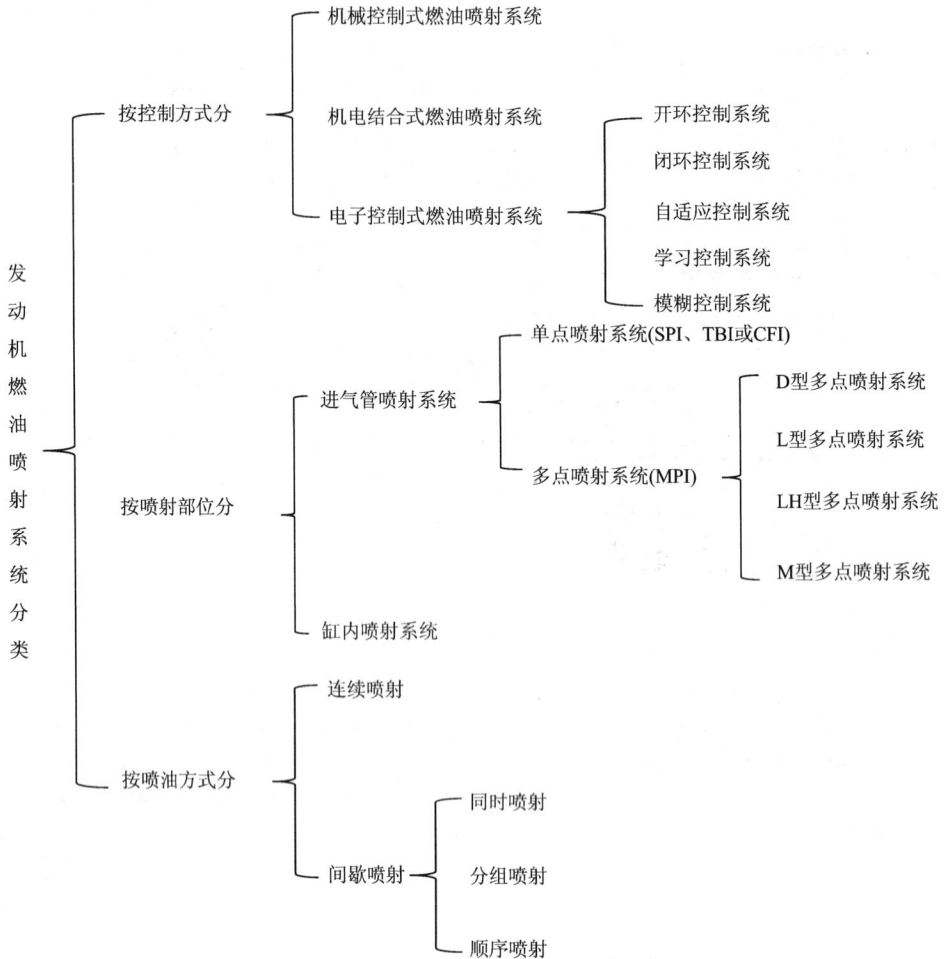

图 2-7　发动机燃油喷射系统分类

缸内工作条件恶劣(温度高、压力高),所以对喷油器的技术条件和加工精度要求较高。试验证明:缸内喷射的优越性在于喷油压力高、燃油雾化好,并能实现稀薄混合气(空燃比 40∶1)燃烧。因此,缸内喷射系统能够显著降低油耗,减少排放和提高动力性。

(2)进气管(缸外)喷射系统

进气管喷射又称为缸外喷射,该喷射方式是将燃油喷射在节气门或进气门附近进气管内,然后再与空气混合形成可燃混合气进入汽缸,如图 2-8(b)所示。与缸内喷射相比,进气管喷射系统对发动机机体的改动量较小,喷油器不受燃烧高温、高压的直接影响。设计喷油器时受到的制约较少,喷油压力不高(0.2~0.3 MPa),结构简单,喷油器工作条件大大改善。

①单点燃油喷射系统(SPFI 或 SPI)。

单点燃油喷射系统(Single Point Fuel Injection System,SPFI 或 SPI)是指在多缸发动机节气门的上方,安装一只或并列安装两只喷油器同时喷油的燃油喷射系统。这种喷射系统因喷

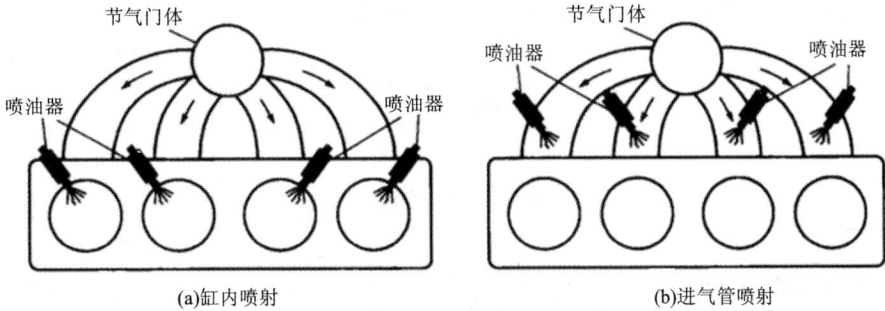

图 2 - 8　喷油器喷油位置示意图

油器位于节气门体上集中喷射,故又称节气门体喷射或集中喷射,也称中央燃油喷射(CFI)。美国通用(General)汽车公司的 TBI 系统、福特(Ford)汽车公司的 CFI 系统以及德国博世(Bosch)公司的 Mono - Motronic 系统等都采用单点燃油喷射系统,如图 2 - 9(a)所示。

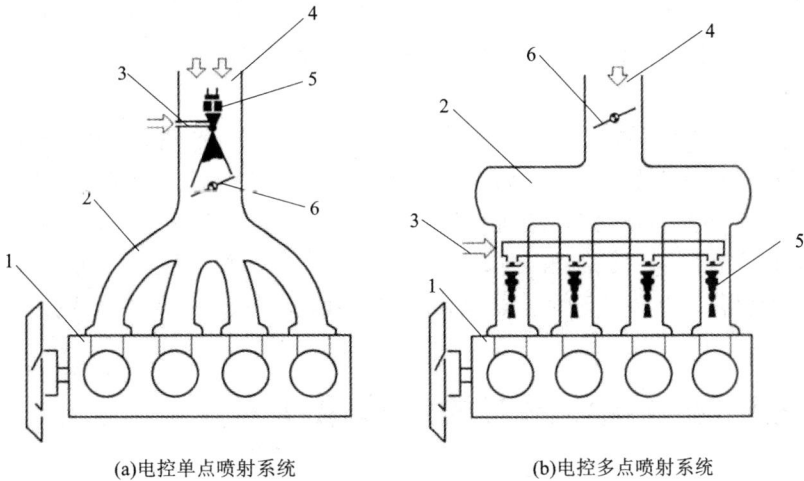

图 2 - 9　单点喷射和多点汽油喷射系统示意图

1—发动机;2—进气支管;3—燃油入口;4—空气入口;5—喷油器;6—节气门

②多点燃油喷射系统(Multi - Point Fuel Injection System,MPFI 或 MPI)。

多点燃油喷射系统是指在发动机每个汽缸都安装一只喷油器的燃油喷射系统,汽油直接喷射到各缸的进气门附近并与空气混合形成混合气,如图 2 - 9(b)所示。多点喷射使各缸混合气的均匀性得到改善,目前使用的较为普遍。

多点燃油喷射系统根据进气量的检测方式不同,又分为压力型(即 D 型)和流量型(即 L型)燃油喷射系统两种类型。博世公司在 L 型燃油喷射系统的基础上又进行了改进,研发了LH - Jetronic 和 Motronic 燃油喷射系统。

LH - Jetronic(LH 型)燃油喷射系统采用热丝式空气流量传感器替代叶片式空气流量传感器来检测进气量,如图 2 - 10 所示。热丝式空气流量传感器没有运动部件,进气量用电子电路检测，因此具有进气阻力小、检测精度高等优点；同时它还采用了大规模集成电路组成电控单元，运算速度提高，控制范围扩大，控制功能增强。

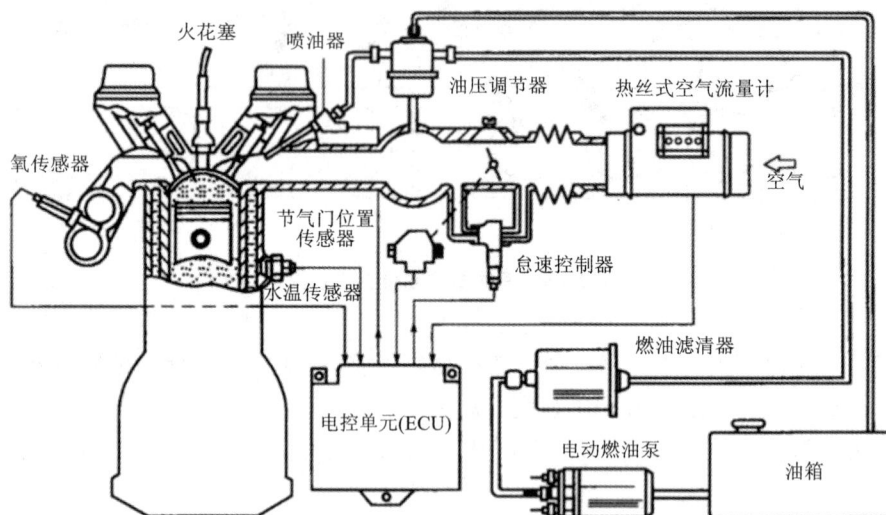

图 2 - 10　博世 LH 型电控多点燃油喷射系统

Motronic（M 型）燃油喷射系统在 L 型燃油喷射系统上进行改进，如图 2 - 11 所示。除了具有 L 型和 LH 型的全部功能之外，将点火提前角控制和喷油时间控制组合在一个电控单元中进行控制，所以在发动机起动、怠速、加减速、全负荷等工况下，不仅能够自动调节喷油量，而且还能自动控制点火提前角，实现喷油量与点火提前角的最佳匹配控制，使发动机的起动性能、加速性能、怠速稳定性、动力性、经济性以及排放性能得以大大提高。

2.3　电控喷油系统传感器的结构原理

传感器是指能感受某种物理量，并将其按一定规律转换成可用输入信号的器件或装置。车用传感器是将各种非电量（空气流量、油液温度和压力、转速与转角、位置和位移等）按一定规律转换成为电量的装置。电控喷油系统采用的传感器有空气流量传感器（或歧管压力传感器）、曲轴位置传感器、凸轮轴位置传感器、节气门位置传感器、冷却液温度传感器、进气温度传感器、氧传感器和车速传感器等；开关信号主要有点火开关信号、起动开关信号、电源电压信号等。各传感器将检测到的发动机运行参数输入控制单元，控制单元据此控制燃油量、空气流量和喷油时间等，以实现与发动机工况的最佳匹配，达到节省燃油、净化排气、改善加速性能和低温启动性能等目的。

1. 空气流量传感器

空气流量传感器（Air Flow Sensor, AFS）又称为空气流量计，其功用是检测发动机进气量的大小，将进气流量转变为相应的电信号输入电控单元（ECU），以供 ECU 计算确定喷油时间（即喷油量）和点火时间，是电子控制计算器计算基本喷油量、确定最佳点火提前角的重要参

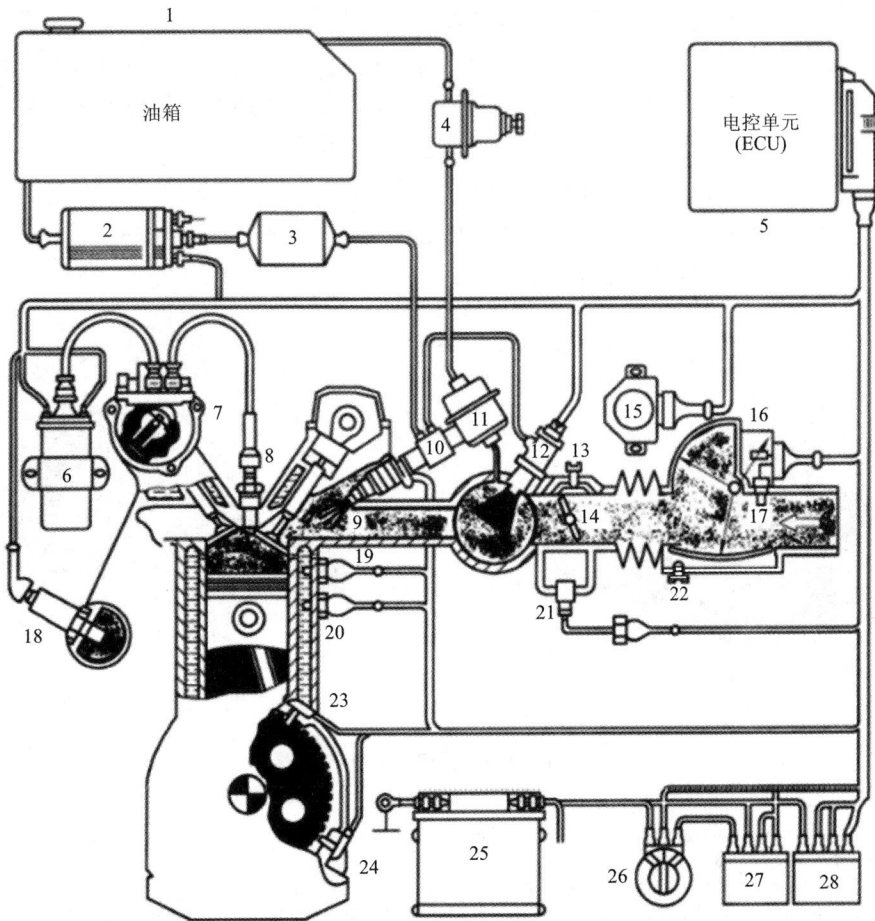

图 2-11　博世 M 型燃油喷射系统

1—油箱；2—电动燃油泵；3—汽油滤清器；4—油压缓冲器；5—ECU；6—点火线圈；7—配电器；8—火花塞；
9—喷油器；10—燃油分配管；11—油压调节器；12—冷起动喷油器；13—怠速调节螺钉；14—节气门；15—节气门
位置传感器；16—叶片式空气流量传感器；17—进气温度传感器；18—氧传感器；19—冷起动限时开关；20—冷却
液温度传感器；21—怠速控制阀；22—CO 调节螺钉；23—凸轮轴位置传感器；24—曲轴位置传感器；25—蓄电池；
26—点火开关；27—燃油喷射主继电器；28—燃油泵继电器

数之一。根据测量原理不同，空气流量传感器分为叶片式、热丝式、热膜式等几种类型。

热丝式和热膜式空气流量传感器主要在于其电热体的结构形式不同，热丝式空气流量传感器的发热元件是铂金属丝，热膜式空气流量传感器的发热元件是铂金属膜。铂金属导热性好，响应速度快，与卡门旋涡流量计相比测量时不受进气气流脉动的影响，测量精度较高，目前大多中、高档轿车采用热丝（膜）式传感器。

热丝式空气流量传感器的结构如图 2-12 所示，主要有壳体、取样管、铂金属丝（热丝）、温度补偿电阻（冷丝）、控制热丝电流并产生输出信号的控制电路板等元件组成。传感器入口与空气滤清器一端的进气管连接，出口与节流阀体一端的进气管连接。传感器内部套装有两个塑料护套和一个热丝支撑环构成的取样管，取样管中设有一根直径约 70 μm 的铂金属丝

R_H作为发热元件，并制作成"∏"形放在取样管内。由于在工作时，铂金属丝要被电路提供的电流加热到高于进气温度 $100 \sim 120\,℃$，所以称之为"热丝"。由于进气温度变化会使热丝的温度发生变化而影响进气量的测量精度，因此，在热丝附近的气流上游设有一只温度补偿电阻，其温度接近进气温度，所以称为"冷丝"。由于电阻丝在使用中容易折断而导致传感器报废，因此目前普遍采用在氧化铝陶瓷基片上印刷制作铂膜电阻。

为防止热丝黏有沉积物而影响传感器的测量精度，热丝主流式空气流量传感器都设有自洁功能：在发动机熄火后约 5 s，控制电路使热丝通过较大的电流脉冲（约 1 s），将热丝迅速加热到 1000℃左右，用以烧掉热丝上的沉积物。

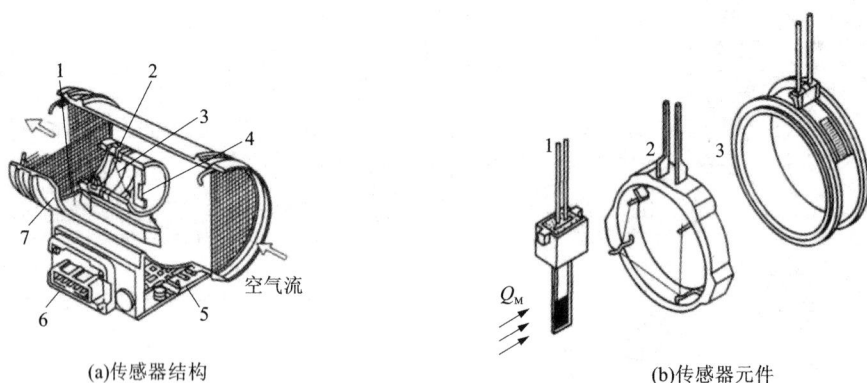

(a)传感器结构　　　　　　　　　　　　(b)传感器元件

图 2 – 12　热丝式空气流量传感器

(a)1—防护网；2—取样管；3—铂金属丝；4—温度补偿电阻；5—控制电路板；6—电连接器；7—壳体
(b)1—温度补偿电阻；2—带铂金属丝的支撑环；3—精密电阻；Q_M—流入的空气质量

热丝式和热膜式空气流量传感器除发热元件不同外，其测量原理完全相同。为了叙述方便，下面将热丝与热膜统称为发热元件。发热元件放置在进气通道中，通电后使发热元件保持在某一温度，当有空气经过电热体时，空气带走热量而使电热体温度下降，使其电阻值降低，电流增加。进气通道中的空气流量与发热元件的电流在一定范围内成正比关系，一般采用恒温差控制电路来实现流量检测，由测量电路将电热体的电流变化转换为电压变化，通过电压信号反映空气流量，如图 2 – 13 所示。

在恒温差控制电路中，发热元件电阻 R_H 布置在取样管中，取样管前、后端分别安装温度补偿电阻 R_T 和作为惠斯通电桥臂的精密电阻 R_A，电桥另外一个臂是安装在控制电路板上的精密电阻 R_1，R_H、R_1、R_A、R_T 共同组成惠斯通桥，电桥的两个对角分别接控制电路的输入和输出。

当发热元件的温度高于进气温度时，电桥电压才能达到平衡。加热电流（$50 \sim 120$ mA）由具有电流放大作用的控制电路 A 进行控制，其目的是使发热元件的温度 T_H 与温度补偿电阻的温度 T_T 之差保持恒定，即 $\Delta T = T_H - T_T = 120\,℃$。

当空气气流流经发热元件时，发热元件的热量被空气吸收而变冷，电阻值减小，电桥电压失去平衡，控制电路将增大供给发热元件的电流，使其温度高于温度补偿电阻 120℃。电流增量的大小，取决于发热元件受到冷却的程度，即取决于流过传感器的空气量。

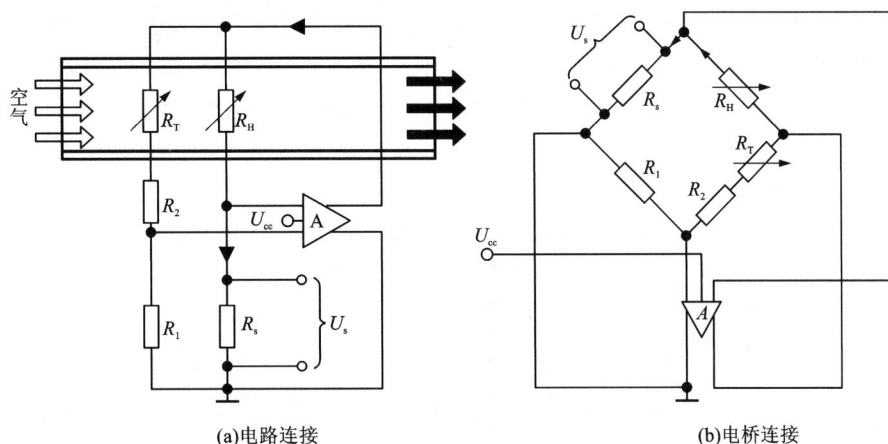

(a)电路连接　　　　　　　　　　　　　　(b)电桥连接

图 2 – 13　热丝式与热膜式空气流量传感器的原理电路

R_T—温度补偿电阻(进气温度传感器)；R_H—发热元件(热丝或热膜)电阻；R_s—信号取样电阻；
R_1、R_2—精密电阻；U_{cc}—电源电压；U_s—信号电压；A—控制电路

2. 压力传感器

压力传感器在发动机上主要有两个方面的应用：一是用于气压的检测，包括进气压力、大气压力、汽缸内的压力；二是用于油压的检测，包括燃油压力、润滑油压力、制动油压力等。压力传感器的功用就是将气体或液体的压力信号转换为电信号，并输入 ECU 进行处理，从而保证汽车正常行驶。

歧管压力传感器是利用半导体的压阻效应将压力转换为相应的电压信号，压敏电阻是一种受拉或受压时电阻值会相应变化的敏感元件，工作原理如图 2 – 14(a)所示，硅膜片的一面是真空，另一面导入进气管压力，当进气管内的压力变化时，硅膜片的变形量会随之变化，并产生与进气压力相对应的电压信号。采用集成电路加工技术与台面扩散技术(扩散硼)制作 4 只梳状阻值相等的半导体力敏电阻，将 4 只电阻连接成惠斯通电桥电路，如图 2 – 14(b)所示。在应力作用下，半导体力敏电阻的电阻率就会发生变化从而引起阻值变化，惠斯通电桥上电阻值的平衡就被打破。当电桥输入端有电压时，输出端就有相应的电压变化，根据电压大小即可求出压力的大小。

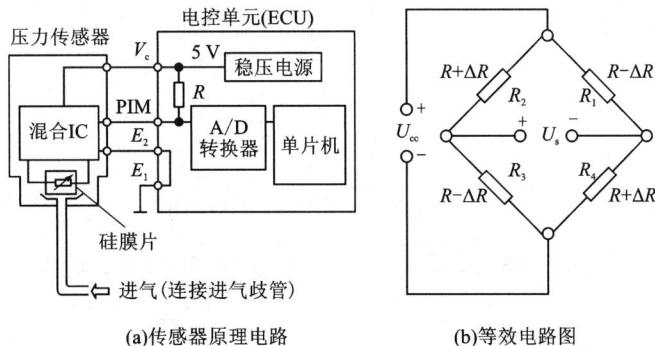

(a)传感器原理电路　　　　　　　　　　(b)等效电路图

图 2 – 14　歧管压力传感器原理电路及等效电路图

15

发动机正常运行时,进气歧管内部的压力随进气流量的变化而变化。当节气门开度减小时,空气流量减小,空气流通面积减小,气体流速增加,压力降低。硅膜片感受到的应力减小,电阻的阻值变化量减小,电压降低,传感器输入 ECU 的信号电压降低。当节气门开度由小增大时,空气流量增大,空气流通面积增大,气体流速降低,压强升高,相应的硅膜片应力增大,经过电路传给 ECU 的电压升高。

3. 曲轴与凸轮轴位置传感器

曲轴位置传感器(Crankshaft Position Sensor,CPS)又称为发动机转速与曲轴转角传感器,其功用是采集发动机曲轴转动角度和发动机转速信号,并将信号输入 ECU,以便确定合适的喷油时刻与点火时刻。

凸轮轴位置传感器(Camshaft Position Sensor,CPS)又称为汽缸判别传感器(Cylinder Identification Sensor,CIS)和相位传感器。为了区别于曲轴位置传感器 CPS,凸轮轴位置传感器一般用 CIS 表示。

曲轴位置传感器也称为点火信号发生器,用于点火正时控制。在多点燃油顺序喷射系统中,由曲轴位置传感器来控制喷油器喷油或者火花塞跳火时刻。凸轮轴位置传感器主要是采集配气凸轮轴的位置信号,并将信号输入 ECU,以便 ECU 能够识别 1 缸活塞上止点,从而进行顺序喷射。曲轴位置传感器和凸轮轴位置传感器是多点燃油顺序喷射系统必不可少的传感器。如果曲轴位置传感器和凸轮轴位置传感器失效,那么发动机将不能启动。

电控发动机燃油喷射系统常用的曲轴与凸轮轴位置传感器分为磁感应式和霍尔式两种类型。

(1)磁感应式曲轴与凸轮轴位置传感器

磁感应式传感器的基本结构如图 2-15 所示,主要包括信号转子、传感线圈、永久磁铁和磁轭等组成,转子外圆设有与汽缸数相等且等距离分布的凸齿。转子有 4 个凸齿,对应四缸发动机的四个缸,定子和转子及转子凸齿之间有一定的空隙。当信号转子旋转时,磁路中的空隙就会发生周期性的变化,磁路的磁阻和穿过传感线圈(信号线圈)磁头的磁通量随之发生周期性变化。根据电磁感应原理,传感线圈中就会感应产生交变电动势。

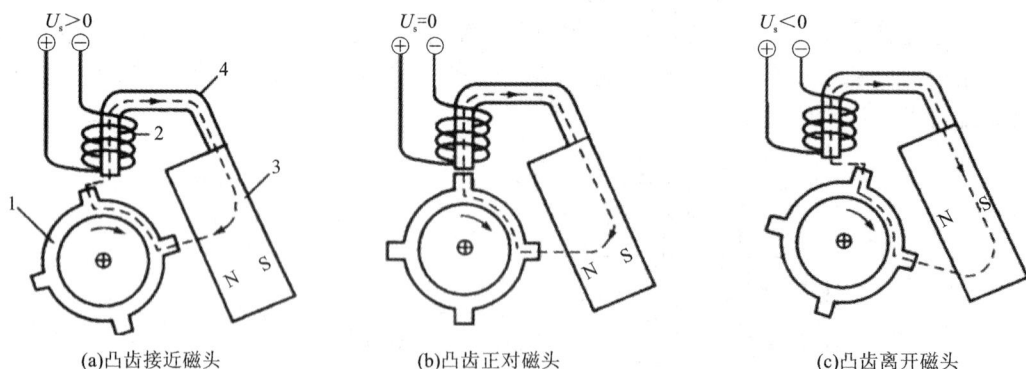

(a)凸齿接近磁头　　　　　(b)凸齿正对磁头　　　　　(c)凸齿离开磁头

图 2-15　磁感应式传感器的基本结构与工作原理示意图
1—信号转子;2—传感线圈;3—永久磁铁;4—磁轭

如图 2-16 所示,当转子上的凸齿接近定子时形成磁路并产生磁通,转子凸齿与磁头间的空隙减小，磁路磁阻减小、磁通量 Φ 增多，感应电动势 E 为正(即 $E>0$)，在凸齿接近或离开凸齿与定子最近点的瞬间，磁通量变化最大，感应电动势也最大；当转子继续转动时，定子与转子凸齿之间的空隙增大，磁阻也随之增大，虽然磁通量 Φ 仍在增多，但磁通变化率减小，因此感应电动势 E 降低。由正脉冲转变为负脉冲的中点，感应电动势为 0，可用作触发点火的信号。

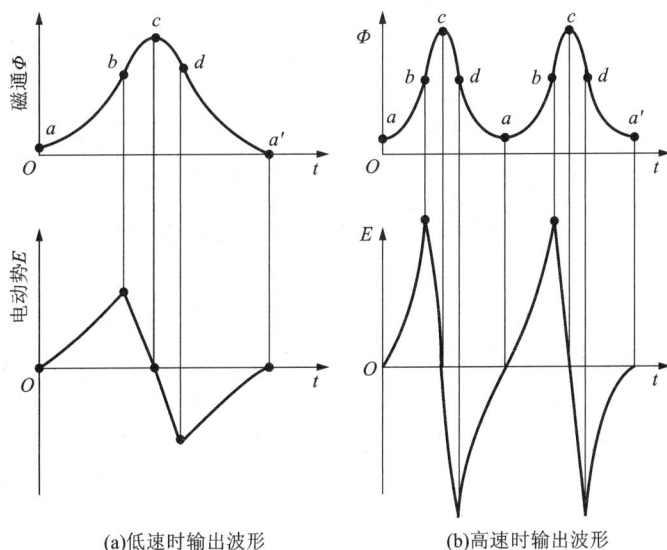

(a)低速时输出波形　　　　　　(b)高速时输出波形

图 2 - 16　传感线圈中的磁通 Φ 和电动势 E 波形

由此可见，信号转子每转过一个凸齿，就会在传感线圈中产生一个周期的交变电动势，即电动势出现一次最大值和一次最小值，传感线圈输出端相应地输出一个交变电压信号。把输出的变电压信号经整形、放大并送至功率开关电路，就可控制点火线圈一次线圈电流的通断，从而在其二次线圈中产生高压并经火花塞放电点火。

(2)霍尔式曲轴与凸轮轴位置传感器

霍尔效应(Hall Effect)是美国约翰·霍普金斯大学物理学家爱德华·霍尔博士(Dr. Edward H. Hall)于 1879 年首先发现的。利用霍尔效应制成的元件称为霍尔元件，利用霍尔元件制成的传感器称为霍尔效应式传感器，简称霍尔传感器。霍尔式曲轴与凸轮轴位置传感器的结构如图 2 - 17 所示，主要由两个部件组成，一个部件是与分火头制成一体的定时转子，即触发叶轮，另一个是霍尔信号发生器。触发叶轮由导磁材料制成，其上的叶片数与发动机汽缸数相同。霍尔信号发生器由霍尔集成电路、永久磁铁等组成，两者之间留有一个空隙，以便叶轮的叶片能在空

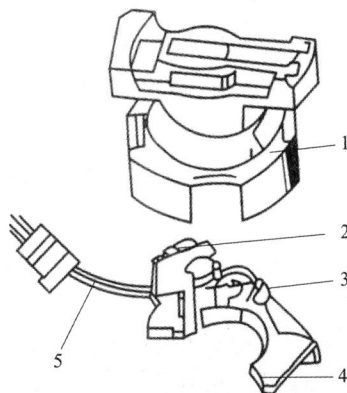

图 2 - 17　霍尔式曲轴位置传感器的结构

1—定时齿轮；2—霍尔开关电路；3—永久磁铁；
4—底板；5—导线及接插件

隙内转动。

霍尔集成电路由霍尔元件、放大电路、稳压电路、温度补偿电路、信号变换电路和输出电路等组成，如图 2 – 18 所示。

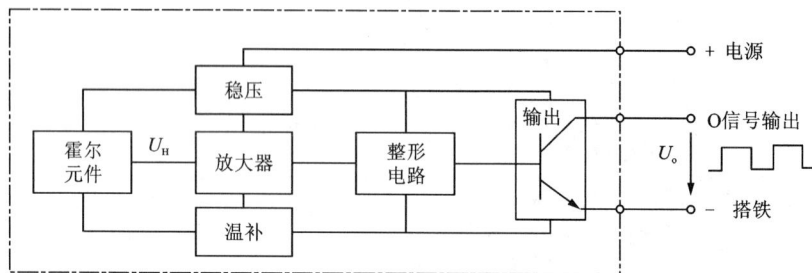

图 2 – 18　霍尔集成电路组成框图

当传感器轴转动时，触发叶轮的叶片便从霍尔集成电路与永久磁铁之间的空隙中转过。当叶片进入空隙时，霍尔集成电路的磁场被叶片旁路，霍尔电压 U_H 为零，霍尔集成电路表面无磁场作用，内部的霍尔元件不产生霍尔电动势。当叶片离开空隙时，永久磁铁的磁通便经霍尔集成电路和导磁钢片构成回路，霍尔元件产生电压（$U_H = 1.9 \sim 2.0$ V），霍尔集成电路输出端的三极管导通，内部的霍尔元件产生霍尔电动势并输出。随着叶轮的旋转，每个叶片都会使霍尔集成电路产生脉冲输出。该脉冲或经电子点火组件控制点火或经 ECU 点火。

汽车电控系统广泛采用霍尔式传感器的原因是其具有两个突出优点：一是输出电压信号近似于方波信号；二是输出电压与被测物体的转速无关。霍尔效应式传感器与磁感应式传感器不同的是需要外加电源。

4. 节气门位置传感器

各类型汽车电子控制系统使用的节气门位置传感器（Throttle Position Sensor, TPS）都安装在节气门体上节气门轴的一端，外形结构基本相同，用以检测节气门的开度。节气门位置传感器的作用是将节气门开度（即发动机负荷）转变为电信号输入发动机 ECU，以便 ECU 判别发动机工况，如怠速工况、加速工况、减速工况、小负荷工况和大负荷工况等，并根据发动机的不同工况来进行点火时间、燃油喷射、怠速、废气再循环、碳罐通气量及其他控制。在装备电子控制自动变速器的汽车上，TPS 信号还要输入变速器电控单元（ECT ECU），作为确定变速器换挡时机和变速器锁止时机的主要信号之一。

按结构不同，节气门位置传感器（TPS）分为触点式、线性可变电阻式、触点与可变电阻组合式（简称组合式）三种。按输出信号类型的不同，节气门位置传感器可分为线性（模拟）信号输出型和开关（数字）信号输出型两种。下面主要介绍线性可变电阻式和组合式节气门位置传感器。

（1）线性可变电阻式节气门位置传感器

线性可变电阻式节气门位置传感器的结构和内部电路如图 2 – 19 所示。传感器主要由滑片电阻、传感器轴、怠速触点、电源等组成。线性可变电阻式节气门位置传感器相当于一个加设了怠速触点的滑片式电位器，测节气门位置滑片和测节气门全关滑片都与节气门联动。节气门开度变化时，节气门位置滑片在电阻体上作相应的滑动，电位器输出相应的节气门位

置信号 V_{TA}。在节气门关闭时，节气门关闭滑片使怠速触点 IDL 处于接通状态，从 IDL 端子输出发动机怠速信号。

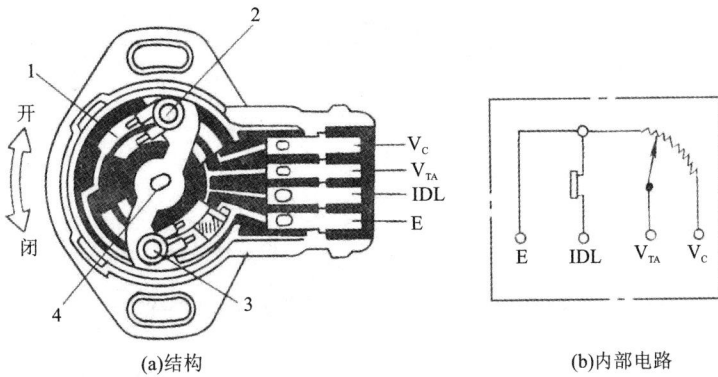

(a)结构   (b)内部电路

图 2 – 19　线性式节气门位置传感器的结构与内部电路

1—滑片电阻；2—测节气门位置滑片；3—测节气门全开滑片；4—传感器轴；

V_C—电源；V_{TA}—节气门位置输出信号；IDL—怠速触点；E—搭铁

（2）组合式节气门位置传感器

组合式节气门位置传感器的基本结构与原理电路如图 2 – 20 所示，主要由可变电阻滑动触点、节气门轴、怠速触点等组成。可变电阻为镀膜电阻，制作在传感器底板上，可变电阻的滑臂随节气门轴一同转动，滑臂与输出端子 V_{TA} 连接。

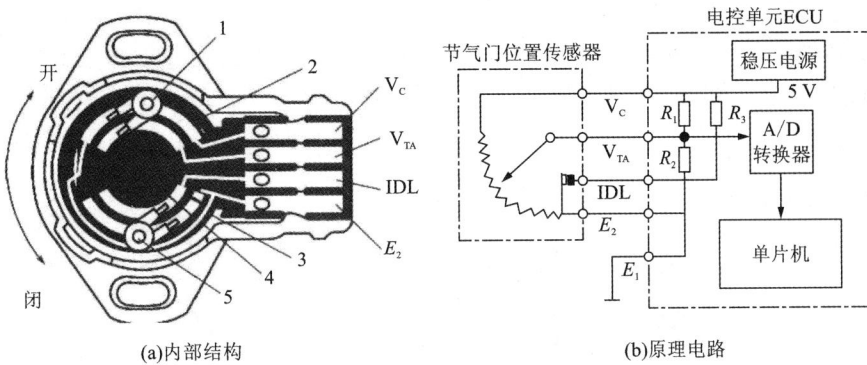

(a)内部结构   (b)原理电路

图 2 – 20　组合式节气门位置传感器 TPS 的结构原理

1—可变电阻滑动触点；2—电源电压(5 V)；3—绝缘部件；4—节气门轴；5—怠速触点

如图 2 – 21(a)所示，当节气门关闭或开度小于 $1.2°$ 时，怠速触点与节气门联动的动触点接通，传感器输出怠速信号，节气门位置输出的线性电压信号经 A/D 转换后输送给 ECU。

当节气门开度变化时，可变电阻的滑臂便随节气门轴转动，滑臂上的触点便在镀膜电阻上滑动，传感器的输出端子 V_{TA} 与 E_2 之间的信号电压随之发生变化，如图 2 – 21(b)所示，节气门开度越大，输出电压越高。传感器输出的线性信号经过 A/D 转换器转换成数字信号后再输入 ECU。

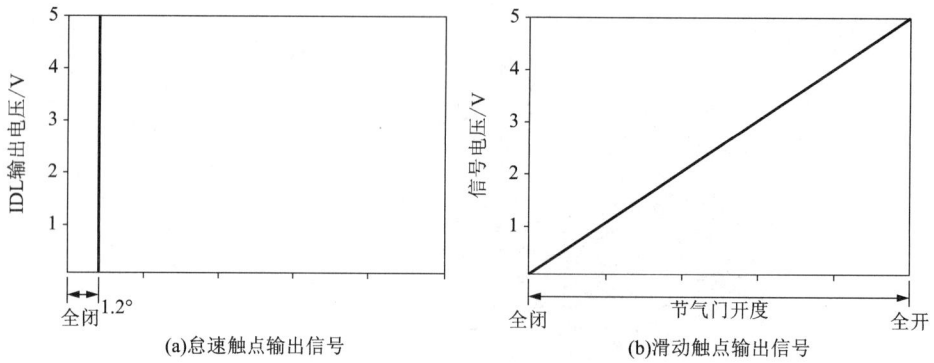

(a)怠速触点输出信号　　　　　　　(b)滑动触点输出信号

图 2 – 21　组合式节气门位置传感器输出特性

5. 温度传感器

温度传感器用于将被测对象的温度转换为相应的电信号,以使控制器能进行温度修正或进行与温度相关的控制。测量对象不同,传感器信号反映的热负荷状态也不相同。安装在发动机冷却液管道上的冷却液温度传感器(CTS)的功用是将发动机冷却液温度变换为电信号输入发动机 ECU,以便修正喷油时间和点火时间;安装在进气管道中的进气温度传感器(IATS)的功用就是将进气温度信号变换为电信号输入发动机 ECU,以便修正喷油量。

汽车上最常用的为 NTC 型热敏电阻式温度传感器,其工作电路如图 2 – 22 所示,传感器的两个电极用导线与 ECU 插座连接。ECU 内部串联一只分压电阻,ECU 向热敏电阻和分压电阻组成的分压电路提供一个稳定的电压(一般为 5 V),传感器输入 ECU 的信号电压等于热敏电阻上的分压值。当被测对象的温度升高时,传感器阻值减小,热敏电阻上的分压值降低;反之,当被测对象的温度降低时,传感器阻值增大,热敏电阻上的分压值升高。ECU 根据接收到的信号电压值,便可计算求得对应的温度值。

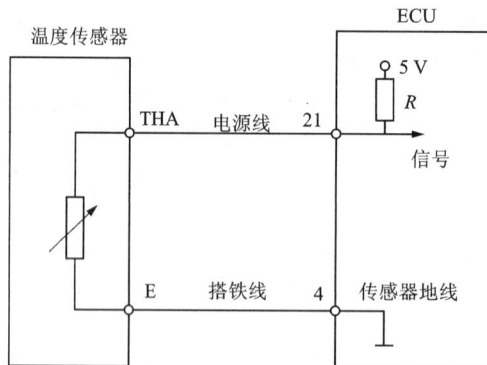

图 2 – 22　温度传感器工作电路

6. 氧传感器

氧传感器用于检测发动机废气中的氧含量,电子控制系统根据氧传感器的电信号进行喷油器的混合气空燃比反馈修正控制，将混合气浓度控制在理论空燃比附近，以使排气管中三元催化反应器对废气中 HC、CO、NO_x 的净化达到最佳效果，汽车上应用最多的氧传感器是氧化锆式氧传感器。

氧化锆式氧传感器主要由氧化锆陶瓷、电极、电极座、导线、排气管、气孔等组成，其结构如图 2 - 23 所示。氧化锆陶瓷为固定电解质管，也称为锆管。锆管固定在带有安装螺钉的固定套内，锆管内表面与大气相通，外表面与排气相通，其内、外表面都覆盖着一层多孔性的铂膜作为电极。氧化锆式氧传感器安装在排气管上，为了防止排气管内废气中的杂质腐蚀铂膜，在锆管外表的铂膜上覆盖一层多孔性的陶瓷层，并加有带槽口的防护套管。

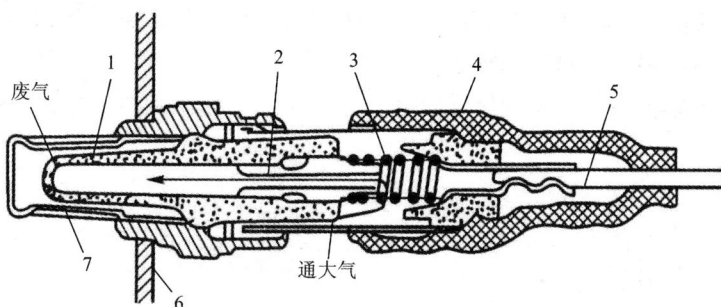

图 2 - 23　氧化锆式氧传感器
1—锆管；2—电极；3—弹簧；4—电极座（绝缘）；5—导线；6—排气管；7—气孔

当锆管接触氧气时，氧气透过多孔铂膜电极吸附氧化锆，并经电子交换成为负离子。由于锆管内表面与大气相通，外表面与排气相通，其内、外表面的氧气分压不同，则负氧离子浓度也不同，从而使负氧离子由高浓度侧向低浓度侧扩散。当扩散处于平衡状态时，两电极间便形成电动势，由于形成的电动势太小，通常采用铂催化。混合气较浓时，燃烧后残留的低浓度氧和排气管中的 HC 和 CO 发生反应，氧气基本消失，氧浓差非常大，会产生 0.8 ~ 1 V 的电动势。混合气较稀时，排气管中氧气浓度高，催化反应后仍有氧气残留，氧浓差

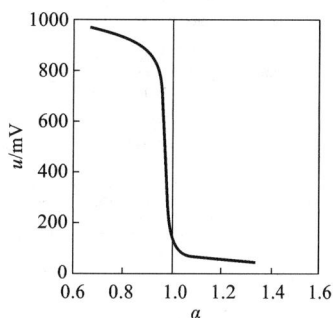

图 2 - 24　氧化锆式氧传感器的电压特性

小，会产生约 0.1 V 的电动势。氧化锆传感器的电压特性如图 2 - 24 所示，可见其输出特性在过量空气系数 $\alpha = 1$ 时突变，$\alpha > 1$ 时输出几乎为 0，$\alpha < 1$ 时输出电压接近 1 V。

ECU 将氧化锆式氧传感器的输出信号以 0.5 V 为界，大于 0.5 V 为混合气过浓，小于 0.5 V 为混合气过稀。ECU 通过控制喷油量的大小使混合气浓度在理论空燃比的附近波动。通常 ECU 按 10 s 变化 8 次的频率使氧传感器的输出电压在 0.1 ~ 0.8 V 内变动。

氧化锆式氧传感器的工作温度在 300℃ 以上，需要设置电加热元件，一般在发动机起动后 20 ~ 30 s 内将氧化锆式氧传感器加热到工作温度。

7. 爆燃传感器

爆燃传感器用于监测发动机是否爆燃，当发动机出现爆燃时，传感器便产生相应的电信号，并输送给电子控制器，使电子控制器通过点火推迟来消除发动机爆燃。发动机爆燃时，其机体会产生异常的振动，爆燃传感器就是通过检测发动机机体振动的方法监测爆燃的。爆燃传感器有压电式和磁电式两种，磁电式传感器目前已经被淘汰。

压电式爆燃传感器工作原理如下：由石英晶体、钛酸钠等晶片制成的压电元件在受力变形时，因内部产生极化现象而在其两个表面分别产生正负两种电荷，当力消失时，元件变形恢复，电荷也立即消失。此种现象称为压电效应。利用压电元件检测振动时，在传感器内设置一个具有一定质量的振子，通过振子随被测对象振动，给压电元件施力。被测物体振动越大，传感器振子的振动也越大，压电元件产生的电压信号幅值也就越大，传感器输出电压的变化反映了被测对象振动的幅度和频率。

压电式爆燃传感器根据其识别爆燃信号的方式不同，可分为共振型和非共振型两种，其结构如图 2-25 所示。

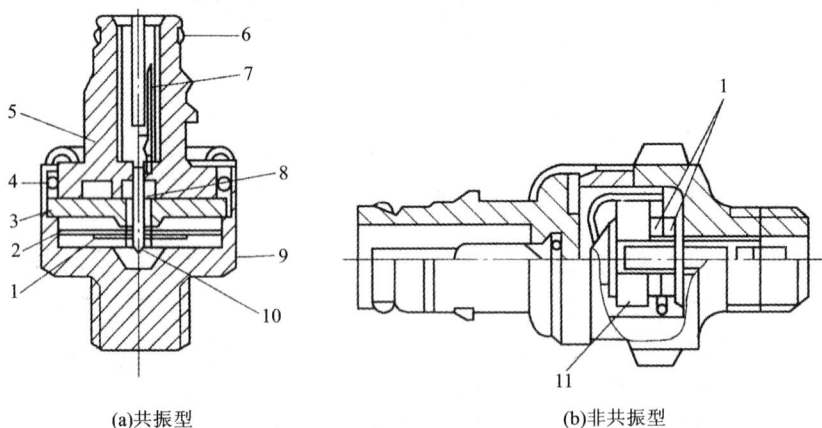

(a)共振型　　　　　　　　　　　　　　(b)非共振型

图 2-25　压电式爆燃传感器的结构与工作原理

1—压电元件；2—振荡片；3—基座；4、6—O 形环；5—连接器；
7—连线端子；8—密封剂；9—外壳；10—引线；11—振子

共振型爆燃传感器内振荡片 2 的自振频率在发动机爆燃的特征频带内，因而发动机爆燃时会产生共振，造成与其紧贴的压电元件 1 受力变形加剧，产生比非爆燃时大许多倍的电压信号。共振型爆燃传感器的信噪比高，检测电路对爆燃信号的识别和处理比较容易。

非共振型传感器内的振子 11 随发动机机体的振动而对压电元件施加压力，使压电元件产生振荡的电压信号。由于非共振型传感器的振子在发动机爆燃时不会产生共振，其电压信号并无明显增大，因此，爆燃的识别还需要用专门的滤波器。

2.4　汽车电控单元

电控单元(ECU)是发动机电子控制的核心,是具有强大的数学运算、逻辑判断、数据处理与数据管理等功能的电子控制装置。它也是汽车电子控制系统的控制中心,其功用是分析处理传感器采集到的各种信息,并向受控装置(即执行器或执行元件)发出控制指令。

各种 ECU 的电路都十分复杂,车型不同、控制系统不同,ECU 的电路亦各有不同,但其都是由输入回路、输出回路和单片微型计算机(即单片机)三部分组成。汽车 ECU 的硬件都是由不同种类的专用集成电路、电阻器、电容器、二极管、稳压管、三极管等电子元件和印刷电路板构成,如图 2 - 26 所示。

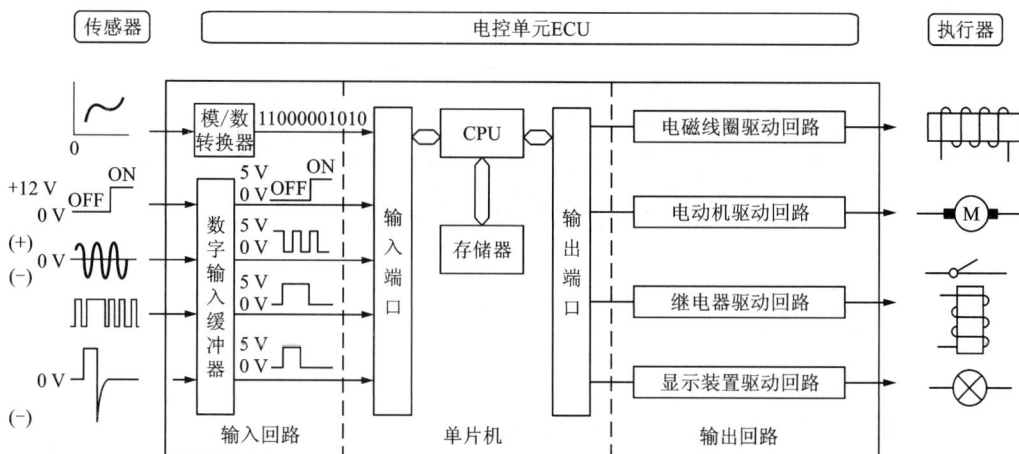

图 2 - 26　ECU 内部结构框架图

2.5　电控喷油系统执行器的结构原理

执行器是接收控制信息并对受控对象施加控制作用的装置,是电子控制系统的执行机构。它能够根据输出信号,控制参量迅速调整到设定的值,以使控制对象工作在设定的状态。汽车发动机电子控制燃油喷射系统采用的执行器主要有电动燃油泵和电磁喷油器等。

1. 电动燃油泵

在电子控制燃油喷射系统中,电动燃油泵的作用是从油箱中吸出燃油,加压后输送到管路中,和燃油压力调节器配合建立合适的系统压力,通常高于进气歧管压力 250 ~ 300 kPa,最终将燃油输送到喷油器。为防止发动机供油不足及由于高温而产生的气阻,油泵的最高输出油压需要 470 kPa 左右,其供油量比发动机最大油耗量大得多,多余的燃油从回油管返回油箱。

(1)电动燃油泵的分类

电动燃油泵按结构不同，可分为滚柱式、叶片式、齿轮式、涡轮式和侧槽式等。目前常用的有滚柱式、叶片式和齿轮式三种油泵。按油泵安装方式不同，电动燃油泵可分为外置式和内置式两种。外置式安装在燃油箱外的输油管路中，内置式安装在燃油箱内。目前，大多数汽车都采用内置式燃油泵。与外置式燃油泵相比，内置式燃油泵不易产生气阻和泄漏，有利于燃油输送和电动机冷却，且噪声较小。

（2）电动燃油泵的结构原理

电动燃油泵的外形与内部结构如图 2 - 27 所示，主要由永磁式直流电动机、油泵、限压阀、单向阀和泵壳等组成。当点火开关接通时，直流电动机电路接通，电枢受电磁力的作用开始转动，泵转子便随电动机一同转动，将燃油从油箱经输油管和进油口泵入燃油泵。当油泵内油压超过单向阀处弹簧压力时，燃油便从出油口经输油管泵入供油总管，再分配给每只喷油器。

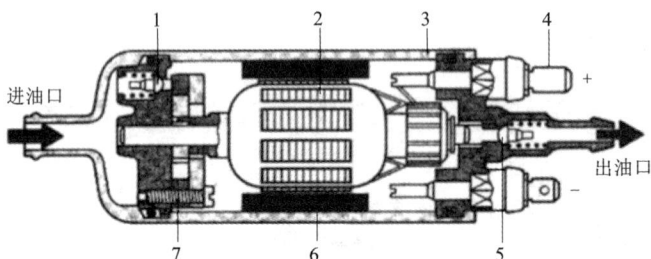

图 2 - 27　电动燃油泵的结构
1—限压阀；2—电枢；3—泵壳；4—接线插头；5—单向阀；6—永久磁铁；7—泵体

为保证系统安全，电动燃油泵还装有泄压阀和单向阀。当油路中燃油泵出口连接的管路因为堵塞等的影响而产生燃油压力高于限定值（一般为 320 kPa）时，泄压阀打开，高压燃油与燃油泵入口管路连接，使燃油在油泵内部循环，避免压力升高而使管路破裂。单向阀的作用是当发动机熄火时，关闭单向阀使电动燃油泵和燃油压力调节器之间保持一定的压力，以便发动机再次启动。

2. 燃油分配管

燃油分配管安装在发动机进气歧管上方，其功用是储存燃油、固定喷油器和油压调节器，并将燃油分配给每只喷油器。因为燃油液体具有可压缩性，因此，燃油分配管还有抑制油压脉动的功能。燃油分配管与油压调节器和电磁喷油器等组成燃油分配管总成，结构如图 2 - 28 所示。

3. 油压调节器

油压调节器一般都安装在燃油分配管的一端，其主要功能是使供油总管内的油压（系统油压与进气歧管压力之差）保持恒定，缓冲由于喷油器断续喷油引起的压力波动和燃油泵供油时产生的压力波动。

油压调节器主要由燃油室、出油阀、壳体、弹簧室、弹簧、膜片、进油口、出油口等组成，结构如图 2 - 29 所示。金属外壳的内部被膜片分割为弹簧室和燃油室，弹簧室内有螺旋弹簧作用在膜片上，通过软管与发动机进气歧管相通，燃油室通过进油口直接与燃油总管相通。

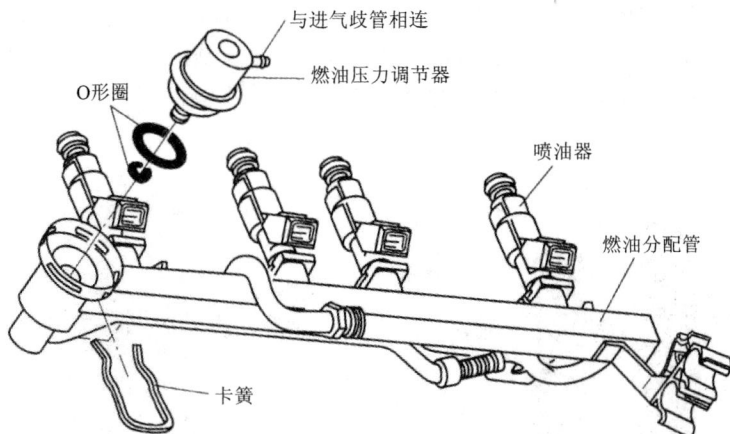

图 2 − 28　燃油分配管总成

发动机根据 ECU 加给喷油器的通电时间来控制燃油喷射量,如果不控制燃油压力,即使加给喷油器的通电时间相同,当燃油压力高时,燃油喷射量也增加,当燃油压力低时,喷油量也减少。为使系统油压和进气歧管压力差保持稳定,采用燃油压力调节器来控制系统油压,使之随着进气歧管压力变化而相应变化。

油压调节器实际上是一个膜片式溢流阀。当电动燃油泵运转时,燃油不断泵入燃油分配管,并从油压调节器进油口进入调节器燃油腔。燃油压力作用到金属膜片上,并随泵油量增加而增大。当燃油压力与歧管压力的合力大于弹簧预紧力时,膜片向上拱曲,打开阀门,部分燃油通过回油口和回油管流回油箱,燃油压力随之降低。当燃油压力降低到燃油压力与歧管压力的合力小于弹簧预紧力时,膜片复位,出油阀关闭,燃油压力随泵油量增加而增大。

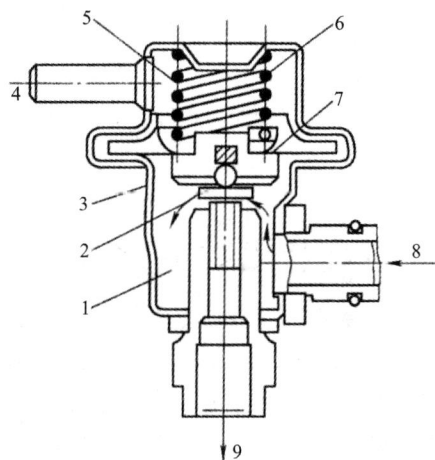

图 2 − 29　燃油压力调节器

1—燃油室;2—出油阀;3—壳体;4—真空接口;
5—弹簧室;6—弹簧;7—膜片;8—进油口;9—出油口

4. 电磁喷油器

电磁喷油器简称喷油器,俗称喷嘴,是电控燃油系统中一个十分关键的执行器。为了满足燃油喷射系统控制精度的要求,要求喷油器具有抗堵塞性能好、燃油雾化好和动态流量范围大等优点。喷油器安装在燃油分配管上,其功用是按照电子控制单元(ECU)的指令,准确计量燃油并适时喷入进气道或进气管内与空气形成可燃混合气。

喷油器按总体结构不同,可分为轴针式、球阀式和片阀式三种。按喷油器电磁线圈阻值大小,喷油器可分为高阻型(13 ~ 18 Ω)和低阻型(1 ~ 3 Ω)两种。按喷油器的驱动方式不同分为电流驱动和电压驱动。电流驱动只适用于低电阻喷油器，电压驱动既可用于低电阻喷油器，又可用于高电阻喷油器。

球阀式喷油器的结构如图 2 – 30 所示。主要由带球阀的阀体、带喷孔的阀座、带线束插座的喷油器体、电磁线圈和复位弹簧等组成。

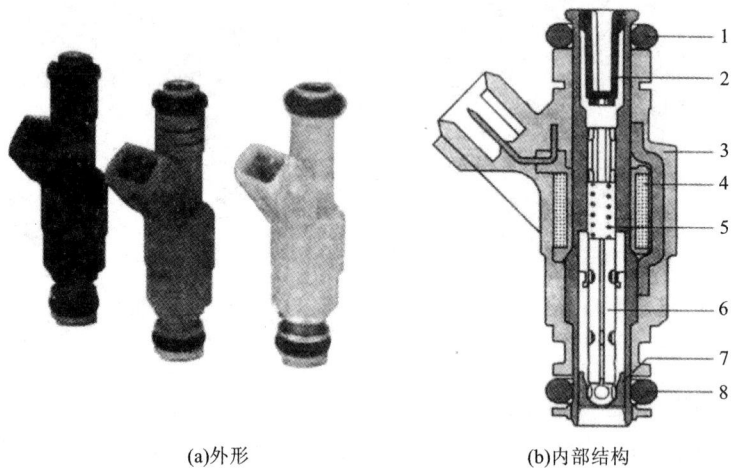

(a)外形　　　　　　　　　　　　(b)内部结构

图 2 – 30　球阀式喷油器结构

1、8—O 形密封圈；2—滤网；3—喷油器体；4—电磁线圈；5—复位弹簧；6—带球阀阀体；7—阀座

2.6　汽油机电控喷油系统工作原理

在汽车电子控制燃油喷射系统的工作过程中，ECU 接收各种传感器输出的发动机工况信号，根据 ECU 内部预先编制的控制程序和存储的试验数据，确定适应发动机工况的喷油时间、喷油脉宽等参数，主要控制喷油器、喷油正时和喷油量的喷射，使发动机能够保持在最佳运行状态。

1. 燃油喷射控制原理

虽然不同汽车上所采用的传感器和执行器的数量和形式各不相同，但其燃油喷射的控制原理大同小异，图 2 – 31 所示为空气流量型(L 型)燃油喷射系统的控制原理简图。

在发动机工作过程中，各种传感和开关信号通过输入接口电路输入 ECU，然后，CPU 根据输入信号进行数学计算和逻辑判断，并确定出具体的控制量(如喷油开始时刻、喷油持续时间等)；最后，CPU 通过输出接口电路(即输出回路)向执行器(即喷油器)发出喷油控制指令，控制信号经输出电路进行功率放大后，再驱动喷油器喷油，与此同时，CPU 还要控制喷油开始时刻、喷油持续时间等，从而实现发动机不同工况时的喷油实时控制。在控制过程中，各种传感器的工作情况如下：

凸轮轴位置传感器(CIS)向 ECU 提供反映活塞上止点位置的信号，以便计算确定和控制喷油提前角(即提前时间)。

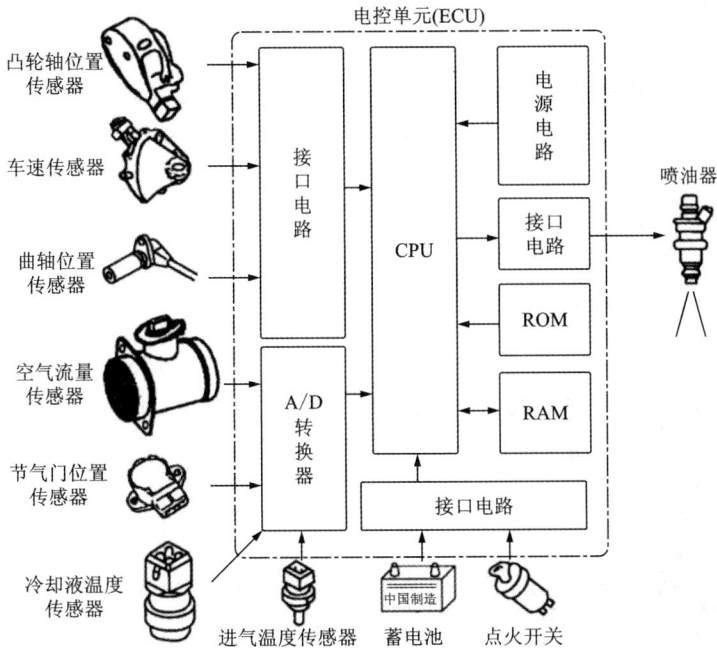

图 2 - 31　L 型燃油喷射系统喷油控制原理简图

车速传感器(VSS)向 ECU 提供反映汽车车速的信号,以使判断发动机是运行在怠速状态(节气门关闭、车速为零)还是运行在减速状态(节气门关闭、车速不为零)等。

曲轴位置传感器(CPS)向 ECU 提供反映发动机曲轴转速和转角的信号。

空气流量传感器(AFS)或进气歧管绝对压力传感器(MPA)向 ECU 提供反映进气量多少的信号,ECU 根据这两个信号计算基本喷油量(即喷油持续时间),并根据曲轴转角信号控制喷油提前角和点火提前角等。

节气门位置传感器(TPS)向 ECU 提供反映发动机负荷大小的信号,ECU 根据 TPS 信号确定增加或减少喷油量。

水温传感器(WTS)向 ECU 提供发动机冷却液温度信号,以便计算确定喷油修正量、判断是否为冷机起动等。

进气温度传感器(IATS)提供吸入进气歧管空气的温度信号,以便计算确定喷油修正时。

点火起动开关信号包括点火开关接通信号 IGN 和起动开关接通信号 STA,用于 ECU 判定发动机工作在起动状态还是正常工作状态,并控制运行相应的控制程序。

蓄电池电压信号是汽车电源电压信号,蓄电池正极柱经导线直接与 ECU 的电源端连接,不受点火开关和其他开关的控制。当电源电压变化时,ECU 将改变喷油脉冲宽度,修正喷油器喷油持续的时间。当发动机停止工作时,蓄电池将向 ECU 和存储器等提供 5 ~ 20 mA 电流,以便存储器保存故障代码等信息。

2. 发动机喷油量的控制

喷油量的控制其实就是喷油器的喷油持续时间,发动机工况不同,对混合气浓度的要求也不相同,特别是冷起动、怠速、急加减速等特殊工况,对混合气浓度都有特殊要求。因此,喷油量的控制大致可分为发动机起动时喷油量的控制和发动机起动后(即运转过程中)喷油量的控制两种情况。

(1)发动机起动时喷油量的控制

当起动机驱动发动机运转时,发动机转速很低(汽油发动机30~50 r/min,柴油发动机150~200 r/min)且波动较大,导致反映进气量的空气流量信号或进气压力信号无法精确测量。因此在起动发动机时,ECU不是以空气流量传感器信号或进气压力信号作为计算喷油量的依据,而是按照可编程只读存储器(ROM)中预先编制的起动程序和预先设定的空燃比来控制喷油的,如图2-32所示。

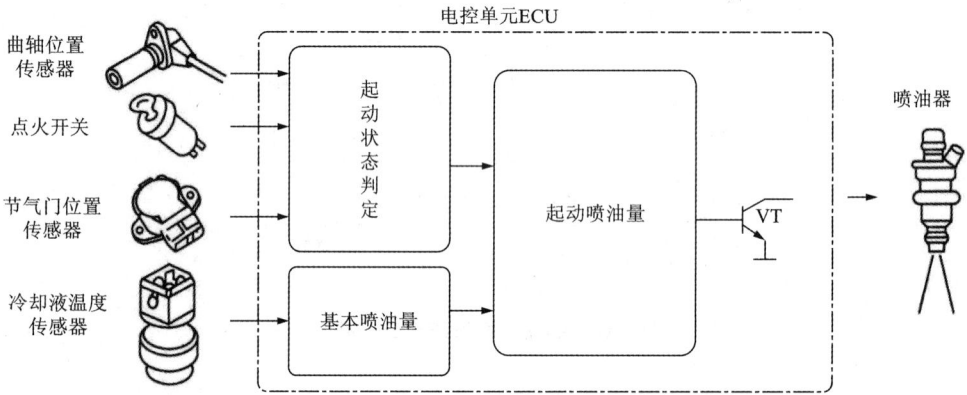

图2-32 起动时的喷油量控制

首先,ECU根据曲轴位置传感器、点火开关和节气门位置传感器提供的信号,判定发动机是否处于起动状态,以便决定是否按起动程序控制喷油;然后,ECU根据发动机冷却液温度,由存储器中事先设定好的冷却液温度-喷油时间的关系找出相应的喷油脉宽图,再用进气温度和蓄电池电压等参数进行修正,得到起动时的喷油脉宽。

当冷车起动时,发动机温度很低,喷入进气管的燃油不易蒸发,吸入汽缸内的可燃混合气浓度相对减小。因此,为了保证发动机起动时具有足够浓度的可燃混合气,ECU还要根据冷却液温度传感器信号反映的发动机温度高低控制喷油器的喷油量,以使冷态发动机能够顺利起动。冷却液温度与喷油量的关系如图2-33所示,温度越低,喷油时间越长,喷油量则越大,

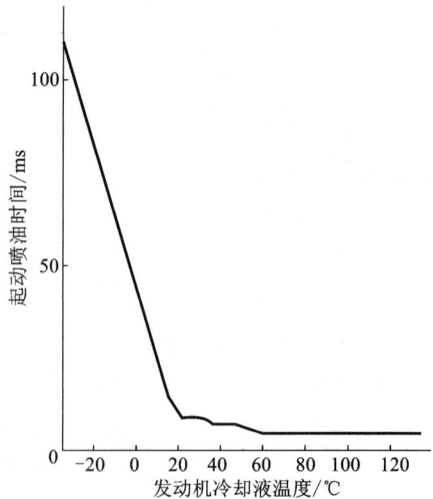

图2-33 冷启动时的基本喷油量

反之温度越高，喷油时间越短，喷油量也越小。

（2）发动机起动后喷油量的控制

在发动机起动后的运转过程中，为了提高控制精度，简化计算程序，一般将喷油总量分为基本喷油量、喷油修正量和喷油增量三部分，如图 2-34 所示。ECU 先分别计算结果，然后再将结果叠加在一起。

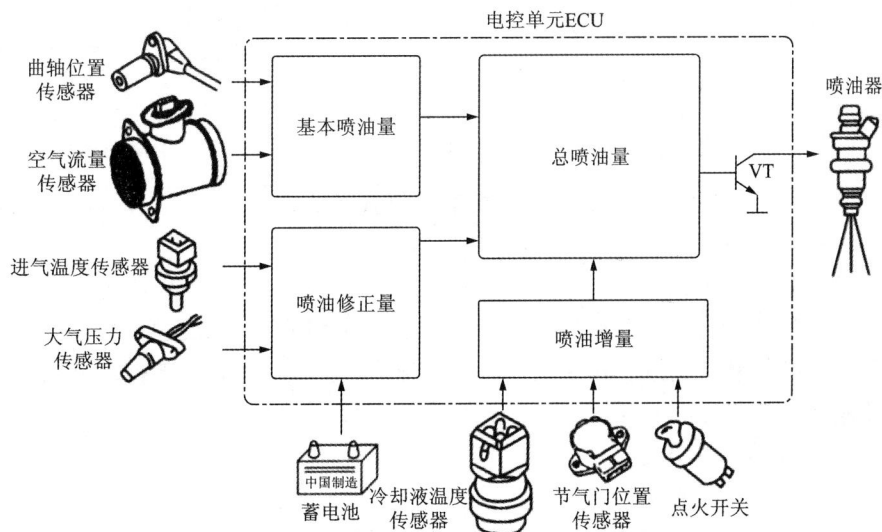

图 2-34　发动机起动后喷油量控制示意图

基本喷油量由空气流量传感器（AFS）信号或歧管压力传感器（MAP）信号、曲轴位置传感器（CPS）信号以及试验设定的空燃比计算确定。

喷油修正量由与进气量有关的进气温度传感器（IATS）信号、大气压力传感器（APS）信号、氧传感器（EGO）信号和蓄电池电压（UBAT）信号计算确定。

喷油增量由反映发动机工况的节气门位置传感器（TPS）信号、冷却液温度传感器（CTS）信号和点火开关（IGN）信号等计算确定。

2.7　发动机怠速控制系统

发动机怠速是很常见的工况，若怠速控制质量不好，则很容易引起步后熄火、怠速转速波动大以及怠速振动等现象。因此，需要对发动机怠速转速进行调整。燃油喷射式发动机都配有怠速控制系统。

发动机怠速工况的影响因素有很多。在发动机使用过程中，发动机老化，汽缸积碳、火花塞间隙变化和温度变化等都会导致怠速转速发生改变。为了保持怠速转速的稳定性，需要在负载变化时进行补偿。

1. 怠速控制系统的组成

怠速控制就是怠速转速的控制。实质上是对怠速工况下的进气量进行控制，主要有两种控制方式：节气门直动式和旁通空气式，如图2-35所示。

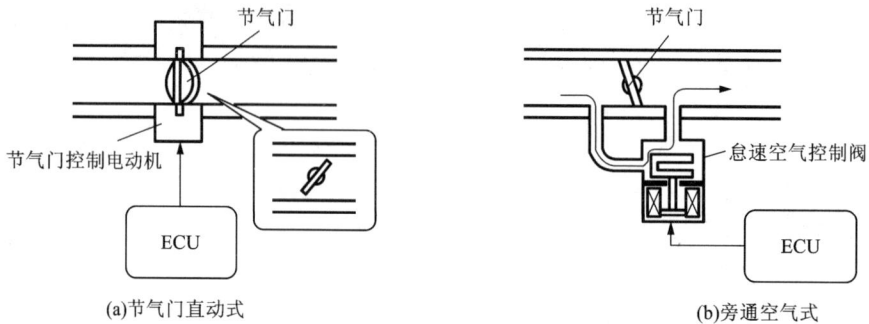

(a)节气门直动式   (b)旁通空气式

图2-35　怠速进气量控制方法

车速传感器提供车速信号，气门位置传感器提供节气门开度信号，这两个信号用来判定发动机是否处于怠速状态。ECU识别到怠速状态后，再根据负载情况以及目标怠速转速的设置，实施转速闭环控制。通过怠速控制阀改变怠速旁通空气量，相应地控制燃油供给量的增减，从而改变怠速时的可燃混合气总量，达到怠速转速控制的目的。

2. 怠速控制阀的功用与类型

怠速控制阀的功用：通过调节发动机怠速时的进气量来调节怠速转速。怠速控制阀安装在发动机节气门体上或节气门体附近，各类汽车采用的怠速控制阀各有不同，常用的怠速控制阀分为步进电动机式、旋转滑阀式、脉冲电磁阀式和真空阀式四种。

步进电动机是一种由脉冲信号控制其转动方向和转动角度的电动机，利用同性相斥、异性相吸原理即可使转子步进旋转。步进电动机式怠速控制阀安装在发动机进气总管上，主要由步进电动机、螺旋机构、阀芯、阀座等组成，如图2-36所示。

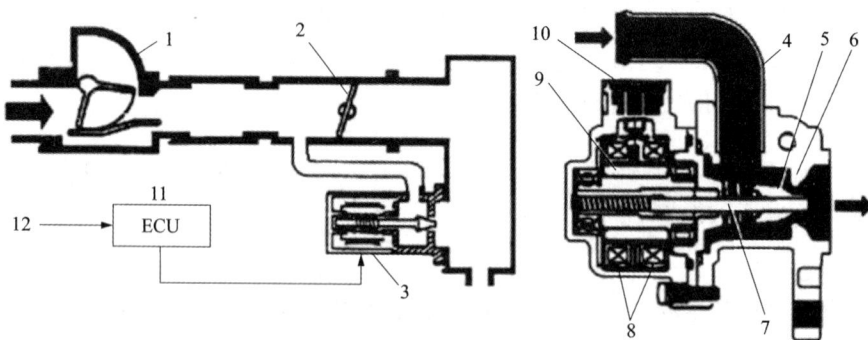

图2-36　步进电动机式怠速控制阀ISCV的结构

1—空气流量传感器；2—节气门；3—怠速控制阀；4—旁通空气道；5—阀芯；6—阀座；7—螺杆；
8—定子绕组；9—永磁转子；10—线束插座；11—ECU；12—各种传感器信号

步进电动机的结构与其他电动机一样，由永磁转子、定子绕组等组成，其功用是产生驱动力矩。螺旋机构的作用是将步进电动机的旋转运动变换为往复运动，由螺杆（又称为丝杠）

和螺母组成。螺母与步进电动机的转子制成一体,螺杆的一端制有螺纹,另一端固定有阀芯,螺杆与阀体之间由滑动花键连接,只能沿轴向做直线移动,不能做旋转运动。

当步进电动机的转子转动时,螺母将带动螺杆做轴向移动。转子转动一圈,螺杆移动一个螺距。因为阀芯与螺杆固定连接,所以螺杆将带动阀芯开大或关小阀门开度。ECU 通过控制步进电动机的转动方向和转动角度来控制螺杆的移动方向和移动距离,从而达到控制怠速阀开度、调整怠速转速的目的。

2.8　进气控制系统

进气控制系统主要是指在发动机汽缸容积不变的情况下,尽量增加进入汽缸的空气量、喷油量,增加混合气总量,增大发动机功率。目前,提高进气量的进气控制系统主要包括进气惯性增压控制系统、废气涡轮增压系统、可变气门控制系统、电子控制节气门系统等。

1. 进气惯性增压控制系统

进气惯性增压控制系统利用进气惯性产生的压力波来提高充气效率。当气体高速流向进气门时,如果进气门突然关闭,进气门附近的气体流动突然停止,由于惯性作用,进气管中气体仍继续流动,将使进气门附近的气体被压缩,进气门附近压力上升,随即被压缩的气体又开始膨胀,向与进气气流相反的方向波动,压力下降。膨胀气体被传到进气管口又被反射回来,如此反复就形成压力波。

如果使进气压力脉动波与配气相位很好地配合,可使进气管内的空气产生谐振,利用谐振效果在进气门打开时就会形成增压进气效果,有利于提高发动机的性能。

研究表明,当进气管长度较长时,压力波波长较大,可使发动机在中、低速区功率增大;当进气管长度较短时,压力波波长较短,可使发动机在高速区功率增大。所以,如果进气管长度可改变或使用其他方法改变压力波波长,就可以兼顾整个发动机的工作过程。目前常见的有可变进气歧管长度增压系统和谐波进气增压系统。

(1)可变进气歧管长度增压系统

可变进气歧管长度增压系统可以根据发动机的转速和负荷的变化来自动改变进气歧管的有效长度,其结构示意图如图 2 - 37 所示。当发动机以中、低速运行时,发动机 ECU 控制转换阀控制机构关闭转换阀,空气将沿着弯曲而细长的进气歧管进入汽缸,如图中实线所示。当发动机以高速运转时,转换阀开启,空气经空气滤清器和节气门直接进入进气歧管,路径较短,如图中虚线所示。粗短的进气歧管进气阻力小,波长短,与进气门的开启频率相适应,可提高进气量。

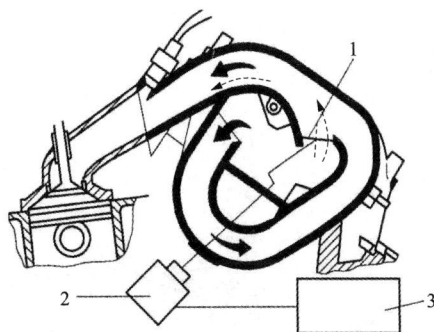

图 2 - 37　可变进气歧管长度示意图
1—转换阀;2—转换阀控制机构;3—ECU

(2)谐波进气增压系统

谐波进气增压系统是在发动机其他结构

不变的基础上，在进气管中部增加一个谐振室和相应的控制装置。图 2 - 38 所示为丰田皇冠车型 2JZ - GE 发动机中采用的谐波增压进气系统工作原理图。该发动机进气管长度虽不能变化，但由于在进气管中部增设了一个大容量的空气室和电控真空阀，即可实现压力波传播有效长度的改变，从而在中、低速和高速时都能够提高发动机性能。

当发动机转速较低时，大容量空气室出口的控制阀关闭，进气管内的脉动压力波传动长度为由空气滤清器到进气门的距离，这一距离较长，是按发动机中、低速进气增压效果的要求设计的。当发动机转速较高时，ECU 接通电磁真空通道阀的电路，真空阀打开，由于大容量的空气室的参与，在进气管控制阀处形成气帘，使进气压力脉动波只能在空气室出口和进气门之间传播。这样便等效缩短了压力波传播距离，使发动机在高速运转也能得到较好的气体动力增压效果。

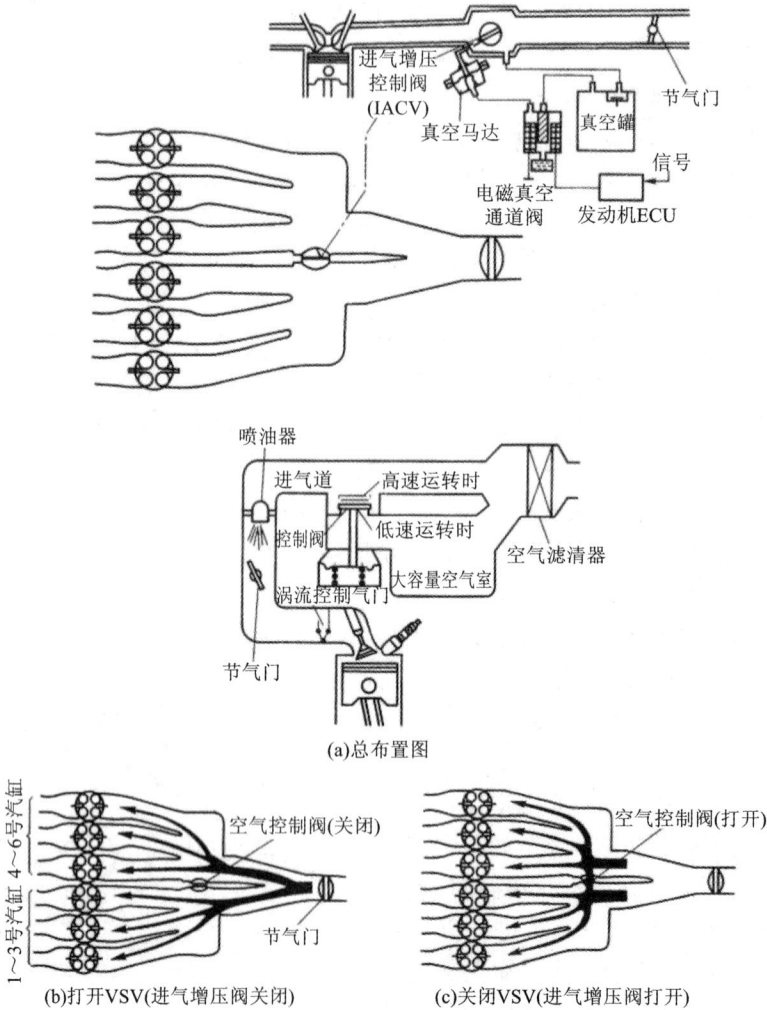

(a)总布置图

(b)打开VSV(进气增压阀关闭)　　(c)关闭VSV(进气增压阀打开)

图 2 - 38　谐波增压进气系统工作原理图

2. 废气涡轮增压系统

废气涡轮增压系统是指在发动机进气管外安装一个废气涡轮增压器，使进入汽缸的气体预先被压缩，再以高密度状态送入汽缸，使发动机得到更多的新鲜空气，增大发动机功率。研究表明，增压使发动机功率比非增压状态高 40% ~ 60%，甚至更多。

废气涡轮增压系统如图 2-39 所示，主要由废气涡轮增压器（包括动力涡轮和增压涡轮）、膜片式控制阀、废气旁通阀、增压压力控制电磁阀和冷却器等组成。发动机的排气在动力涡轮中降压、降温、增速、膨胀，其压力能变为动能，推动涡轮旋转，并带动增压器轴和增压涡轮一起旋转。空气经过空气滤清器进入增压涡轮，在增压涡轮中减速增压，大部分动能转化为内能，使进气密度增加，从而增大发动机功率。

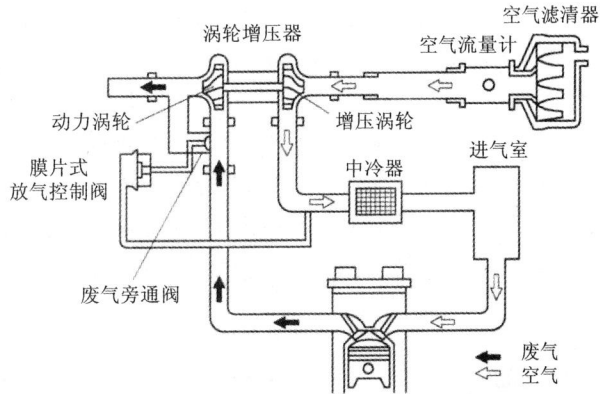

图 2-39　废气涡轮增压系统

废气涡轮增压闭环控制系统如图 2-40 所示。ECU 依据发动机的加速、爆震、冷却液温度、进气量等信号确定增压压力的目标值，并通过进气管压力传感器来反馈发动机的实际增压压力值。ECU 根据其差值控制脉冲信号的占空比，进而分别控制电磁阀的相对开启时间，以此调节可变喷嘴环和涡轮增压器废气放气阀真空膜盒的真空度，改变可变喷嘴环的角度和废气放气阀的开度，从而控制废气涡轮的转速，以此产生发动机所需要的目标增压压力。

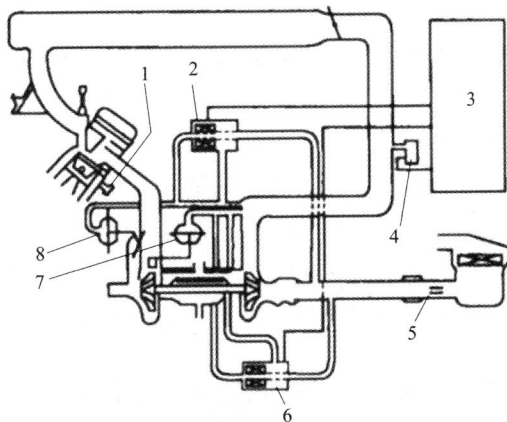

图 2-40　增压压力闭环控制系统

1—爆震传感器；2—放气阀控制电磁阀；3—ECU；4—进气管压力传感器；5—空气流量计；
6—可变喷嘴环控制电磁阀；7—可变喷嘴环控制膜盒；8—放气阀真空膜盒

3.可变气门控制系统

传统的自然吸气式发动机,其配气机构的配气相位和气门升程都是固定的,在不同工况下进气量也是固定的。为了兼顾高、低速和大、小负荷的各种工况的经济性能、排放性能等,可变气门控制技术得到了迅速的发展。在发动机转速较高时,希望进气门提前开启、推迟关闭,尽量地增大进气量,提高充量系数。在发动机转速较低时,希望进气门相对推迟开启、提前关闭,如果仍然像发动机转速较高时一样进气门提前开启、推迟关闭,会造成进气门开启相位提前角和排气门关闭相位推迟角过大,这样不仅会使大量废气冲入进气管,还可能将已经吸入汽缸的新鲜空气重新推回进气管中,导致发动机工作异常、怠速不稳、起动困难。

图 2-41 所示为大众车系的可变气门正时系统,主要由调整电磁阀、可移动活塞、正时链条、凸轮轴调节器、进排气凸轮轴构成。当发动机工作,CEU 判定可变气门正时系统工作时,凸轮轴调整电磁阀通电,改变凸轮轴调整器内机油的流向,使可移动活塞上、下的机油压力发生变化,从而使链条上、下长度发生变化。

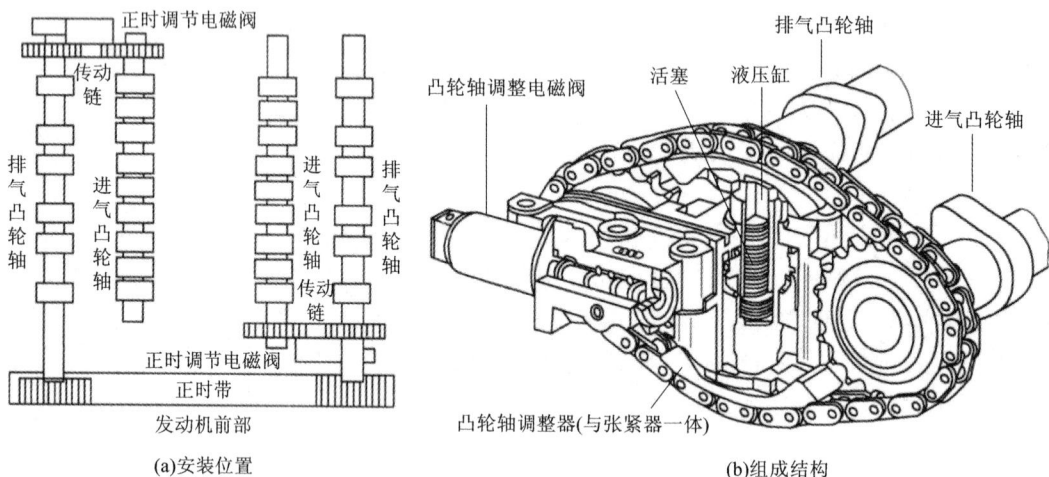

图 2-41 大众车系可变气门正时系统

图 2-42 所示为可变气门正时系统工作情况。当发动机高速运转时,凸轮轴调整器向上推动活塞,链条下部变短,上部变长。排气凸轮轴被正时带固定不能转动,链条带动进气凸轮轴顺时针旋转一定角度,从而使进气门打开时间提前,使发动机提前进气,提高进气效率。当发动机在中、低速运转时,凸轮轴调整器向下推动活塞,链条上部变短,下部变长。进气凸轮轴逆时针旋转一定角度,进气门打开和关闭时间推迟,此时可获得较大的输出扭矩。

4.电子节气门控制系统

节气门可直接控制进气发动机的空气流量,决定发动机的运行工况。电子节气门控制系统通过节气门体上的电动机驱动节气门,可实现节气门开度的快速精确控制,使发动机处于最佳运行状态。

电子节气门控制系统主要由节气门体、加速踏板、加速踏板位置传感器、节气门位置传感器、节气门驱动装置和电子控制单元等组成,结构如图 2-43 所示。ECU 根据加速踏板位置传感器的信号检测加速踏板位置和变化速率,根据节气门位置传感器判断节气门开度大小

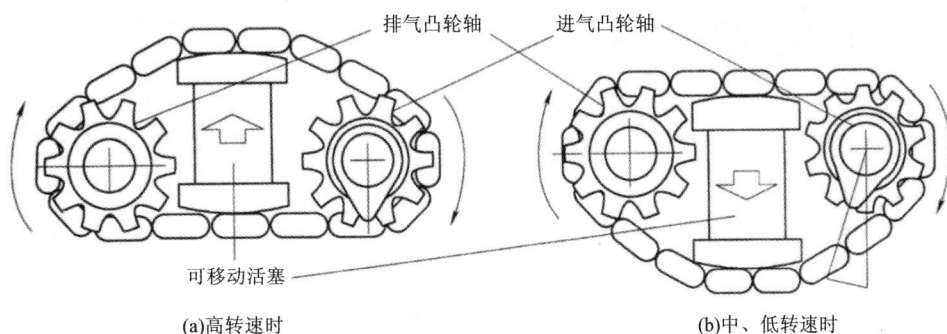

图 2 - 42　大众车系可变气门正时系统工作情况

和变化速率。

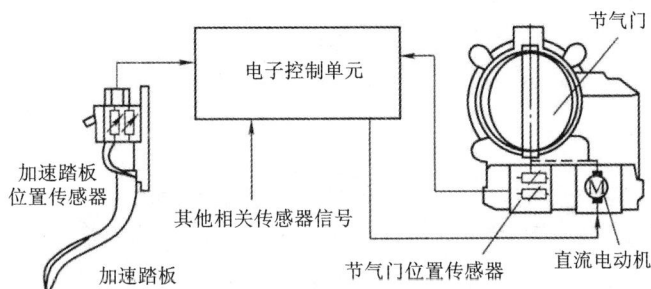

图 2 - 43　电子节气门控制系统

　　驾驶人操纵加速踏板，加速踏板位置传感器产生相应的电压信号输入 ECU，ECU 根据当前的工作模式、踏板移动量和变化率解析驾驶人意图，计算出对发动机转矩的基本需求，得到相应的节气门转角的基本期望值。ECU 根据转速、挡位等传感器的信号对期望值进行修正，同时，节气门位置传感器会把节气门开度信号反馈给 ECU，形成闭环控制。电子节气门控制系统的工作原理如图 2 - 44 所示。

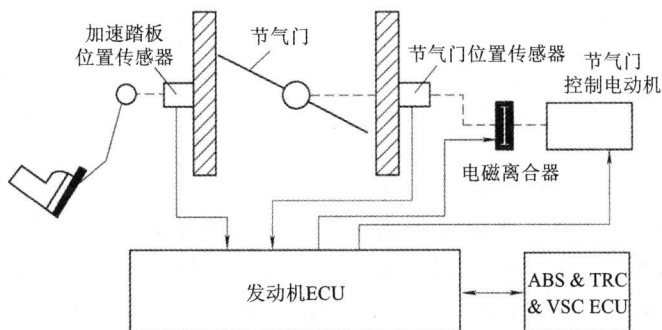

图 2 - 44　电子节气门控制系统工作原理

2.9 缸内直接喷射系统

缸内直喷式汽油机与直喷式柴油机相似，安装在燃烧室内的喷油器将汽油直接喷入燃烧室内，空气则通过进气门进入燃烧室与汽油混合形成混合气，有利于组织合理的气流运动和控制精确的喷油时间，根据不同工况组织混合气，从而实现更好的燃油经济性和更低的排放。

图 2-45 所示为博世公司的缸内直喷系统图，主要由空气质量流量传感器、电子节气门、进气歧管压力传感器、燃油压力控制阀、高压油泵、共轨式燃油储压器、点火线圈、电磁高压涡流喷油器、燃油压力传感器、ECU 等组成。活塞顶部设计成特殊的凹坑形状，使吸入汽缸的空气形成涡流，喷油器直接将汽油喷入，在火花塞周围形成较浓的混合气，以利于混合气的点燃。

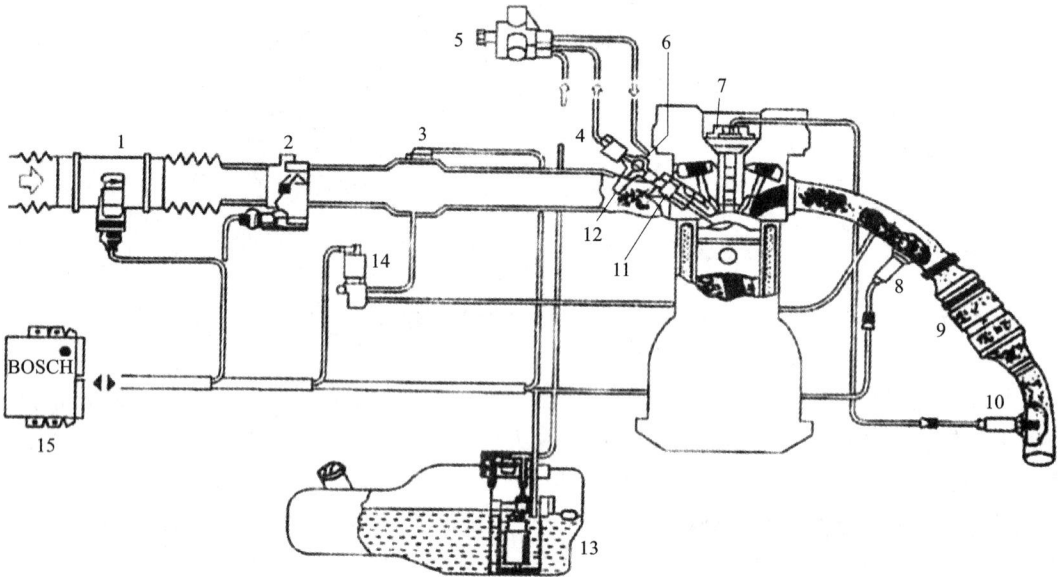

图 2-45　博世缸内直喷系统

1—空气质量流量传感器；2—电子节气门；3—进气歧管压力传感器；4—燃油压力控制阀；5—高压油泵；
6—共轨式燃油储压气；7—点火线圈；8—上游宽带氧传感器；9—NO$_x$ 催化转化器；10—下游宽带氧传感器；
11—电磁高压涡流喷油器；12—燃油压力传感器；13—低压油泵；14—EGR 阀；15—ECU

缸内直喷发动机的关键技术是稀薄燃烧技术。从理论上来说，空燃比大于理论空燃比14.7 时的燃烧称为稀薄燃烧。在稀薄燃烧的情况下，热效率随空燃比增加而增加，与一般当量空燃比的发动机相比，热效率能提高 8% 以上。由于稀薄燃烧时的燃烧温度较低、完全燃烧程度高、爆燃不易发生，可以采用较高的压缩比，再加上汽油能够在过量的空气中充分燃烧，可以提高能量利用率，可有效降低排放中的 CO 和 HC，同时由于燃烧温度的降低，可以有效抑制 NO$_x$ 的产生。

缸内直喷的汽油机燃烧模型可以分为分层稀燃和均质稀燃两种。分层稀燃可以提高空燃比,是缸内直喷发动机实现稀燃的主要方式,也是最有特色、燃油经济性得到提高的主要工作状态之一。

2.10　排放控制系统

随着汽车保有量的增加,汽车排出的尾气是主要的大气污染源之一。汽车尾气造成的环境问题也日益引起人们的重视。汽车排放的主要有害物质有 CO、HC、NO_x(氮氧化物)和微粒等。汽车产生的废气主要通过排气管、曲轴箱以及汽油蒸发等排入大气,其中 65%~85% 的有害气体来自排气管排出的废气。

为了满足日益严格的排放要求,现代汽车普遍同时采用多种排气净化措施,如废气再循环(EGR)、三元催化转换、活性碳罐蒸发控制、二次空气控制等,这些装置或系统的工作均由 ECU 控制。

1. 废气再循环(EGR)控制

废气再循环(Exhaust Gas Recirculation,EGR)控制就是将发动机排出的部分废气引入进气管与新鲜混合气混合后进入汽缸,利用废气中含有大量的二氧化碳不参与燃烧却能吸收热量的特点,降低燃烧温度,达到减少 NO_x 排放的目的,从而实现再循环,同时对送入进气系统的废气进行最佳控制。

废气再循环系统减少 NO_x 排放的基本原理:NO_x 是混合气在高温下燃烧时的副产物,燃烧温度越高,排出的 NO_x 越多。将废气引入进气系统,混合气的热容量增加。在进行相同发热量的燃烧时,与不混合时相比,可使燃烧温度下降,抑制 NO_x 产生。NO_x 与燃烧温度的关系如图 2 - 46 所示。由图 2 - 46 可以看出 NO_x 的排量随着燃烧温度的下降急剧减少。因此许多生产厂家都把废气再循环作为降低 NO_x 排量的一种有效手段。

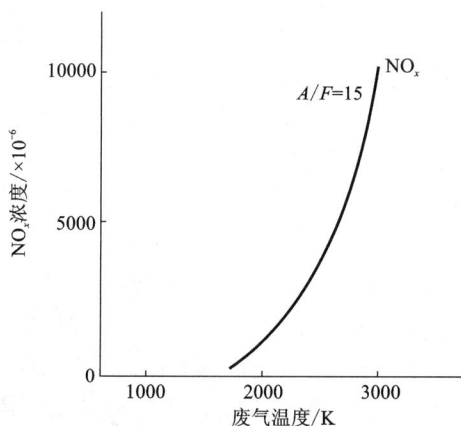

图 2 - 46　燃烧温度与 NO_x 排放量的关系

（1）电子式废气再循环控制系统

电子式废气再循环控制系统主要由废气再循环电磁阀、节气门位置传感器、废气再循环控制阀、曲轴位置传感器、ECU、冷却液温度传感器、起动信号开关等组成，如图 2 – 47 所示。

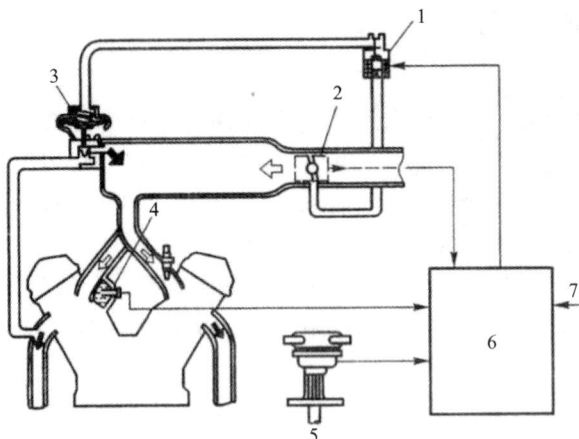

图 2 – 47　电子式废气再循环控制系统

1—废气再循环电磁阀；2—节气门开关；3—废气再循环控制阀；4—冷却液温度传感器；
5—曲轴位置传感器；6—微机集中控制装置；7—起动信号开关

在发动机工作时，ECU 根据各种传感器信号，确定发动机处于何种工况，控制电磁阀的打开和关闭，使废气再循环进行或停止。当 ECU 使 EGR 控制电磁阀通电时，电磁阀开启，进气管的真空度经真空通道传送到 EGR 阀使 EGR 阀开启，部分废气经废气再循环通道进入进气歧管。当 ECU 使 EGR 控制电磁阀断电时，电磁阀关闭，隔断了通向 EGR 阀的真空通道，EGR 阀关闭，不进行废气再循环。

（2）可变 EGR 率的废气再循环控制系统

在发动机出厂时，根据发动机台架试验确定的 EGR 率与发动机转速、进气量的对应关系，将有关数据存入发动机 ECU 的 ROM 中。当发动机运行时，ECU 根据各种传感器送来的信号，确定发动机在哪一种工况下工作，经过查表和计算修正，输出适当的指令，控制电磁阀的开度，以调节废气再循环的 EGR 率。

可变 EGR 率的废气再循环控制系统主要由 EGR 阀、VCM 真空控制阀、ECU 及各种传感器等组成，如图 2 – 48 所示。

VCM 真空控制阀是一个真空调节阀，内有两个电磁阀，一个是废气再循环控制电磁阀，另一个是怠速调节电磁阀。当发动机工作时，ECU 根据各种传感器信号判断发动机的工况，提供给废气再循环控制电磁阀不同占空比的脉冲电压，使其具有不同的打开、关闭频率，以调节进入 VCM 阀负压室的空气量，得到控制 EGR 阀不同开度所需的各种真空度，从而调节不同发动机工况下的 EGR 率。脉冲电压信号的占空比越大，电磁阀打开时间越长，进入 VCM 阀负压室的空气量越多，真空度越小，废气再循环控制阀开度越小，EGR 率越小。当 EGR 率小至某一值时，废气再循环阀关闭，废气再循环系统停止工作。相反，脉冲电压信号的占空比越小，EGR 率越大。

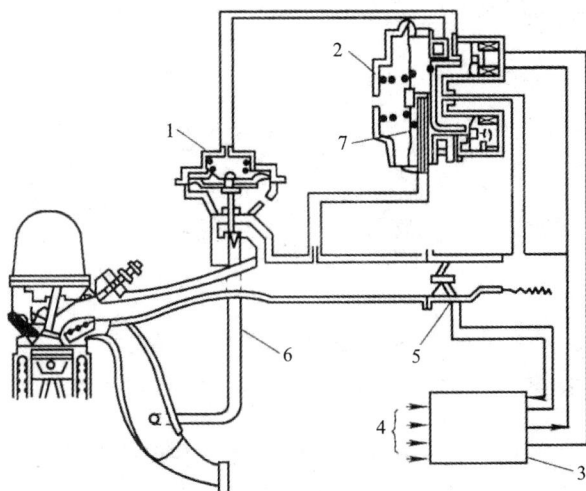

图 2 - 48　可变 EGR 率的废气再循环控制系统

1—EGR 阀；2—VCM 真空控制阀；3—ECU；4—传感器输入信号；
5—节气门位置传感器；6—EGR 管路；7—定压室

（3）闭环控制废气再循环控制系统

在上面所述的两种废气再循环控制系统中，EGR 率只能预先设定，不能检测发动机各种工况下实际的 EGR 率。闭环控制废气再循环控制系统以 EGR 率作为反馈信号来实现闭环控制，如图 2 - 49 所示。EGR 率传感器安装于稳压箱上，可利用测量混合气中的氧气浓度来检测混合气的 EGR 率，并将其检测信号反馈给 ECU，ECU 根据此信号发出控制指令，不断调整 EGR 控制阀的开启高度，以此控制混合气中的 EGR 率，使其始终保持在最佳状态。

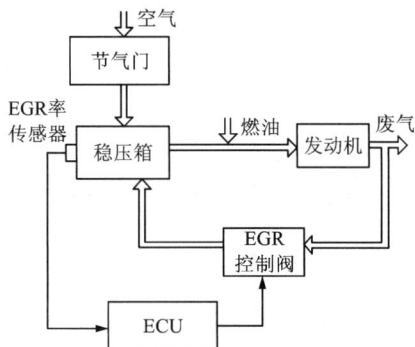

图 2 - 49　用 EGR 率作为反馈信号的闭环控制废气再循环控制系统

2. 三元催化转化

三元催化转化器安装在排气管中部消声器内，通常由外壳、隔热减振衬垫、催化剂载体和催化剂组成，如图 2 - 50 所示。催化剂载体一般为陶瓷材料，分为颗粒形和蜂巢形两种类型，催化剂一般为铂或钯与铑的混合物，涂附在很薄的孔壁上。当废气通过时，三元催化转化器利用催化剂使尾气中的 CO、HC 氧化,同时又利用铑作催化剂使尾气中的 NO_x 被还原,生成 CO_2 及 H_2O、N_2 等无害气体。

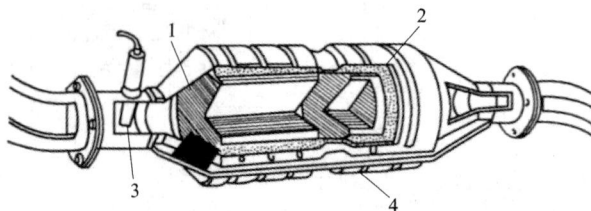

图 2－50　三元催化转化器的结构

1—载体(催化剂);2—隔热减振衬垫;3—氧传感器;4—外壳

由图 2－51 可以看出,只有当发动机混合气的浓度在理论空燃比 14.7 附近时,三元催化转化器的转化效率最佳。因此,需要对空燃比进行精确地控制,使空燃比保持在理论空燃比附近。为了更精确地控制空燃比,在发动机控制系统中普遍采用由氧传感器采集的信号为反馈信号的闭环控制方式。

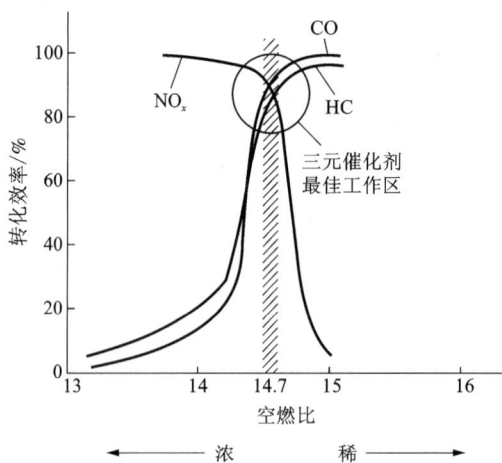

图 2－51　三元催化转化器转化效率与空燃比的关系

3. 活性碳罐蒸发控制

为防止燃油箱向大气排放燃油蒸气而产生的污染,在发动机控制系统中普遍采用了由 ECU 控制的活性碳罐蒸发控制装置,主要包括油箱、燃料单向阀、蒸气通气管路、EGR 和碳罐控制电磁阀、排气控制阀、活性碳罐等,如图 2－52 所示。

油箱的燃油蒸气通过单向阀进入活性碳罐上部,空气从活性碳罐下部进入来清洗活性炭。在碳罐右上方有排放小孔以及受真空控制的排气控制阀,排气控制阀上部的真空度由 ECU 控制的碳罐控制电磁阀控制。

当发动机工作时,ECU 根据发动机转速、温度、空气流量等信号,控制碳罐电磁阀的开闭来控制排气控制阀上部的真空度,从而控制排气控制阀的开度。当排气控制阀打开时,燃

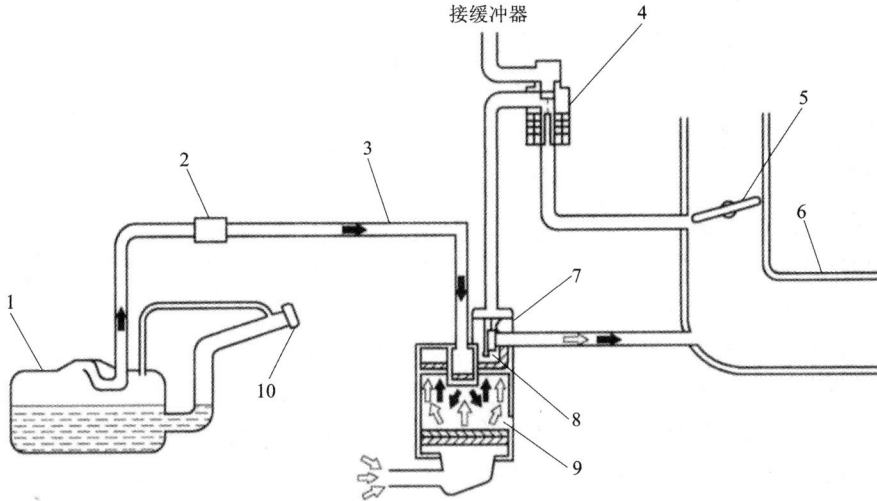

图 2 - 52 活性碳罐蒸发污染控制装置

1—油箱；2—燃料单向阀；3—蒸气通气管路；4—EGR 和碳罐控制电磁阀；5—节气门；6—进气支管；
7—排气控制阀；8—定量排放小孔；9—活性碳罐；10—油箱盖附真空泄放阀

油蒸气通过排气控制阀被吸入进气歧管，进入燃烧室参与燃烧。

4. 二次空气控制

二次空气喷射方法是使用空气泵将一定量的新鲜空气经空气喷管喷入排气管或催化转化器中，使废气中的 CO 和 HC 进一步氧化或者燃烧成为 CO_2 和 H_2O，以减少 CO 和 HC 的排放。

二次空气喷射系统主要由空气泵、旁通阀、真空管、空气分配管、单向阀等组成，如图 2 - 53 所示。空气泵通常由发动机驱动，空气泵产生的低压空气称作二次空气。在分流阀与排气管之间以及分流阀与催化转化器之间装有单向止回阀，以防废气进入二次空气喷射系统。分流线圈及旁通线圈由 ECU 控制，当接通发动机点火开关之后，电源电压便施加到两个线圈的绕组上，ECU 通过对每个绕组提供接地使线圈通电。

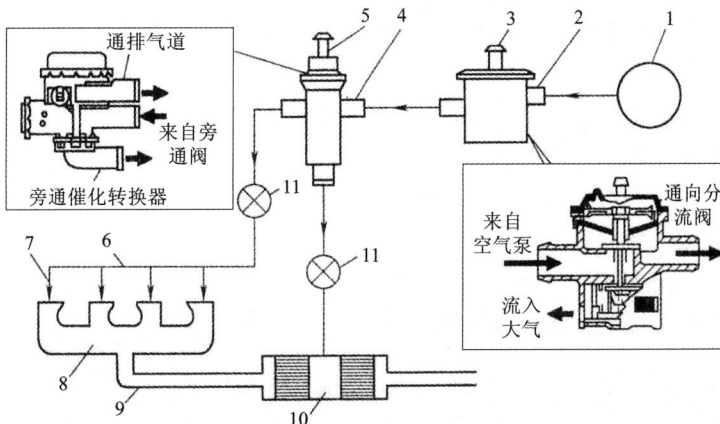

图 2 - 53 二次空气喷射系统

1—空气泵；2—旁通阀；3、5—真空管；4—分流阀；6—空气分配管；7—空气喷管；
8—排气歧管；9—排气管；10—催化转化器；11—单向阀

思考题

1. 汽车电子控制发动机燃油喷射系统(EFI)由哪几部分组成?

2. 电控发动机空气供给系统的功用是什么?

3. 电控发动机燃油供给系统的功用是什么?

4. 按控制方式不同,发动机燃油喷射系统分为哪几种类型?按喷油器喷油部位不同,发动机燃油喷射系统分为哪几种类型?

5. 什么是单点燃油喷射系统?什么是多点燃油喷射系统?

6. 空气流量传感器的功用是什么?

7. 热丝式与热膜式空气流量传感器主要由哪些部件组成?为什么现代汽车电子控制汽油喷射系统普遍采用热膜式空气流量传感器?

8. 压力传感器的功用是什么?

9. 曲轴位置传感器 CPS 的功用是什么?凸轮轴位置传感器 CIS 的功用是什么?

10. 发动机燃油喷射系统常用的曲轴与凸轮轴位置传感器有哪些?

11. 节气门位置传感器的功用何在?按结构和输出信号类型的不同,节气门位置传感器分为哪些类型?

12. 在电子控制燃油喷射系统中,电动燃油泵的供油量远远大于发动机最大耗油量的作用是什么?

13. 按结构不同,电控喷油系统采用的电动燃油泵分为哪五种?常用的电动燃油泵有哪三种?

14. 按安装方式不同,发动机燃油喷射系统采用的电动燃油泵可分为哪两种?为什么大多数汽车燃油喷射系统都采用内置式电动燃油泵?

15. 发动机燃油喷射系统采用的电动燃油泵主要由哪些部件组成?电动燃油泵设置单向阀的目的是什么?电动燃油泵设置限压阀的目的是什么?

16. 在发动机燃油喷射系统中,油压调节器的功用是什么?一般安装在什么部位?

17. 电磁喷油器的功用是什么?按结构和阻值不同,喷油器可分为哪几种类型?

18. 喷油器的控制原理是什么?

19. 汽油发动机怠速时进气量的控制方式分为哪两种?怠速控制阀的功用是什么?

20. 提高进气量的进气系统有哪些?

21. 可变气门正时系统的工作过程是怎样的?

22. 什么是缸内直喷?其优点是什么?

23. 排气净化措施主要有哪些?

24. 废气再循环系统减少 NO_x 排放的原理是什么?

第 3 章　柴油机电控喷油技术

柴油机电控喷油技术，全称是柴油发动机电子控制燃油喷射技术。柴油发动机为压燃式发动机，喷油压力很高（高达 160 ~ 200 MPa）。因此，研究柴油机电控喷油技术主要是研究柴油机电子控制喷油压力技术和燃油喷射技术。

1893 年 2 月 23 日，德国人鲁道夫·狄塞尔（Rudolf Diesel）博士发明了狄塞尔发动机（柴油发动机或柴油机）。100 多年来，柴油机作为动力源具有优越的经济性和耐久性，在汽车及工程机械领域得到了广泛的应用，为经济建设和社会发展做出了不可磨灭的贡献。柴油机电子控制技术在汽车上的应用，有力地推动了柴油机技术的进一步发展。到目前为止，已经研制并生产出了不同种类、功能各异的柴油机电子控制燃油系统。控制功能更全、工作更可靠的新产品层出不穷，大大改善和提高了柴油发动机汽车的动力性、经济性和排放性能，取得了显著的经济效益和社会效益。

3.1　柴油机电控系统组成与分类

跨入 21 世纪以来，装备电控柴油喷射系统的载货汽车和轿车与日俱增。柴油机采用电子控制技术，特别是采用高压共轨式电控喷油技术，是柴油机技术发展的必然趋势。

1. 柴油机电控燃油喷射系统的分类

由于柴油机产品的多样性（在机械控制时代就已开发应用直列泵、分配泵、单体系和泵喷嘴等结构形式、适用范围和自身特点完全不同的燃油系统），因此，在其基础上开发研制的电控燃油喷射系统种类繁多、形式各异。柴油机电控燃油喷射系统大致可按下述情况进行分类。

按控制方式不同，柴油机电控燃油喷射系统可分为位置控制式柴油喷射系统、时间控制式柴油喷射系统和高压共轨式电控燃油（柴油）喷射系统三种类型。按控制对象不同，柴油机电控燃油喷射系统可分为电控喷油泵系统和共轨式电控喷油系统两大类。ECU 的控制对象前者是喷油泵，后者则是喷油器和共轨压力。按喷油泵供油机构的结构形式不同，电控喷油泵系统可分为直列泵式电控喷油系统、分配泵式电控喷油系统、泵喷嘴式电控喷油系统和单体系式电控喷油系统四种类型。共轨式喷油系统可分为高压共轨式喷油系统和中压共轨式喷油系统两种类型。目前使用的共轨式喷油系统大都是高压共轨式喷油系统。

2. 柴油机电控燃油喷射系统的组成

柴油机电控制燃油喷射系统同汽油机电子控制燃油喷射系统一样，也是由传感器、电子控制单元 ECU 和执行器三大部分组成。

　　传感器的功用是检测发动机运行时的状态参数。柴油机电子控制燃油系统常用的传感器有曲轴位置(发动机转速与转角)传感器、凸轮轴位置传感器、加速踏板位置(或油量调节齿杆位置)传感器、大气压力传感器、进气温度传感器、燃油温度传感器、冷却液温度传感器、共轨油压传感器、空气流量传感器(增压柴油机采用)以及车速传感器等。

　　电子控制单元 ECU 是柴油机电子控制燃油系统的核心,是一个以单片机为核心的电子控制器。目前,中央处理器 CPU(Central Processing Unit)普遍采用高速 32 位 CPU 进行数学运算和数据处理。ECU 的功用是根据发动机转速和油量调节齿杆位置等传感器检测的柴油机运行状态参数,与 ECU 中预先存储的发动机特性参数图谱(称为 MAP 图)进行比较,计算确定喷油量和喷油时间等控制参数,并按计算所得目标值向执行器发出控制指令。此外,电控单元还具有通信和其他功能,如与自动变速 ECU 进行数据传输和交换、适时修正喷油量和喷油提前角控制指令等。

　　执行器(执行机构)的功用是根据 ECU 发出的控制指令执行相应的任务,主要是控制喷油量、喷油定时和喷油压力等。控制系统的控制策略不同,采用执行器的种类也不相同。位置控制式柴油喷射系统采用的执行器有电磁铁机构、直流电动机、步进电动机和机械式喷油器;时间控制式柴油喷射系统采用的执行器有电磁阀和机械式喷油器;高压共轨式柴油喷射系统采用的执行器有电动燃油泵、燃油压力控制阀、电磁式喷油器或压电晶体式喷油器等。无论采用何种控制策略,喷油器都是控制喷油量和喷油定时的最终执行器。

3.2　柴油机电控喷油技术基础

　　20 世纪 70 年代以来,在满足柴油机排放法规和提高燃油经济性等要求的背景下,柴油机电控燃油喷射技术先后被各汽车生产厂商用来控制喷油量和喷油定时等控制参数,开发了各式各样的电控柴油喷射系统。由于控制对象各不相同,各电控喷油系统的控制功能、控制策略与控制原理亦不尽相同。

1.柴油机电控喷油系统的控制功能

　　柴油机电控燃油喷射系统的种类不同、应用对象不同(轿车或载货汽车)以及控制策略不同,其控制功能各不相同。但是,每一种电控柴油喷射系统都具有喷油量控制和故障自诊断控制等基本功能。到目前为止,电控柴油喷射系统具备的控制功能如表 3 − 1 所示。

表 3 − 1　柴油发动机电子控制燃油喷射系统的功能

控制功能	控制内容	备注
喷油量控制	基本喷油量控制	
	起动喷油量控制	
	怠速转速(喷油量)控制	
	加速时喷油量控制	
	各缸不均匀油量补偿控制	
	恒定车速(巡航)控制	

续表3-1

控制功能	控制内容	备注
喷油定时控制	基本喷油定时控制	
	起动喷油定时控制	
	低温时喷油定时控制	
喷油压力控制	基本喷油压力控制	共轨式电控柴油喷射系统可以实现
喷油特性控制	预喷油量控制	
	预行程控制	
	多段喷射控制	高压共轨式电控柴油喷射系统才能实现
辅助控制	故障自诊断控制	
	故障应急处理控制	
	进气量控制	
	排气再循环EGR控制	EGR系统才能实现

2.柴油机电控喷油系统的控制策略

40多年来,柴油机电控喷油系统已经历了位置控制、时间控制和高压共轨控制三代变化。典型控制系统的控制策略和主要技术特点如表3-2所示。

表3-2　柴油发动机电子控制燃油喷射系统的控制策略

技术类别	控制策略	典型燃油系统名称	控制项目				技术特点
			喷油量	喷油定时	喷油压力	喷油特性	
第一代	凸轮压油+位置控制	COVEC-F	●	●	○	○	喷油量由ECU控制油量调节齿杆或滑套的位移量进行控制;喷油定时由定时控制阀TCV通过控制液压提前器活塞高压腔与低压腔之间的压差来控制
		ECD-V1	●	●	○	○	
		TICS	●	●	○	○	
第二代	凸轮压油+电磁阀时间控制	ECD-V3	●	●	○	○	喷油量由ECU控制电磁阀进行控制;喷油定时控制方法与第一代相同,但反馈控制信号不同
		VP	●	●	○	○	

续表 3 - 2

技术类别	控制策略	典型燃油系统名称	控制项目				技术特点
			喷油量	喷油定时	喷油压力	喷油特性	
第三代	燃油蓄压 + 喷油器时间控制	ECD – U2 ECD – U2P UNIJET CRS	●	●	●	●	喷油量和喷油定时均由 ECU 通过控制各缸喷油器的电磁机构来控制；喷油压力由 ECU 通过控制压力控制阀 PCV 来控制，燃油压力的产生与发动机转速和负荷无关

注：符号●表示具有该项控制功能；符号○表示没有该项控制功能。

喷油量是柴油机工作过程中最重要的参数之一。柴油机设计师们的最大理想就是根据柴油机的实际工况，自由控制每循环的喷油量。随着高压共轨式电控柴油喷射技术的应用，设计师们的梦想正在变为现实。

3. 柴油机喷油量的计算方法

柴油机每循环的基本喷油量可用下式进行计算：

$$Q_j = \frac{98 p_e V_h g_e}{27 \gamma_m} = \frac{50 N_e g_e}{3 n_t \gamma_m} \tag{3 - 1}$$

式中：Q_j——基本(标定工况)喷油量，mm^3；

$\quad\quad p_e$——平均有效压力，kPa；

$\quad\quad V_h$——每缸排量，L；

$\quad\quad g_e$——比油耗，$g/(kW \cdot h)$；

$\quad\quad \gamma_m$——燃油密度(轻质柴油：$\gamma_m = 0.82 \sim 0.89\ g/cm^3$)，$g/cm^3$；

$\quad\quad N_e$——每缸标定功率，kW；

$\quad\quad n_t$——标定工况凸轮转速，r/min。

标定工况的喷油量是柴油机工作过程中最基本的喷油量。式(3 - 1)说明，基本喷油量 Q_j 与凸轮转速 n_t 成反比。因为发动机转速 n_e 与凸轮转速 n_t 有一定比例关系，所以基本喷油量 Q_j 与发动机转速 n_e 也成反比关系。当转速升高时，发动机在一个工作循环内所占的时间缩短，其进气量将减小，所以基本喷油量 Q_j 减小。

柴油机在各种工况下工作时，每循环喷油量的变化范围是$(1.0 \sim 1.5)Q_j$。其他工况下的喷油量与基本喷油量之间的关系如下。

启动喷油量为：

$$Q_q = (1.3 \sim 1.5)Q_j \tag{3 - 2}$$

怠速喷油量为：

$$Q_d = (0.2 \sim 0.25)Q_j \tag{3 - 3}$$

上述公式都是经验公式，用其计算的喷油量具有一定的精度，曾广泛应用于机械式供油系统喷油量的计算。由于柴油机各具特点，因此，最后仍应在此基础上，根据具体发动机进行试验修正后，即可得到较为理想实用的喷油量数据。

4. 电控喷油泵系统喷油量的控制原理

在机械式燃油系统中，柴油机大都采用机械式调速器来调节喷油量，利用离心力与弹簧作用力的平衡关系调节齿杆的位移，从而控制喷油量的大小。在电控喷油系统中，喷油器则是在电控单元 ECU 的控制下喷射燃油。控制对象不同，喷油器的控制原理也不相同。

为了满足排放法规和油耗法规的要求，每循环的基本喷油量 Q_j 都经过精确计算和反复试验。利用计算机的存储功能，将试验得到的最佳数据（即发动机在不同转速和不同负荷下对应的最佳基本喷油量）以三维图形（称为曼谱图 MAP）形式存储在计算机的只读存储器 ROM 中，如图 3-1 所示。再利用计算机的查寻功能和控制功能，通过控制执行器动作将喷油量控制在最佳范围内。

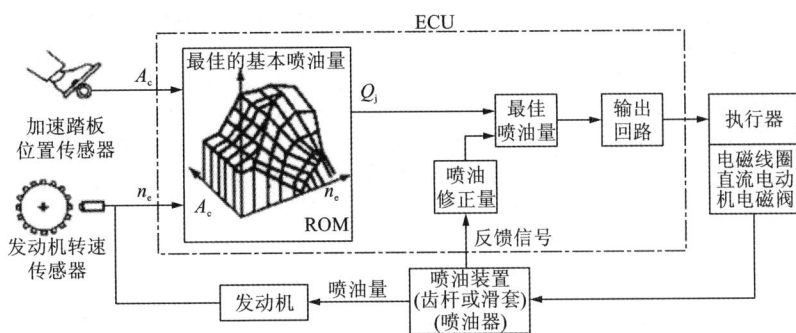

图 3-1　电控喷油泵系统基本喷油量的控制原理

当发动机工作时，ECU 根据加速踏板位置传感器信号（齿杆位置信号）A_c 和发动机转速（曲轴位置）传感器信号 n_e，利用计算机的查寻功能，即可从三维图形（MAP 图）中得到相应的最佳基本喷油量数值 Q_j；再利用计算机的数学计算与逻辑判断功能以及其他传感器提供的喷油量修正信号，即可计算确定最佳喷油量，并向执行器（电磁铁机构、直流电动机或电磁阀）发出控制指令；执行器在 ECU 输出回路的驱动下动作，使喷油器按最佳喷油量喷射柴油，完成一次喷油过程。

在发动机工作过程中，电控系统不断循环上述过程，即可实现对喷油量的实时控制。

在位置控制式电控喷油泵系统中，利用转速传感器、齿杆（或滑套）位置传感器、电控单元 ECU、电磁执行机构等来替代机械式调速器，由电控单元 ECU 根据各种传感器信号计算确定喷油量，通过控制这些执行机构动作使调节齿杆（或滑套）产生位移来控制喷油量，执行器为电磁机构。齿杆（或滑套）的位移量信号为反馈信号，输入 ECU 对喷油量实现反馈控制。

在电磁阀时间控制式电控喷油泵系统中，执行器为电磁阀，ECU 则直接控制电磁阀来控制喷油量。因为电磁阀响应速度较快，故系统中未采用反馈控制信号来修正喷油量。

在柴油发动机中，因为每循环喷油量由柴油机的工作负荷确定，所以反映发动机负荷的加速踏板位置（齿杆位置）传感器信号 A_c 与反映发动机进气量的发动机转速（曲轴位置）传感器信号 n_e 是确定喷油量最基本也是最重要的信号。因此，加速踏板位置传感器或发动机转速传感器一旦发生故障，电控系统将控制发动机处于应急状态（跛行状态）运行，以便驾驶员进行事故处理或将车辆行驶到修理厂修理。

3.3　位置控制式柴油喷射系统

位置控制式柴油喷射系统为第一代电子控制柴油喷射系统，是早期(20 世纪 70 年代)研制的电子控制柴油喷射系统，其结构特点是：调速器采用了电子调速器；喷油提前器采用了电子提前器；执行器采用了电磁执行机构，包括线性电磁铁机构、旋转电磁铁机构、线性直流电动机和步进电动机等，使油量调节实现了电子控制。

1. 位置控制式柴油喷油系统的控制方法

(1)喷油量的控制

位置控制式柴油喷射系统的控制策略是：凸轮压油 + 位置控制，即燃油的压送机构与机械式燃油系统相同，仍由凸轮驱动压油；喷油量则由转速传感器、齿杆(或滑套)位置传感器、电控单元 ECU、电磁执行器等组成的电子调速器进行调节。控制方法是 ECU 通过控制电磁执行机构动作，使油量调节齿杆(又称为齿条)或油量调节滑套(简称滑套)的位移量产生变化来调节喷油量，故又称为位移控制式柴油喷射系统，控制方法如图 3－2 所示。

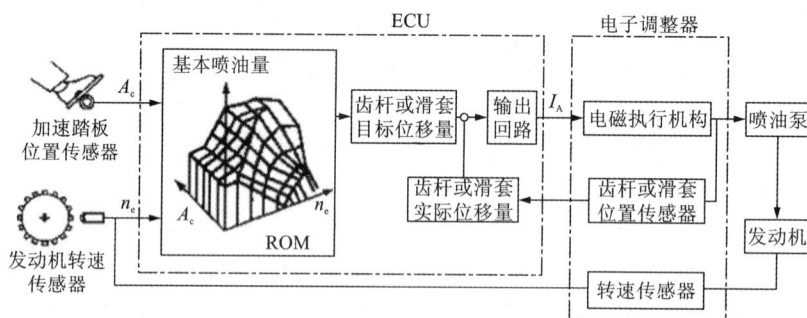

图 3－2　位置控制式柴油喷射系统喷油量的控制方法

控制喷油量的基本信号有发动机转速信号和加速踏板位置传感器检测的油门开度信号；喷油量反馈控制信号是齿杆(或滑套)位置传感器信号(即位移量信号)，其控制原理如下：

加速踏板位置(齿杆位置)传感器信号和发动机转速传感器信号输入 ECU 后，即可从MAP 图中查寻得到基本喷油量数值，ECU 根据喷油量数值即可计算确定调节齿杆(或滑套)的目标位移量(即齿杆或滑套的目标位置)，并向电子调速器发出控制指令，电磁执行机构(线性电磁铁机构、旋转电磁铁机构或线性直流电动机等)在输出回路的驱动下运行，同时驱动油量调节齿杆(或滑套)向目标位置移动，从而改变喷油器喷油量的大小。

喷油量采用电子调速器控制的系统是一个闭环控制系统。在电磁执行机构驱动调节齿杆(或滑套)向目标位置移动的同时，齿杆(或滑套)位置传感器将把齿杆(或滑套)的实际位移量信号检测出来，并反馈到电控单元 ECU，ECU 根据目标位移量和实际位移量计算确定位移的修正量，通过调节电磁执行机构驱动电流的大小，对齿杆(或滑套)的位移量进行修正，从而实现对喷油量闭环控制。

（2）喷油定时的控制

喷油定时是指何时开始喷油，又称为喷油正时。因此，控制喷油定时就是控制喷油提前角。位置控制式喷油系统喷油定时（喷油提前角）采用了喷油泵转速传感器、ECU、喷油定时控制阀和喷油提前器活塞位置传感器组成的电子提前器进行控制，控制方法如图 3-3 所示。

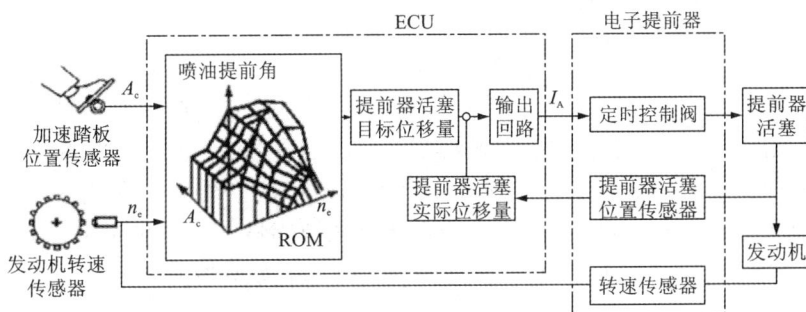

图 3-3 位置控制式柴油喷射系统喷油定时的控制方法

电控单元 ECU 根据喷油泵（或发动机）转速传感器信号和加速踏板位置传感器信号在MAP 图中查寻喷油提前角数值后，计算确定定时控制活塞的目标位移量，并向定时控制阀发出占空比信号控制活塞左右移动，从而使喷油提前角增大或减小。

在提前器活塞移动的同时，位置传感器将把活塞的实际位移量信号检测出来并反馈到ECU，ECU 根据实际位移量与目标位移量之差，通过调节控制信号的占空比，对喷油定时进行反馈控制，从而实现对喷油定时的闭环控制。

2. 位置控制式柴油喷射系统的特点

位置控制式柴油喷射系统是在机械式柴油喷射系统的基础上进行电子技术改造而成，控制喷油量的实质是：控制油量调节滑套（或齿杆）的位移量；控制喷油定时（喷油提前角）的实质是：控制定时控制活塞的位移量。由上述分析可见，位置控制式柴油喷射系统主要具有以下特点：

①升级改造成本较低，不仅保留了传统供油系统的喷油泵、高压油管、喷油嘴等主要部件，而且保留了喷油泵中控制喷油量的油量调节滑套（或齿杆）等机械传动机构，柴油机原有喷油系统改动较小，因此生产继承性较好。

②喷油量采用电子调速器控制，取消了原有的机械式调速机构，采用了发动机（或喷油泵）转速传感器、滑套（齿杆）位置传感器、电控单元 ECU 和线性电磁铁机构组成的电子调速器来控制喷油量，并利用滑套（或齿杆）位置传感器信号对喷油量实施反馈控制。

③喷油定时采用电子提前器控制，采用了发动机（或喷油泵）转速传感器、喷油提前器活塞位置传感器、电控单元 ECU 和喷油定时控制阀组成的电子提前器来控制喷油定时（喷油提前角），并利用喷油提前器活塞位置传感器信号对喷油定时（喷油提前角）实施反馈控制。

④柴油机性能得以改善。由于喷油量采用电子调速器控制，喷油定时（喷油提前角）采用电子提前器控制，并利用位置传感器信号分别对喷油量和喷油提前角进行反馈控制，因此，执行机构的响应速度有所加快，控制精度大大提高，柴油机的动力性和经济性得到改善。但是，由于燃油的压送机构与机械式燃油系统相同，仍由凸轮驱动压油，燃油喷射压力没有提

高，因此，难以改善柴油机的排放性能。

位置控制式柴油喷射系统虽然只能有限地改善柴油机的动力性与经济性，但是，电子调速器和电子提前器在柴油机上的应用，为柴油机电子控制技术的发展奠定了基础。

3.4　时间控制式柴油喷射系统

时间控制式柴油喷射系统为第二代电子控制柴油喷射系统，在位置控制式柴油喷射系统的基础上开发而成。由于位置控制式柴油喷射系统喷油量采用的是电磁机构驱动杠杆传动机构使滑套或齿杆位移进行控制，喷油延迟时间较长（ECD－V1 型电控分配泵系统为 40～50 ms）。因此，为了提高柴油喷射系统的响应速度和控制精度，20 世纪 80 年代开始利用结构简单、响应速度快的电磁阀来直接控制喷油量，去掉了导致喷油延迟的杠杆传动机构，使喷油延迟时间接近于零。

1. 时间控制式柴油喷射系统的控制

所谓时间控制，是指利用高速电磁阀控制喷油结束时刻来调节喷油量的控制。高速电磁阀又称为高速开关电磁阀，是一种电磁阀阀门打开与关闭动作速度快、响应时间短的电磁阀。

时间控制式柴油喷射系统的控制策略是：凸轮压油＋电磁阀时间控制，即燃油升压通过喷油泵的凸轮运动来实现，喷油量由电磁阀直接控制，控制方法是将控制柴油机齿杆（或滑套）的位移改为直接控制电磁阀阀门的打开，使高压柴油立即卸压溢流来结束喷油，如图 3－4 所示。

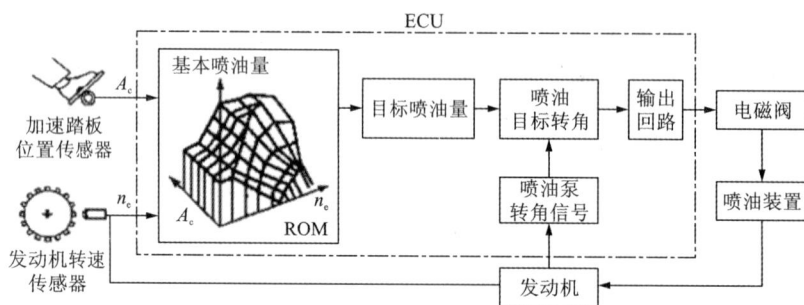

图 3－4　时间控制式电控分配泵系统的控制方法

加速踏板位置（齿杆位置）传感器信号和发动机转速传感器信号输入 ECU 后，即可从 MAP 图中查寻得到目标喷油量数值，ECU 根据目标喷油量和喷油泵转角信号计算确定对应的喷油目标转角，并向高速电磁阀发出控制指令，电磁阀在输出回路驱动下动作，从而实现对喷油量的控制。

在时间控制式电控分配泵系统中，喷油始点并未采用高速电磁阀控制，而是与传统的分配泵一样，由分配泵端面凸轮的行程决定，凸轮运动使油压开始上升的时刻与喷油开始的时刻对应。

时间控制式柴油喷射系统的显著特点是：喷油终点（喷油结束时刻）由高速电磁阀控制，当电磁阀打开使高压燃油流回喷油泵泵腔的燃油泄流卸压时刻即为喷油结束时刻。因为高速电磁阀开关动作的响应速度很快（目前，电磁阀的开关响应时间已经达到 0.25 s），所以控制喷油结束时刻就可控制喷油量，喷油结束时刻越晚，喷油量越大；反之，喷油结束时刻越早，喷油量就越小，故称为"时间控制"。

采用单片机准确地控制时间比控制位移要容易得多，所以时间控制系统的结构大大简化、响应速度和控制精度大大提高，至今仍广泛用于各种乘用汽车和商用汽车，并为进一步开发降低柴油机排放的高压共轨式柴油喷射系统奠定了良好的基础。

2. 时间控制式电控喷油系统的特点

时间控制式柴油喷射系统控制喷油量的实质是：将控制柴油机齿杆（或滑套）的位移改为直接控制电磁阀阀门打开，使高压柴油立即卸压溢流，结束喷油。这种柴油喷射系统具有以下特点。

①产生高压的装置与机械式和位置控制式喷油系统相同。机械式直列泵、位置控制式直列泵、时间控制式电控直列泵与电控分配泵等系统，都是利用凸轮驱动柱塞、柱塞与柱塞套配合产生高压以压缩燃油来产生喷射需要的压力。

②喷油泵结构简单，工作可靠。在传统柴油机供油系统中，喷油泵由柴油机曲轴驱动喷油泵凸轮轴，使柱塞压缩燃油产生高压脉冲，这一脉冲以压力波的形式传至喷油嘴，并顶开针阀阀门喷油，柱塞同时起到建立供油压力和调节供油量的作用。在时间控制式柴油喷射系统中，喷油泵仍可采取传统直列泵、单体泵、分配泵柱塞的供油原理，但柱塞只承担供油建压任务，高压燃油喷射、喷油量、喷油时刻则由高速电磁阀独立控制。因为供油建压与喷油量调节装置分别独立工作，所以喷油泵（直列泵、单体泵、分配泵）的结构可大大简化，喷油泵内无需设装齿圈、滑套、柱塞上的斜槽、提前器、齿杆等部件，喷油泵的机械强度增大，工作可靠性大大提高。

③便于喷油泵升级改造。既可保留原有泵 – 管 – 嘴（Pump – Pipe – Injector，PPI，喷油泵 – 高压油管 – 喷油嘴）系统，将其改进成电控泵 – 管 – 阀 – 嘴（Pump – Pipe – Valve – Injector，PPVI）系统，利用高速电磁阀直接控制高压燃油喷射，也可采用产生高压的新型燃油喷射系统，利用高速电磁阀直接控制高压燃油喷射。电控泵 – 管 – 阀 – 嘴系统是将传统直列泵系统改造成为时间控制式电控直列泵系统。

④喷油量大小取决于喷油角度的大小，为开发高压共轨技术奠定了良好的基础。喷油始点由凸轮行程决定，喷油终点由电磁阀控制。在发动机转速一定的情况下，喷油角度减小，喷油终点提前，喷油时间缩短，喷油量减小；反之，喷油角度增大，喷油终点推迟，喷油时间延长，喷油量增大。因为喷油终点实现了电子控制，所以为进一步开发能够同时控制喷油始点和喷油终点的高压共轨技术奠定了良好的基础。

时间控制式柴油喷射系统的缺点是：未能从根本上解决柴油机的动力性、经济性和排放性能，难以满足日益严格的排放法规要求。由于喷油压力仍然利用凸轮驱动柱塞压油产生，因此，对转速的依赖性很大，在低速、小负荷时，其喷油压力不高，难以实现多次喷射，不利于降低柴油机的振动噪声和提高动力性与经济性。此外，喷油压力完全依赖于凸轮形线的设计，难以实现喷油压力控制，发动机的排放性能改善受限。

3.5　高压共轨式柴油喷射系统

　　高压共轨式柴油喷射技术是一种全新的电子控制柴油喷射技术，其基本原理与汽油喷射技术相似。输油泵（电动燃油泵）将柴油从燃油箱输送到高压泵（高压油泵）内，高压泵在发动机的驱动下将柴油加压压缩成高压燃油（油压高达 160～200 MPa）后供入公共油轨（俗称"共轨"），在电控单元 ECU 的控制下，共轨中的适量高压燃油经各缸高压油管和各缸电控喷油器直接喷射到汽缸内燃烧做功。

1. 高压共轨式柴油喷射系统的组成

　　目前，全球提供共轨式柴油喷射系统的公司主要有德国博世 Bosch 公司和西门子 Siemens 公司、美国德尔菲 DelPhi 公司和凯特皮勒 Caterpillar 公司（该公司是军用车辆的主要提供商）以及日本电装 Denso 公司。各公司研制的共轨式柴油喷射系统分为多种类型，结构原理大同小异，最具代表性的是 20 世纪中后期 Bosch 公司和 Denso 公司推出的高压共轨式柴油喷射系统。其中，博世公司高压共轨式柴油喷射系统（Common Rail System，CRS）的组成如图 3－5 所示。

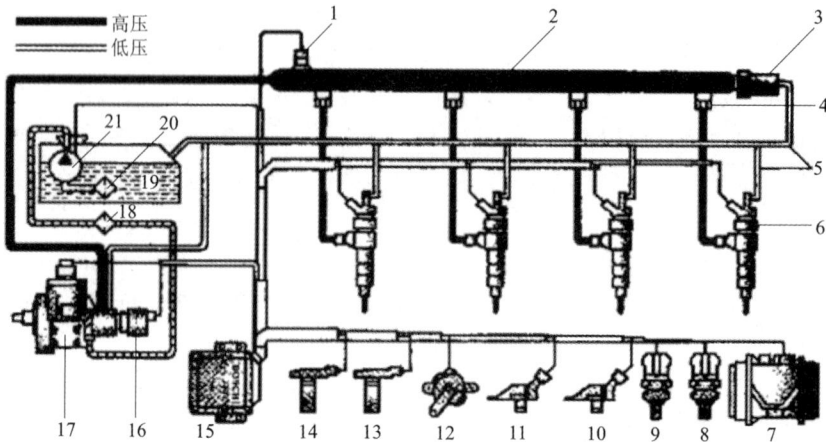

图 3－5　博世公司高压共轨式柴油喷射系统的组成

1—共轨油压传感器；2—共轨；3—限压阀；4—流量限制阀；5—低压回油管；6—电控喷油器；7—空气流量传感器；
8—进气温度传感器；9—冷却液温度传感器；10—大气压力传感器；11—增压压力传感器；12—加速踏板位置传感器；
13—凸轮轴位置传感器；14—曲轴位置传感器；15—ECU；16—压力控制阀 PCV；17—高压泵（带供油切断电磁阀）；
18—燃油细滤器；19—燃油箱；20—燃油粗滤器；21—电动燃油泵

　　（1）电动燃油泵

　　在安装方式上，电动燃油泵既可安装在柴油箱内部，也可安装在柴油箱外面的低压油路上。安装在油箱内部易于散热，故普遍采用内装式。电动燃油泵的功用是向高压泵提供具有一定压力（一般为 250 kPa）和数量（最大供油量为 3 L/min）的燃油。电动燃油泵受 ECU 控制，点火开关一旦接通，ECU 便控制油泵继电器接通电动燃油泵电路，电动燃油泵就开始供油。如果在规定时间内(9 s 左右)仍未接通起动开关来起动发动机,ECU 将自动切断电动燃油泵电源电路,电动燃油泵将停止运转。

(2)高压泵

高压泵又称为供油泵或高压油泵,是燃油供给系统低压通道与高压通道之间的接口部件。高压泵的功用是:在柴油机各种工况下,将低压柴油加压压缩,向共轨管内供入压力足量高、油量足够大的高压燃油。高压泵与普通喷油泵一样安装在柴油机上,通过离合器、齿轮、链条或齿带由发动机驱动。但安装高压泵时,只需考虑供油功能,无需考虑定时位置。

博世公司高压共轨式电控喷油系统 CRS 采用 CP3 系列柱塞式高压泵的轴向剖面结构如图 3 - 6 所示,主要由偏心轮、柱塞组件、进油阀、出油阀壳体和油道等组成。

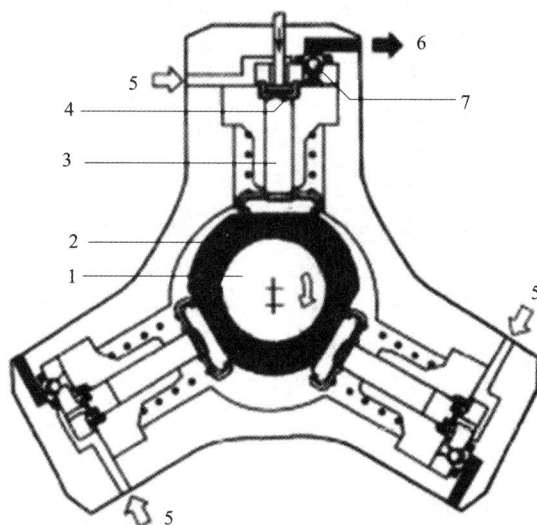

图 3 - 6　CP3 型高压泵横向剖视图

1—传动轴;2—偏心轮;3—柱塞;4—进油阀;5—进油口;6—出油口;7—出油阀

高压泵加压的燃油由输油泵供给。输油泵(电动燃油泵)运转时,将燃油箱内柴油经低压油管、高压泵进油口、单向阀和低压通道输送到进油阀处。当柴油机转动时,高压泵按一定速度比随柴油机一同旋转。高压泵转动时,偏心轮便使柱塞径向移动。

当柱塞下行时,如图 3 - 6 所示,柱塞腔容积增大,压力降低使进油阀打开,低压燃油由进油阀进入柱塞腔,对高压泵进行充油。

当柱塞上行时,如图 3 - 7 所示,柱塞腔容积减小,压力增大使进油阀关闭,燃油建立起高压。当柱塞上行行程增大使腔内压力高于共轨中的燃油压力时,出油阀被打开,柱塞腔内的高压燃油便在压力控制阀 PCV 的控制下供入共轨管内。

(3)压力控制阀 PCV

压力控制阀(Pressure Control Valve,PCV)又称为调压阀、共轨压力控制阀或供油泵控制阀,其功用是根据发动机负荷和转速变化,自动调节供入共轨管内的燃油压力(包括压力升高、降低或保持不变)。

博世公司高压共轨式电控喷油系统 CRS 采用 PCV 的结构,如图 3 - 8 所示,主要由电磁

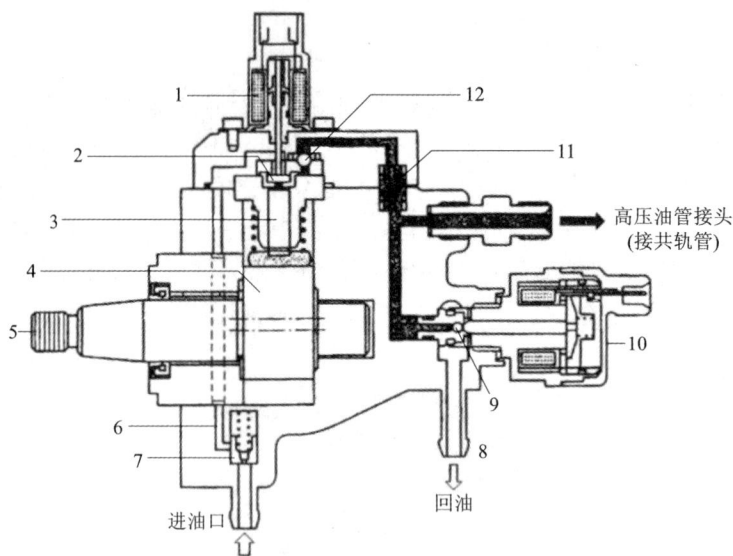

图 3-7 博世高压共轨系统 CP3 系列高压泵的轴向结构

1—供油切断电磁阀；2—进油阀；3—柱塞；4—偏心轮；5—驱动轴；6—低压通道；
7—单向阀；8—低压回油管接头；9—球阀；10—压力控制阀 PCV；11—密封件；12—出油阀

线圈（电阻值为 3.2 Ω）、衔铁（铁芯）、球阀和复位弹簧等部件组成。为了保证衔铁润滑和线圈散热，衔铁周围有燃油流过。

压力控制阀 PCV 调节油压的原理是
调节高压泵供入共轨管内的燃油量。供
油量越大，燃油压力越高；反之，供油量
越小，燃油压力越低。若不计高压管路的
油压损失（实际压降也很小），则共轨管
内的燃油压力以及喷油器的喷油压力就
等于高压泵（供油泵）高压接头出口处的
燃油压力。因为压力控制阀 PCV 是一个
电磁阀，所以，可以十分方便地安装在高
压泵上，也可安装在共轨管上。

在压力控制阀 PCV 中，球阀是控制
共轨燃油压力（即喷油压力）的关键元件。
球阀一侧承受高压泵供给共轨的燃油压

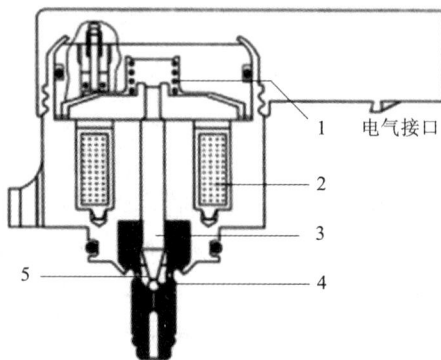

图 3-8 博世压力控制阀 PCV 的结构

1—复位弹簧；2—电磁线圈；3—衔铁；4—球阀；5—回油腔

力，另一侧连接衔铁并与回油腔相通，回油腔与低压回油管连接。球阀受共轨的燃油压力、复位弹簧的预紧力以及电磁线圈在衔铁中产生的电磁力三个力的作用。

当电磁线圈断电时，复位弹簧的预紧力（张力）使球阀紧压在阀座上。复位弹簧的设计负荷一般为 10 MPa，因此，当燃油压力超过 10 MPa 时，球阀才能打开溢流，即共轨中的燃油压力至少要达到 10 MPa 时，PCV 的回油腔中才有可能有燃油溢流到低压回油管路。

当电磁线圈通电时，共轨燃油压力除了要克服弹簧预紧力之外，还要克服电磁线圈在衔铁中产生的电磁力才能使球阀打开溢流。换句话说，共轨燃油压力高低取决于电磁线圈产生的电磁力的大小。

压力控制阀 PCV 的电磁线圈受 ECU 控制，线圈产生电磁力的大小与流过线圈平均电流的大小成正比，所以 ECU 通过控制占空比的大小，即可控制线圈平均电流的大小，从而控制共轨燃油压力的高低。当占空比增大时，线圈平均电流增大，衔铁产生的电磁力增大，球阀开度增大，回油量增大，共轨燃油压力降低；反之，当占空比减小时，球阀开度减小，回油量减小，共轨燃油压力升高；当占空比保持不变时，球阀开度不变，溢流量不变，共轨燃油压力也就保持不变。试验证明，当占空比控制信号的频率为 1 kHz 时，可以避免衔铁脉动和共轨管内的燃油压力波动。

（4）共轨

共轨是公共油轨的简称，相当于电控汽油喷射系统的燃油分配管、燃油总管或油架。在共轨上连接有高压燃油入口接头、共轨油压(高压)传感器、限压阀和流量限制阀等，这些部件与公共油轨一起组成的总成称为共轨组件，如图 3-9 所示。其中，限压阀和流量限制阀为安全装置，防止供油系统部件发生故障导致共轨燃油压力过高而损坏机件或高压燃油泄漏。

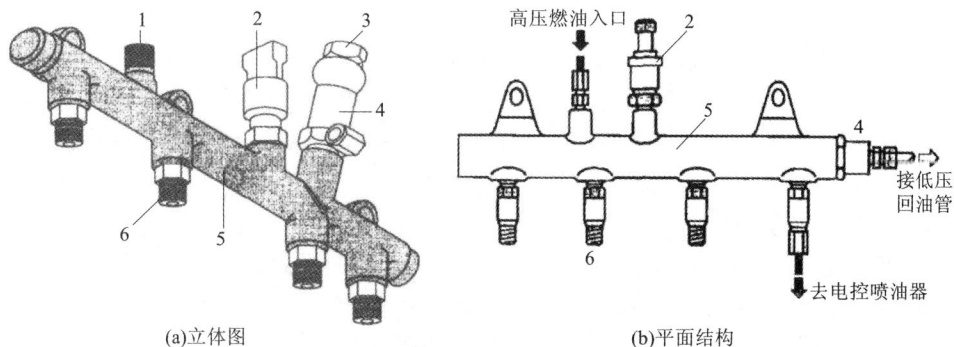

图 3-9　博世共轨组件的结构
1—高压接头；2—高压传感器；3—回油管接头；4—限压阀；5—共轨；6—流量限制阀

共轨的功用是储存一定数量和一定压力的燃油，一方面保证柴油机起动和怠速时燃油迅速升压，满足起动和怠速工况对燃油压力的需求；另一方面是利用燃油液体的可压缩性，减小电控喷油器阀门开闭以及高压泵工作时引起的油压波动。共轨腔内容积较小(约 30 mL)、燃油压力很高(达 160~200 MPa)。

（5）限压阀

限压阀又称为压力限制阀或压力限制器。限压阀相当于一只安全阀，连接在共轨与低压回油管之间，其功用是限制共轨管内燃油的最高压力。当共轨中的燃油压力超过限压阀设定的最高压力值时，限压阀阀门打开溢流卸压，防止燃油供给系统损坏。博世公司限压阀的结构原理如图 3-10 所示，主要由阀体 7、锥形活塞 4、复位弹簧 5 和限位套 6 等组成。

限压阀阀体 7 的一端设有外螺纹，用其将阀安装在共轨管上，另一端设有内螺纹，用以连接限位套 6 和通往油箱的低压回油管接头。调节限位套打入阀体的位置，即可调节复位弹

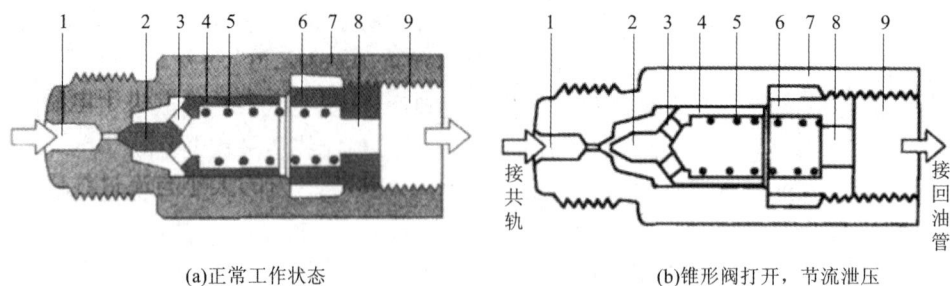

(a)正常工作状态　　　　　　　　　(b)锥形阀打开，节流泄压

图 3 - 10　博世限压阀的结构原理

1—高压燃油；2—锥形阀；3—节流孔；4—锥形活塞；5—复位弹簧；6—限位套；7—阀体；8—通孔；9—回油孔

簧的预紧力，从而调节限压阀限定的最高压力。

锥形活塞 4 相当于阀芯，其头部设有锥形阀 2，锥面上设有节流孔 3。当锥形阀打开时，共轨中的高压燃油从该节流孔溢流卸压。

阀体通往共轨的连接端相当于阀座，阀座轴向中心设有一个节流小孔。

在正常工作压力下，弹簧预紧力使锥形阀压在阀座上，节流小孔被关闭，如图 3 - 10(a)所示。此时，共轨压力随供油压力升高而升高。

当共轨中的燃油压力超过规定的最高压力时，锥形活塞在高压燃油压力作用下压缩复位弹簧并向右移动，如图 3 - 10(b)所示，高压燃油从共轨中经节流小孔和锥面节流孔节流卸压后流回油箱，使共轨中的燃油压力降低，从而限定最高压力，防止供油系统部件或发动机损坏。燃油流经通道为：共轨→阀座节流小孔→活塞锥面节流孔→活塞内腔→限位套内腔→通孔→低压回油管接头→回油管→燃油箱。

(6)流量限制阀

流量限制阀又称为流量限制器，连接在共轨与喷油器高压油管之间，其功用是在喷油器及其高压油管泄漏燃油时，使高压油路关闭，供油停止，防止燃油持续泄漏。

①流量限制阀结构。

流量限制阀的结构原理如图 3 - 11 所示，主要由阀体(壳体)5、阀芯(活塞)3 和复位弹簧 4 等组成。

阀体 5 由金属壳体制成，两端制作有外螺纹，其中，一端拧在共轨上，另一端与各缸喷油器的高压油管连接。阀体内腔为中空结构，与共轨内腔和喷油器高压油管一起构成高压通道。阀体连接喷油器高压油管一端的内腔孔径较小而形成阀座。

阀芯 3 是一个截面直径不同的活塞，密封安放在阀体腔内。阀芯轴向设有直径不同的内孔，孔径较大一端[图 3 - 11(a)上部]为进油孔，连接共轨内腔；孔径缩小一端[图 3 - 11(a)下部]的径向设有节流孔(出油孔)8。在静止状态下，复位弹簧 4 将阀芯压向共轨方向的密封限位件 2 一端。

②正常喷油时流量限制阀的工作原理。

在正常工作状态下，阀芯(活塞)处于静止位置，上端靠在共轨方向的密封限位件上，高压燃油经节流孔(出油孔)流出。燃油通道为共轨内腔→流量限制阀进油口→阀芯内孔→节流孔→流量限制阀出油口→各缸高压油管→各缸喷油器。

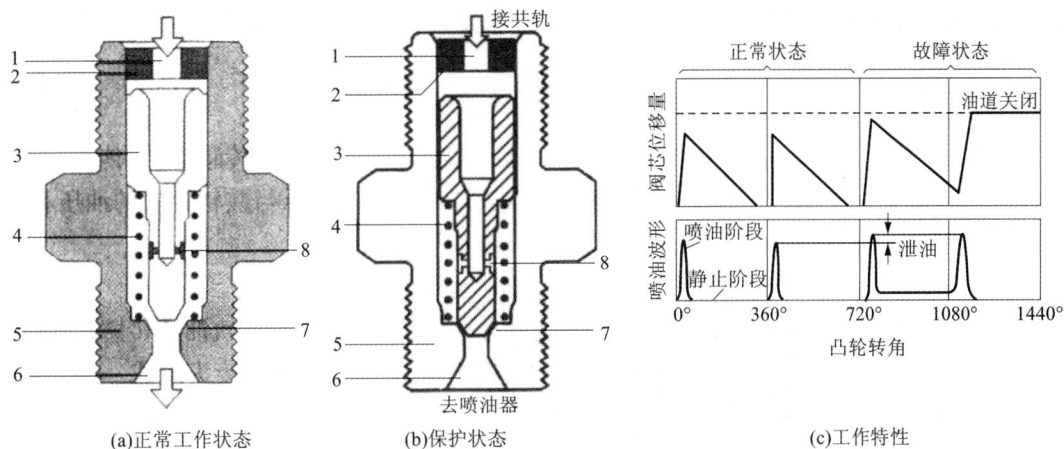

图 3-11　流量限制阀结构与特性

1—通共轨油腔；2—密封限位件；3—阀芯（活塞）；4—复位弹簧；5—阀体；6—通喷油器高压油管；7—阀座；8—节流孔

当喷油器喷射一次燃油后，流量限制阀出口油压略有下降，阀芯向喷油器方向略有位移，如图 3-11(a)所示，阀芯（活塞）位移压出的容积等于喷油器喷出燃油的容积。此时，阀芯并未移到阀座 7 上，燃油通道仍然畅通。

当喷油终了时，阀芯停止移动，复位弹簧将阀芯压回到静止位置，并一直保持到下一次喷油。

复位弹簧和节流孔尺寸的设计原则是：在最大喷油量（包括安全储备量）时，阀芯既不移动到阀座上关闭出油通道，还能复位到共轨端的密封限位体上。

③高压燃油泄漏时流量限制阀的保护原理。

当从共轨流向某只喷油器的油量超过最大流量时，流量限制阀将自动关闭流向该喷油器的燃油通道，使喷油器停止喷油，防止高压油管泄漏燃油而发生火灾。

当某只喷油器泄漏油量过大或其高压油管发生漏油故障，导致流过流量限制阀的燃油流量远远超过最大流量时，由于阀芯（活塞）位移量过大，因此，阀芯将从静止位置移动到出油端的阀座上关闭油道停止供油，如图 3-11(b)所示，并一直保持到发动机停机为止。

当某只喷油器泄漏油量不大或其高压油管发生漏油故障，导致流过流量限制阀的燃油流量超过最大流量不多时，泄漏燃油使流量增大，阀芯位移量增大，如图 3-11(c)所示。因此，阀芯不能复位到静止位置。经过几次喷油后，阀芯便移动到阀座上关闭出油通道停止供油，直到发动机停机为止。

(7)共轨油压传感器

共轨油压传感器又称为共轨压力传感器、高压传感器或燃油压力传感器，该传感器安装在共轨上，用于检测共轨管内的燃油压力。因为喷油器内部的油压与共轨管内的油压相等，所以共轨油压传感器检测的燃油压力即为喷油器的喷油压力。

①共轨油压传感器的结构特点。

共轨油压传感器普遍采用电阻应变计式压力传感器。博世公司共轨油压传感器的结构如图 3-12 所示，主要由弹性传感元件、信号处理电路、线束插头和安装接头组成。弹性传感元件由金属膜片和电阻应变片组成，金属膜片焊接在安装接头上，并与高压燃油通道相通，直接承受共轨管内高压燃油的压力，电阻应变片紧贴在金属膜片上，并连接成惠斯通电桥电路，然后再与信号处理电路连接。

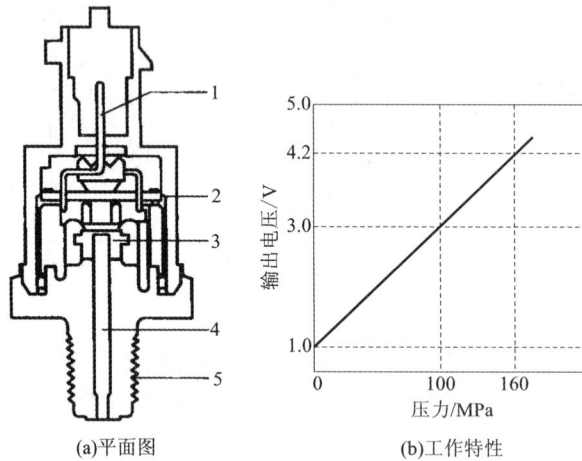

(a)平面图   (b)工作特性

图 3 - 12   博世共轨油压传感器结构与特性

1—接线端子；2—信号处理电路；3—弹性传感元件；4—高压燃油通道；5—螺纹安装接头

②共轨油压传感器的工作原理。

当共轨管内油压经传感器的高压燃油通道作用到传感元件时，传感元件的金属膜片和电阻应变片一同产生变形(油压 150 MPa 时，变形量约 1 mm)，应变片上的应变电阻值随之发生变化，电桥电路的电压改变(电源电压为 5 V 时，电压在 0 ~ 70 mV 变化，具体数值由压力决定)，经信号处理电路放大后可得传感器输出电压(0.5 ~ 4.5 V)，实测输出电压值如图 3 - 12(b)所示。当油压为 0 时传感器输出电压为 1.0 V；当油压为 100 MPa 时，传感器输出电压为 3.0 V；当油压为 160 MPa 时，传感器输出电压为 4.2 V。

精确测量共轨中的燃油压力是电控共轨系统正常工作的必要条件。为此，要求压力传感器测量压力的允许偏差很小，在柴油机工作范围内，测量精度约为最大时的 2%。当共轨压力传感器失效时，压力控制阀 PCV 将以固定的欲设值控制油压，使发动机处于应急状态运行。

(8)电控喷油器

电控喷油器又称为电动喷油器，其功用是将燃油以雾状形式喷射到汽缸内燃烧，并计量燃油喷射量。在电控共轨式柴油喷射系统中，设计和工艺难度最大的部件就是电控喷油器。

博世公司电磁控制式喷油器的外形结构如图 3 - 13(a)所示，内部结构如图 3 - 13(b)所示，主要由电磁控制机构、液压伺服机构和孔式喷油器组成。由于柴油喷射系统的燃油压力高、控制难度大，为使电磁执行机构能够直接产生迅速打开针阀所需的电磁力，必须增设具有液力放大作用的液压伺服机构。

电磁控制机构实际上是一只高速电磁阀，该电磁阀安装在喷油器的顶部，主要由电磁线圈、铁芯、复位弹簧和球阀等部件组成。球阀焊接在铁芯下端，当电磁线圈无电流流过时，在复位弹簧张力作用下，铁芯向下移动到极限位置，球阀处于关闭状态。

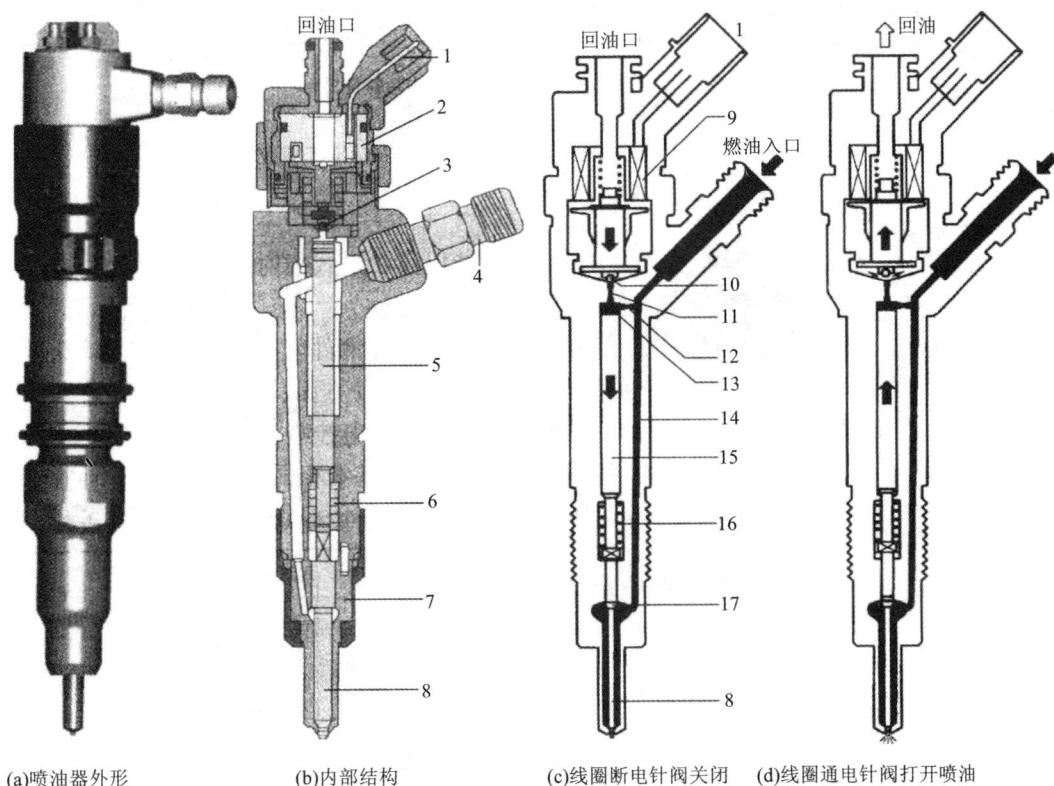

(a)喷油器外形　　(b)内部结构　　(c)线圈断电针阀关闭　(d)线圈通电针阀打开喷油

图 3 – 13　博世电磁控制式喷油器的结构原理

1—线束插头；2—电磁阀；3—球阀；4—高压接头；5—柱塞；6—弹簧；7—阀体；8—针阀；9—电磁线圈；10—球阀；
11—回油节流孔；12—进油节流孔；13—柱塞控制腔；14—高压油道；15—控制柱塞；16—复位弹簧；17—锥面

液压伺服机构由控制柱塞、柱塞控制腔、进油节流孔、回油节流孔、针阀复位弹簧组成。孔式喷油器俗称喷油嘴或喷嘴，由针阀和阀体组成。

喷油器的高压接头为燃油入口，经高压油管与共轨连接。共轨管内的高压燃油经进油节流孔送入柱塞控制腔内，并经高压油道送入喷油器针阀锥面及阀座盛油槽内。控制腔经回油节流孔和球阀与回油口连接。回油口为低压燃油回流口，用低压油管与燃油箱连接。

电磁控制式喷油器的基本原理是：利用电磁阀控制针阀偶件的背压来间接控制针阀的开启。即高速电磁阀使球阀打开接通回油通道，燃油回流使柱塞控制腔压力降低，针阀锥面燃油压力使针阀上升将阀门打开喷油。

2. 高压共轨式电控系统喷油量的控制

在高压共轨式电控柴油喷射系统中，喷油量主要由喷油压力(共轨压力)和喷油器电控机构(电磁线圈或压电晶体)的通电时间决定。因为喷油压力和喷油器都是由电控单元 ECU 独立进行控制，所以在喷油压力一定的情况下，喷油量取决于喷油器电磁线圈或压电晶体的通电时间。因此，高压共轨式电控柴油喷射系统又称为时间–压力调节系统。

(1)喷油量的控制方法

在高压共轨式电控柴油喷射系统中，电动燃油泵将燃油箱内的燃油输送到高压油泵内，发动机驱动高压油泵再将燃油加压后供入共轨管内，喷油器在 ECU 的独立控制下，将高压燃油直接喷射到相应的汽缸内燃烧做功，喷油量的大小由 ECU 控制喷油器电磁线圈或压电晶体持续通电的时间长短决定，即喷油器喷油量的控制实际上就是喷油时间的控制，控制方法如图 3 – 14 所示。

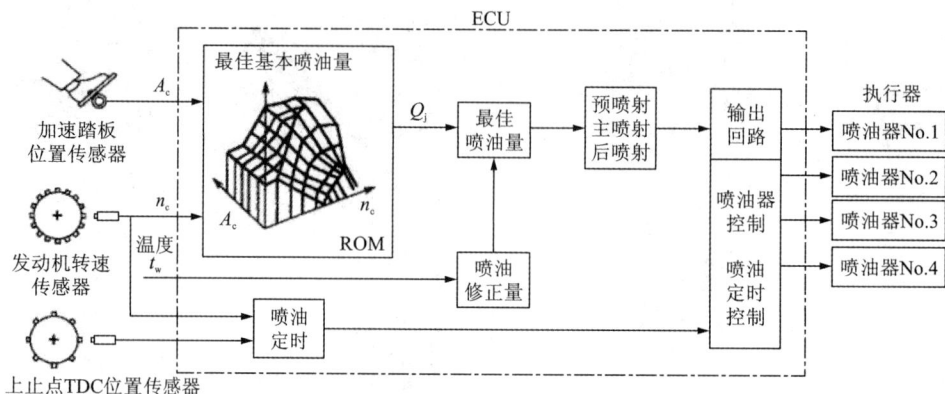

图 3 – 14　共轨式电控喷油系统喷油量的控制方法

当柴油机工作时，电控单元 ECU 根据加速踏板位置传感器信号（齿杆位置信号）A_c 和发动机转速传感器信号 n_e，利用计算机的查寻功能，即可从三维图形（MAP 图）中得到相应的最佳基本喷油量数值 Q_j；再利用计算机的数学计算与逻辑判断功能以及其他传感器提供的喷油量修正信号（冷却液温度信号、进气温度和电源电压等信号），即可计算出喷油修正量、最佳喷油量以及预喷射、主喷射和后喷射的喷油量，根据凸轮轴位置传感器提供的上止点 TDC 位置信号计算确定喷油定时，并向执行器（电控喷油器）发出控制指令；喷油器在 ECU 输出回路的驱动下，按最佳喷油量和喷油时刻喷射柴油，完成一次喷油过程。

（2）高压共轨式电控系统喷油压力控制

众所周知，从地下开采出来的石油称为原油，车用汽油和柴油都是炼油厂使用炼油塔将原油加热蒸馏得来。车用轻柴油的沸点较高（300 ~ 365℃，车用汽油为 75 ~ 200℃），所以很难得到均匀的混合气。在燃油浓度高的区域（一般是大负荷工况），由于局部高温缺氧，燃油被裂解成炭，因此，柴油机会产生炭烟（俗称"冒黑烟"）。控制柴油机喷油压力的目的是：使柴油良好雾化，从而提高燃烧效率，降低油耗和减少排放。

在高压共轨式电控柴油喷油系统中，配有共轨油压传感器、压力控制阀 PCV、限压阀和流量限制阀等组成的独立控制喷油压力的电子控制油压系统，其功用就是自由控制共轨管中的燃油压力（即喷油压力），控制方法如图 3 – 15 所示。

当柴油机工作时，电控单元 ECU 根据加速踏板位置传感器信号（齿杆位置信号）A_c 和发动机转速传感器信号 n_e，利用计算机的查寻功能，从三维图形（MAP 图）中得到相应工况的目标喷油压力值 p_f，根据共轨油压传感器提供的信号计算出共轨管内燃油的实际喷油压力值 p_s；再将目标喷油压力值 p_f 与实际喷油压力值 p_s 进行比较运算并求出压力差值，然后向压力控制阀（供油泵控制阀）PCV 的输出回路（驱动电路）发出控制指令，将实际喷油压力值 p_s 控制在目标喷油压力值 p_f。

当柴油机负荷和转速变化时，ECU 通过调节控制信号的占空比，改变压力控制阀 PCV 的

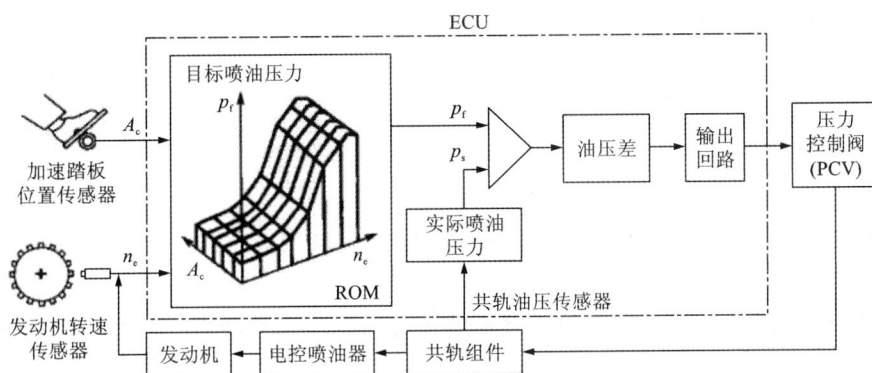

图 3 – 15　喷油压力的控制方法

开度和高压泵供油量的大小，从而实现喷油压力的控制。

（3）高压共轨式电控系统多段喷油控制

在高压共轨式柴油喷射系统中，供油泵提供的高压燃油存储在共轨管内，针阀阀门的开启与关闭由喷油器的电控机构（电磁阀或压电晶体）控制针阀偶件的背压决定，喷油压力的产生与发动机转速和负荷无关，由压力控制阀 PCV 始终将其控制在高压状态（一般为 160 ~ 200 MPa），喷油量的大小由针阀阀门开启时间（即电磁阀通电时间）的长短决定。因此，高压共轨系统不仅能够独立地、自由地控制喷油压力和喷油量，而且具有良好的喷油特性。喷油特性是指喷油量与喷油时间之间的关系，实现引导喷射、预喷射、主喷射、后喷射和次后喷射等多段喷油的喷油特性曲线如图 3 – 16 所示。

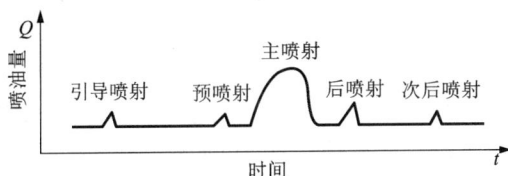

图 3 – 16　共轨系统多段喷油特性曲线示意图

多段喷油又称为多段喷射，是指将一个工作循环中的喷油过程分成若干阶段进行喷射。在多段喷油过程中，引导喷射、预喷射、主喷射、后喷射和次后喷射等各个阶段是相互联系、各自独立的喷油阶段，各段喷油的作用与目的各不相同，喷油特性如下：

①引导喷射。引导喷射是在主喷射开始之前，进行一次提前角度较大、喷油量较小的喷射。通过引导喷射使柴油预混合燃烧，能够明显减少颗粒物 PM 的排放量和降低燃烧噪声。引导喷射越提前，烟度越低，噪声越小。

②预喷射。顶喷射是在紧靠主喷射之前进行一次喷油量较小的喷射。通过预喷射来缩短主喷射的着火延迟期，当顶喷射与主喷射之间的时间间隔约为 1 ms 时，能够明显减少氮氧化物 NO_x 的排放量和降低燃烧噪声，但颗粒物 PM 的排放量会有所增加。因此，应当尽可能缩短预喷射与主喷射之间的时间间隔（≤0.4 ms），以便控制颗粒物 PM 的排放量。

③后喷射。后喷射是在紧靠主喷射之后进行一次喷油量稍大一点的喷射。后喷射的作用是加快扩散燃烧，降低颗粒物 PM 的排放量。在发动机中速、中负荷时，当后喷射紧靠主喷射(时间间隔≤0.7 ms)时，能够减少颗粒物 PM 的排放量，但是氮氧化物 NO_x 的排放量会稍有增加。

④次后喷射。次后喷射是在后喷射之后进行一次喷油量较小的喷射。次后喷射可使排气温度升高，通过供给还原剂，可增加催化剂的活性，有利于排气净化。次后喷射不能过迟，以免燃油附着在汽缸壁上。次后喷射与后喷射之间的时间间隔一般控制在 2 ms 左右。

(4)柴油机起动时喷油量的控制

在电控发动机汽车上，起动喷油量由电控单元 ECU 依据发动机温度等信号进行调节，起动困难的现象十分罕见，起动喷油量的控制方法如图 3 - 17 所示。

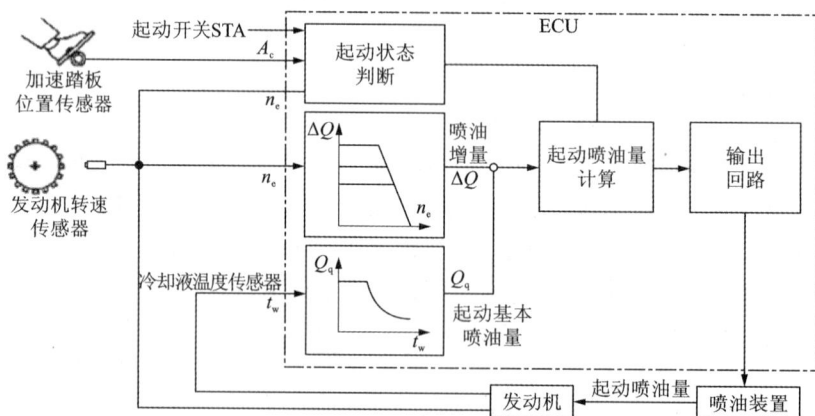

图 3 - 17　柴油机起动时喷油量的控制方法

柴油发动机的起动过程由初始发火、完全发火、转速上升到起动完成等几个阶段组成。从开始起动到完全发火之间的时间越短，起动性能越好。从发动机开始起动到速度开始上升经历的时间越短，起动响应特性越好，即反应速度越快。

在低温起动时，由于发动机机件摩擦产生的阻力矩大，起动性能和响应特性都会变差。所以，起动时必须增大喷油量，使发动机产生的驱动转矩大于发动机自身的阻力矩。这就是起动喷油量控制的任务。机械式供油系统虽然能够实现起动喷油量控制功能，但是，当温度和海拔高度等外界条件发生较大变化时，起动喷油量控制就难以实现了，就会出现发动机起动困难的现象。

在柴油机电控喷油系统中，起动喷油量控制过程与汽油机基本相同。电控单元 ECU 首先根据起动开关信号、发动机转速传感器和加速踏板位置(齿杆位置)传感器等信号判断发动机是否处于起动状态。当判定结果为起动状态时，首先根据冷却液温度(水温)传感器信号确定起动基本喷油量，再根据发动机转速传感器信号确定喷油增量(补偿油量)，二者的计算结果即为起动喷油量，然后向执行器(喷油装置)发出控制指令。执行器在 ECU 输出回路的驱动下，按起动喷油量进行喷油。因为起动喷油量相对较大(起动喷油量为基本喷油量的1.3～1.5 倍)，且以发动机温度为基准，并辅之以喷油增量进行控制，所以电控发动机都能顺利起动。

3.高压共轨式喷油系统的特点

高压共轨式柴油喷射技术是 20 世纪 90 年代中期研究成功的一项全新的柴油机电控技术。该技术的显著特点是：喷油压为与喷油过程由 ECU 分别独立进行控制，能够自由调节喷油压力、喷油量、喷油定时和喷油特性。实践证明，高压共轨式柴油喷射系统具有以下优点。

①喷油压力高。喷油压力(即共轨压力)一般都维持在 160 MPa 以上，最高可达 200 MPa，比一般直列泵的喷油压力(60～95 MPa)高出 1 倍。由于喷油压力高、燃油雾化好、燃烧过程得以改善，因此，发动机的油耗、排放及噪声等性能得到明显改善，并可改善发动机转矩特性，提高发动机的动力性。

②喷油压力自由调节。喷油压力的产生与发动机转速和负荷无关，电动燃油泵(即输油泵)将燃油箱内的柴油输送到高压油泵之后，高压油泵供入共轨管内的燃油压力(即喷油压力)由 ECU 控制压力控制阀 PCV 进行调节，PCV 通过调节高压油泵供入共轨管内的燃油量来调节喷油压力。喷油压力调节范围为 20～200 MPa。

③喷油量自由调节。喷油量和喷油定时由系统设计试验与预先编程确定，ECU 根据发动机转速和加速踏板位置等传感器信号，直接控制各缸喷油器的电控机构(电磁线圈或压电元件)实现精确控制。在喷油压力一定的情况下，喷油量的大小由喷油器电磁线圈或压电元件的通电时间长短决定。通电时间越长，喷油量越大；通电时间越短，喷油量越小。

④喷油特性满足排放要求。在发动机的一个工作循环内，能够实现引导喷射、预喷射、主喷射、后喷射和次后喷射以及更多次喷油控制，使柴油良好雾化与混合，提高燃烧效率，从而减少氮氧化物 NO_x 和颗粒物 PM(炭烟微粒或浮游微粒)排放，降低噪声和节约燃油。

⑤适用于旧柴油机升级改造。应用实践证明，共轨式电控柴油喷射系统代表着柴油机燃油喷射技术的发展方向。与分配泵只能用于小型发动机，或泵喷嘴、单体泵需要改动发动机不同，共轨式电控柴油喷射系统既能与小型、中型和重型柴油机匹配使用，也适用于现有柴油机的升级改造。共轨沿发动机纵向布置，高压泵、共轨和喷油器各自的安装位置相互独立，便于在发动机上安装和布置。对旧柴油机进行改造时，对缸体和缸盖的改动很小。

思考题

1. 位置控制式柴油喷射系统的特点有哪些？
2. 时间控制式柴油喷射系统的显著特点是什么？"时间控制"的定义是什么？
3. 高压共轨式电控喷油系统的显著特点是什么？
4. 高压共轨式电控柴油喷射技术的基本原理是什么？

第4章　自动变速器电子控制技术

4.1　电控液力自动变速器

与手动变速器(Manual Transmission，MT)不同，自动变速器(Automatic Transmission，AT)是指汽车驾驶中离合器和变速器的操纵都实现了自动化，即可以实现自动换挡的变速器。目前自动变速器的自动换挡过程都是由自动变速器的电子控制单元控制的，因此自动变速器又可简称为 EAT、ECT、ECAT 等。

4.1.1　液力变矩器的结构与工作原理

汽车上所采用的液力传动装置通常有液力耦合器和液力变矩器两种，二者均属于液力传动，即通过液体的循环液动，利用液体动能的变化来传递动力。

1. 液力耦合器的结构与工作原理

(1)液力耦合器的结构组成

液力耦合器是一种液力传动装置，又称液力联轴器。在不考虑机械损失的情况下，输出力矩与输入力矩相等。它的主要功能有两个方面：一是防止发动机过载，二是调节工作机构的转速。其结构主要由壳体、泵轮、涡轮三个部分组成，如图 4 – 1 所示。

液力耦合器的壳体安装在发动机飞轮上，泵轮与壳体焊接在一起，随发动机曲轴的转动而转动，是液力耦合器的主动部分：涡轮和输出轴连接在一起，是液力耦合器的从动部分。泵轮和涡轮相对安装，统称为工作轮。在泵轮和涡轮上有径向排列的平直叶片，泵轮和涡轮互不接触。两者之间有一定的间隙(3~4 mm)；泵轮与涡轮装合成一个整体后，其轴线断面一般为圆形，在其内腔中充满液压油。

(2)液力耦合器的工作原理

当发动机运转时，曲轴带动液力耦合器的壳体和泵轮一同转动，泵轮叶片内的液压油在泵轮的带动下随之一同旋转，在离心力的作用

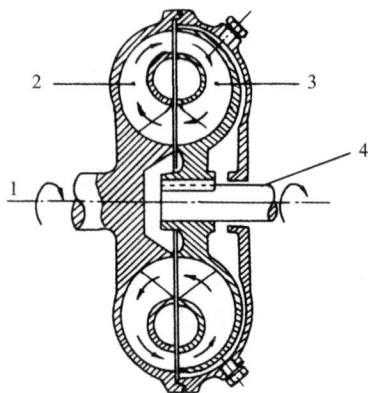

图 4 – 1　液力耦合器的基本构造

1—输入轴；2—泵轮叶轮；3—涡轮叶轮；4—轮出轴

下，液压油被甩向泵轮叶片外缘处，并在外缘处冲向涡轮叶片，使涡轮在液压冲击力的作用下旋转；冲向涡轮叶片的液压油沿涡轮叶片向内缘流动，返回到泵轮内缘的液压油，又被泵轮再次甩向外缘。液压油就这样从泵轮流向涡轮，又从涡轮返回到泵轮而形成循环的液流。

由于在液力耦合器内只有泵轮和涡轮两个工作轮，液压油在循环流动的过程中，除了受泵轮和涡轮之间的作用力之外，没有受到其他任何附加的外力。根据作用力与反作用力相等的原理，液压油作用在涡轮上的扭矩应等于泵轮作用在液压油上的扭矩，即发动机传给泵轮的扭矩与涡轮上输出的扭矩相等，这就是液力耦合器的传动特点。

2. 液力变矩器的结构与工作原理

液力变矩器是液力传动中的又一种形式，是构成液力自动变速器不可缺少的重要组成部分之一。它装在发动机的飞轮上，其作用是将发动机的动力传递给自动变速器中的齿轮机构，并具有一定的自动变速功能。自动变速器的传动效率主要取决于变矩器的结构和性能。

常用液力变矩器的形式有一般形式的液力变矩器、综合式液力变矩器和锁止式液力变矩器。其中综合式液力变矩器的应用较为广泛。

（1）一般形式液力变矩器的结构与工作原理

液力变矩器的结构与液力耦合器相似，它有 3 个工作轮，即泵轮、涡轮和导轮。泵轮和涡轮的构造与液力耦合器基本相同；导轮则位于泵轮和涡轮之间，并与泵轮和涡轮保持一定的轴向间隙，通过导轮固定套固定于变速器壳体上（图 4-2）。

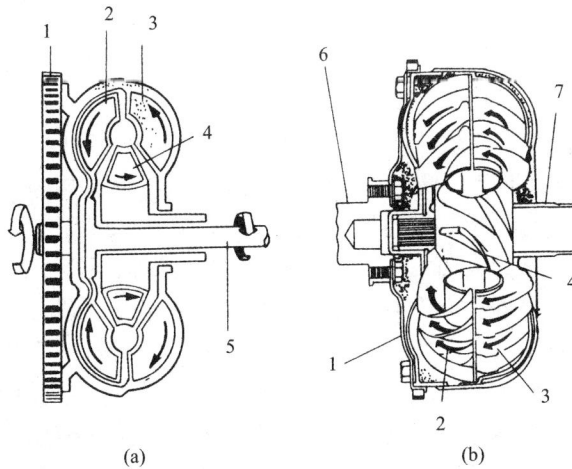

图 4-2　液力变矩器结构图

1—飞轮；2—涡轮；3—泵轮；4—导轮；5—变矩器输出轴；6—曲轴；7—导轮固定套

发动机运转时带动液力变矩器的壳体和泵轮与之一同旋转，泵轮内的液压油在离心力的作用下，由泵轮叶片外缘冲向涡轮，并沿涡轮叶片流向导轮，再经导轮叶片内缘，形成循环的液流。导轮的作用是改变涡轮上的输出扭矩。由于从涡轮叶片下缘流向导轮的液压油仍有相当大的冲击力，只要将泵轮、涡轮和导轮的叶片设计成一定的形状和角度，就可以利用上述冲击力来提高涡轮的输出扭矩。

（2）综合式液力变矩器的结构与工作原理

目前在装用自动变速器的汽车上使用的变矩器大多是综合式液力变矩器（图4-3），它和一般形式液力变矩器的不同之处在于它的导轮不是完全固定不动的，而是通过单向超越离合器支承在固定于变速器壳体的导轮固定套上。单向超越离合器使导轮可以朝顺时针方向旋转（从发动机前面看），但不能朝逆时针方向旋转。

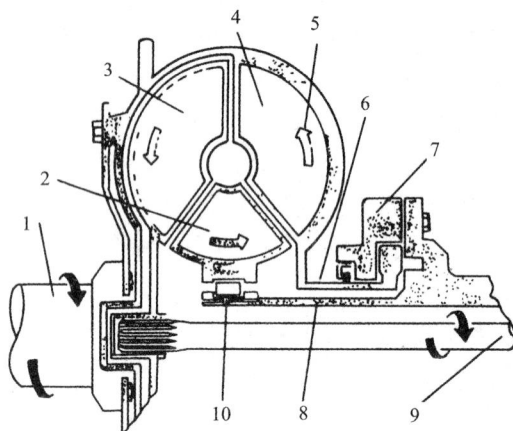

图4-3 综合式液力变矩器

1—曲轴；2—导轮；3—涡轮；4—泵轮；5—液流；6—变矩器轴套；
7—油泵；8—导轮固定套；9—变矩器输出轴；10—单向超越离合器

当涡轮转速较低时，从涡轮流出的液压油从正面冲击导轮叶片，对导轮施加一个朝逆时针方向旋转的力矩，但由于单向超越离合器在逆时针方向具有锁止作用，将导轮锁止在导轮固定套上固定不动，因此此时该变矩器的工作特性和液力变矩器相同，涡轮上的输出扭矩大于泵轮上的输入扭矩即具有一定的增扭作用。当涡轮转速增大到某一数值时，液压油对导轮的冲击方向与导轮叶片之间的夹角为0，此时涡轮上的输出扭矩等于泵轮上的输入扭矩。若涡轮转速继续增大，液压油将从反面冲击导轮，对导轮产生一个顺时针方向的扭矩。由于单向超越离合器在顺时针方向没有锁止作用，可以像轴承一样滑转，所以导轮在液压油的冲击作用下开始朝顺时针方向旋转。由于自由转动的导轮对液压油没有反作用力矩，液压油只受到泵轮和涡轮的反作用力矩的作用，因此这时该变矩器不能起增扭作用，其工作特性和液力耦合器相同。这时涡轮转速较高，该变矩器亦处于高效率的工作范围。

导轮开始空转的工作点称为偶合点。由上述分析可知，综合式液力变矩器在涡轮转速由0至偶合点的工作范围内按液力变矩器的特性工作，在涡轮转速超过偶合点转速之后按液力耦合器的特性工作。因此，这种变矩器既利用了液力变矩器在涡轮转速较低时所具有的增扭特性，又利用了液力耦合器涡轮转速较高时所具有的高传动效率的特性。

（3）锁止式液力变矩器的结构与工作原理

变矩器是用液力来传递汽车动力的，而液压油的内部摩擦会造成一定的能量损失，因此传动效率较低。为提高汽车的传动效率，减少燃油消耗，现代很多轿车的自动变速器采用一种带锁止离合器的综合式液力变矩器。这种变矩器内有一个由液压油操纵的锁止离合器。锁止离合器的主动盘即为变矩器壳体，从动盘是一个可做轴向移动的压盘，它通过花键套与涡轮连接(图 4-4)。压盘背面(图中右侧)的液压油与变矩器泵轮、涡轮中的液压油相通，保持一定的油压(该压力称为变矩器压力)；压盘左侧(压盘与变矩器壳体之间)的液压油通过变矩器输出轴中间的控制油道与阀板总成上的锁止控制阀相通。锁止控制阀由自动变速器电脑通过锁止电磁阀来控制。

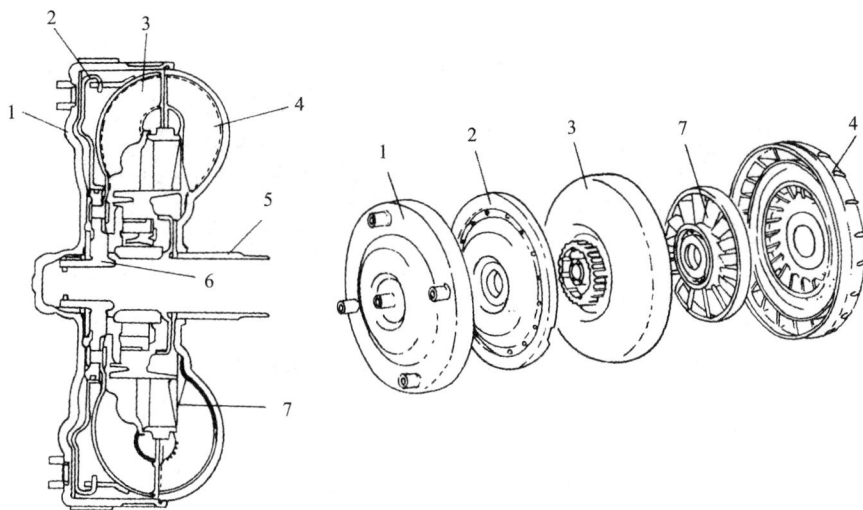

图 4-4　带锁止离合器的综合式液力变矩器

1—变矩器壳；2—锁止离合器压盘；3—涡轮；4—泵轮；5—变矩器轴套；6—输出轴花键套；7—导轮

自动变速器电脑根据车速、节气门开度、发动机转速、变速器液压油温度、操纵手柄位置、控制模式等因素，按照设定的锁止控制程序向锁止电磁阀发出控制信号，操纵锁止控制阀，以改变锁止离合器压盘两侧的油压，从而控制锁止离合器的工作，锁止离合器工作原理如图 4-5 所示。当车速较低时，锁止控制阀让液压油从油道 B 进入变矩器，使锁止离合器压盘两侧保持相同的油压，锁止离合器处于分离状态，这时输入变矩器的动力完全通过液压油传至涡轮，如图 4-5(a)所示。当汽车在良好道路上高速行驶，且车速、节气门开度、变速器液压油温度等因素符合一定要求时，电脑即操纵锁止控制阀，让液压油从油道 C 进入变矩器，而让油道 B 与泄油口相通，使锁止离合器压盘左侧的油压下降。由于压盘背面(图中右侧)的液压油压力仍为变矩器压力，从而使压盘在前后两面压力差的作用下压紧在主动盘(变矩器壳体)上，如图 4-5(b)所示，这时输入变矩器的动力通过锁止离合器的机械连接，由压盘直接传至涡轮输出，传动效率为 100%。另外，锁止离合器在结合时还能减少变矩器中的液压油因液体摩擦而产生的热量，有利于降低液压油的温度。有些车型的液力变矩器的锁止离合器盘上还装有减振弹簧，以减小锁止离合器在结合时瞬间产生的冲击力(图 4-6)。

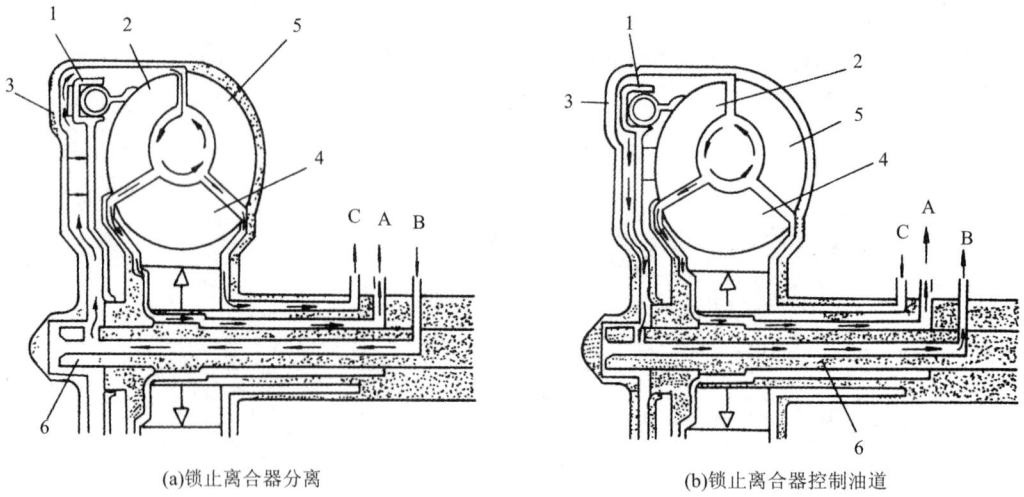

(a)锁止离合器分离　　　　　　　　　　(b)锁止离合器控制油道

图 4－5　锁止离合器工作原理示意图

1—锁止离合器压盘；2—涡轮；3—变矩器壳；4—导轮；5—泵轮；6—变矩器输出轴

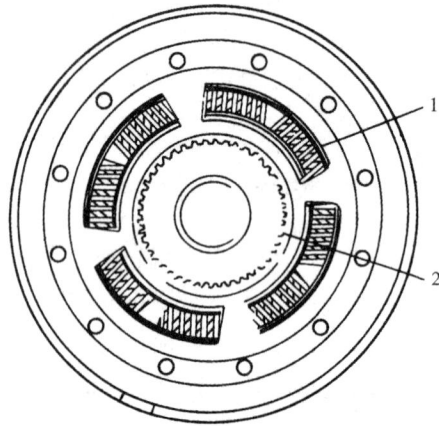

图 4－6　带减振弹簧的压盘

1—减振弹簧；2—花键套

4.1.2　变速齿轮机构的结构与工作原理

自动变速器中的变速齿轮机构和传统的手动齿轮变速机构一样，具有空挡、倒挡及 2～6 个不同传动比的前进挡，只不过自动变速器中的挡位变换不是由驾驶员直接控制的，而是由自动变速器的液压控制系统或电子控制系统控制换挡执行机构的动作来改变变速齿轮机构的传动比，从而实现自动换挡的。

变速齿轮机构主要包括行星齿轮机构和换挡执行元件两部分。

1. 行星齿轮机构结构与工作原理

行星齿轮机构有很多类型，其中最简单的行星齿轮机构是由 1 个太阳轮、1 个齿圈、1 个行星架和支承在行星架上的几个行星齿轮组成的，称为 1 个行星排(图 4 - 7)。

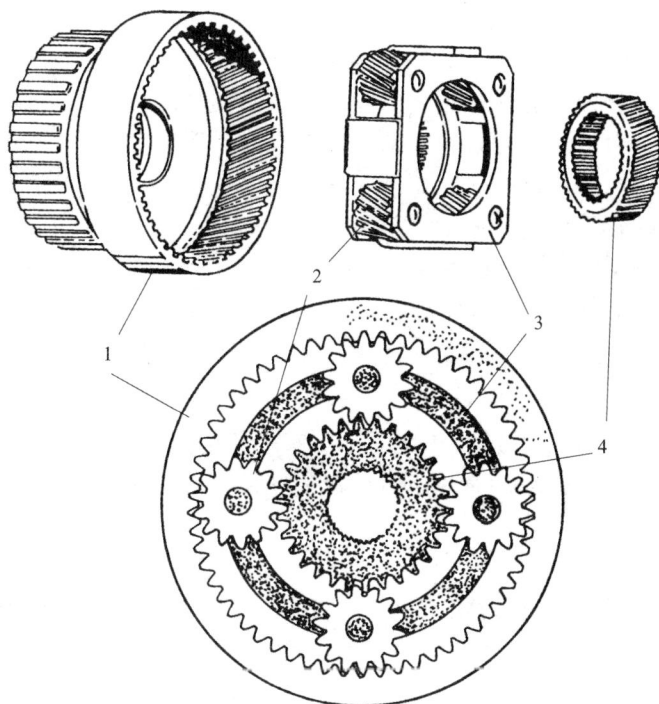

图 4 - 7　行星齿轮机构

1—齿；2—行星齿轮；3—行星架；4—太阳轮

行星齿轮机构中的太阳轮、齿圈及行星架有一个共同的固定轴线，行星齿轮支承在固定于行星架的行星齿轮轴上，并同时与太阳轮和齿圈啮合。当行星齿轮机构运转时，空套在行星架上的行星齿轮轴上的几个行星齿轮一方面可以绕着自己的轴线旋转，另一方面又可以随着行星架一起绕着太阳轮回转，就像天上行星的运动那样，兼有自转和公转两种运动状态(行星齿轮的名称即因此而来)，在行星排中，将具有固定轴线的太阳轮、齿圈和行星架称为行星排的 3 个基本元件。

由于单排行星齿轮机构有两个自由度，因此它没有固定的传动比，不能直接用于变速传动。为了组成具有一定传动比的传动机构，必须将太阳轮、齿圈和行星架这三个基本元件中的一个加以固定(即使其转速为 0，也称为制动)，或使其运动受到一定的约束(即让该构件以某一固定的转速旋转)，或将某两个基本元件互相连接在一起(即两者转速相同)，使行星排变为只有一个自由度的机构，获得确定的传动化。

图 4 - 8 所示为行星齿轮机构的传动简图。设太阳轮的齿数为 Z_1，齿圈齿数为 Z_2，太阳轮、齿圈和行星架的转速分别为 n_1，n_2，n_3，并设齿圈与太阳轮的齿数比为 α，即

$$\alpha = Z_2/Z_1 \tag{4-1}$$

则行星齿轮机构的一般运动规律可表达为：

$$n_1 + \alpha n_2 - (1 + \alpha)n_3 = 0 \qquad (4-2)$$

由式(4-2)可以看出,在太阳轮、齿圈和行星架三个基本元件中,可任选两个分别作为主动件和从动件,而使另一个元件固定不动(使该元件转速为零)或使其运动受一定约束(使该元件的转速为某一定值),则整个轮系即以一定的传动比传递动力。不同的连接和固定方案可得到不同的传动比,三个基本元件的不同组合可有 6 种不同的组合方案,加上直接挡传动和空挡,共有 8 种组合,相应能获得 5 种不同的传动比。

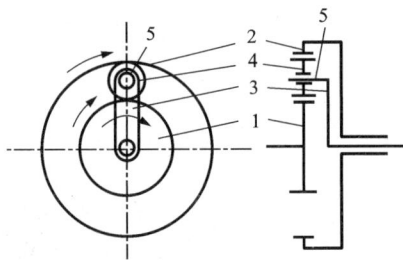

图4-8 行星齿轮机构传动简图

1—太阳轮;2—齿圈;3—行星架;
4—行星齿轮;5—行星齿轮轴

2. 换挡执行机构的结构与工作原理

行星齿轮变速器的换挡执行机构由离合器、制动器和单向超越离合器三种不同的执行元件组成。它有三个基本作用,即连接、固定和锁止。

(1)离合器的结构与原理

行星齿轮变速器换挡执行机构中的离合器,按工作原理的不同,有片式离合器和爪型离合器之分。其中片式离合器较为常用,而且较多地使用多片湿式离合器,爪型离合器使用较少。

①离合器的结构。

多片湿式离合器是自动变速器中最重要的换挡执行元件之一,它通常由离合器鼓、离合器活塞、回位弹簧、弹簧座、1 组钢片、1 组摩擦片、调整垫片、离合器毂及几个密封圈组成,如图4-9 所示。

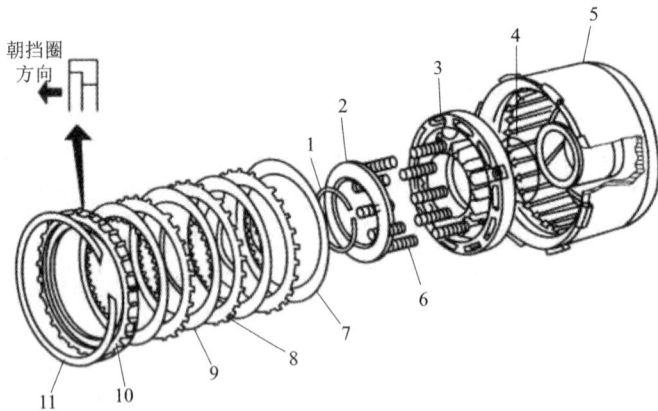

图4-9 离合器的结构分解

1、11—卡环;2—弹簧座;3—活塞;4—O形密封圈;5—离合器鼓;6—回位弹簧;7—蝶形弹簧;
8—从动钢片;9—主动摩擦片;10—压盘

离合器鼓是一个液压缸,鼓内有内花键齿圈,内圆轴颈上有进油孔与控制油路相通。离合器活塞为环状,内、外圆上有密封圈,安装在离合器鼓内。从动钢片和主动摩擦片交错排列,两者统称为离合器片,均用钢料制成,但摩擦片的两面烧结有硼基粉末冶金摩擦材料。

为保证离合器接合柔和及散热，离合器片浸在 ATF 油中工作，因而称为湿式离合器。钢片带有外花键齿，与离合器鼓的内花键齿圈连接，并可轴向移动，摩擦片则以内花键齿与花键毂的外花键槽配合，也可做轴向移动。

花键缓和离合器鼓分别以一定的方式与变速器输入轴或行星齿轮机构的元件相连接。蝶形弹簧的作用是使离合器接合柔和，防止换挡冲击。可以通过调整卡环或压盘的厚度调整离合器的间隙。

②离合器工作原理。

离合器工作原理如图 4 - 10 所示。

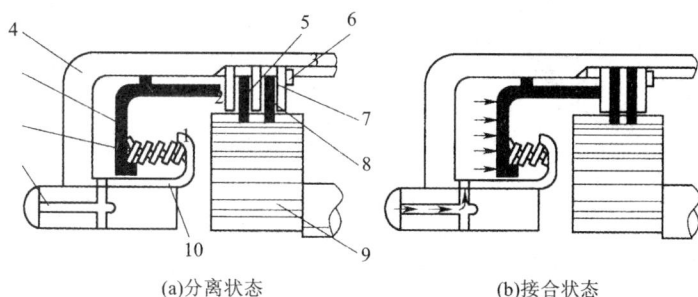

(a)分离状态　　　　　　　　　　　(b)接合状态

图 4 - 10　离合器的工作原理

1—控制油道；2—回位弹簧；3—活塞；4—离合器鼓；5—主动片；6—卡环；7—压盘；
8—从动片；9—花键毂；10—弹簧座

当一定压力的 ATF 油经控制油道进入活塞左面的液压缸时，液压作用力便克服弹簧力使活塞右移，将所有离合器片压紧，即离合器接合，与离合器主、从动部分相连的元件也被连接在一起，以相同的速度旋转。

当控制阀将作用在离合器液压缸的油压撤除后，离合器活塞在回位弹簧的作用下回复原位，并将缸内的 ATF 油从进油孔排出，使离合器分离，离合器主、从动部分可以不同的转速旋转。

（2）制动器的结构与原理

制动器是一种起制动约束作用的机构，它将行星齿轮机构中的太阳轮、齿圈和行星架这三个基本元件之一与变速器壳体相连，使该元件被约束固定而不能旋转。制动器的结构形式较多，目前最常见的是带式制动器和片式制动器两种。片式制动器与多片湿式离合器的结构和原理相同，不同之处是离合器是起连接作用来传递动力，而片式制动器是通过连接而起制动作用。带式制动器又称制动带，下面介绍其结构和原理。

①带式制动器的结构。

带式制动器由制动带和控制油缸组成，如图 4 - 11 所示。制动带是内表面带有镀层的开口式环形钢带。制动带的一端支承在与变速器壳体固连的支座上，另一端与控制油缸的活塞杆相连。

②带式制动器工作原理。

带式制动器的工作原理如图 4 - 12 所示，制动带开口处的一端通过支柱支承于固定在变速器壳体的调整螺钉上，另一端支承于油缸活塞杆端部，活塞在回位弹簧和左腔油压作用下

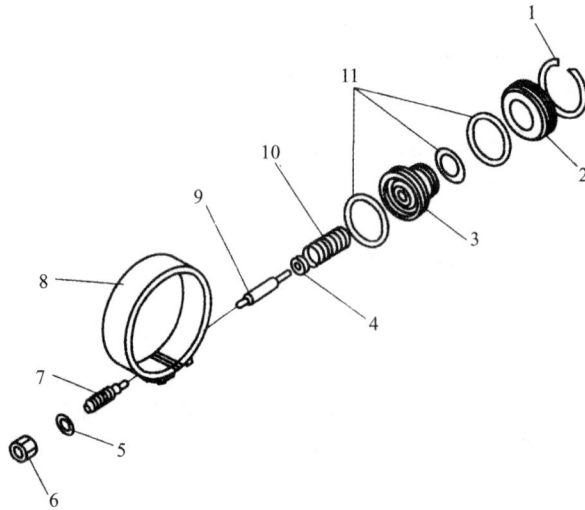

图 4 – 11 带式制动器的结构

1—卡环；2—活塞定位架；3—活塞；4—止推垫圈；5—垫圈；6—锁紧螺母；

7—调整螺钉；8—制动带；9—活塞杆；10—回位弹簧；11—O 形圈

位于右极限位置，此时，制动带和制动鼓之间存在一定间隙。制动时，压力油进入活塞右腔，克服左腔油压和回位弹簧的作用力推动活塞左移，制动带以固定支座为支点收紧。在制动力矩的作用下，制动鼓停止旋转，行星齿轮机构某元件被锁止。随着油压撤除，活塞逐渐回位，制动解除。

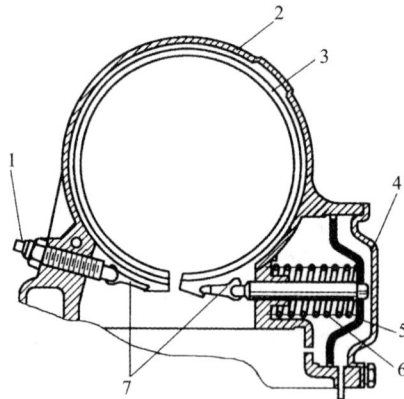

图 4 – 12 带式制动器的工作原理

1—调整螺钉；2—壳体；3—制动带；4—油缸；5—活塞；6—回位弹簧；7—推杆

（3）单向超越离合器的结构与工作原理

单向离合器又称自由轮离合器，在液力变矩器和行星排中均有应用。

在行星排中，它用来锁止某个元件的某种转向。它同时还具有固定作用，当与之相连元件的受力方向与锁止方向相同时，该元件立即被固定当受力方向与锁止方向相反时，该元件即被释放。

单向离合器的锁止和释放完全由与之相连元件的受力方向来控制。常见的单向离合器有滚柱式(图 4 - 13)和楔块式(图 4 - 14)两种。

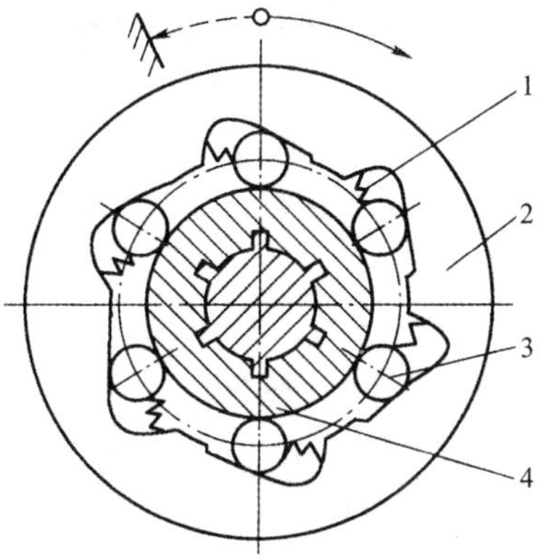

图 4 - 13　滚柱式单向离合器
1—叠片弹簧；2—外座圈；3—滚柱；4—内座圈

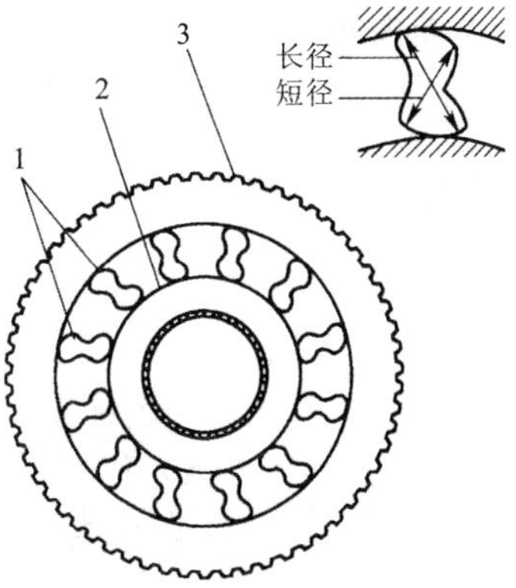

图 4 - 14　楔块式单向离合器
1—叠片弹簧；2—外座圈；3—滚柱；4—内座

4.1.3　供油系统的结构与工作原理

近代所使用的自动变速器都离不开液压系统,而液压系统的液压油是由供油系统所提供的,因此,供油系统是汽车自动变速器中不可缺少的重要组成部分之一。

1. 供油系统的基本组成及作用

供油系统的结构组成,因其用途不同而有所不同,但主要组成部分基本相同,一般由各分支供油系统、油泵及辅助装置,压力调节装置等部分组成。

供油系统的作用是向变速器各部分提供具有一定油压、足够流量、合适温度的液压油。具体作用是:

①给变速器(或耦合器)供油,并维持足够的补偿压力和流量,以保证液力元件完成传递动力的功能;防止变矩器产生的气蚀,并及时将变矩器的热量带走,以保持正常的工作温度。

②在一部分工程车辆和重型运输车辆中,还需向液力减速器提供足够流量及温度适宜的油液,以便能适时地吸收车辆的动能,得到满意的制动效果。

③向控制系统供油,并维持主油路的工作油压,保证各控制机构顺利工作。

④保证换挡离合器等的供油,以满足换挡等的操作需要。

⑤为整个变速器各运动零件如齿轮、轴承、止推垫片、离合器摩擦片等提供润滑用油,并保证正常的润滑油温度。

⑥通过油料的循环散热冷却,使整个自动变速器的热量得以散发,使变速器保持在合理的温度范围内工作。

2. 供油油泵的结构与工作原理

油泵是自动变速器中最重要的总成之一,它通常安装在变矩器的后方,由变矩器壳后端的轴套驱动。在变速器的供油系统中,常用的油泵有内啮合齿轮泵、转子泵和叶片泵。由于自动变速器的液压系统属于低压系统,其工作油压通常不超过 2 MPa,所以应用最广泛的仍

73

然是齿轮泵。

内啮合齿轮泵主要由外齿齿轮、内齿齿轮、月牙形隔板、泵壳、泵盖等组成,图4-15所示为典型的内啮合齿轮泵及其主要零件的外形。液压泵的齿轮紧密地装在泵体的内腔里,外齿齿轮为主动齿轮,内齿齿轮为从动齿轮,两者均为渐开线齿轮;月牙形隔板的作是将外齿齿轮和内齿齿轮隔开。内齿和外齿齿轮紧靠着月牙形隔板,但不接触,有微小的间隙。泵体是铸造而成的,经过精加工,泵体内有很多油道,有进油口和出油口,有的还有阀门或电磁阀。泵盖也是一个经精加工的铸件,也有很多油道,泵盖和泵体用螺栓连接在一起。

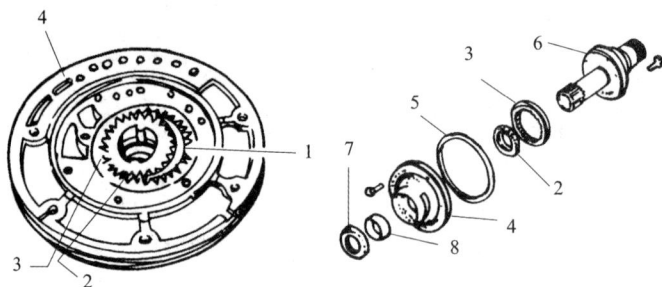

图4-15 典型的齿轮泵示意图

1—月牙形隔板;2—驱动齿轮(外齿轮);3—被动齿轮(内齿轮);4—泵体;
5—密封环;6—固定支承;7—油封;8—轴承

内啮合齿轮泵的工作原理如图4-16所示。月牙形隔板将内齿轮与外齿轮之间空出的容积分隔成两个部分,在齿轮旋转时齿轮的轮齿由啮合到分离的那一部分,其容积由小变大,称为吸油腔;齿轮由分离进入啮合的那一部分,其容积由大变小,称为压油腔。由于内、外齿轮的齿顶和月牙形隔板的配合是很紧密的,所以吸油腔和压油腔是互相密封的。当发动机运转时,变矩器壳体后端的轴套带动小齿轮和内齿轮一起朝图中顺时针方向运转,此时在吸油腔内,由于外齿轮和内齿轮不断退出喷合,容积不断增加,以致形成局部真空,将油盘中的液压油从进油口吸入,且随着齿轮旋转,齿间的液压油被带到压油腔;在压油腔,由于小齿轮和内齿轮不断进入啮合,容积不断减少,将液压油从出油口排出。油液就这样源源不断地输往液压系统。

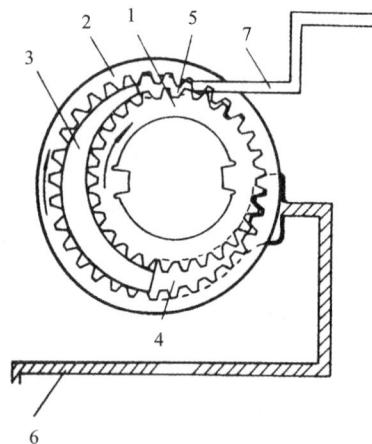

图4-16 内啮合齿轮泵

1—小齿轮;2—内齿轮;3—月牙形隔板;
4—吸油腔;5—压油腔;6—进油道;7—出油道

3. 调压装置

自动变速器的供油系统中,必须设置油压调节装置,一方面是因为油泵泵油量是变化的。自动变速器的油泵是由发动机直接驱动的,油泵的理论泵油量和发动机的转速成正比,为了保证自动变速器的正常工作,当发动机处于最低转速工况(怠速)时,供油系统中的油压应能满足自动变速器各部分的需要，防止油压过低使离合器、制动器打滑，影响变速器的动力传递；但如果只考虑怠速工况，由于发动机在怠速工况下的转速(约750 r/min)和最高转速(约6000 r/min)之间相差太大，那么当发动机高速运转时，油泵的泵油量将大大超过自动变速器各部分所需要的油量和油压，导致油压过高，增加发动机的负荷，并造成换挡冲击。另一方面是因为自动变速器中各部分对油压的要求也不相同。因此，要求供油系统提供给各部分的油压和流量应是可以调节的。

　　自动变速器供油系统的油压调节装置是由主油路调压阀(又称一次调节阀)、副调压阀(又称二次调节阀)、单向阀和安全阀等组成。图4-17所示为一种油压调节阀装置的结构图。

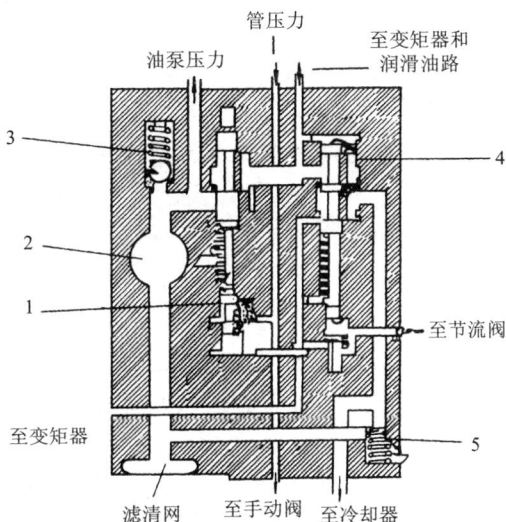

图4-17　油压调节装置

1——次调节阀；2—油泵；3—安全阀；4—二次调节阀；5—单向阀

　　(1)主油路调压阀

　　主油路调压阀又称一次调节阀，它的作用是根据汽车行驶速度和化油器节气门开度的变化，自动调节流向各液压系统的油压，保证各系统液压的稳定，使各信号阀工作平稳。主油路调压阀一般由阀芯、阀体和弹簧等主要元件组成，图4-18所示为油压调节阀的结构简图。

　　来自油泵的压力油液从进油口a进入，并作用到阀芯的右端，来自于节气门调节阀和手动阀倒挡油路的两个反馈油压则经进油口f作用在阀芯的左端。

　　当发动机负荷较小，输出功率较小，此时的节气门调节压力也较低，作用在阀芯右端的油液压力较高，油压所产生的作用力大于阀芯左端弹簧预紧力和节气门调节压力对阀芯的作用力时，弹簧将被压缩，阀芯向左移动，阀芯中部的密封台肩将使泄油口露出一部分(来自油泵的油液压力越高则泄油口露出越多)，来自油泵的油液有一部分经出油口b输往选挡阀，有一部分经出油口d输出往变矩器，还有一部分经泄油口流回油盘，使油压下降，直至油液压力所产生的推力与调压弹簧的预紧力和节气门调节压力的合力保持平衡为止，此时调压阀以低于油泵输入压力的油压输出；当节气门开度增大，输出功率增大时，此时增大了的节气

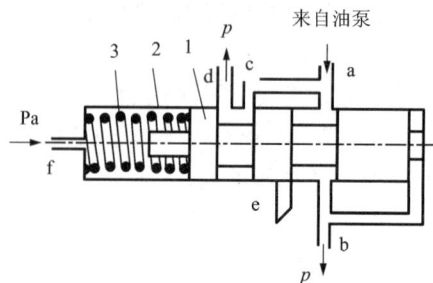

图 4-18 油压调节阀的结构简图

1—阀芯；2—阀体；3—弹簧；a—来自油泵的压力油进口；b—输往选挡阀的出油口；c—和 a 连通的进油口；
d 输往变矩器的出油口；e—泄油道；f—节气门调节压力的进口；p—表示此处有液压

门调节油压将使阀芯向右移动，阀芯中部的密封台肩将堵住泄油口，泄油口开度降低，泄油道减小或处于封闭状态，使油压上升，调节阀以高于油泵输入压力的油压输出。节气门开度越大，调压阀输出的压力越高，输往选挡阀和变矩器去的油液压力将随所要传递的功率的增大而增大，则时可使油液压力保持在相对稳定的范围(通常为 0.5~1 MPa)内。

在阀芯的右端还作用着另一个反馈油压，它来自于压力校正阀。这一反馈油压对阀芯产生一个向左的推力，使主油路调压阀所调节的主油路油压减小。

当自动变速器处于前进挡的 1 挡或 2 挡时，倒挡油路油压为 0，压力校正阀关闭，调压阀右端的反馈油压也为 0。而当变速器处于 3 挡或超速挡时，若车速增大到某一数值，压力校正阀开启，来自节气门阀的压力油经压力校正阀进入调压阀右端增加了阀芯向左的推力，使主油路油压减小，减小了油泵的运转阻力。当自动变速器处于倒挡时，来自手动阀的倒挡油路压力油进入阀芯的左端，阀芯左端的油压增大，主油路调压阀所调节的主油路压力也因此升高，满足了倒挡时对主油路油压的需要。此时的主油路油压称为倒挡油压。

（2）副调压阀和安全阀

副调压阀又称二次调节阀，它的作用是根据汽车行驶速度和化油器节气门开度的变化，自动调节变矩器的油压、各部件的润滑油压和冷却装置的冷却油压。

二次调节阀也是由阀体、阀芯和弹簧等组成。当发动机转速低或化油器油门关闭时，二次调压阀在弹簧的作用下，把通向液压油冷却装置的油道切断。当发动机转速升高和液力变矩器油压升高时，把油路开放。发动机停止转动时，二次调压阀用一个单向控制阀把液力变矩器的油路关闭，使液压油不能外流，以免影响转矩输出。

安全阀实际上也是一个调压阀，由弹簧和钢球组成，并联在油泵的进、出油口上，以限制油泵压力。当油泵压力高时，压开钢球，油经钢球和油道流回油盘。

旁通阀（单向阀）是液压油冷却装置的保护器，与冷却装置并联。当流到冷却装置的液压油温度过高、压力过大时，阀体打开，起旁通作用，以免高温、高压的液压油损坏冷却装置。

4. 辅助装置

自动变速器供油系统中除了油泵及各种流量控制阀外，还包括许多辅助装置。这里仅就油箱和滤清器作一些简单介绍。

（1）油箱

自动变速器的油箱，常见的形式有总体式和分离式两类。前者与自动变速器连成一体，直接把变速器的油底壳作为油箱使用。后者则分开独立布置,由管道与变速器连通。分离式油箱在布置上比较自由,允许有足够的容量而不增加变速器的高度。通常油箱都有可靠的密封,以防油液泄漏和杂质进入,有时还可采用充压密封式油箱,以改善油泵的吸油效果。对于某些工程车辆和重型车辆的综合传动箱,还可根据箱体结构分隔成两个或多个互通的油池,以保证可行的油液循环。

此外,一般油箱还应有个通气孔,以保证油箱内正常的大气压。

(2)滤清器

自动变速器由于液压系统零件的高精密度及工作性能的灵敏度,使其对油液的清洁程度要求极高。经过长期使用后,由于油液变质、零件磨损颗粒、摩擦衬面剥落、密封件磨损脱落、空气中的尘埃颗粒,以及其他污物都可能使油液污染,而导致各种故障的发生,如滑阀受卡、节流孔堵塞、随动滑阀失灵,因此,应采用多种措施对油液进行严格过滤。

在自动变速器供油系统中,通常设有三种形式的滤油装置。

①粗滤器。

粗滤器通常装在油泵的吸油管端,用以防止大颗粒或纤维杂物进入供油系统。为了避免出现吸油气穴现象,一般采用 $80\sim110\ \mu m$ 的金属丝网或毛织物作为滤清材料,以保证不产生过大的降压。

②精滤器。

精滤器通常设置在回油管道或油泵的输出管道上,它的作用是滤去油液中的各种微小颗粒,提高油液的清洁度,避免颗粒杂物进入控制系统。因此,要求精滤器有较高的过滤精度。例如,有的重型自动变速器的精滤器的过滤精度为 $40\ \mu m$,保证大于 $0.04\ mm$ 的颗粒杂物不得进入控制系统。这样,油液必须在压力状态下通过精滤器,并产生一定的压降。在某些复杂的重型车辆和工程车辆中,常设计有专用的旁路式精滤器,用一个专用的油泵来驱使油液通过精滤器。

③阀前专用滤清器。

在一些自动变速器的控制系统中,常在一些关键而精密的控制阀前,例如,双边节流的参数调压阀前的油路中,串接设置有专用的阀前滤清器,以防止杂质进入节流孔隙处造成调压阀失灵,影响整个控制系统的工作。这种阀前滤清器应尽量设置在接近于被保护的控制阀处,并且为该阀所专用。通常,由于它要求通过的流量不大,这种滤清器的尺寸都做得很小,过滤材料则用多层的金属丝或微孔滤纸。

4.1.4　电子控制装置的结构与工作原理

电子控制系统是由电子控制装置和阀板两大部分组成的。它与传统的液压控制系统相比,不论是控制原理还是控制过程都有很大的不同,目前越来越多的轿车自动变速器采用这种控制系统。

电子控制装置是控制系统的核心,它利用电子自动控制的原理,通过传感器将汽车行驶速度和发动机负荷等参数转变为电信号,电脑根据这些电信号作出是否需要换挡的判断,并按照设定的控制程序发出换挡指令,操纵各种电磁阀(换挡电磁阀、油压电磁阀等)去控制阀板总成中各个控制阀的工作(接通或切断换挡控制油路),驱动离合器、制动器、锁止离合等液力执行元件,从而实现对自动变速器的全面控制。

电子控制装置由各种传感器、控制开关、执行器和电脑等组成，如图4－19所示。

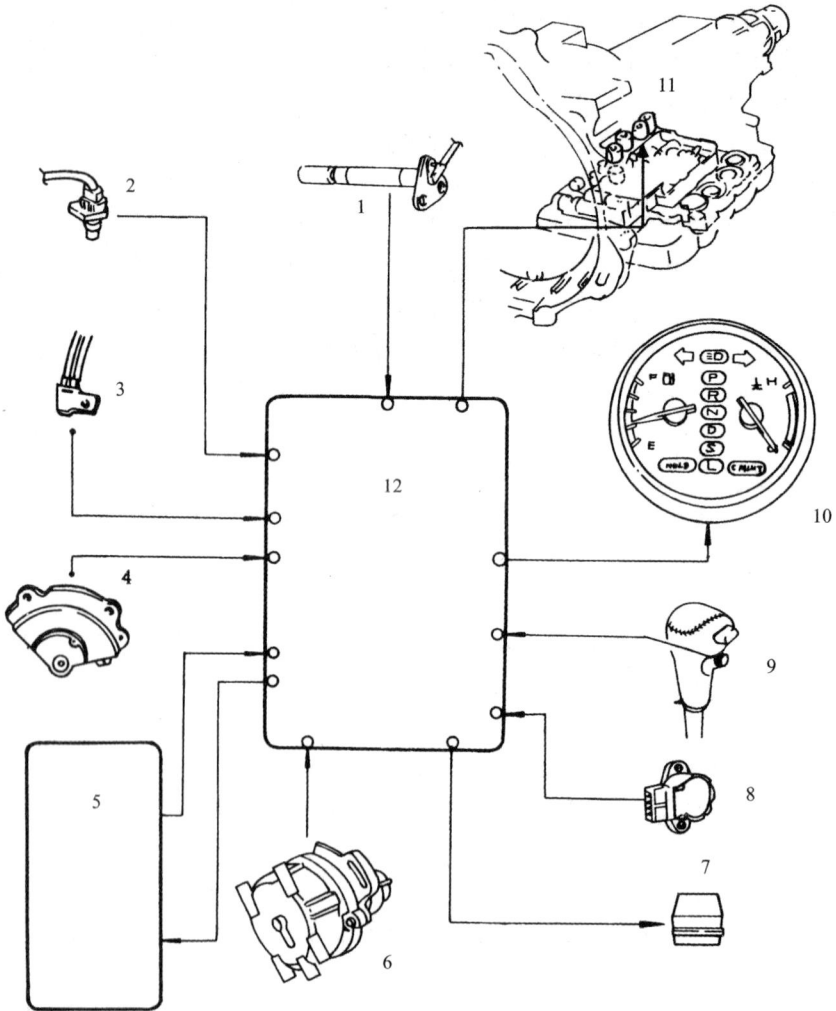

图4－19　电子控制装置的组成

1—输入轴转速传感器；2—车速传感器；3—液压油温度传感器；4—挡位开关；5—发动机电脑；
6—发动机转速传感器；7—故障检测插座；8—节气门位置传感器；9—模式开关；10—挡位指示灯；
11—电磁阀；12—自动变速器电脑

1. 传感器

电子控制装置中常用的传感器有节气门位置传感器、车速传感器、输入轴转速传感器、液压油温度传感器等。

（1）节气门位置传感器

汽车发动机的节气门是由驾驶员通过油门踏板来操纵的，以便根据不同的行驶条件控制发动机运转。电子控制自动变速器是利用安装在发动机节气门体上的节气门位置传感器来测得节气门的开度，作为电脑控制自动变速器挡位变换的依据，从而使自动变速器的换挡规律在任何行驶条件下都能满足汽车的实际使用要求。

（2）车速传感器

车速传感器安装在自动变速器输出轴附近，如图 4-20 所示。它是一种电磁感应式转速传感器，用于检测自动变速器输出轴的转速。电脑根据车速传感器的信号计算出车速，作为其换挡控制的依据。

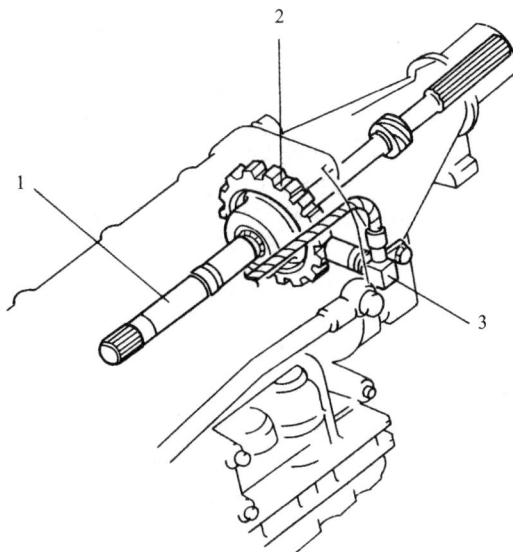

图 4-20　车速传感器

1—输出轴；2—停车锁止齿轮；3—车速传感器

车速传感器由永久磁铁和电磁感应线圈组成，如图 4-21（a）所示。它固定在自动变速器输出轴附近的壳体上，靠近安装在输出轴上停车锁止齿轮或感应转子。当输出轴转动时，停车锁止齿轮或感应转子的凸齿不断地靠近或离开车速传感器，使感应线圈的磁通量发生变化，从而产生交流感应电压，如图 4-21（b）所示。车速越高，输出轴的转速也越快，感应电压的脉冲频率也越大。电脑根据感应电压脉冲频率的大小计算出车速。

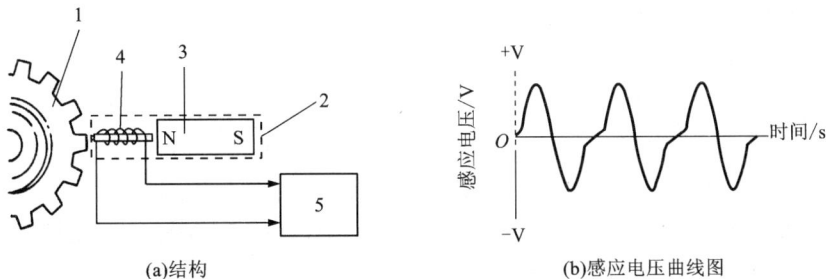

(a)结构　　　　　　　　　(b)感应电压曲线图

图 4-21　车速传感器工作原理示意图

1—停车锁止齿轮；2—车速传感器；3—永久磁铁；4—感应线圈；5—电脑

（3）输入轴转速传感器

输入轴转速传感器的结构、工作原理与车速传感器相同。它安装在行星齿轮变速器的输入轴或与输入轴连接的离合器毂附近的壳体上(图4-22),用于检测输入轴转速,并将信号送入电脑,使电脑更精确地控制换挡过程。此外,电脑还将该信号和来自动发动机控制系统的发动机转速信号进行比较,计算出变矩器的传动比,使油路压力控制过程和锁止离合器控制过程得到进一步优化,以改善换挡感觉,提高汽车的行驶性能。

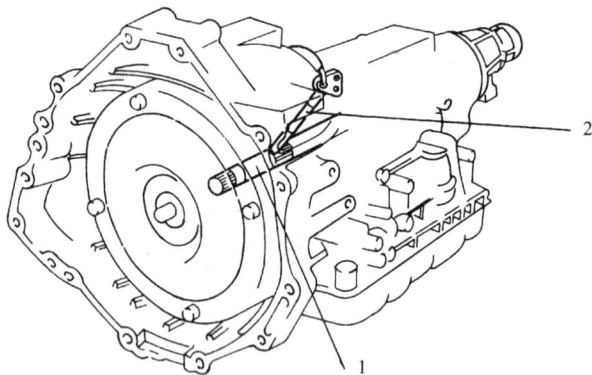

图4-22 输入轴转速传感器
1—行星齿轮变速器输入轴;2—输入轴转速传感器

(4)液压油温度传感器

液压油温度传感器安装在自动变速器油底壳内的阀板上,用于检测自动变速器的液压油的温度,以作为电脑进行换挡控制、油压控制和锁止离合器控制的依据。液压油温度传感器内部是一个负系数热敏电阻。温度越高,电阻越低,电脑根据其电阻的变化测出自动变速器的液压油的温度。

除了上述各种传感器之外,自动变速器的控制系统还将发动机控制系统中的一些信号,如发动机转速信号、发动机水温信号、大气压力信号、进气温度信号等,作为控制自动变速器的参考信号。

(5)控制开关

电子控制装置中的控制开关有空挡起动开关、自动跳合开关(降挡开关)、制动灯开关、超速挡开关、模式开关、挡位开关等。

①空挡起动开关。

空挡起动开关用以判断选挡手柄的位置,防止发动机在驱动挡位时起动。当选挡手柄位于空挡或驻车位置时,起动开关接通,使发动机得以起动。若选挡手柄位于任一驱动位置,则起动开关断开,发动机不能起动,从而保证使用安全。再者,当选挡手柄置于不同位置时,空挡起动开关便接通相关电路,电控单元根据接通电路的信号,控制变速器进行自动换挡。

②自动跳合开关。

自动跳合开关又称降挡开关,它是用来检测加速踏板是否超过节气门全开的位置。当加速踏板超过节气门全开位置时,自动跳合开关便接通,并向电控单元输送信号,这时电控单元即按其内存设置的程序控制换挡,并使变速器自动下降一个挡位,以提高汽车的加速性能。若跳合开关短路,则电控单元不计其信号,按选挡手柄位置控制换挡。

③制动灯开关。

制动灯开关用以判断制动踏板是否踩下。若踩下，则该开关便将信号输给电控单元，以解除锁止离合器的结合，防止突然制动时发动机熄火。

④超速挡开关。

这一开关用来控制自动变速器的超速挡。当这个开关打开后，超速挡控制电路接通，此时若操纵手柄位于 D 位，自动变速器随着车速的升高而升挡时，最高可升入 4 挡（即超速挡）。该开关关闭后，调速挡控制电路被断开，仪表盘上的"O/D OFF"指示灯随之亮起（表示限制超速挡的使用），自动变速器随着车速的提高而升挡时，最高只能升入 3 挡，不能升入超速挡。

⑤模式开关。

大部分电子控制自动变速器都有一个模式开关，用来选择自动变速器的控制模块，以满足不同的使用要求。所谓控制模式主要是指自动变速器的换挡规律。常见的自动变速器的控制模式有以下几种。

A.经济模式。

这种控制模式是以汽车获得最佳的燃油经济性为目标来设计换挡规律的。当自动变速器在经济模式状态下工作时，其换挡规律应能使发动机在汽车行驶过程中经常处在经济转速范围内运转，从而提高了燃油经济性。

B.动力模式。

这种控制模式是以汽车获得最大的动力性为目标来设计换挡规律的。在这种控制模式下，自动变速器的换挡规律能使发动机在汽车行驶过程中经常处在大功率范围内运转，从而提高了汽车的动力性能和爬坡能力。

C.标准模式。

标准模式是指换挡规律介于经济模式和动力模式之间的一种换挡模式。它兼顾了动力性和经济性，使汽车既保证一定的动力性，又有较佳的燃油经济性。

⑥挡位开关。

挡位开关位于自动变速器手动阀摇臂轴上或操纵手柄下方，用于检测操纵手柄的位置。它由几个触点组成。当操纵手柄位于不同位置时，相应的触点被接通。电脑根据被接触的触点，测得操纵手柄的位置，从而按照不同的程序控制自动变速器的工作。

2.执行器

电子控制装置中的执行器是各种电磁阀。常见的有开关式电磁阀和脉冲线性式电磁阀两种。

（1）开关式电磁阀

开关式电磁阀的作用是开启或关闭液压油路，通常用于控制换挡阀及变矩器锁止控制阀的工作。开关式电磁阀由电磁线圈、衔铁、回位弹簧、阀芯和阀球所组成（图 4-23）。它有三种工作方式：一种是让某一条油路保持油压或泄空，如图 4-23（a）所示，即当电磁线圈不通电时，阀芯被油压推开，打开泄油孔，该油路的液压油经电磁阀泄空，油路压力为零；当电磁阀线圈通电时，电磁阀使阀芯下移，关闭泄油孔，使油路油压上升。另一种是开启或关闭某一条油路，即当电磁线圈不通电时，油压将阀芯推开，阀球在油压作用下关闭泄油孔，打开进油孔，使主油路压力油进入控制油道，如图 4-23（b）所示；当电磁线圈通电时，电磁力使阀芯下移，推动阀球关闭进油孔，打开泄油孔，控制油道内的压力油由泄油孔泄空，如

图4－23(c)所示。

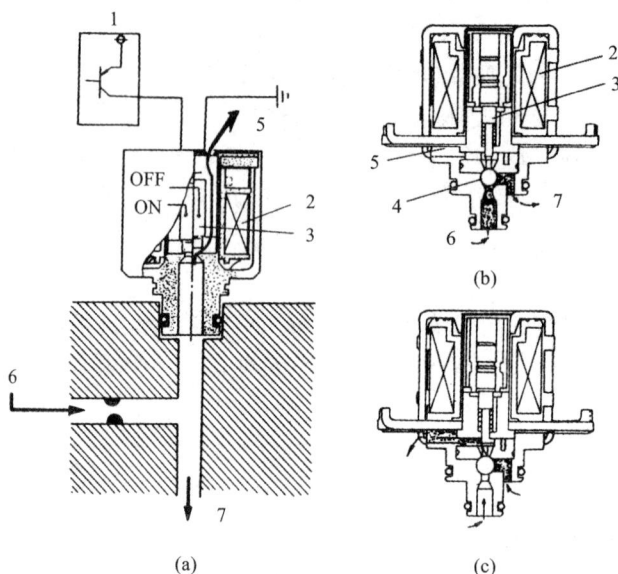

图4－23　开关式电磁阀
1—电脑；2—电磁线圈；3—衔铁和阀芯；4—阀球；5—泄油孔；6—主油道；7—控制油道

（2）脉冲线性式电磁阀

脉冲线性式电磁阀的结构与电磁式相似，也是由电磁线圈、衔铁、阀芯或滑阀等组成（图4－24）。它通常用来控制油路中的油压。当电磁线圈通电时，电磁力使阀芯或滑阀开启，液压油经泄油孔排出，油路压力随之下降。当电磁线圈断电时，阀芯或滑阀在弹簧弹力的作用下将泄油孔关闭，使油路压力上升。脉冲线性式电磁阀和开关式电磁阀的不同之处在于控制它的电信号不是恒定不变的电压信号，而是一个固定频率的脉冲电信号。电磁阀在脉冲电信号的作用下不断反复地开启和关闭泄油孔，电脑通过改变每个脉冲周期内电流接通和断开的时间比率（称为占空比，变化范围为0～100％），改变电磁阀开启和关闭时间的比率，来控制油路的压力。占空比越大，经电磁阀泄出的液压油越多，油路压力就越低；反之，占空比越小，油路压力就越大。

脉冲线性式电磁阀一般安装在主油路或减振器背压油路上，电脑通过这种电磁阀在自动变速器升挡或降挡的瞬间使油压下降，进一步减少换挡冲击，使挡位的变换更加柔和。

3. 电脑及控制电路

各种车型自动变速器的电子控制装置的结构，特别是电脑内部结构及控制程序的内容，传感器、执行器及控制开关的配置和类型，控制电路的布置方式等往往有很大的不同。

有些车型的自动变速器自身有电脑，该电脑专门用于控制自动变速器的工作。这种电脑除了和自动变速器工作有关的传感器、控制开关、执行器连接之外，往往还通过电路和汽车其他系统的电脑连接，如发动机控制系统的电脑、巡航控制系统的电脑等，并从这些电脑中获取与控制自动变速器有关的信号，或将自动变速器的工作情况通过电信号给其他系统的电脑，让发动机或汽车其他系统的工作能与自动变速器相配合。

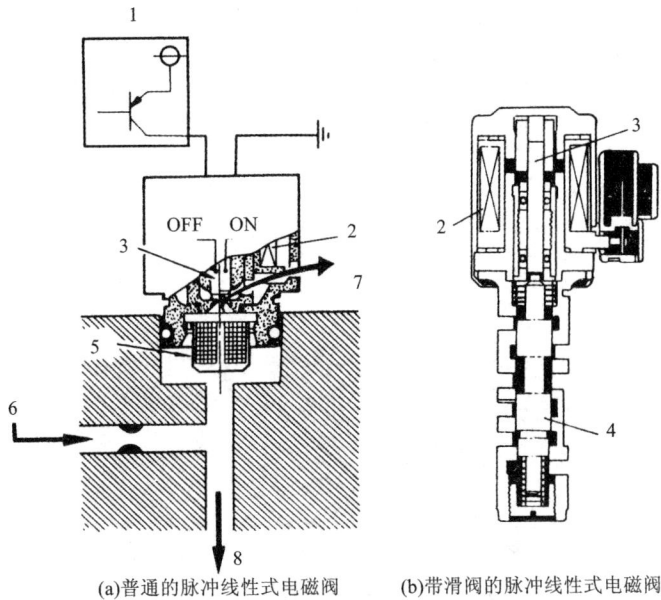

(a)普通的脉冲线性式电磁阀　　(b)带滑阀的脉冲线性式电磁阀

图 4 - 24　脉冲线性式电磁阀

1—电脑；2—电磁线圈；3—衔铁和阀芯；4—滑阀；5—滤网；6—主油道；7—泄油孔；8—控制油道

　　也有许多车型的自动变速器和发动机由同一个电脑来控制，从而使自动变速器的工作能更好地与发动机的工作相匹配。例如，大部分丰田汽车的电了控制自动变速器都是采用这种控制方式的。

　　各种自动变速器电脑的控制内容和控制方式虽然不完全相同，但却有很多相似之处，通常有以下内容。

　　（1）换挡控制

　　换挡控制即控制自动变速器的换挡时刻，也就是在汽车达到某一车速时，让自动变速器升挡或降挡。它是自动变速器电脑最基本的控制内容。自动变速器的换挡时刻（即换挡车速，包括升挡车速和降挡车速）对汽车的动力性和燃料经济性有很大影响。对于汽车的某一特定行驶工况来说，有一个与之相对应的最佳换挡时机或换挡车速。电脑应使自动变速器在汽车任何行驶条件下都按最佳换挡时刻进行换挡，从而使汽车的动力性和燃料经济性等各项指标达到最优。

　　汽车的最佳换挡车速主要取决于汽车行驶时的节气门开度。不同节气门开度下的最佳换挡车速可以用自动换挡图来表示（图 4 - 25）。由图 4 - 25 可知，节气门开度越小，汽车的升挡车速和降挡车速越低；反之，节气门开度越大，汽车的升挡车速和降挡车速越高。这种换挡规律十分符合汽车的实际使用要求。例如，当汽车在良好的路面上缓慢加速时，行驶阻力较小，油门开度也小，升挡车速可相应降低，即可以较早地升入高挡，从而让发动机在较低的转速范围内工作，减少汽车油耗；反之，当汽车急加速或上坡时，行驶阻力较大，为保证汽车有足够的动力，油门开度应较大，换挡时刻相应延迟，也就是升挡车速相应提高，从而让发动机工作在较高的转速范围内，发出较大的功率，提高汽车的加速和爬坡能力。

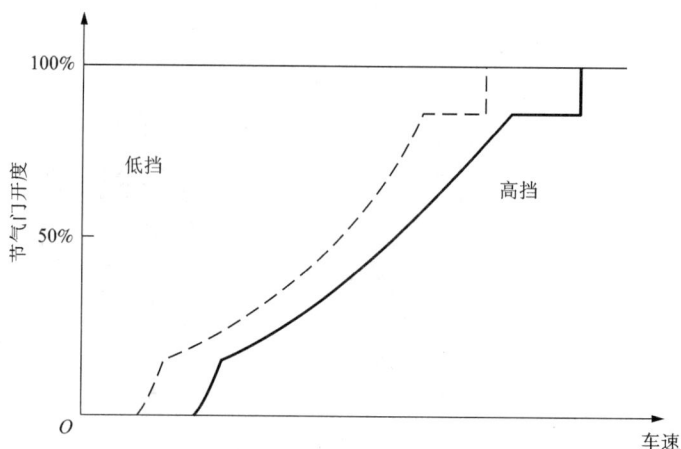

图 4 - 25　自动换挡图

实线—汽车加速时的升挡规律；虚线—汽车减速时的降挡规律

　　当汽车自动变速器的操纵手柄或模式开关处于不同位置时，对汽车的使用要求也有所不同，因此其换挡规律也应作相应的调整。电脑将汽车在不同使用要求下的最佳换挡规律以自动换挡图的形式储存在存储器中。在汽车行驶中，电脑根据挡位开关和模式开关的信号从存储器内选择出相应的自动换挡图，再将车速传感器和节气门位置传感器测得的车速、节气门开度与自动换挡图进行比较；根据比较结果，在达到设定的换挡车速时，电脑便向换挡电磁阀发出电信号，以实现挡位的自动变换，如图 4 - 26 所示。

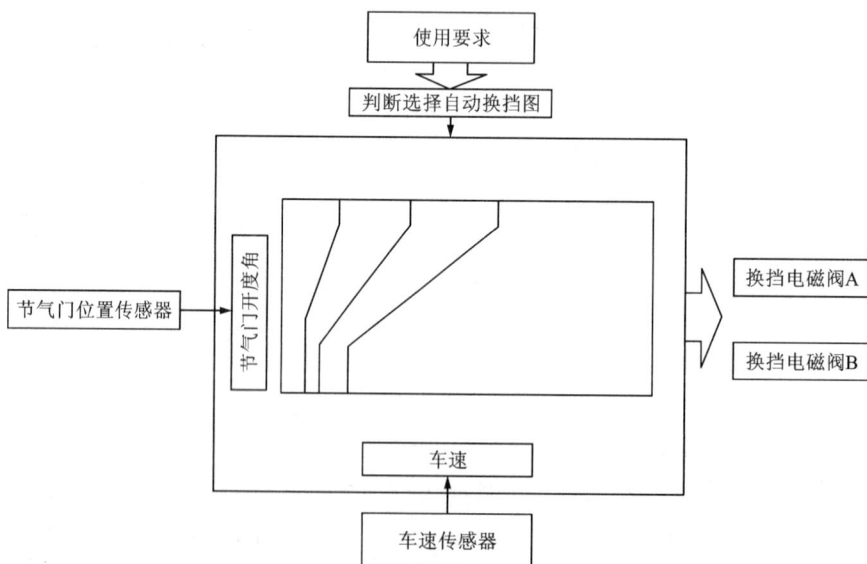

图 4 - 26　自动换挡控制方框图

　　4 挡自动变速器控制系统中的换挡电磁阀通常有 2 个或 3 个。大部分日本轿车自动变速器(如丰田、马自达轿车)采用 2 个换挡电磁阀,一部分欧美轿车自动变速器(如奥迪、福特轿车)采用 3 个电磁阀。控制系统通过这些换挡电磁阀开启和关闭(通电或断电)的不同组合来组成不同的挡位。不同厂家生产的自动变速器换挡电磁阀的工作组合与挡位的关系都不完全相同。

(2)油路压力控制

电液式控制系统中的主油路油压是由主油路调压阀来调节的。早期的电液式控制系统由节气门拉索控制的节气门阀,并通过节气门阀控制主油路调压阀,使主油路油压随着发动机负荷的增大而增加,以满足传递大扭矩时对离合器、制动器等换挡执行元件液压缸工作压力的需要。目前一些新型电子控制自动变速器取消了由节气门拉索控制的节气门阀,节气门油压由油压电磁阀产生。油压电磁阀是一种脉冲线性式电磁阀,电脑根据节气门位置传感器测得的节气门开度,计算并控制送往油压电磁阀的脉冲信号的占空比,以改变油压电磁阀排油孔的开度,产生随节气门开度变化的油压(即节气门油压)。此外电脑还能根据挡位开关的信号,在操纵手柄处于倒挡位置时提高节气门油压,使倒挡时的主油路油压升高,以满足倒挡时对主油路油压的需要。

除正常的主油路油压控制外,电脑还可以根据各个传感器测得的自动变速器的工作条件,在一些特殊情况下,对主油路油压作适当修正,使油路压力控制获得最佳效果。例如,在操纵手柄位于前进低挡(S、L 或 2、1)位置时,由于汽车的驱动力相应较大,电脑自动使主油路油压高于前进挡时的油压,以满足传递的需要。为减小换挡冲击,电脑还在自动变速器换挡过程中按照换挡时节气门开度的大小,通过油压电磁阀适当减小主油路油压,以改善换挡感觉。电脑还可以根据液压油温度传感器的信号,在液压油温度未达到正常工作温度时(低于 60℃),将主油路油压调整为低于正常值,以防止因液压油在低温下黏度较大而产生换挡冲击;当液压油温度过低时(低于 -30℃),电脑使主油路油压升到最大值,以加速离合器、制动器的接合,防止温度过低时因液压油黏度过大而导致换挡过程过于缓慢。在海拔较高时,发动机输出功率降低,电脑将主油路油压控制为低于正常值,以防止换挡时产生冲击。

(3)自动模式选择控制

液力控制自动变速器和早期的电子控制自动变速器都设有模式开关,驾驶员可以通过这一开关来改变自动变速器的控制模式,选择经济模式、普通模式或动力模式。目前一些新型的电子控制自动变速器由于采用了由大规模集成电路组成的电脑,具有很强的运算和控制功能,并具有一定的智能控制能力,因此这种自动变速器可以取消模式开关,由电脑进行自动模式选择控制。电脑通过各个传感器测得汽车行驶情况和驾驶员的操作方式,经过运算分析,自动选择采用经济模式、普通模式或动力模式进行换挡控制,以满足不同的驾驶员操作要求。

电脑在进行自动模式选择控制时,主要参考换挡手柄的位置及加速踏板被踩下的速率,以判断驾驶员的操作目的,自动选择控制模式。

当操纵手柄位于前进低挡(S、L 或 2、1)时,电脑只选择动力模式。

当操纵手柄位于前进挡(D)且加速踏板被踩下的速率较低时,电脑选择经济模式;当加速踏板被踩下的速率超过控制程序中所设定的速率时,电脑由经济模式转变为动力模式。

在前进挡(D)中,电脑选择动力模式之后,一旦节气门开度低于 1/8 时,电脑即由动力模式转换为经济模式。

（4）锁止离合器控制

电子控制自动变速器的变矩器中的锁止离合器的工作是由电脑控制的。电脑按照设定的控制程序，通过一个电磁阀（称为锁止电磁阀）来控制锁止离合器的结合或分离。正确的锁止离合器控制程序应当是既能满足自动变速器的工作要求，保证汽车的行驶能力，又能最大限度地降低燃油消耗。自动变速器在各种工作条件下的最佳锁止离合器控制程序被事先储存在电脑的存储器内。电脑根据变速器的挡位、控制模式等工作条件从存储器内选择出相应的锁止控制程序，再将车速、节气门开度与锁止控制程序进行比较。当车速足够高，且其他各种因素均满足锁止条件时，电脑即向锁止电磁阀输出电信号，使锁止离合器结合，实现变矩器的锁止。

（5）发动机制动控制

目前一些新型电子控制自动变速器的强制离合器或强制制动器的工作也是由电脑通过电磁阀控制的。电脑按照设定的发动机制动控制程序，在操纵手柄位置、车速、节气门开度等因素满足一定条件（如：操纵手柄位于前进低挡位置，且车速大于 10 km/h，节气门开度小于 1/8）时，向强制离合器电磁阀或强制制动器电磁阀发出电信号，打开强制离合器或强制制动器的控制油路，使之结合或制动，让自动变速器具有反向传递动力的能力，在汽车滑行时以实现发动机制动。

（6）改善换挡感觉的控制

随着电脑性能的不断提高，电子控制自动变速器控制系统的控制范围越来越广泛，控制功能也越来越多，可以采用多种方法来控制自动变速器的换挡过程，以改善换挡感觉，提高汽车的乘坐舒适性。目前常见的改善换挡感觉的控制功能有以下几种：

①换挡油压控制。

在升挡或降挡的瞬间，电脑通过油路压力电磁阀适当降低主油路油压，以减小换挡冲击，改善换挡感觉。也有一些控制系统是通过电磁阀在换挡时减小减振器活塞的背压，以减缓离合器或制动器液压缸内油压的增长速度，达到减小换挡冲击的目的。

②减扭矩控制。

在换挡的瞬间，通过延迟发动机的点火时间以减少喷油量，暂时减小发动机的输出扭矩，以减小换挡冲击和输出轴的扭矩波动。这种控制的执行过程是：自动变速器的电脑在自动升挡或降挡的瞬间，通过电路向发动机电脑发出减小扭矩的控制信号，发动机电脑接收到这一信号后，立即延迟发动机点火时间或减少喷油量，执行减扭矩控制，并在执行完这一控制后，向自动变速器电脑发回已减扭矩信号。

③N－D 换挡控制。

这种控制是在操纵手柄由停车挡或空挡（P 或 N）位置换至前进挡或倒挡（D 或 N）位置，或相反地由 D 位或 R 位换至 P 位或 N 位时，通过调整发动机喷油量，将发动机的转速变化减至最小，以改善换挡感觉。

没有这种控制时，当自动变速器的操纵手柄由 P 位或 N 位换至 D 位或 R 位时，由于发动机负荷增加，转速随之下降；反之，由 D 位或 R 位换至 P 位或 N 位时，由于发动机负荷减小，转速将上升。具有 N－D 换挡控制功能的自动变速器的电脑在操纵手柄由 P 位或 N 位换至 D 位或 R 位时，若输入轴传感器所测得的输入轴转速变化超过规定值，即向发动机电脑发出 N－D 换挡控制信号，发动机电脑根据这一信号增加或减小喷油量，以防止发动机转速变化过大。

（7）使用输入轴转速传感器的控制

目前一些新型电子控制自动变速器设有输入轴转速传感器，电脑通过这一传感器可以检测出自动变速器输入轴的转速，并由此计算出变矩器的传动比（即泵轮和涡轮的转速之比）以及发动机曲轴和自动变速器输入轴的转速差，从而使电脑更精确地控制自动变速器的工作。特别是电脑在进行换挡油路压力控制、减扭矩控制、锁止离合器控制时，利用这一参数进行计算，可使这些控制的持续时间更加精确，从而获得最佳的换挡感觉和乘坐舒适性。

（8）故障自诊断和失效保护功能

电子控制自动变速器是在电子控制装置中电脑的控制下工作的。电脑根据各个传感器测得的有关信号，按预先设定的控制程序，通过向各个执行器发出相应的控制信号来控制自动变速器的工作。如果电子控制装置中的某个传感器出现的故障，不能向电脑输送信号，或某个执行元件损坏，不能完成电脑的控制指令，就会影响电脑对自动变速器的控制，使自动变速器不能正常工作。

为了及时地发现电子控制装置中的故障，并在出现故障时尽可能使自动变速器保持最基本的工作能力，以维持汽车行驶，便于汽车进厂维修。目前许多电子控制自动变速器的电子控制装置具有故障自诊断和失效保持功能。这种电子控制装置在电脑内设有专门的故障自诊断电路，它在汽车行驶过程中不停地监测自动变速器电子控制装置中所有传感器和部分执行器的工作。

4.1.5　自动换挡操纵装置

自动换挡操纵装置包括挡位操纵机构（控制手柄）。

挡位操纵机构的作用是用来移动选挡阀，以使选挡阀进入不同的挡位区域。选挡阀操纵杆通过杆系和选挡手柄连接，随选挡手柄位置改变选挡操纵杆向右或向前移动，使选挡阀的位置和选挡手柄的位置相对应。选挡手柄和传统式变速器的变速杆外形相似，但只供选择挡位区使用。选挡手柄可装在转向盘下面的转向柱上，驾驶员扳动手柄时，通过指示器可清晰地看到所选择的挡位，如图 4 - 27(a) 所示。也有的选挡手柄设置在驾驶员座椅的一侧，如图 4 - 27(b) 所示。

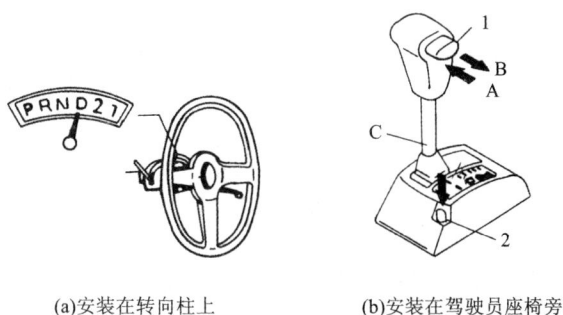

(a)安装在转向柱上　　　　(b)安装在驾驶员座椅旁

图 4 - 27　选挡手柄

1—选挡杆按钮；2—超速挡按钮；A—压入；B—松开；C—在停车（P）挡区

　　选挡指示器可设置在选挡手柄旁边，也有的设置在仪表板上，所选挡位可用指针显示，也可用灯光表示，图 4-28 所示为不同类型挡位指示器的举例。

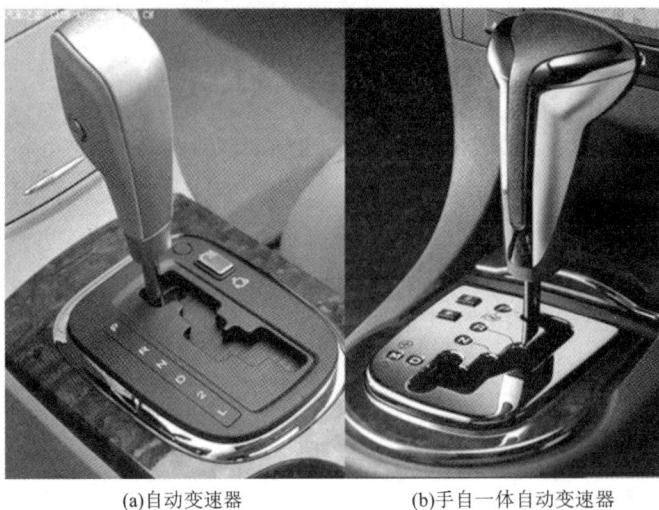

(a)自动变速器　　　　　　　　(b)手自一体自动变速器

图 4-28　挡位指示器

　　①P 位，驻车挡。选挡杆置于此位置时，驻车锁止机构将自动变速器输出轴锁止。在此挡位可以启动发动机。

　　②R 位，倒挡。选挡杆置于此位置时，汽车倒向行驶。

　　③N 位，空挡。选挡杆置于此位置时，所有行星齿轮机构都空转，不能输出动力，在此挡位可以启动发动机。

　　④D 位，前进挡。选挡杆置于此位置时，液压系统控制装置根据节气门开度信号和车速信号等信号自动接通相应的前进挡油路，实现自动升降挡。

　　⑤S 位（也称为 2 位），高速发动机制动挡。选挡杆置于此位置时，液压控制系统只能接通前进挡中的 1、2 挡油路，自动变速器只能在这两个挡位间自动换挡，无法升入更高的挡位，从而使汽车获得发动机制动效果。

　　⑥L 位（也称 1 位），低速发动机制动挡。选挡杆置于此位置时，汽车被锁定在前进挡的 1 挡，只能在该挡位行驶而无法升入高挡，发动机制动效果更强。

　　手自一体自动变速器选挡杆如图 4-28(b) 所示，当选挡杆在 D 位置移至左侧 M 位置后，自动变速器的挡位即可以变为手动控制，向前推一下选挡杆然后放松，变速器就升一个挡位；向后拉一下选挡杆然后放松，变速器就降一个挡位。

4.2　电控无级变速器

4.2.1　概述

CVT 是英文 Continuously Variable Transmission 的缩写，意即无级变速器（图 4 - 29）。一般来讲，汽车上常用的自动变速器有液力自动变速器、液压传动自动变速器、电力传动自动变速器、有级式机械自动变速器和无级式机械自动变速器等，其中最常见的是液力自动变速器，液力自动变速器不是真正的无级变速器（CVT）。目前，在普通的轿车中，大多采用电控液力自动变速器，其主要是由液力变矩器和自动变速器两大部分组成，它能根据节气门的开度和车速的变化，自动进行换挡。与 CVT 相比，液力自动变速器最大的不同是在结构上，即它是由液压控制的齿轮变速系统构成的。因此，液力自动变速器并不是真正的无级变速器，而是有挡位的，仅是在两挡之间的无级变速。而 CVT 则是由两组变速轮盘和一条传动带组成的。CVT 采用传动带和工作直径可变的主、从动轮相配合传递动力，CVT 可以自动改变传动速比，实现传动速比的全程无级连续改变，没有传统变速器换挡时那种"停顿"的感觉，从而得到传动系统与发动机工况的最佳匹配，提高车辆的燃油经济性和动力性，改善驾驶者的操纵方便性及乘坐舒适性，因此它是一种比较理想的汽车动力传动装置。

图 4 - 29　CVT 无级变速器示例

图 4 - 30 所示为金属带式无级变速器的变速原理。变速部分由主动带轮（也称初级轮）、金属带和从动带轮组成。每个带轮都由两个带有斜面的半带轮组成一体，其中一个半轮是固定的，另一个半轮可以通过液压控制系统控制其轴向移动，两个带轮之间的中心矩是固定的。由于两个带轮的直径可以连续无级变化，所以形成的传动比也是连续无级变化的。

4.2.2　无级变速器的基本组成和工作原理

无级变速器主要由无级变速传动机构和液压及电子控制系统两部分组成。

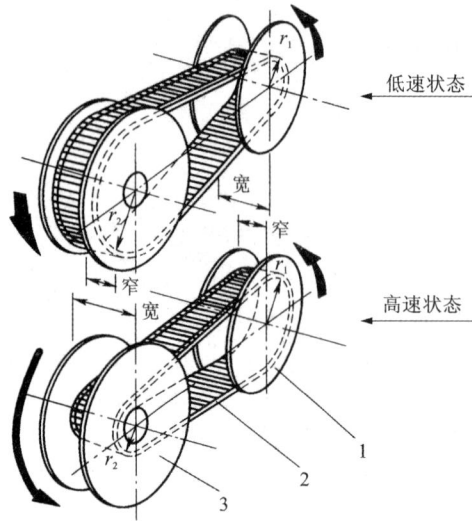

图 4 - 30　金属带式无级变速器的变速原理
1—主动带轮；2—金属传动带；3—从动带轮

　　一般无级变速机构所形成的传动比为 0.44 ~ 4.69，在其后需要增加主减速器，在其前一般还配有电磁离合器或带有锁止离合器的液力变矩器。

　　图 4 - 31 所示为带液力变矩器的无级变速器结构示意图，图 4 - 32 所示为带液力变矩器的无级变速器实物照片。

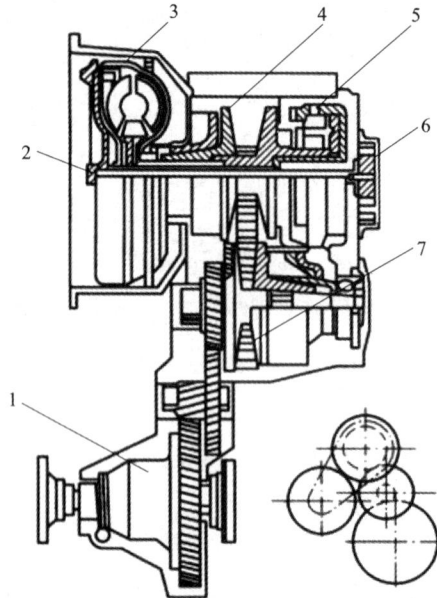

图 4 - 31　带液力变矩器的无级变速器结构示意图
1—差速器；2—输入轴；3—液力变矩器；4—主动带轮；
5—换挡机构；6—液压泵；7—从动带

图 4 - 33 所示为无级变速器的关键部件金属带。它是由一层带有 V 形斜面的金属片通过柔性的钢带组成的，靠 V 形金属片传递动力，而柔性钢带则只起到支撑与保持作用。和普通的带传动不一样，这种带在工作的时候相当于由主动轮通过钢带推着从动轮旋转来传递动力。一般钢带总长约 600 mm，由 300 块金属片组成，每片厚约 2 mm，宽约 25 mm，高约 12 mm。每条带包含柔性的钢带 2 ~ 11 条，每条厚约 0.18 mm。

图 4 - 32　带液力变矩器的无级变速器实物照片

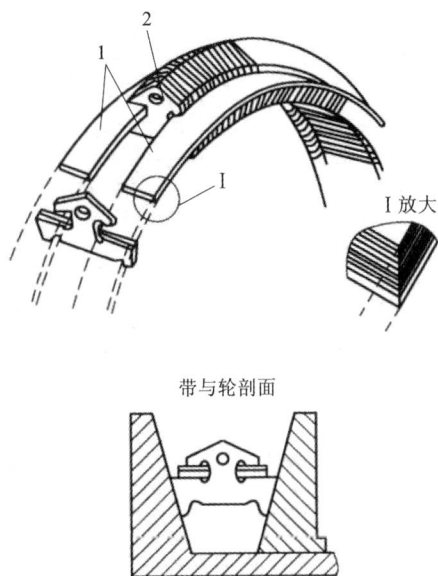

带与轮剖面

图 4 - 33　金属带的结构

1—柔性钢带；2—金属片

4.2.3　无级变速传动的电子控制系统

1. 控制系统的组成

图 4 - 34 所示为两种电液控制的电控无级变速传动的控制系统。

系统中包括电磁离合器的控制和金属带变速控制。变速比由发动机节气门信号和主动带轮转速决定，ECU 根据发动机的转速、车速、节气门位置、换挡控制器（一般仅有 P，R，N，D 供选择）信号控制电磁离合器，以及控制带轮上液压伺服缸的压力，实现无级变速。

一般在最高传动比（低挡）时控制压力最大，约 2.2 MPa 在最低传动比（高挡）时的控制压力最小，约 0.8 MPa。由于传动比的改变仅受节气门和主动带轮转速的控制，因而控制的灵活性相对受到了限制。

2. 控制方法

将发动机转速作为反馈信号，以节气门开度等作为控制输入信号，来控制带轮的压力、调节传动比的闭环电控无级变速传动控制系统，如图 4 - 35 所示。

这是一个全部输入和输出转速都能检测的闭环电子控制系统。驾驶员的意图通过节气门开度及换挡控制器，输入到电子控制系统。根据发动机的转速和转矩，确定施加到主、从动

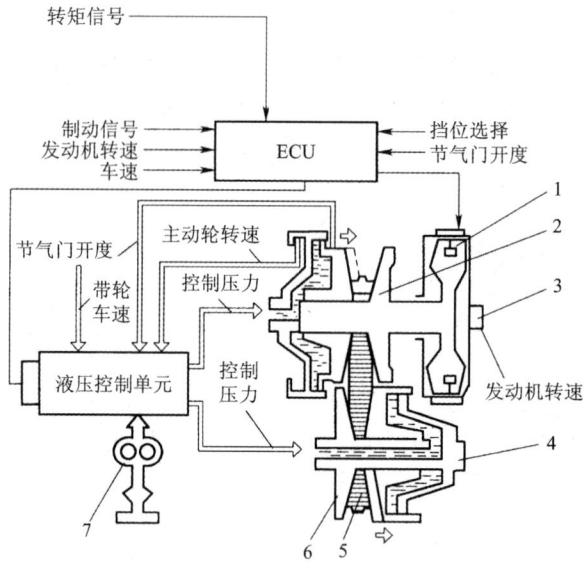

图 4 - 34　无级变速电子控制系统

1—电磁离合器；2—主动带轮；3—输入轴；4—输出轴；5—钢带；6—从动带轮；7—液压泵

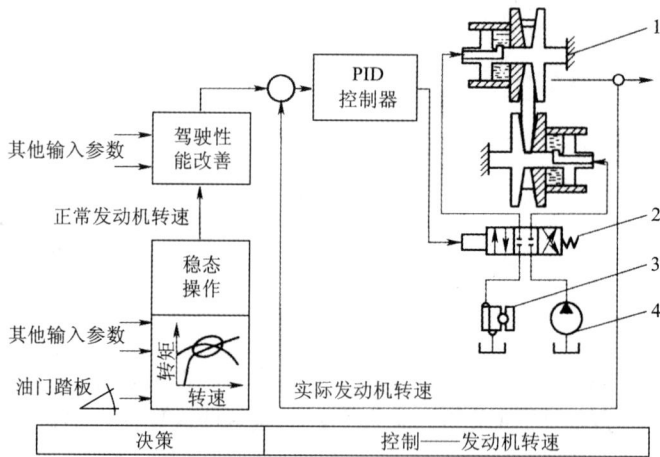

图 4 - 35　无级变速闭环控制原理

1—输入轴；2—控制阀；3—转矩传感器；4—液压泵

带轮上的压力，并由发动机转速（对应于主动带轮转速）构成转速反馈闭环控制，根据转速的偏差信号决定升挡或降挡变速，并输出控制信号到电液比例控制阀，控制作用在两个运转带轮上的液压伺服的压力。

4.3　双离合器自动变速器

4.3.1　双离合器自动变速器概述

双离合变速器（Dual Clutch Transmission），只是每个厂家对于自己的双离合变速器叫法不同，大众公司称之为的 DSG，顾名思义，就是该变速器拥有两套离合系统，分别负责奇、偶数挡的换挡。简单的理解，就是拥有手动变速器的换挡机构，能够实现在不切断动力的情况下完成换挡，同时在性能上兼顾手动变速器的高效率和比自动变速器更快的换挡速度。

优点：换挡速度快，传动效率高，舒适性好，燃油经济性好。

缺点：制造工艺复杂尤其是电子控制部分复杂。

本节以大众公司的 DSG 双离合器为例介绍其结构工作原理。

1. 概述

现在大众汽车使用的 DSG 变速箱有两种，一种是 6 速的 02E，还有一种是 7 速的 0AM（在大众内部代号分别为 DQ250 和 DQ200），代号 DQ250 的 DSG 变速箱有六个挡位，能承受最大扭矩为 350 N·m，主要用于高排量或操控性好的车型，如途观和迈腾，它们配备的发动机是 1.8 或 2.0TSI，这些发动机的功率比较高。而 DQ200 则是 7 速双离合变速箱，能承受最大扭矩为 250 N·m，主要搭载于中低排量的车型，如 6 代高尔夫、朗逸车型配备的发动机是 1.4TSI。

2. 双离合的结构

7 速 DSG 变速箱由双离合器、齿轮传动机构、电液控制系统及其他部分构成，如图 4 - 36 所示。

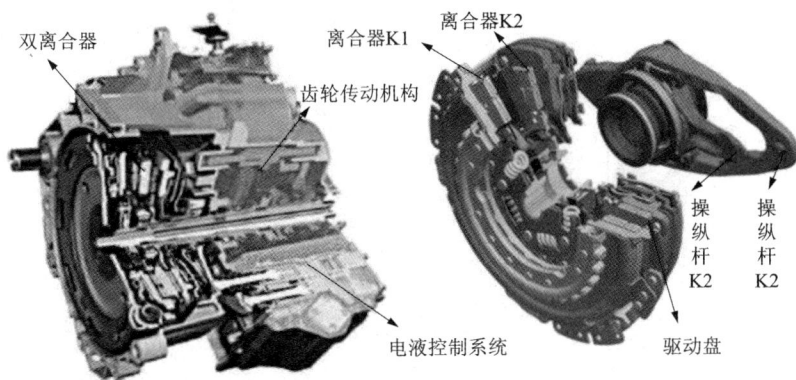

图 4 - 36　DSG 变速器结构

离合器位于汽车发动机与变速器之间，是发动机与变速器动力传递的"开关"，它既能传递动力，又能切断动力，其主要作用是保证汽车能平稳起步行驶，在变换挡位以后，离合器会减轻变速齿轮的冲击力，让汽车加速或减速行驶更加平顺。但汽车换挡时，分离与接合之间，会有动力传递暂时中断的现象，如何控制协调动力中断的时间就成了问题。手动切换往往结合迅速、冲击力较大、换挡不平顺，如果想达到平顺迅速的效果，需要驾驶经验与正确判断的支持，自动变速箱换挡则依靠电脑的控制往往按部就班反应较慢。双离合就是针对这一情况的完善化设计。我们可以看出 7 速 DSG 变速箱的双片式的离合器和我们所见的手动挡变速箱基本相似，但还是有一些不同的。DSG 双离合器由驱动盘，两个带扭转减振器的摩擦从动盘，两个推力轴承，两个操纵杆 K1、K2，塑料固定架等构成的。扭矩通过发动机曲轴、双质量飞轮、双离合器进行传递。双质量飞轮装配有内齿，与双离合器的外壳上装配的外齿相啮合。这样，扭矩就被传递到双离合器。两个从动摩擦片分别与输入轴 1 和 2 相连。输入轴 1 较细和靠近发动机的摩擦盘相连，输入轴 2 与远离发动机的从动盘相连。大小操纵杆 K1、K2 通过推力轴承与一大一小、一深一浅的两个膜片弹簧相结合。

3. 齿轮传动机构

双离合自动变速箱齿轮机构是基于手动变速箱基础之上的。而与手动变速箱所不同的是，双离合变速箱的离合器与两根输入轴相连，换挡和离合操作都是通过集成电子和液压元件的机械电子模块来实现，而不再通过离合器踏板和手动换挡杆。齿轮传动系统类似于手动变速箱的齿轮传动系统，都是通过改变不同传动比齿轮的啮合，来实现挡位的切换。这样不会有很多的动力损失，而且大大缩短了换挡时间。

由图 4 - 37 可以看出 7 速 DSG 变速箱像传统手动变速箱一样，由输入轴、输出轴差速器、同步器等组成。它由 7 个前进挡和一个倒挡构成。输入轴 1 与输出轴 1、输出轴 2 的一部分常啮合构成了 1、3、5、7 挡。输入轴 2 与输出轴 1、输出轴 2 的另一部分，输出轴 3 全部啮合，构成了 2、4、6 和倒挡。输出轴 1、2、3 与差速器相啮合输出动力。

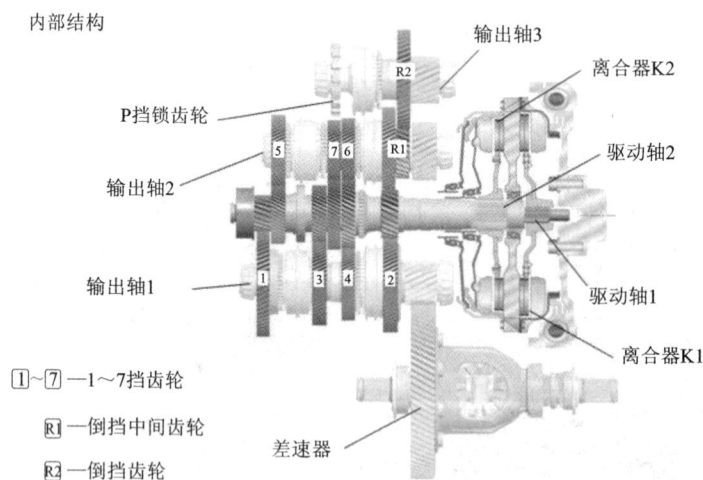

图 4 - 37 DSG 双离合变速齿轮机构

驱动轴 1 通过花键与 K1 相连，用于驱动 1、3、5、7 挡。为了监测变速箱输入转速，输入轴 1 有变速箱输入转速传感器 1 - G632 的脉冲靶轮。驱动轴 2（图 4 - 38）被设计成空心轴，安装在驱动轴 1 的外侧。通过花键与 K2 相连，用于驱动 2、4、6、R 挡。为了检测变速箱输入转速，输入轴 2 上有变速箱输入转速传感器 2 - G612 的靶轮。

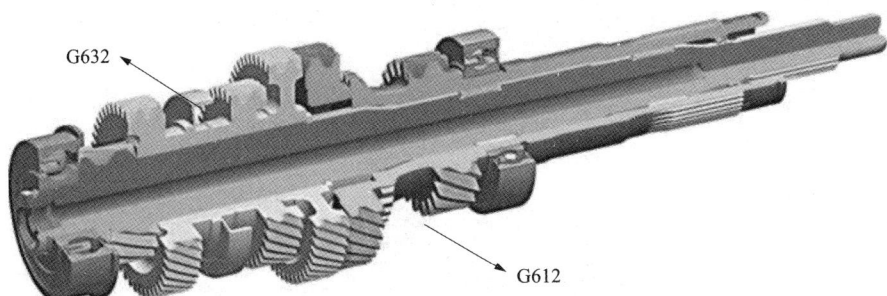

图 4 - 38　驱动轴结构图

4．同步器

同步器的功用是使结合套与待啮合的齿圈迅速同步，缩短换挡时间；且防止在同步前啮合而产生结合齿的冲击。同步器是由同步装置（推动件摩擦件）、锁止装置、结合装置构成的。7 速 DSG 变速箱之所以能达到如此惊人的换挡时间，和采用的同步器有很大的关系。它所采用的同步器 1、2、3 挡同步器为三锥面同步器；4 挡同步器为二锥面同步器；5、6、7 倒挡同步器为单锥面同步器。

三锥面同步器如图 4 - 39 所示，与单锥面相比，其优点是换挡冲击更小，而且换挡时间更短。缩短了轴向的距离，增大了摩擦力矩。就像齿轮的力矩分配一样，单级的齿轮传动齿轮所受的扭矩很大，如果设计成二级传动，齿轮传递同样的力矩，但每一个齿轮所受的力矩相对丁单级的要小得多。二锥面同步器被用在中高档车的低挡位上。而 DSG 变速箱所采用的 1，2，3 挡使低挡位换挡更加顺畅而且在频繁换挡拥挤的城市道路上对变速箱的齿轮更是一种保护。

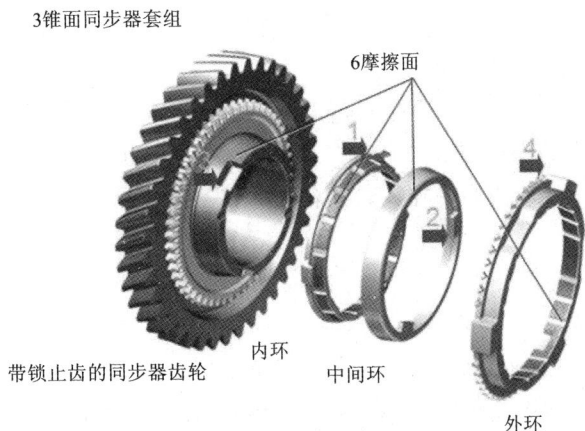

图 4 - 39　三锥面同步器结构图

5．电液控制系统

电液控制系统由电液控制阀板、液压泵单元、离合器操纵机构、换挡控制阀、换挡选择机构等构成(图 4 - 40)。

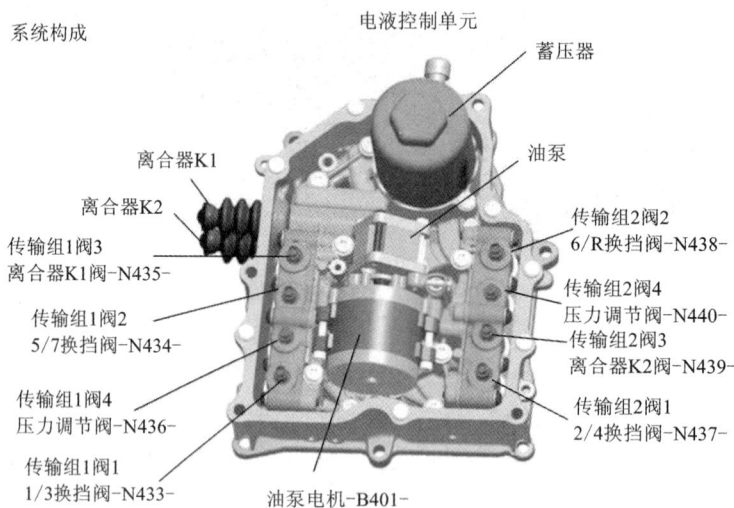

图 4 - 40　DSG 电液控制系统

电液控制阀板:变速箱电子控制单元、变速箱 1 阀体组、变速箱 2 阀体组、离合器输入转速传感器、离合器行程位置传感器、输入轴速度传感器、挡位行程传感器、2/4 挡同步器活塞、1/3 挡同步器活塞、5/7 挡同步器活塞、6/R 挡同步器活塞、K1 和 K2 驱动机构等构成。

变速箱 1 阀体组:N435 控制通往离合器工作缸液压油流量、控制离合器 K1 失效影响;相应的变速箱部分被关闭、N434 控制 57 换挡阀、N436 控制变速箱相应部分的油压离合器 K1 换挡操纵机构 1/3、5/7、N433 控制 1、3 换挡阀。

变速箱 2 阀体组:N438 控制 6 R 换挡阀、N440 控制变速箱相应部分的油压离合器 K2 换挡操纵机构 2/4、6/R、N439 控制通往离合器工作缸液压油流量、控制离合器 K2 失效影响;相应的变速箱部分被关闭,N437 控制 2、4 换挡阀。

离合器输入转速传感器:离合器输入转速传感器 - G64 安装在变速箱壳体上,是唯一在滑阀箱单元外的传感器,以电子方式监测与起动机啮合的齿圈,记录变速箱的输入转速信号。其作用是控制单元要求变速箱输入转速信号控制离合器和计算滑移率信号。失效后利用发动机转速信号替代。

离合器行程位置传感器:离合器 1 行程位置传感器 G617 和离合器 2 行程位置传感器 G618 安装在滑阀箱单元的离合器触动装置上,非接触式传感器信号的作用是:控制单元根据该传感器信号来控制离合器的触动装置信号失效的影响。若 G617 损坏,变速箱传输部分 1 被关闭,挡位 1、3、5、7 将无法接合;若 G618 损坏,变速箱传输部分 2 被关闭,挡位 2、4、6、R 挡将无法接合。

输入轴速度传感器:输入轴 1 速度传感器 - G632,输入轴 2 速度传感器 - G612,信号作用:控制离合器,计算离合器的打滑量。信号失效影响:如果 G632 失效,齿轮传动组 1 关闭,车辆只能在 2、4、6 和 R 挡驱动;如果 G612 失效,齿轮传动组 2 关闭,只能在 1、3、5、7 挡被驱动。

挡位行程传感器：挡位行程传感器 2/4G487；挡位行程传感器 1/3G488；挡位行程传感器 5/7G489；挡位行程传感器 6/RG490。

信号作用：产生精确的换挡机构位置信号，用以控制换挡机构实现挡位的变换。产生精确的换挡机构位置信号，用以控制换挡机构实现挡位的变换。

信号失效后的影响：如果一个位移传感器失效，控制单元不能准确获知相应挡位变换机构的位置，控制单元无法识别是否有挡位在齿轮选择机构和拨叉的作用下接合，为了防止对变速箱造成损坏，传感器所在变速箱部分被关闭。

换挡同步器活塞：换挡选择装置的活塞和换挡拨叉相连为实现挡位的变换，油压被供应到换挡机构的活塞上，活塞移动，换挡拨叉和滑动齿套也随之移动，滑动齿套使同步器齿接合形成挡位。

液压泵单元：液压泵单元安装在机械滑阀模块上，由液压泵和电机组成。液压泵电机是一个碳刷直流电机，由机械滑阀单元的电子控制单元依靠压力要求按需驱动，它通过连接器驱动液压泵。液压泵依靠齿轮泵原理工作，它吸入油液并加压液压油通过油泵壳体内壁和齿隙间被从吸入侧泵入压力侧，最大供油压力约为 70 Pa。信号失效影响：如果电机不能被激活，那么油液压力将下降，并且离合器在压力盘弹簧的作用下断开。

蓄压器：设计上类似气压蓄压器，当液压泵关闭时，保证液压系统有油压能储存 0.2 L 的液压油

离合器操纵机构：为了触发离合器，电子机械滑阀控制单元触发电磁阀：电磁阀 N435 操作离合器 K1，电磁阀 N439 操作离合器 K2，如图 4-41 所示。

换挡控制阀：控制挡位选择器的油的流量。每个控制阀可使挡位选择器形成两个挡位如图 4-42 所示。如果没有齿轮啮合，控制阀控制油压将使挡位选择器保持空挡位置，选挡杆位于 P 位置、点火开关关闭，1 挡和倒挡齿轮啮合。

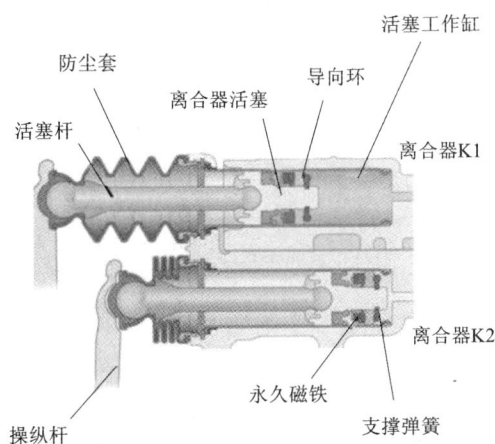

图 4-41　N435、N439 结构示意图

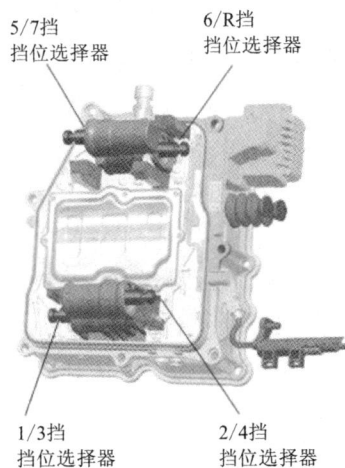

图 4-42　DSG 双离合变速器挡位选择器

4.3.2 双离合器变速箱工作分析

1. 双离合器的工作分析

传统的手动变速箱离合器在不工作的时候是常结合的，也就是说在没有踩下离合器的踏板的时候，压紧装置会把主动件和从动件结合在一起。来自发动机的动力会经过离合器到达变速箱的输入轴，如果在挡位上启动汽车的时候，有可能会发生危险。但是 7 速 DSG 变速箱的离合器工作过程恰恰相反，汽车在空挡的时候，离合器的状态是常分离的，只有在工作的时候由电磁阀 N435 操作的离合器 K1 推杆压向 K1 操纵杆、电磁阀 N439 操作的离合器 K2 推杆压向 K2 操纵杆，进行离合器的结合工作。

双质量飞轮装配有内齿，与双离合器的外壳上装配的外齿相啮合。

如图 4-43 所示，离合器 K1 电磁阀 N435 动作，把 K1 操纵杆向里压，由于有固定架的作用，把压力轴承向里压，从而把膜片弹簧往反方向推动，膜片弹簧拉动连接环，把最外侧驱动盘向里压，最后使 K1 的摩擦片结合，动力由发动机的双质量飞轮经过离合器传到输入轴 1。

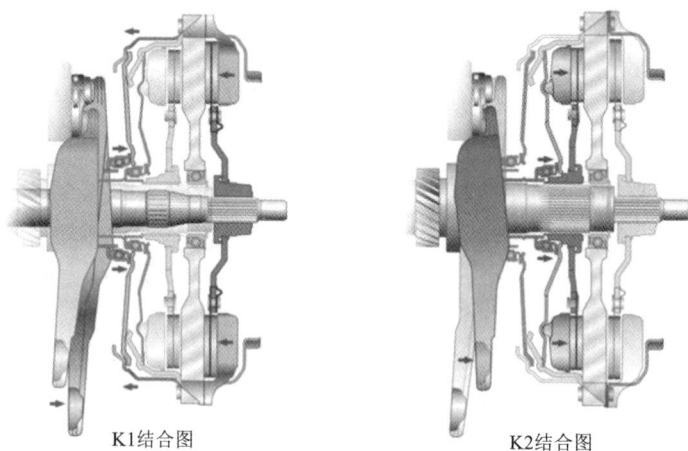

K1结合图　　　　　　　　　　　　K2结合图

图 4-43　DSG 双离合工作原理图

离合器 K2 电磁阀 N439 动作，把 K2 操纵杆向里压，由于有固定架的作用，把压力轴承向里压，然后膜片弹簧受力把最里面的驱动盘向里压，最后使 K2 的摩擦片结合，动力由发动机的双质量飞轮经过离合器传到输入轴 2。

2. 齿轮传动的工作分析

7 速 DSG 变速箱与传统的手动变速箱一样，都是通过换挡拨叉推动结合套，通过锁环使待啮合齿轮迅速同步后，结合套完全与待啮合齿轮结合完成换挡过程。但它们又有很大的不同，7 速 DSG 变速箱行驶中没有动力中断，总会有一个挡位啮合但是没有与离合器结合。

图 4-44 所示为同步器啮合的过程，换挡拨叉推动结合套向前移动，首先结合套与锁环之间的锥面齿相接触同步器开始工作，这时候无论怎样推换挡拨叉都不会挂上挡，只会缩短同步时间。待达到同样的转速后，结合套锥面齿轮才会穿过锁环的齿轮，最后结合套与待啮

合齿轮结合完成换挡。它的锁止装置是带有弹簧卡子的滑块来实现的。虽然叙述起来比较麻烦，但在实际操作过程中，这些动作在一瞬间就可以完成。

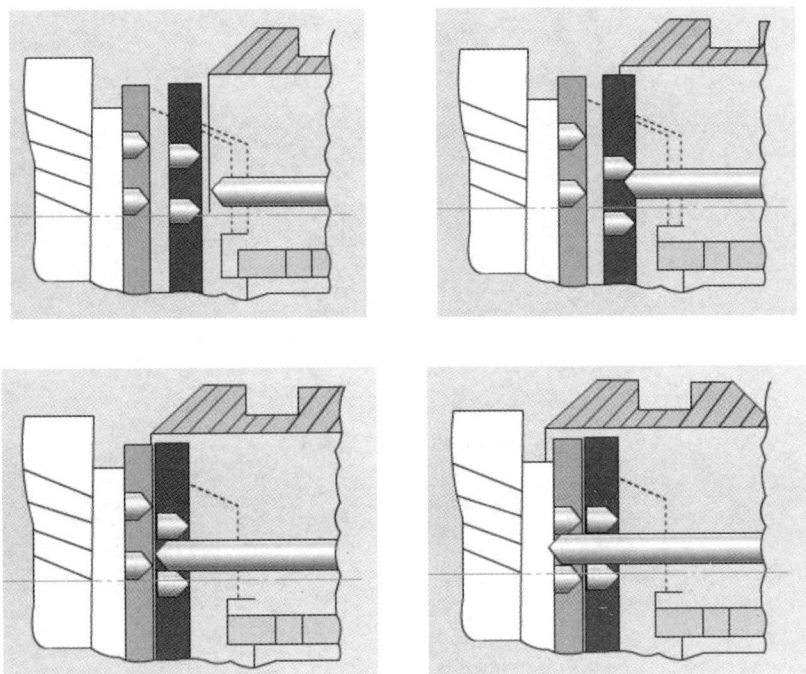

图 4 - 44　同步器啮合过程

相比较单锥面的同步器，双锥面或三锥面的同步器增大了摩擦力矩，换挡同步效果更好，时间更短。

7 速 DSG 变速箱在 P 挡和 N 挡有两个挡位已经啮合，分别是前进 1 挡和倒挡，这是因为启动之后，汽车需要有往前或往后的选择。

换挡拨叉：换挡活塞和换挡拨叉相连。换挡阀控制液压油推动活塞可以由中间向两边移动。每一个换挡活塞可以带动换挡拨叉选择两个挡位。当活塞移动时，换挡拨叉和结合套也随之移动，结合套使同步器齿接合形成挡位。通过永久磁铁和换挡机构位移传感器，变速箱控制单元能够准确获得换挡机构的当前位置(图 4 - 45)。

1 挡动力传递路线如图 4 - 46 所示。

3. **电液控制部分工作分析**

由图 4 - 47 可以看出整个控制系统由三大部分构成，那就是传感器、控制单元、执行器构成。控制系统是它的核心，双离合变速箱的内部动作由于需要精准的操作，使用电液控制系统来控制换挡动作，任何一个换挡动作其实都是一个电信号。动力传动系的综合控制也是提高换挡品质的重要途径，基于 CAN 总线的动力传动系综合控制，能够根据发动机电子控制单元和变速器电子控制单元之间的信息共享，通过发动机的供油控制，缩短换挡的时间，优化换挡品质。应该考虑离合器的执行机构、电子油门的执行电动机和各传感器对整个动力系

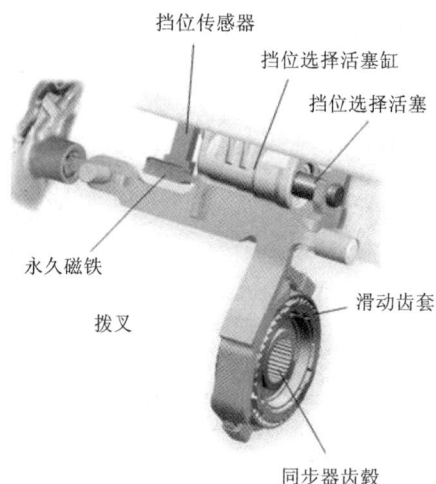

图 4 – 45　拨叉示意图

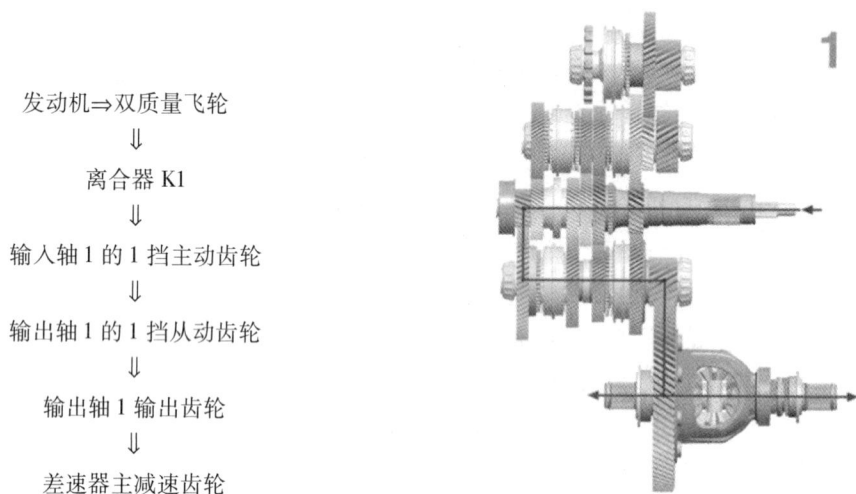

发动机⇒双质量飞轮
⇓
离合器 K1
⇓
输入轴 1 的 1 挡主动齿轮
⇓
输出轴 1 的 1 挡从动齿轮
⇓
输出轴 1 输出齿轮
⇓
差速器主减速齿轮

图 4 – 46　挡位线路图

统的作用,结合网络 CAN – BUS 系统合理制定每个挡位升、降挡过程中,电子油门执行电动机控制指令的数值表,实现动力传动系的综合控制。而起步控制策略的制定、综合智能换挡规律的制定和换挡品质的改善方法是控制系统的核心技术,对整车的起步性能、换挡品质、动力性和经济性等有着重要的影响。基于现代控制技术的控制策略车辆起步性能的评价指标中,冲击的动力与摩擦换挡的时间相互矛盾,精确的电液控制系统发挥了它的最大的能力,灵敏的电子系统加上稳定的液压机构达到了最佳的换挡效果。换挡时间和换挡舒适性在 7 速 DSG 变速箱表达得淋漓尽致。例如倒挡工作时变速箱控制单元电液部分的动作分析。选挡杆挂入 R 挡,由换挡杆总成 E313 接通倒挡位置传感器,经 CAN 系统把信号传递给变速箱控制单元、仪表系统、倒车雷达或影响系统、倒车灯光系统等。变速箱控制单元接收到信号后做出相应的动作。液压泵泵出的液压油经过变速箱控制单元控制的油压调节电磁阀 N440（控制离合器 K2、2、4、6、R 挡）到达 6/R 换挡阀 N438，换挡阀动作改变液压油流向换挡拨叉控制阀，换挡拨叉控制阀动作倒挡齿轮啮合，此过程由 6/R 挡换挡传感器 G490 控制换挡拨叉行程。液压油经过油压调节电磁阀 N440 到达 K2 控制阀 N439，K2 离合器开始结合，离合器 2 行程位置传感器 G618 接收 K2 推杆的行程信号，结合的快慢程度由变速箱输入转速传感器 G641 输入轴 2 转速传感器 G612 接收的转速信号传给变速箱控制单元后，计算出离合器 K2 的滑移量控制 K2 控制阀 N439 实现 K2 的结合。在此过程，中变速箱压力传感器 G270、控制单元温度传感器 G510 都在监控变速箱的油压和温度。

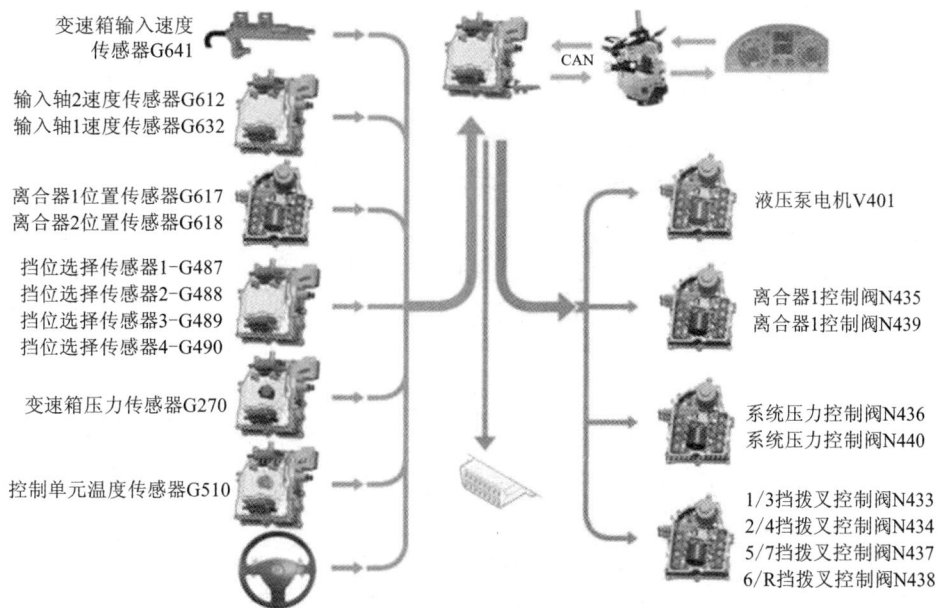

图 4 - 47　电液控制部分原理图

思考题

1. 自动变速器的各个类型各自有什么特点？

2. 液力变矩器由哪几部分组成？其中的导轮有什么作用？连接导轮的单向离合器起什么作用？

3. 分析液力变矩器的工作特性。

4. 什么是锁止离合器？它的作用是什么？

5. 简单行星齿轮变速机构的基本运动特征是什么？

6. 电控液力自动变速器变速机构中的离合器、制动器的作用是什么？

7. 为什么自动变速器的汽车不能采用推车的方式起动？

9. 无级变速器的基本原理是什么？

10. 双离合器自动变速器的基本原理是什么？

第5章　汽车行驶安全性控制系统

5.1　防抱死制动系统

1.汽车防抱死制动系统的类型

（1）整体式 ABS

整体式 ABS 的制动压力调节器与制动主缸以及制动助力器组合为一个整体，为福特、通用公司的别克、凯迪拉克、奥斯莫比尔、旁蒂克、绅宝等高级轿车所采用，如图 5 – 1 所示。

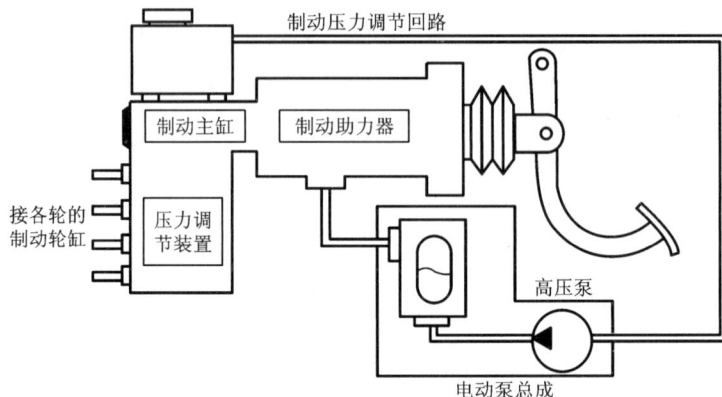

图 5 – 1　整体式 ABS

（2）分离式 ABS

分离式 ABS 的制动压力调节器为独立总成，通过制动管路与制动主缸和制动轮缸相连，桑塔纳、捷达、红旗、宝马和沃尔沃等轿车采用，具体形式如图 5 – 2 所示。

（3）按控制方式分

有机械式和电子式两类。

（4）按动力源分

分为气压式、液压式和气顶液式。

（5）按控制车轮的方式分

有轴控和轮控式。轴控式又分为轴控低选控制式和轴控高选控制式。

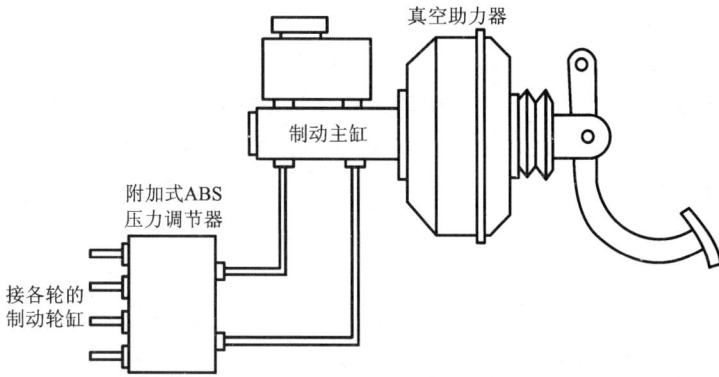

图 5 – 2　分离式 ABS

①轴控低选控制 ABS，如图 5 – 3 所示，为车轮与路面的附着系数。

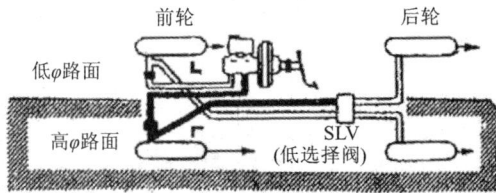

图 5 – 3　轴控低选控制 ABS

②轴控高选控制 ABS，如图 5 – 4 所示。

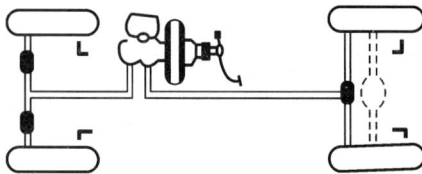

图 5 – 4　轴控高选控制 ABS

③轮控独立式 ABS，如图 5 – 5 所示。

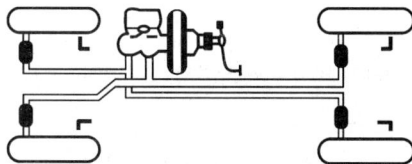

图 5 – 5　轮控独立式 ABS

每个车轮各占用一个控制通道——轮控式。

2. ABS 的理论基础

汽车制动系统是在汽车行驶过程中，能够根据驾驶员的需要减速、停车的重要装置。常规制动系统只提供了足够大的制动力，在紧急制动时车轮很容易抱死而产生与路面之间的滑移。车轮一旦抱死，驾驶员失去对方向的控制，严重的会出现甩尾现象，同时造成轮胎的严重磨损，在公路上我们经常看到地面上有轮胎磨损过的拉带痕迹。良好的制动系统应具有制动距离短、制动时汽车行驶方向能够控制、轮胎损耗小等特点。随着汽车工业的发展，计算机技术在汽车上得到广泛的应用，用计算机控制制动力，使汽车在制动时，控制车轮不至于抱死，同时缩短了制动距离，解决了常规制动系统的不足。这套系统我们称为 ABS 系统，英文全称为 Antilock Braking System，即防抱死制动系统。

（1）汽车制动时车轮受力分析

汽车在行驶过程中能够实施制动过程的根本原因是与轮胎接触的路面给相应车轮提供了路面制动力。一个是制动器内制动蹄摩擦片与制动鼓间的摩擦力，另一个是轮胎与路面间的附着力。图 5 - 6 所示为车轮在制动时的受力情况示意图。

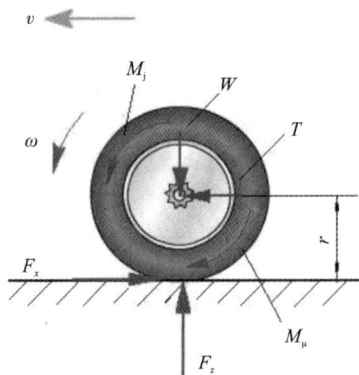

图 5 - 6　车轮在制动时的受力情况示意图

v—车速；ω—车轮旋转角速度；M_j—惯性力矩；M_μ—制动阻力矩；W—车轮法向载荷；

F_z—地面法向反力；T—车轴对车轮的推力；F_x—地面制动力；r—车轮半径；$r\omega$—车轮切向速度，简称轮速

①制动器制动力。

制动蹄与制动鼓（盘）压紧时形成的摩擦力矩（制动阻力矩）M_μ 通过车轮作用于地面的切向力——F_μ。

②地面制动力制动时地面对车轮的切向反作用力——F_x。

③地面制动力 F_μ、制动器制动力 F_x 及附着力 F_φ 之间的关系。

如图 5 - 7 所示，附着力——地面对轮胎切向反作用力的极限值 F_φ。附着力取决于轮胎与路面之间的摩擦作用及路面的抗剪强度。轮胎的磨损会影响其附着能力。路

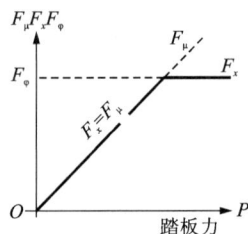

图 5 - 7　地面制动力 F_μ、制动器制动力 F_x 及附着力 F_φ 之间的关系

面的宏观结构应有一定的不平度而有自排水能力；路面的微观结构应是粗糙且有一定的棱角，以穿透水膜，让路面与胎面直接接触。增大轮胎与地面的接触面积可提高附着能力，如选用低气压、宽断面和子午线轮胎，这样附着系数可增大。滑水现象减小了轮胎与地面的附着能力，影响制动、转向能力。总之，地面制动力首先取决于制动器制动力，但同时受到地面附着条件的限制。

（2）硬路面上附着系数 φ 与滑移率 S 的关系

①制动过程中车轮的三种运动状态。

仔细观察汽车的制动过程可发现，轮胎留在地面上的印痕从车轮滚动到滑动是一个渐变的过程。

第一阶段：纯滚动，路面印痕与胎面花纹基本一致，此时车速 v = 轮速 $r\omega$，如图 5 - 8 所示。

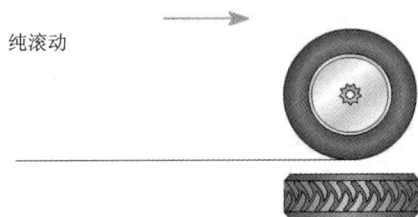

图 5 - 8　纯滚动

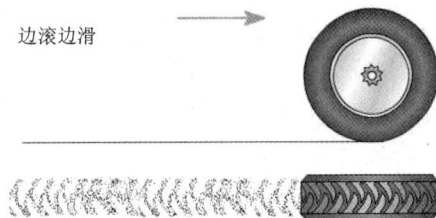

图 5 - 9　边滚边滑

第二阶段：边滚边滑，可辨别轮胎花纹的印痕，但花纹逐渐模糊，轮胎胎面相对地面发生一定的相对滑动，随着滑动成分的增加，花纹越来越模糊。此时车速 v > 轮速 $r\omega$，如图 5 - 9 所示。

第三阶段：抱死拖滑，路面印痕粗黑，看不出轮胎花纹。此时车速 v > 0；轮速 $r\omega$ = 0，如图 5 - 10 所示。

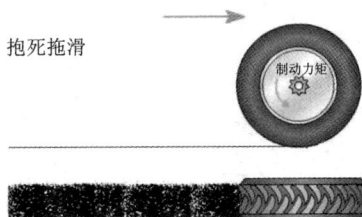

图 5 - 10　抱死拖滑

若需增大地面制动力，必须增大附着力，而附着力又取决于附着系数 φ，φ 又受滑移率 S 的影响。

影响车轮滑移率的因素有：车辆载客人数或载货量情况；前后轴的载荷分布情况；路面种类和道路附着系数情况。

②车轮滑移率与纵向附着系数的关系，如图 5 - 11 所示。

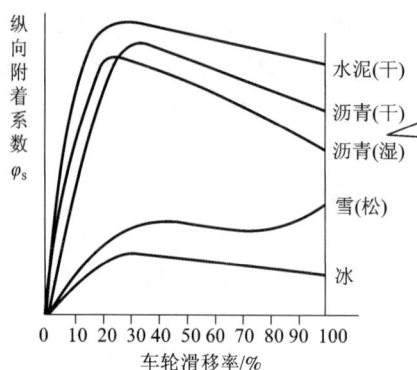

图 5-11　车轮滑移率与纵向附着系数的关系

随着车轮制动力增大，滑移率增大，则纵向附着系统迅速增大，达到峰值后，则逐渐减小。从图中可以看出当滑移率 $S = 20\%$ 左右时，纵向附着系数最大纵向附着力也达到最大，因此地面制动力可达到最大。

③车轮滑移率与横向附着系数的关系。

横向附着系数越大，汽车制动时方向稳定性越好，如图 5-12 所示。从图中可以看出，当滑移率 $S = 0$ 时，横向附着系数达到最大即横向附着力最大；而当滑移率 $S = 100\%$ 时，横向附着系数几乎为 0，即横向附着力几乎完全丧失，因而汽车就失去了方向控制能力。由此可知，汽车的转向能力在 $S = 0$ 时最好，但这时未施加制动。考虑到制动时 $S = 20\%$ 左右时，纵向附着力最大，地面制动力可达到最大，制动效能最佳，此时横向附着力虽有所下降，但比车轮完全抱死时要高得多，能够保证汽车有足够的转向能力。因此横向附着情况也控制滑移率 S 在 20% 左右。

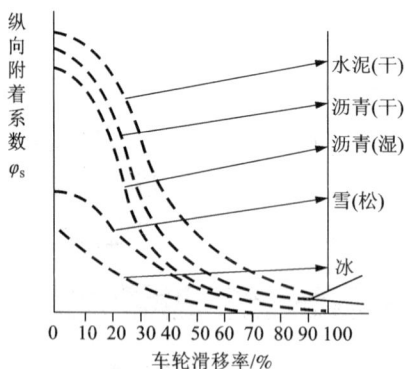

图 5-12　车轮滑移率与横向附着系数的关系

④横向附着系数过小的危害。

A. 方向稳定性变差。

因为横向附着力较小，汽车失去抵抗横向外力的能力，后轮易产生横向滑移、甩尾等使汽车方向稳定性变差，如图 5-13 所示。

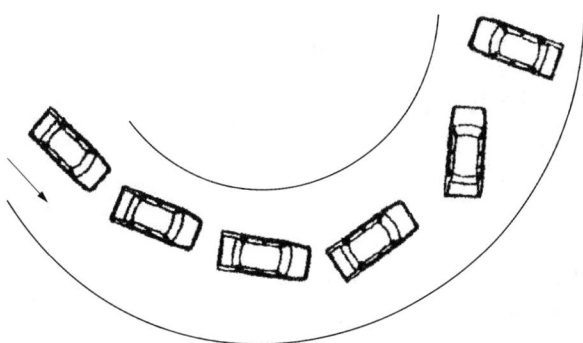

图 5 – 13　方向稳定性变差示意图

B. 转向控制能力丧失。

在汽车转向行驶时，尽管驾驶员在操纵方向盘，由于前轮横向附着力丧失，汽车仍会按原来惯性方向行驶，而不按驾驶员的意愿行驶，从而使转向控制能力丧失，如图 5 – 14 所示。

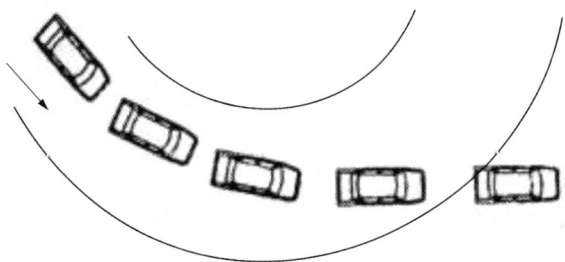

图 5 – 14　转向控制能力失去示意图

⑤最佳滑移率 S。

硬路面上附着系数 φ 与滑移率 S 的关系，如图 5 – 15 所示。

汽车制动时车轮既滚动又滑动，衡量车轮滑移的程度，即为滑移率，其定义为：

$$S = \left[(v - r\omega)/v \right] \times 100\% \tag{5 – 1}$$

⑥理想的制动控制过程。

$S < 20\%$ 为制动稳定区域；$S > 20\%$ 为制动非稳定区域；车轮在制动过程中，以 5 ~ 10 次/s 的频率进行增压、保压、减压的不断切换，将滑移率 S 控制在 20% 左右，便可获取最大的纵向附着系数和较大的横向附着系数，是最理想的控制效果。

3. ABS 的功用

（1）在制动时能缩短制动距离

这是因为在同样紧急制动的情况下，ABS 系统可以将滑移率控制在 20% 左右，即可获得最大的纵向制动力的结构。例如，在冰雪等光滑路面上，如果没有 ABS，无论怎么小心，制动力总是会显得太大，使轮胎抱死，从而使汽车制动距离过长。同样，在这种路面上，如果汽车装有 ABS，就能自动地使车轮与路面间产生最大的附着力，可以使制动距离变短。

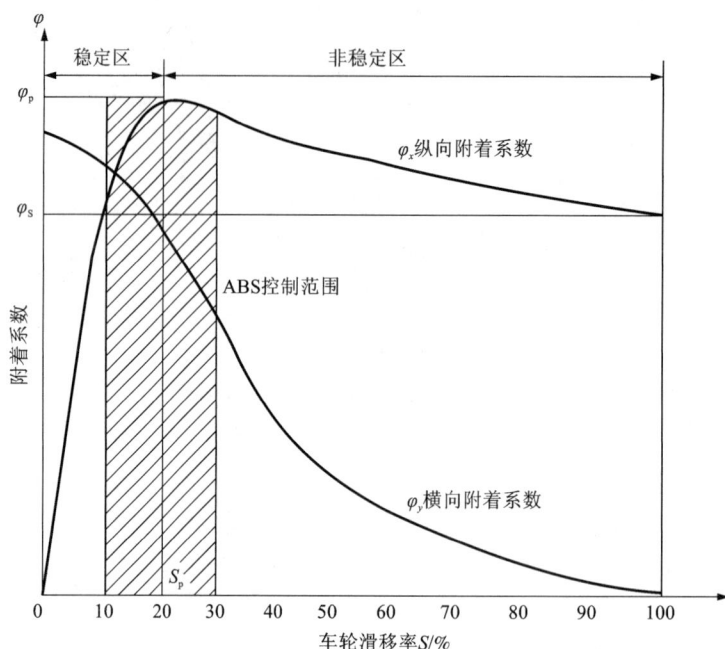

图 5 – 15　硬路面上附着系数 φ 与滑移率 S 的关系

（2）制动时保持方向稳定性

制动时的方向稳定性是指汽车制动时按预定方向行驶的能力，即不发生跑偏、侧滑的能力。ABS 的最大优点是：当汽车紧急制动时，ABS 系统能最大限度地利用轮胎与路面之间的附着力来获得最大制动力，并且仍然可以控制汽车的方向，以保持整车的方向稳定性。

（3）制动时保持转向控制能力

当车轮抱死之后，方向盘已经不起作用了，汽车陷入了不能控制方向的困境：如果汽车前轮抱死，驾驶员就无法控制汽车的行驶方向，这是非常危险的；倘若汽车的后轮先抱死，则会出现侧滑、甩尾，甚至使汽车整个掉头等严重事故。ABS 系统可以防止 4 个车轮制动时被完全抱死，使汽车在转弯过程中制动也不会影响汽车的转向性，提高了汽车行驶的稳定性。资料表明，装有 ABS 系统的车辆，可使因车轮侧滑引起的事故比例下降 8% 左右。

（4）制动时能使轮胎磨损下降

事实上，车轮抱死会造成轮胎杯型磨损，轮胎面磨耗也会不均匀，使轮胎磨损消耗费用增加。经测定，汽车在紧急制动时，车轮抱死所造成的轮胎累加磨损费用，已超过一套防抱死制动系统的造价。因此，装用 ABS 系统具有一定的经济效益。

4. ABS 的控制方式

ABS 系统中能够独立进行制动压力调节的制动管路称为控制通道，ABS 系统按控制通道数可分为单通道系统、双通道系统、三通道系统和四通道系统。

①四传感器四通道/四轮独立控制如图 5 – 16 所示。

②四传感器四通道/前轮独立 – 后轮选择控制方式。

对应于双制动管路的 X 型（对角）布置形式，如图 5 – 17 所示。

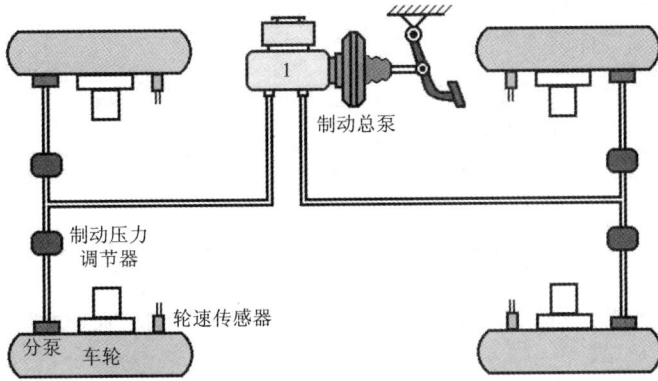

图 5 - 16　四传感器四通道/四轮独立控制

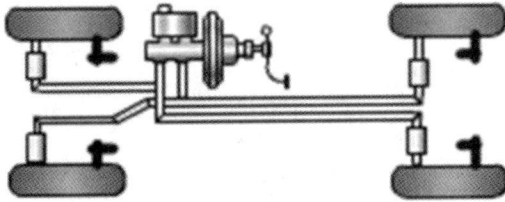

图 5 - 17　对应于双制动管路的 X 型(对角)布置形式

　　对应于双制动管路的 H 型(前后)或 X 型(对角)两种布置形式,四通道 ABS 也有两种布置形式。为了对四个车轮的制动压力进行独立控制,在每个车轮上各安装一个轮速传感器,并在通往各制动轮缸的制动管路中各设置一个制动压力调节分装置(通道)。由于四通道 ABS 可以最大限度利用每个车轮的附着力进行制动,因此汽车的制动效能最好。但在附着系数分离(两侧车轮的附着系数不相等的路面上制动)时,由于同一轴上的制动力不相等,使得汽车产生较大的偏转力矩而产生制动跑偏。因此,ABS 通常不对四个车轮进行独立的制动压力调节。

　　③四传感器三通道/前轮独立 - 后轮低选控制方式如图 5 - 18 所示。

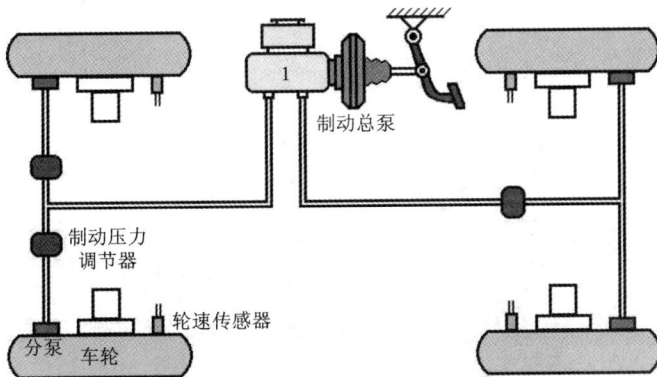

图 5 - 18　四传感器三通道/前轮独立 - 后轮低选控制方式

④三传感器三通道/前轮独立－后轮低选控制方式如图 5－19 所示。

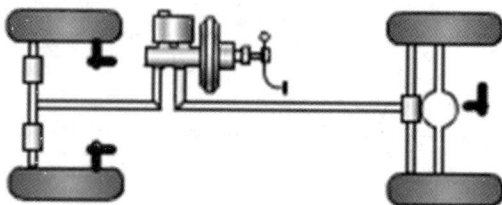

图 5－19　三传感器三通道/前轮独立－后轮低选控制方式

四轮 ABS 大多为三通道系统，而三通道系统都是对两前轮的制动压力进行单独控制，对两后轮的制动压力按低选原则一同控制。由于三通道 ABS 对两后轮进行一同控制，对于后轮驱动的汽车可以在变速器或主减速器中只设置一个转速传感器来检测两后轮的平均转速。

⑤四传感器二通道/前轮独立控制方式如图 5－20 所示。

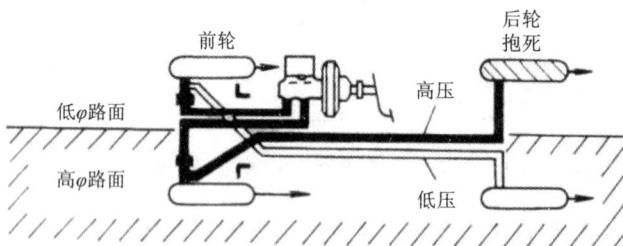

图 5－20　四传感器二通道/前轮独立控制方式

⑥四传感器二通道/前轮独立－后轮低选控制方式如图 5－21 所示。

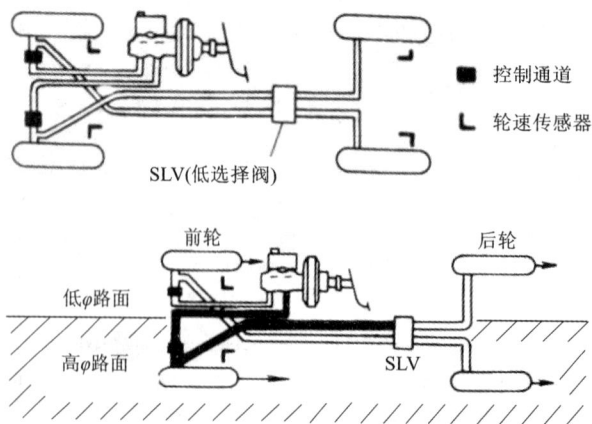

图 5－21　四传感器二通道/前轮独立－后轮低选控制方式

由于双通道 ABS 难以在方向稳定性、转向操纵能力和制动距离等方面得到兼顾，因此目前很少被采用。

5. 防抱死制动系统的组成

通常情况下，ABS 是在普通制动系统的基础上加装车轮转速传感器、ABS ECU、制动压力调节器及制动控制电路等组成的，如图 5 – 22 所示。

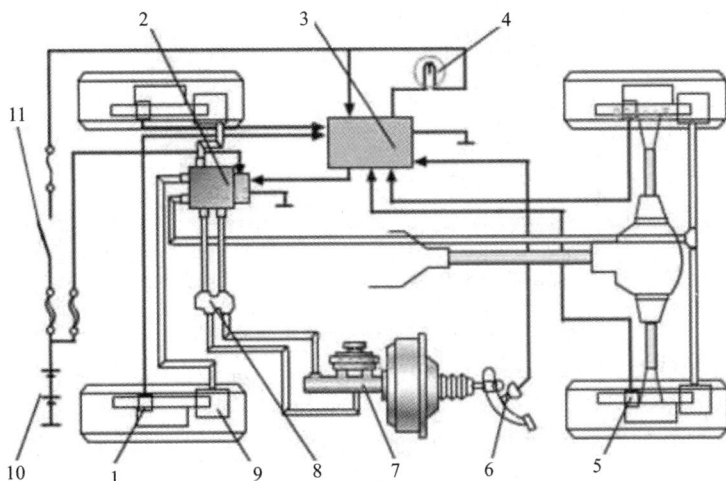

图 5 – 22　典型的汽车 ABS 系统组成
1—前轮转速传感器；2—制动压力调节器；3—ABS 电控单元；4—ABS 警告灯；5—后轮转速传感器；
6—制动灯开关；7—制动主缸；8—比例分配阀；9—制动轮缸；10—蓄电池；11—点火开关

（1）车轮转速传感器

车轮转速传感器又称为轮速传感器、车轮速度传感器，其作用是检测汽车车轮的转速，目前用于汽车 ABS 系统的主要有电磁式和霍尔式两种类型。

①电磁式车轮转速传感器。

目前大多数车轮转速传感器都采用电磁式转速传感器。车轮转速传感器由电磁感应传感头和信号转子两部分组成，其外形如图 5 – 23 所示。

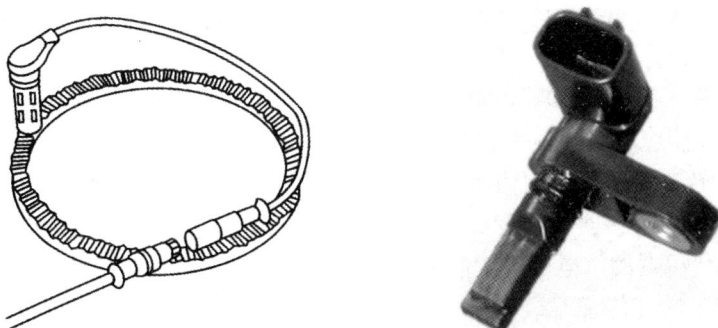

图 5 – 23　电磁式车轮转速传感器外形图

电磁感应传感器由齿圈和极轴等构成，根据极轴的结构不同，又可分为凿式极轴传感头、柱式极轴传感头两种，如图 5 – 24 所示。

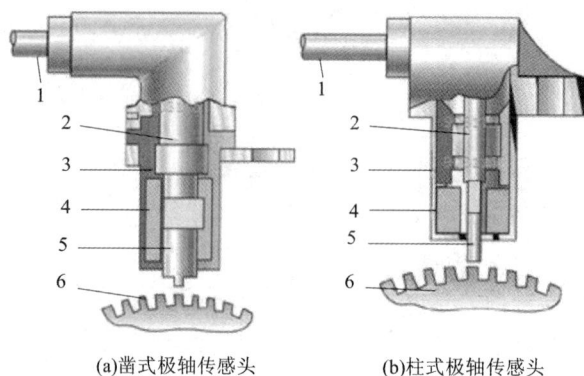

(a)凿式极轴传感头　　　(b)柱式极轴传感头

图 5 – 24　电磁式车轮转速传感器结构图

1—电缆；2—永久磁铁；3—外壳；4—感应线圈；5—极轴；6—信号转子(齿圈)

车轮转速传感器的传感头一般安装在车轮附近上，如制动底板、转向节、半轴套管等处，如图 5 – 25 所示。信号转子是一个齿圈，一般安装在随车轮转动的部件上，如轮毂、半轴、制动盘等处。

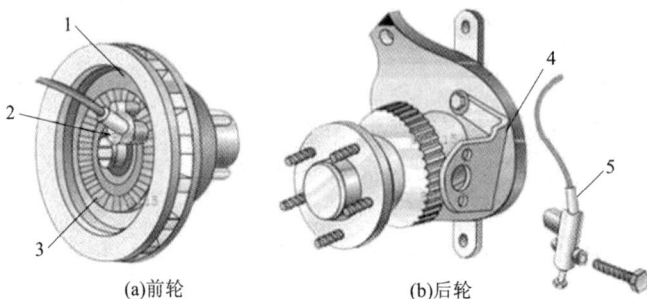

(a)前轮　　　(b)后轮

图 5 – 25　车轮转速传感器的安装位置

1—制动盘；2、5—传感器；3—齿圈；4—传感器安装支架

车轮转速传感器产生的信号如图 5 – 26 所示。当车轮转速较高时，感应电压的频率和波幅均较大；反之，感应电压的频率和波幅均较小。

电磁式车轮转速传感器结构简单，成本低，但存在以下缺点：当车速很低时，传感器输出的电压信号较弱，传感器频率响应较低，当车速过高时，传感器的频率响应跟不上，容易产生错误信号；传感器的抗电磁干扰能力较差。

②霍尔式车轮转速传感器。

霍尔式车轮转速传感器根据霍尔效应原理产生与车轮转速相对应的电压脉冲信号。霍尔车轮转速传感器也是由传感头和齿圈组成。传感头由永久磁铁、霍尔元件和电子电路等组成，如图 5 – 27 所示。

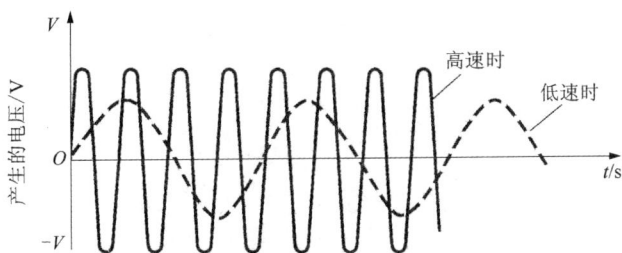

图 5 - 26　电磁式车轮转速传感器输出的电压信号

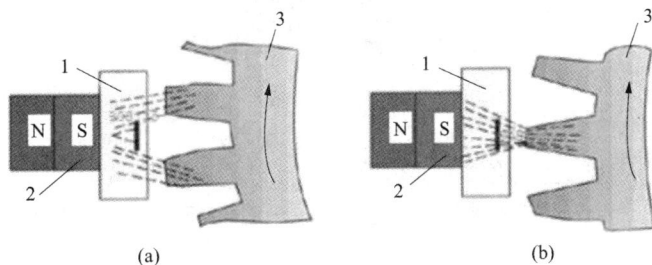

图 5 - 27　霍尔式车轮转速传感器

1—霍尔元件；2—永久磁铁；3—齿圈

当齿圈位于如图 5 - 27(a)所示位置时，穿过霍尔元件的磁力线分散，磁场相对较弱而当齿圈位于如图 5 - 27(b)所示位置时，穿过霍尔元件的磁力线集中，磁场相对较强。齿圈转动时，使得穿过霍尔元件的磁力线密度发生变化，因而引起霍尔电压的变化，霍尔元件将输出一个毫伏级的准正弦波电压，通过电子电路转换成标准的脉冲电压输出信号，电压幅值为 7 ~ 14 V，如图 5 - 28 所示。

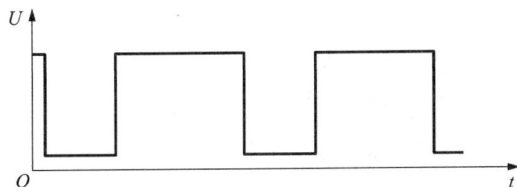

图 5 - 28　霍尔式车轮转速传感器电压波形

霍尔车轮转速传感器具有以下优点：输出信号电压幅值不受转速的影响，频率响应高，其响应频率高达 20 kHz，相当于车速为 1000 km/h 时所检测的信号频率；抗电磁干扰能力强。

(2)制动压力调节器

制动压力调节器又称为 ABS 压力控制器，是 ABS 系统的执行机构，其功用是接收 ECU 的指令，通过电磁阀的动作控制车轮制动轮缸的制动压力，通常主要由电动液压泵、液压控制单元(包括储能器和电磁阀)等构成,如图5-29所示。

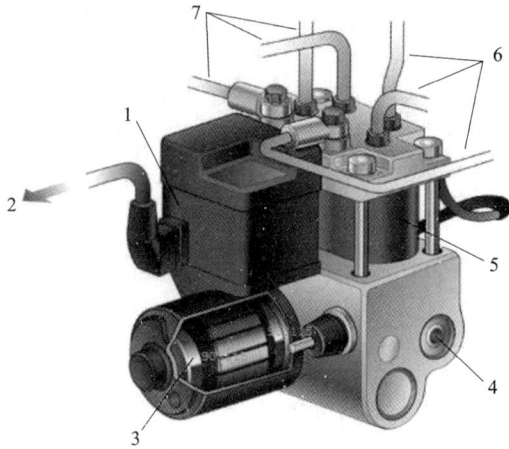

图 5 - 29 制动压力调节器

1—继电器盒;2—接 ABS 电控单元;3—液压泵电动机;4—液压泵总成;
5—液压控制单元(包括储能器和电磁阀);6、7—制动液油管

制动压力调节器串接在制动主缸与轮缸之间,通过电磁阀直接或间接地控制轮缸的制动压力。通常把电磁阀直接控制轮缸制动压力的制动压力调节器称作循环式调节器,把间接控制制动压力的制动压力调节器称作可变容积式调节器。

①电动液压泵。

在 ABS 运行时,电动液压泵根据 ECU 的信号确定是否工作,从而起到循环控制制动液油压或迅速建立制动液油压的作用。它可在汽车起动 1 min 内将制动液压力提高到 14 ~ 22 MPa。

ABS 系统所用的电动液压泵多为柱塞式液压泵,由直流电动机、柱塞式油泵、进出油阀等组成,其结构如 5-30 所示。

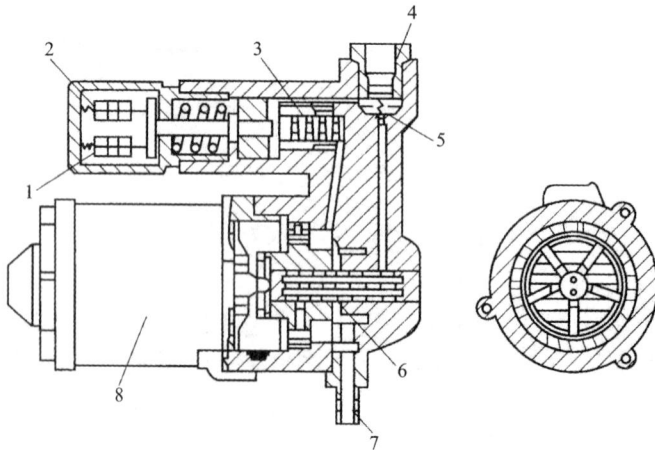

图 5 - 30 柱塞式电动液压泵

1—控制开关;2—警告开关;3—限压阀;4—出油口;5—单向阀;6—滤芯;7—进油口;8—电动机

电动机由压力控制开关控制，当柱塞出油口的压力低于设定的控制压力时，压力控制开关闭合，接通电动机电路，于是电动机驱动柱塞泵工作将制动液泵入储能器中。

②电磁阀。

ABS 系统中通常有 4～8 个电磁阀，分别对应控制前后轮的制动。常用的电磁阀有三位三通电磁阀和二位二通电磁阀等多种形式。

电磁阀由阀体、固定铁芯和可动铁芯组成。通过改变电磁阀的电流改变磁场力，可以改变柱塞的位置，从而控制液体通道的开闭。

图 5 - 31 所示为博世(Bosch)公司 ABS 三位三通电磁阀，根据电流的大小，可将柱塞控制在 3 个位置，改变 3 个阀口之间的液体(制动液)通路。

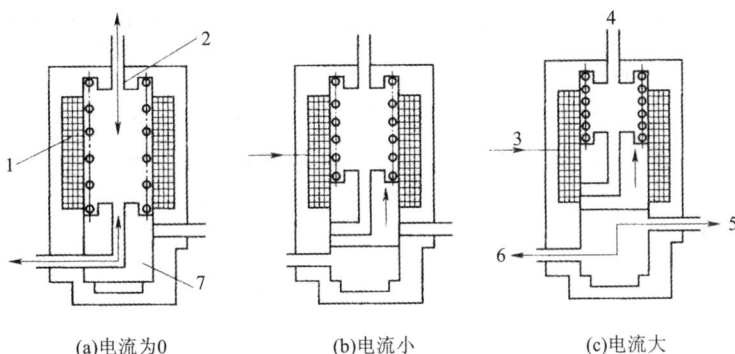

(a)电流为0　　　　　　(b)电流小　　　　　　(c)电流大

图 5 - 31　三位三通电磁阀的动作

1—线圈；2—固定铁芯；3—电流；4—通主缸；5—通储液器；6—通轮缸；7—衔铁

6. ABS ECU

根据来自轮速传感器的信号，用 ABS ECU 测量车轮转速和车速，发出相应的控制指令。早期生产的 ABS 系统及 ABS ECU 与制动压力调节器多采用分体式安装，但接线较多。得益于 ABS ECU 体积的日益小型化，且出于散热和减少接线的考虑，现在生产的 ABS 系统，其 ABS ECU 与制动压力调节器多采用整体式安装，即 ABS ECU 与制动压力调节器直接安装到一起，成为一个总成，如图 5 - 32 所示。

图 5 - 31 中，带有接线槽口的黑色部分即为 ABS ECU。在制动过程中，虽然车轮转速下降，但减速幅度会视制动中的车速和路面状况(如干沥青路面、湿路面或结冰路面等)而异。ABS ECU 根据制动中车轮转速的变化，判断车轮与路面之间的滑移情况，控制 ABS 执行器，将最佳液压力传送至制动分泵(制动轮缸)，以获得对车轮转速的最佳控制。

图 5 - 32　ABS ECU

5.2 驱动防滑控制系统

1.概述

（1）ASR 系统与 ABS 系统的比较

ABS 和 ASR 都是用来控制车轮相对地面的滑动，以提高车轮与地面之间的附着力。但 ABS 控制的是汽车制动时车轮的"滑移"，主要是用来提高汽车的制动效能和制动时的方向稳定性；而 ASR 是控制汽车行驶时的驱动车轮"滑转"，用于提高汽车起步、加速及在光滑路面行驶时的牵引力和确保行驶稳定性。

虽然 ASR 也可以和 ABS 一样，通过控制车轮的制动力来控制驱动车轮相对地面的滑动，但 ASR 只对驱动车轮实施制动控制。

ABS 是在汽车制动过程中工作，在车轮出现"滑移"时起作用；而 ASR 则是在汽车行驶过程中都工作，在驱动车轮出现"滑转"时起作用。一般在车速很低（<8 km/h）时 ABS 不起作用，而 ASR 一般在车速很高（80～120 km）时不起作用。

（2）ASR 的理论基础

在驾驶员、汽车和环境三者所组成的闭环系统中，汽车与环境之间的最基本联系是轮胎与路面之间的作用力。由于汽车的行驶状态主要是由轮胎与路面之间的纵向作用力和横向作用力决定的，因此，驾驶员对汽车的控制实质上是在控制车轮与路面之间的作用力。但是车轮与路面之间的作用力必然要受到轮胎与路面之间附着力的限制，汽车的加速和减速运动主要受车轮纵向附着力的限制，而汽车的转向运动和抵抗外界横向力作用的能力则主要受车轮横向附着力的限制。

在硬实的路面上，轮胎与路面之间的附着力就是轮胎与路面之间的摩擦。所以，轮胎与路面之间的附着力也必然会遵循摩擦定律，即轮胎与路面之间的附着力取决于其间的垂直载荷和附着系数，其关系如下式所示：

$$F_\mu = G_\mu \qquad (5-2)$$

式中：F_μ——轮胎与路面间的附着力，N；

$\qquad G_\mu$——轮胎与路面间的垂直载荷，N；

$\qquad \mu$——轮胎与路面间的附着系数。

在汽车的实际行驶过程中，轮胎与路面间的垂直载荷和附着系数会随许多因素而变化，因此，轮胎与路面间的附着力实际上是经常变化的。在影响附着力的诸多因素中，车轮相对于路面的运动状态对附着力有着重要的影响，特别是在湿滑路面上其影响更为明显。

在汽车的实际行驶过程中，车轮在路面上的纵向运动可以区分为两种形式：滚动和滑动，车轮相对于路面的滑动又可区分为滑移和滑转两种形式。引入车轮滑动率的概念可以表征在车轮纵向运动中滑动成分所占的比例。

汽车在制动过程中，车轮可能相对于路面发生滑移，滑移成分在车轮纵向运动中所占的比例可以由负滑动率来表征，车轮的负滑动率可以通过下式来确定：

$$S_B = \frac{\omega r - v}{v} \times 100\% \qquad (5-3)$$

式中：S_B——车轮的负滑动率；

　　r——车轮的自由滚动半径，m；

　　ω——车轮的转动角速度，rad/s；

　　v——车轮中心的纵向速度，m/s。

当车轮在路面上自由滚动时，车轮中心的纵向速度完全是由车轮滚动产生的，此时，$v = \omega r$，因此，滑动率 $S_B = 0$；当车轮被制动到完全抱死在路面上进行纯粹的滑移时，车轮中心的纵向速度则完全是由车轮滑移产生的，此时 $\omega = 0$，因此，滑动率 $S_B = 100\%$；当车轮在路面上一边滚动一边滑移时，车轮中心纵向速度的一部分是由车轮滚动产生的，另一部分则是由车轮滑移产生的，此时 $v > \omega r$，因此，$100\% < S_B < 0$，车轮中心纵向速度中，车轮滑移所占的成分越多，滑动率 S_B 的数值就越大。

汽车在驱动过程中，驱动车轮可能相对于路面发生滑转，滑转成分在车轮纵向运动中所占的比例可由正滑动率来表征，车轮的正滑动率可由下式来确定：

$$S_A = \frac{\omega r - v}{\omega r} \times 100\% \tag{5-4}$$

式中：S_A——车轮的正滑动率；

　　r——车轮的自由滚动半径，m；

　　ω——车轮的转动角速度，rad/s；

　　v——车轮中心的纵向速度，m/s。

当车轮在路面上自由滚动时，车轮中心的纵向速度完全是由车轮滚动产生的，此时，$v = \omega r$，因此，滑动率 $S_A = 0$；当车轮在路面上完全滑转时，车轮中心的纵向速度 $v = 0$，因此，滑动率 $S_A = 100\%$；当车轮在路面上一边滚动一边滑动时，$v < \omega r$，因此，$0 < S_A < 100\%$，在车轮转动中，滑转所占的比例越大，车轮滑动率 S_A 的数值也就越大。

车轮滑动率可以综合为下式所示的一般性关系。

$$\begin{cases} \dfrac{\omega r - v}{v} \times 100\% （车轮滑转时） \\ S = 0 （车轮自由滚动时） \\ \dfrac{\omega r - v}{\omega r} \times 100\% （车轮滑移时） \end{cases} \tag{5-5}$$

通过试验发现，在硬实的路面上，弹性轮胎与路面间的附着系数 μ 和滑动率 S 存在着如图 5-33 所示的一般性关系。

通常当车轮滑动率处于 15% ~ 30% 时，轮胎与路面间的纵向附着系数 μ_x 有其最大值，该最大值称为峰值附着系数 μ_p，与其相对应的车轮滑动率称为峰值附着系数滑动率 S_p。当车轮在路面上自由滚动时，由于轮胎与路面之间没有产生相对运动趋势，其间的纵向附着系数（即摩擦因数）就是零，当车轮滑动率从零增大到峰值附着系数滑动率 S_p 时，尽管车轮滑动率不等于零，但轮胎与路面之间并没有发生真正的滑动，滑动率不等于零完全是由于弹性轮胎变形产生的。因此，当车轮滑动率处于这一范围时，轮胎与路面间的纵向附着系数实质上就是其间静摩擦因数的表现，所以，随着轮胎与路面间纵向相对滑动趋势的增大，其间的纵向附着系数就会迅速增大，当车轮滑功率达到峰值附着系数滑动率 S_p 时，弹性轮胎与路面之间即将发生相对滑动，此时其间的纵向附着系数就是最大静摩擦因数的表现。此后，直到

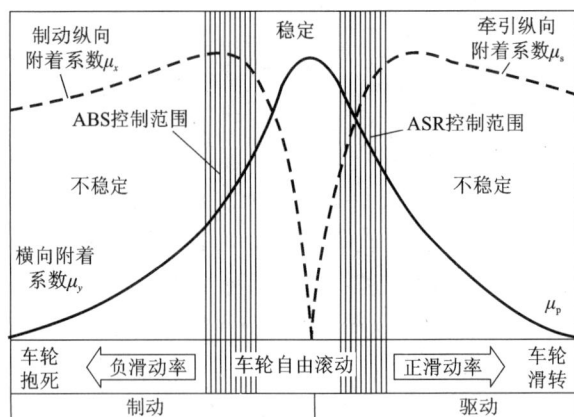

图 5 - 33　附着系数与滑动率的一般性关系

车轮在完全滑动($S_p = 100\%$)的范围内,轮胎与路面之间的纵向附着系数就是从最大静摩擦因数到滑动摩擦因数的过渡,轮胎与路面间的纵向附着系数将是不稳定的。当车轮在路面上完全滑动时,轮胎与路面间的纵向附着系数称为滑动附着系数 μ_s。由于物体间的滑动摩擦因数总是小于最大静摩擦因数,所以,轮胎与路面间的滑动附着系数 μ_s 总是小于峰值附着系数。通常,在干燥硬实的路面上,μ_s 比 μ_p 要小 10% ~ 20%,在湿滑硬实的路面上,μ_s 比 μ_p 要小 20% ~ 30%。在各种路面条件下轮胎与路面间峰值附着系数 μ_p 和滑动附着系数 μ_s 的平均值如表 5 - 1 所示。

表 5 - 1　在各种路面条件下轮胎与路面间峰值附着系数和滑动附着系数的平均值

路面种类及状况	峰值附着系数 μ_p	滑动附着系数 μ_S
沥青路面和水泥路面(平)	0.8 ~ 0.9	75
沥青路面(湿)	0.5 ~ 0.7	0.45 ~ 0.6
水泥路面(湿)	0.8	0.7
石子路	0.6	0.55
土路(干)	0.68	0.65
土路(湿)	0.55	0.45 ~ 0.5
雪(压实)	0.2	0.15

从图 5 - 33 可以看出,车轮在路面上自由滚动时,其间的横向附着系数 μ_y 最大,随着车轮滑动率 S 数值的增大,横向附着系数 μ_y 会迅速减小,当轮胎在路面上完全滑动时($|S| = 100\%$),轮胎的横向附着系数几乎减小到零,轮胎与路面之间的横向附着力也就接近于零,车轮将完全丧失抵抗外界横向力作用的能力,此时如果车轮上存在外界横向力的作用(如汽车重力的横向分力、路面不平整产生的横向力、横向风力等),车轮将会在路面上发生横向滑移。

当车轮的滑动率处于峰值附着系数滑动率 s_p 的附近范围内时,横向附着系数为最大横向附着系数的 50% ~ 75%。如果将车轮的滑动率控制在这一范围内时,车轮的纵向附着系数最大,车轮的横向附着系数也较大,最大的纵向附着系数可使汽车获得制动和驱动所需的纵向附着力最大,而较大的横向附着系数可使汽车获得转向或防止横向滑移所需的横向附着力较大。

(3) ASR 系统的功用

汽车防滑转控制系统(Anti Slip Regulation, ASR),是继防抱死制动系统(ABS)之后应用于车轮防滑的电子控制系统,其功用是防止汽车起步、加速和在光滑路面行驶时的驱动轮滑转。

(4) ASR 系统的类型

防滑转电子控制系统的控制参数是滑转率,滑转率的计算公式为:

$$S_z = \frac{v_q - v}{v_q} \times 100\% \tag{5-6}$$

式中: S_z——驱动轮滑转率,%;

　　　 v_q——驱动轮轮缘速度,km/h;

　　　 v——汽车车身速度,km/h,实际应用时常以非驱功轮轮缘速度代替。

当车身不动($v=0$)而驱动车轮转动($v_q>0$)时, $S_z = 100\%$,车轮处于完全滑转状态;当驱动车轮处于纯滚动状态($v = v_q$)时, $S_z = 0$ 。控制电脑根据各车轮转速传感器信号计算 S_z ,当 S_z 值超过某一限定值时,控制电脑向执行机构发出指令,控制车轮的滑转。

ASR 系统按校制方式可分为差速制动控制、发动机输出功率控制、差速制动控制和发动机输出功率综合控制三种类型:

①差速制动控制。

当驱动车轮单边滑转时,控制电脑输出控制信号,使差速制动阀和制动压力调节器动作,对滑转车轮施加制动力,使车轮的滑转率控制在目标范围之内。这时,非滑转车轮仍有正常的驱动力,从而提高了汽车在滑溜路面的起步和加速能力及行驶方向的稳定性。

这种控制方式的作用类似于差速锁,在一边驱动车轮陷于泥坑部分或完全失去驱动能力时,对其制动后,另一边的驱动车轮仍能发挥其驱动力,使汽车能驶离泥坑。当两边的驱动车轮都滑转,但滑转率不同的情况下,则对两边驱动车轮施以不同的制动力。

②发动机输出功率控制。

在汽车起步、加速时若加速踏板踩得过猛,会因为驱动力过大而出现两边的驱动车轮都滑转的情况,这时,ASR 控制电脑输出控制信号,控制发动机的功率输出,以抑制驱功车轮的滑转。发动机功率控制可以通过改变节气门的开度,调节喷油器的喷油量和改变点火时间等方法来实现。

③差速制动和发动机输出功率综合控制。

此类型的 ASR 系统采用差速制动控制和发动机输出功率控制相结合的综合控制系统,控制效果更为理想。汽车在行驶过程中,路面滑溜的情况千差万别,驱动力的状态也是不断变化,综合控制系统可根据发动机的状况和车轮滑转的实际情况采取相应的控制措施。例如:在发动机驱动力较小的状态下出现车轮滑转,其主要原因可能是由于路面滑溜,这时采用对滑转车轮施加制动的方法就比较有效;而在发动机输出功率大(节气门开度大、转速高)

时出现车轮滑转,其主要原因可能是驱动力过大,则通过减小发动机输出功率的方法来控制车轮的滑转比较有效;一般情况下,车轮滑转的情况非常复杂,需要通过对车轮制动和减小发动机功率的共同作用来控制车轮的滑转。

2. ASR 系统的基本组成及工作原理

(1)ASR 系统的基本组成

ASR 系统的基本组成如图 5 – 34 所示。

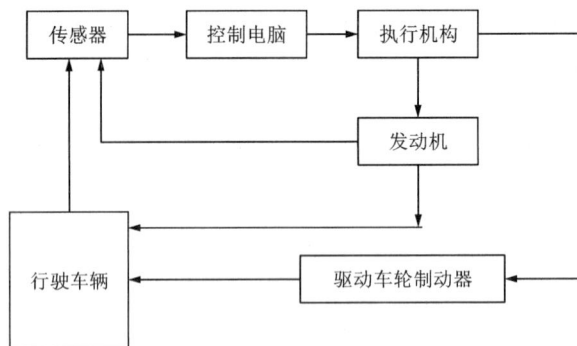

图 5 – 34　ASR 系统的基本组成

(2)ASR 系统的工作原理

ASR 也被称为 TCS(驱动力控制系统),可以通过调节作用于驱动车轮的驱动力矩和制动力矩,在驱动过程中防止驱动车轮发生滑转。

调节作用于驱动车轮的驱动力矩可以通过调节发动机的输出转矩、变速器传动比、差速器锁紧系数等方面实现。目前,调节变速器传动比和差速器锁紧系数的方式在 ASR 中较少采用,而调节发动机的输出转矩又可通过调节节气门开度、点火提前角、燃油喷射量以及中断燃油喷射和点火来实现。由于发动机已经实现了电子控制,因此,可以通过发动机电子控制系统对发动机的点火和供油进行控制,对发动机的输出转矩进行调节。虽然中止部分汽缸的点火可以使发动机的输出转矩迅速减小,但如果不能及时完全地中断相应汽缸的燃油供给,将会对催化转换器造成严重的损害,因此,中止部分汽缸点火的方式在 ASR 中也很少采用。所以,目前在 ASR 中通常通过控制节气门开度和点火提前角的方式调节发动机的输出转矩,从而对作用于驱动车轮的驱动力矩进行调节。

为了使驱动车轮的转速迅速降低,或者使两侧驱动车轮获得不同的牵引力,通常 ASR 都可以通过对驱动车轮施加一定的制动力矩得以实现。应首先说明 ASR 与 ABS 的关系。在 ASR 中为了确定驱动车轮是否滑转,可以利用 ABS 中的车轮转速传感器获得车轮的转速信号,ASR 电子控制装置既可是独立的,也可与 ABS 共用,ASR 的制动压力调节装置通常与 ABS 的制动压力调节装置共用,为了控制节气门开度,通常设有电动控制的副节气门及节气门开度传感器,点火提前角的控制则通过发动机电子控制系统进行。因此,ASR 通常都与 ABS 和发动机电子控制系统交织在一起,此外 ASR 中都具有 ASR 关闭指示灯和 ASR 工作指示灯。

图 5 – 35 所示是一种较为典型的具有制动防抱死和驱动防滑转功能的 ABS/ASR 防滑控

制系统。其中的 ASR 与 ABS 共用车轮转速传感器和电子控制装置，只在通往驱动车轮制动轮缸的制动管路中增设一个 ASR 制动压力调节装置，在由加速踏板控制的主节气门上方增设一个由步进电动机控制的副节气门，并在主、副节气门处各设置一个节气门开度传感器，即可实现驱动防滑转控制。

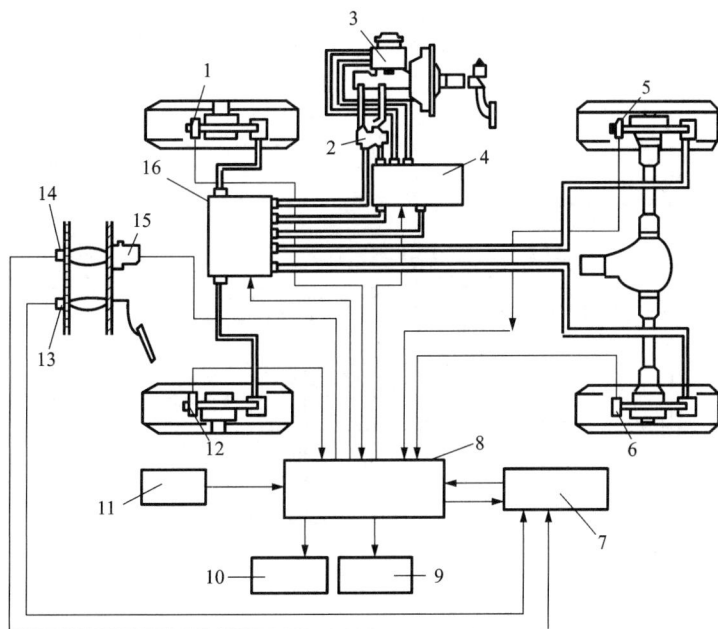

图 5 - 35　ABS/ASR 的典型组成

1—右前车轮转速传感器；2—比例阀和差压阀，3—制动主缸；4—ASR 制动压力调节装置；5—右后车轮转速传感器；
6—左后车轮转速传感器；7—发动机/变速器电子控制装置；8—ABS/ASR 电子控制装置；9—ASR 关闭指示灯；
10—ASR 工作指示灯；11—ASR 选择开关；12—左前车轮转速传感器；13—主节气门开度传感器；
14—副节气门开度传感器；15—副节气门驻动步进电动机；16—ABS 制动压力调节装置

ASR 在汽车驱动过程中，ABS/ASR 电子控制装置根据各车轮转速传感器产生的车轮转速信号，确定驱动车轮的滑动率和汽车的参考速度。当 ABS/ASR 电子控制装置判定驱动车轮的滑动率超过设定的限值时，就使驱动副节气门的步进电动机转动，减小副节气门的开度，此时，即使主节气门的开度不变，发动机的进气量也会因副节气门开度的减小而减少，使发动机的输出转矩减小，驱动车轮上的驱动力矩就会随之减小。如果驱动车轮的滑动率仍未降低到设定的控制范围内，ABS/ASR 电子控制装置又会控制 ASR 制动压力调节装置和 ABS 制动压力装置，对驱动车轮施加一定的制动压力，就会有制动力矩作用于驱动车轮。

图 5 - 36 所示 ABS/ASR 中的 ASR 制动压力调节装置主要包括制动供能装置和电磁控制阀总成两部分，制动供能装置主要由电动泵和蓄能器组成，电磁控制阀总成主要由三个二位二通电磁阀组成。它们与 ABS 制动压力调节装置共同组成制动液压系统。

当 ABS/ASR 电子控制装置判定需要对驱动车轮施加制动力矩时，ABS/ASR 电子控制装置就使 ASR 制动压力调节装置中的三个二位二通电磁阀都通电，电磁阀 Ⅲ 将制动主缸至后制动轮缸的制动管路封闭，电磁阀 Ⅱ 将蓄能器至 ABS 制动压力调节装置的制动管路沟通，电

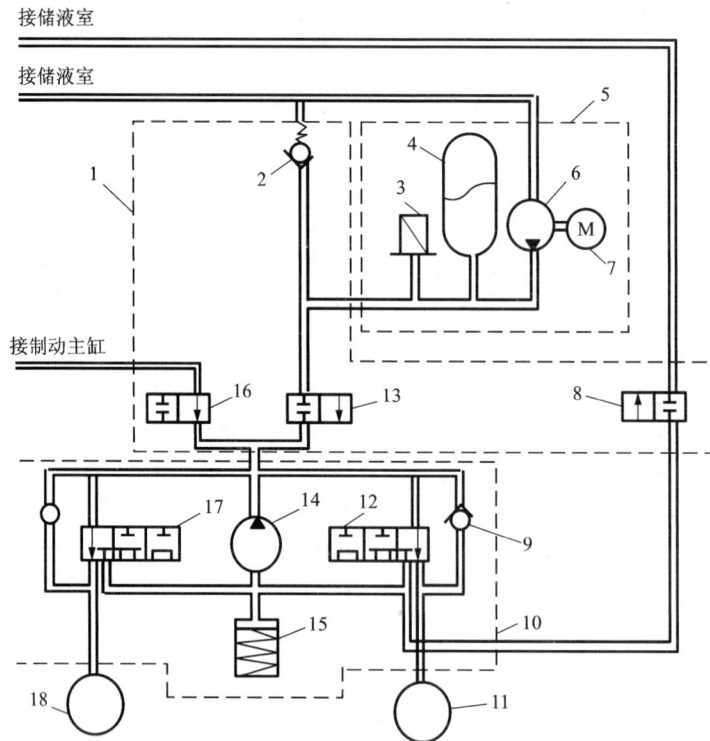

图 5 – 36　ASR 制动液压系统

1—ASR 电磁阀总成；2—单向阀；2—压力开关；4—蓄能器；5—制动供能装置；6—泵；7—电动机；8—电磁阀Ⅰ；
9—单向阀；10—ABS 制动压力调节装置；11—左后驱动车轮；12—电磁阀Ⅳ；13—电磁阀Ⅱ；
14—回液泵；15—储液器；16—电磁阀Ⅲ；17—电磁阀Ⅴ；18—右后驱动车轮

磁阀Ⅰ将 ABS 制动压力调节装置至储液室的制动管路沟通。蓄能器中具有一定压力的制动液就会经过处于开启状态的电磁阀Ⅱ和电磁阀Ⅳ和Ⅴ进入两后制动轮缸，驱动车轮的制动力矩随着制动轮缸制动压力的增大而增大。当 ABS/ASR 电子控制装置判定需要保持两驱动车轮的制动力矩时，ABS/ASR 电子控制装置就使 ABS 制动压力调节装置中的两个三位二通电磁阀Ⅳ和Ⅴ的电磁线圈中通过较小的电流，使电磁阀Ⅳ和Ⅴ都处于中间位置，将两后制动轮缸的进、出液管路都封闭，两后制动轮缸的制动压力就保持一定；当 ABS/ASR 电子控制装置判定需要减小两驱动车轮的制动力矩时，就使电磁阀Ⅳ和Ⅴ的电磁线圈中都通过较大的电流，电磁阀Ⅳ和Ⅴ分别将两后制动轮缸的进液管路封闭，而将两后制动轮缸的出液管路沟通，两后制动轮缸中的制动液就会经电磁阀Ⅳ和Ⅴ，电磁阀Ⅰ流回制动主缸储液室，两后制动轮缸的制动压力就会减小。在 ASR 制动压力调节过程中，ABS/ASR 电子控制装置根据车轮转速传感器输入的车轮转速信号，对驱动车轮的运动状态进行连续监测，通过控制电磁阀Ⅳ和Ⅴ的通电情况，使后制动轮缸的制动压力循环往复地进行增大—保持—减小过程，从而将驱动车轮的滑动率控制在设定的理想范围之内。如果 ABS/ASR 电子控制装置判定需要对两驱动车轮的制动力矩进行不同控制时，ABS/ASR 电子控制装置就对电磁阀Ⅳ和Ⅴ进行分别控制，使两后制动轮缸的制动压力进行各自独立的调节。

122

当 ABS/ASR 电子控制装置判定无需对驱动车轮实施防滑转控制时，ABS/ASR 电子控制装置使各个电磁阀均不再通电，各电磁阀恢复到图 5 - 36 中所示的状态。后制动轮缸中的制动液可经电磁阀Ⅳ和 V、电磁阀 Ⅲ 流回制动主缸，驱动车轮的制动力矩将完全消除，在解除驱动车轮制动的同时，ABS/ASR 电子控制装置还控制步进电动机转动，将副节气门完全开启。

目前，在各种车型上装备的 ASR 系统的具体结构和工作过程不尽相同，但在如下几个方面却是相同的。

①ASR 可以由驾驶员通过 ASR 选择开关对其是否进入工作状态进行选择，在 ASR 进行防滑转调节时，ASR 工作指示灯会自动点亮，如果通过 ASR 选择开关将 ASR 关闭，ASR 关闭指示灯会自动点亮。

②当 ASR 处于关闭状态时，副节气门将自动处于全开位置；ASR 制动压力调节装置也不会影响制动系统的正常工作。

③如果在 ASR 处于防滑转调节过程中，驾驶员踩下制动踩板进行制动时，ASR 将会自动退出防滑转调节过程，而不影响制动过程的进行。

④ASR 通常只在一定的车速范围内才进行防滑转调节，而当车速达到一定以后(如 120 km/h 或 80 km/h)，ASR 将会自动退出防滑转调节过程。

⑤ASR 在其工作车速范围内通常具有不同的优先选择性，在车速较低时以提高牵引力作为优先选择。此时，对两驱动车轮施加的制动力矩可以不同，即对两后制动轮缸的制动压力进行独立调节。而在车速较高时则以提高行驶方向稳定性为优先选择，此时，对两驱动车轮施加的制动力矩将是相同的，即对两后制动轮缸的制动压力一同进行调节。

⑥ASR 都具有自诊断功能，一旦发现存在影响系统正常工作的故障时，ASR 将自动关闭，并向驾驶员发出警示信号。

5.3　电子稳定性程序

5.3.1　汽车电子稳定程序的作用

电子稳定程序(Electronic Stability Program，ESP)集成了 ABS、TRC 等系统的功能，在各种情况下都能提高汽车行驶的稳定性，属于汽车主动安全系统。

ABS 系统一般是在车辆制动时发挥作用，TRC 系统只是在车辆起步和加速行驶时发挥作用，而 ESP 系统则在整个行驶过程中始终处于工作状态，不停地监控车辆的行驶状态和观察驾驶员的操作意图，从而决定什么时候通过车辆控制系统主动修正汽车的行驶方向，把汽车从危险的边缘拉回到安全的境地，如图 5 - 37 所示。

ESP 能视需要自动地向一个或多个车轮施加制动力，在某些情况下可以进行频率高达 150 Hz 的制动，以确保汽车行驶在选定的车道内。

ESP 系统为汽车提供了在紧急情况下的、十分有效的安全保障，大大降低了汽车在各种道路状况下以及转弯时发生侧翻的可能性，提高了汽车行驶稳定性。从这个意义上说，ESP 又称为行驶动力控制系统。

ABS—制动和转向

ESP—消除侧滑

TCS—加速不打滑

图 5 - 37　ABS、TRC(TCS)、ESP 功用示意图

车型不同，ESP 技术的缩写形式也有所不同。沃尔沃称其为动态稳定牵引控制(Dynamic Stability Tracing Control，DSTC)系统，宝马称其为动态稳定控制(Dynamic Stability Control，DSC)系统，丰田称其为车辆稳定控制(Vehicle stability Control，VSC)系统，三菱称其为主动稳定控制(Active Stability Control，ASC)系统，但其工作原理和作用基本相同。

5.3.2　ESP 系统的工作原理

汽车安全性方面最重要的就是避免发生事故，也就是所谓的主动安全。汽车规避事故的功能是汽车重要而又基本的性能，它可帮助避免或自动避免事故发生。ESP 系统的作用主要是在汽车将要出现失控时，主动地参与避免事故发生的控制过程，有效地增加汽车稳定性。

不带 ESP 系统的汽车在高速行驶急转弯时会出现两种危险状况：一种是不足转向(有冲出弯道的倾向)，如图 5 - 38(a)所示；另一种是过度转向(有甩尾的倾向)，如图 5 - 39(a)所示。两者相比，过度转向是一种危险不稳定状况，它可导致汽车急速旋转甚至翻车。

而带 ESP 系统的汽车，则可以在车辆出现不足转向和过度转向的情况下，依然能够安全、高速地通过弯道，如图 5 - 38(b)和图 5 - 39(b)所示。

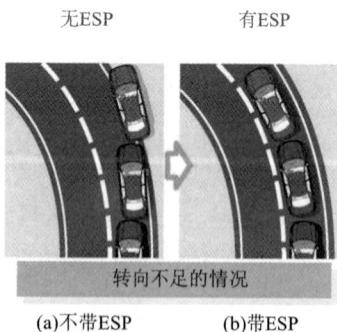

无ESP　　　有ESP

转向不足的情况

(a)不带ESP　　(b)带ESP

图 5 - 38　不足转向

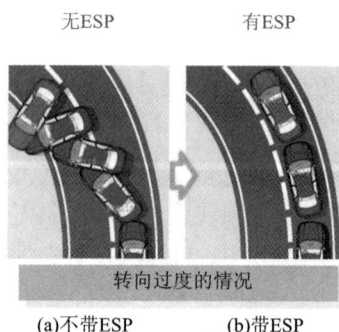

无ESP　　　有ESP

转向过度的情况

(a)不带ESP　　(b)带ESP

图 5 - 39　过度转向

ESP 系统的工作原理是传感器实时地检测驾驶员的行驶意图和车辆的实际行驶情况，其中转向角传感器用来收集驾驶员的转向意图；车轮转速传感器(每个车轮上都装有一个)、偏

转率传感器、纵向/横向加速度传感器等用来监测车辆运动状况。ECU 根据各传感器的信号计算出车辆的实际运动轨迹,如果实际运动轨迹与理论运动轨迹(驾驶员意图)有偏差,或者检测出某个车轮打滑(丧失抓地能力),ECU 就会首先通知副节气门控制机构(或电子节气门)减小开度(收油),然后通知制动系统对某个车轮进行制动,来修正运动轨迹。当实际运动轨迹与理论运动轨迹相一致时,ESP 自动解除控制。

　　例如当车辆转向不足时,ESP 系统会通过发动机和变速器控制系统主动地对位于弯道内侧的后轮实施瞬间制动,防止车辆驶出弯道当车辆转向过度时,ESP 系统会通过发动机和变速器系统主动地对位于弯道外侧的前轮实施瞬间制动,防止产生过大的离心力。

　　如图 5-40 所示,在十字路口,装备 ESP 系统的汽车(A 车)可以高速避让由支路出现的汽车(B 车),而未装备 ESP 系统的汽车(C 车)则可能因车辆失控而滑出车道,甚至翻车。

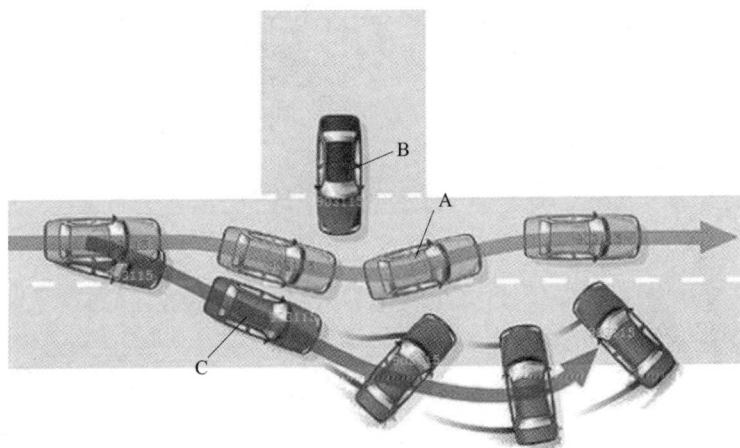

图 5-40　ESP 系统在高速紧急避让过程中的表现

　　由于 ESP 系统在高速转弯、高速避让、稳定性控制等方面的突出表现,使得该系统的装车率越来越高。

5.3.3　ESP 系统的组成

　　ESP 系统是在 ABS/TRC 系统的基础上发展起来的,故大部分元件与 ABS/TRC 系统共用,也是由传感器、ECU 及执行器三部分组成的。

　　Bosch ESP 系统组成如图 5-41 所示。

　　(1)传感器

　　ESP 作为保证行车安全的一个重要电控系统,其各个传感器的正常工作是进行有效控制的基础。Bosch ESP 系统在 ABS/ASR 基础上增加了转向角传感器、偏转率传感器、纵向及横向加速度传感器等。

　　传感器用于检测转向盘的转角信号(包括转角的大小和转动速率),这一信号反映了驾驶员的操作意图。

　　偏转率传感器(也叫做横视角速度传感器)用于检测汽车翻转的信号。这种传感器像一个罗盘,时刻监测汽车的运动姿态,并记录下汽车每个可能的翻转运动。ESP 中的加速度传

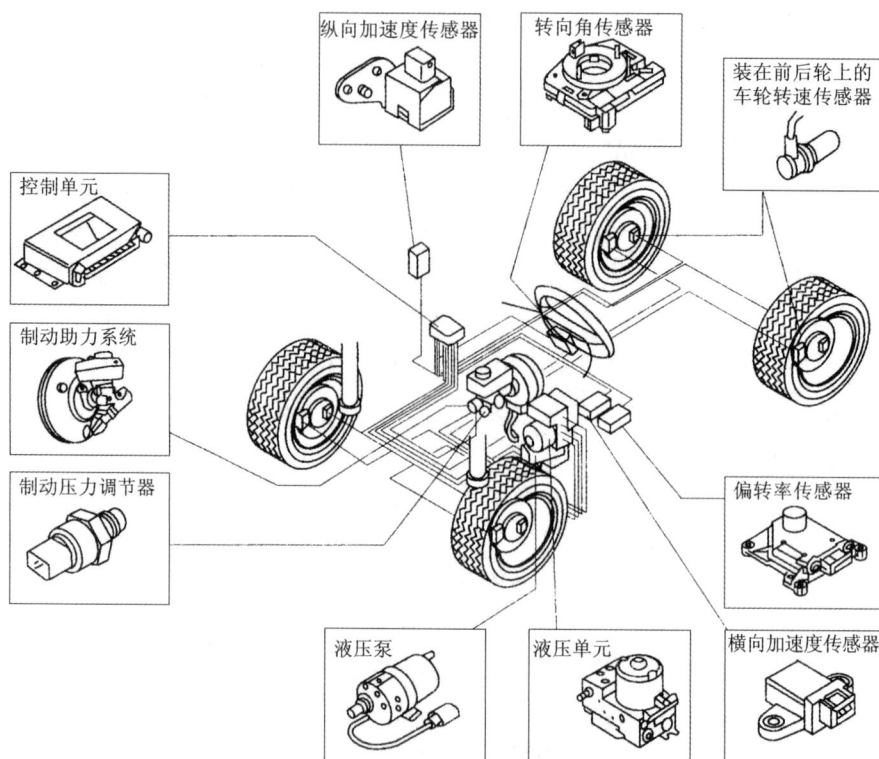

图 5-41　ESP 系统的组成

感器有沿汽车前进方向的纵向加速度传感器(用于 4 轮驱动车辆)和垂直于前进方向的横向加速度传感器两种,其基本原理相同,只是成 90°夹角安装。

(2)ECU

ESP 系统一般与 ABS 系统共用 ECU,将 ABS/ASR 系统 ECU 的功能进行扩展后再进行 ABS/ESP 控制。系统包括输入信号放大电路、运算电路、执行器控制电路、稳压电源电路、电磁屏蔽电路等。

(3)执行器

在 ABS/ASR 系统执行器的基础上,改进了通往各车轮的液压通道,增加了 ESP 警告灯和 ESP 蜂鸣器等。

5.4　汽车电子制动系统

5.4.1　电子制动力分配系统

电子制动力分配系统(Electric Brake-force Distribution,EBD)能够根据车辆载荷(空载、满载)、道路附着条件和制动强度等因素的变化情况,自动调节前、后轴的制动力分配比例,提高制动效能(在一定程度上可以缩短制动距离),并配合 ABS 提高制动稳定性。EBD 对车轮制动力的调节如图 5 - 42 和图 5 - 43 所示。

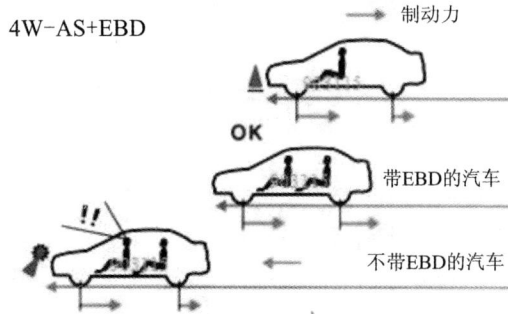

图 5 - 42　EBD 对前/后车轮制动力的动态调节

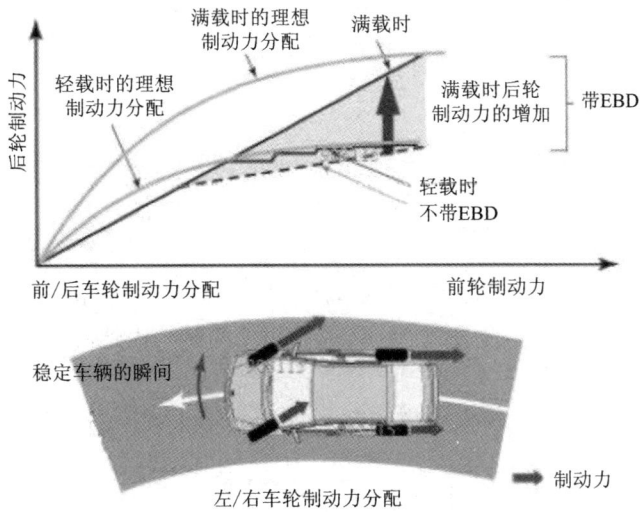

图 5 - 43　EBD 对前/后/左/右四个车轮制动力的动态调节

　　汽车制动时,如果 4 个轮胎附着地面的条件不同,例如,左侧轮附着在湿滑路面,而右侧轮附着于干燥路面,4 个车轮与地面的摩擦力不同,在制动时(4 个车轮的制动力相同)就容易产生打滑、倾斜和侧翻等现象。EBD 的功能就是在汽车制动的瞬间,高速计算出 4 个轮胎由于附着不同而导致的摩擦力数值,然后调整制动装置,使其按照设定的程序在运动中高速调整,达到制动力与摩擦力(牵引力)的匹配,以保证车辆的平稳和安全。在紧急制动车轮抱死的情况下,EBD 在 ABS 动作之前就已经平衡了每两个轮子的有效地面附着力(抓地力),可以防止出现甩尾和侧移现象,并缩短汽车制动距离。

　　EBD 实际上是 ABS 的辅助功能,它可以提高 ABS 的功效,所以在安全指标上,汽车的性能又多了"ABS + EBD"。由图 5 - 44 可以直观地看出"ABS + EBD"的功效。

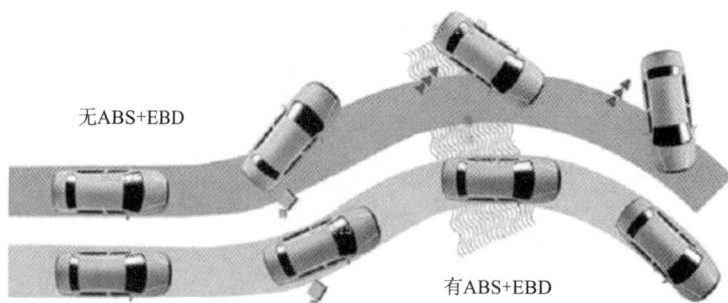

图 5 - 44 "ABS + EBD"的功效

在德国车系(如 AUDI)中,习惯以德文 Electronische Brpmspnkraft Verteiler 来表述电子制动力分配系统,并略作 EBV。因此,在汽车技术资料中,经常会出现 EBD 和 EBV,其实两者并没有区别。

5.4.2 辅助制动系统

辅助制动系统(Brake Assistant System,BAS 或 BA),也称电控辅助制动系统(Electronic Brake Assist System,EBA)。

辅助制动系统是针对在紧急情况下,驾驶员踩制动踏板时缺乏果断或踏板力不足而设计的。BAS 可以从驾驶员踩制动踏板的速度中检测到行车状况,当驾驶员在紧急情况下迅速踩下制动踏板,但踏板力又不足时,BAS 便会在不到 1 s 的时间内把制动力增至最大,缩短紧急情况下的制动距离,以便安全。

BAS 与 ABS 配合工作,可以大大提高制动效能。BAS 监控制动踏板的运动。一旦监测到踩踏制动踏板的速度陡增,而且驾驶员继续大力踩踏制动踏板,该系统就会释放出储存的液压施加最大的制动力。驾驶员一旦释放制动踏板,BAS 就转入待机模式。由于更早地施加了最大制动力,紧急制动辅助装置可显著缩短制动距离。

简而言之,BAS 相当于一个驾驶教练,在万分紧急的情况下,可以帮助驾驶员迅速、果断地采取强有力的制动措施,确保行车安全。图 5 - 45 所示为 BAS 的功用示意图。

BAS 可显著缩短紧急制动距离并有助于防止在停停走走的城市交通中发生追尾事故。

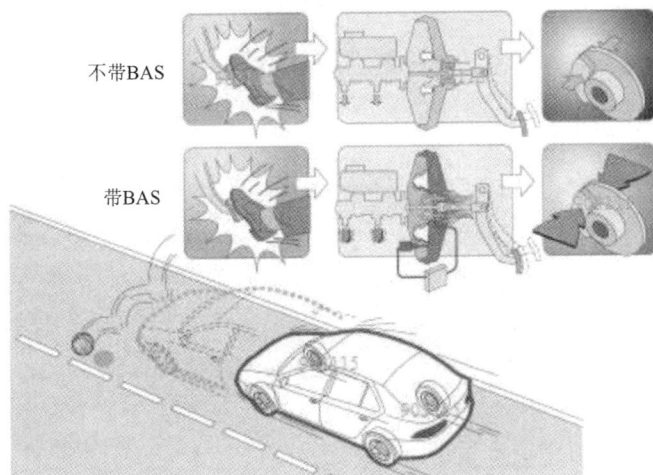

图 5 - 45　**BAS** 的功用示意图

5.5　安全气囊与安全带系统

5.5.1　安全气囊

1. 安全气囊的作用

为了在车辆发生碰撞事故时最大限度地保护驾乘人员,尽量减小撞车对驾乘人员的伤害程度,现代汽车广泛装备了辅助约束系统(Supplementral Restraint System , SRS),也称辅助成员保护系统。

作为汽车重要的被动安全措施,SRS 系统的安全气囊(Airbag Safety)与座椅安全带(Seat Belt)配合使用,可以为乘员提供十分有效的防撞保护。由于安全气囊是 SRS 系统的核心保护部件,故国内也习惯将辅助乘员保护系统称为安全气囊系统。

安全气囊是一种当汽车遭到冲撞而急剧减速时能很快膨胀的缓冲垫,当汽车发动碰撞时,能迅速在乘员和汽车内部结构间膨出一个充满气体的袋子(气囊),使乘员撞在气囊上,避免或减缓碰撞,从而达到保护乘员的目的,如图 5 - 46 所示。

由于乘员和气囊相碰时容易因振荡造成

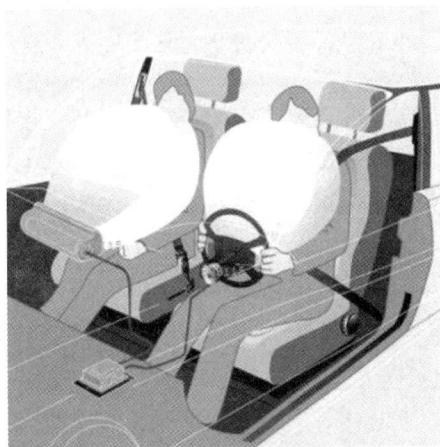

图 5 - 46　安全气囊对乘员的保护作用

乘员伤害，所以在气囊的背面开两个直径 25 mm 左右的圆孔，这样当乘员和气囊相碰时，借助圆孔的放气可减轻振荡，放气过程同时也是释放能量的过程，因此也可以很快地吸收乘员的动能，有助于保护乘员。

2. 安全气囊的种类

（1）按照气囊的数量划分

按照气囊的数量分为单气囊系统（只装在驾驶员侧），双安全气囊（驾驶员和副驾驶员侧各有一个安全气囊）和多气囊系统（前排安全气囊、后排安全气囊、侧面安全气囊）。

（2）按照气囊的大小划分

按气囊的大小可以分为保护全身的安全气囊、保护整个上身的大型气囊和主要保护面部的小型护面气囊。

（3）按充气装置点火系统划分

按充气装置点火系统分为电子式和机械式两种。

（4）按照保护对象的不同划分

①驾驶员防撞安全气囊。

驾驶员防撞安全气囊（Driver Airbag，DAB）安装在方向盘上，分美式和欧式两种。

美式气囊是考虑到驾驶员没有佩戴座椅安全带而设计的，其体积较大，约为 60 L。

欧式气囊是假设驾驶员佩戴座椅安全带而设计的，其体积较小，约 40 L。日本的安全气囊也属于此类。近年来，由于安全气囊的生产成本下降，日本防撞安全气囊规格有所增加，如本田轿车的驾驶员防撞安全气囊体积为 60 L。

②前排乘员防撞安全气囊。

由于副驾驶位置乘员在车内位置不固定且前方空间较大，因此保护其撞车时免受伤害而设计的前排乘员防撞安全气囊（Passenger Airbag，PAB）也较大。美式的约为 160 L，欧式的约为 75 L（后者考虑了乘员受座椅安全带的约束）。

③后排乘员防撞安全气囊。

后排乘员防撞安全气囊（Rear Side Airbag，RSAB）安装在前排座椅上，防止后排乘员在撞车时受到伤害。

④侧面安全气囊。

侧面防撞安全气囊安装在车门上，防止驾驶员及乘员的肩、臂、腰、髋受侧面撞击。

⑤安全气帘。

安全气帘安装在汽车车顶与车门交接处，用于汽车在遭受横向撞击或翻车时保护乘员的头部、肩部不受伤害。

⑥智能型安全气囊。

为了克服普通安全气囊的不足，一些高端汽车装备了新一代智能型安全气囊，智能型安全气囊比一般安全气囊增加了以下几种功能：检测乘员是否系上安全带、检测乘员乘坐的位置、检测儿童座椅、调控安全气囊充气膨胀力、检测座椅上是否有乘员、检测气温。

此外，还有对乘员的膝盖进行保护的膝部安全气囊，如图 5 - 47 所示，以及对车外行人进行保护的行人安全气囊，如图 5 - 48 所示。

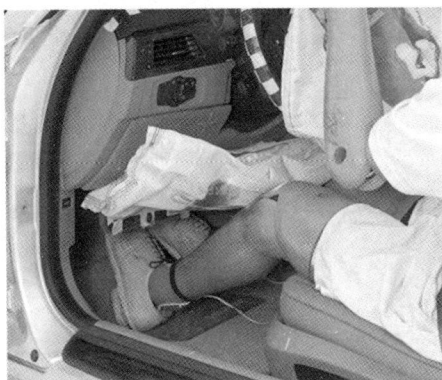

图 5-47　膝部安全气囊

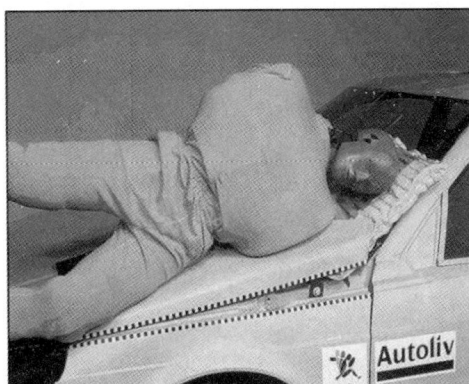

图 5-48　行人安全气囊

3. 安全气囊系统的组成与工作过程

（1）安全气囊系统的组成

机械式 SRS 主要由传感器、气囊组件、气体发生器等组成、安全气囊由传感器直接引爆点火，如图 5-49 所示。该 SRS 的优点是结构简单，成本低；缺点是可靠性差、容易误动作。

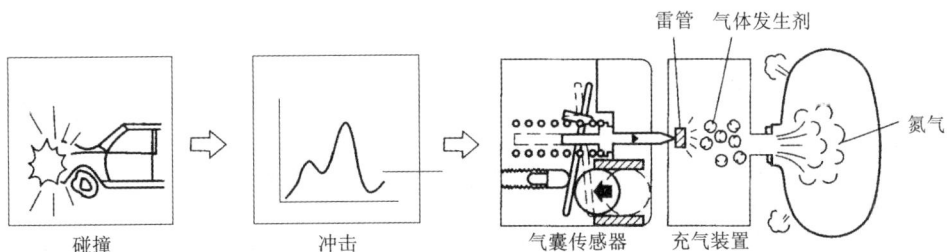

图 5-49　机械式 SRS 工作原理

电子式 SRS 主要由传感器、气囊组件、气体发生器、ECU 等组成，如图 5-50 所示。

汽车上装有车前与车内两种碰撞传感器。位于车前两侧的车前传感器，可保证在正面 30° 范围内有效地工作。当汽车发生碰撞时，由传感器碰撞程度进行识别，对于中等程度以上的碰撞，传感器发生信号给 ECU，经 ECU 判别后发出点火信号，点火器工作，气体繁盛装置在极短的时间内产生大量气体通过滤清器充入卷收在一起的气囊，使其膨胀，SRS 所用的碰撞传感器，一般根据所承担的任务不同分为车前传感器、中央传感器与安全传感器三种，车前传感器用来检测汽车正面低速所受到的冲击信号；中央传感器用来检测汽车发生高速碰撞的信号；安全传感器用来防止系统碰撞状况下引起安全气囊误动作。

安全气囊的前部碰撞有效范围及点火、起爆、膨出的判断条件如图 5-51 所示。

（2）安全气囊系统的工作过程

安全气囊由点火起爆到完全膨开是需要一定的时间，经历一个过程的（图 5-52），其充气速度和膨胀的强度是可以控制的，且需与汽车的碰撞强度相适应，否则将很难起到良好的乘员保护作用。

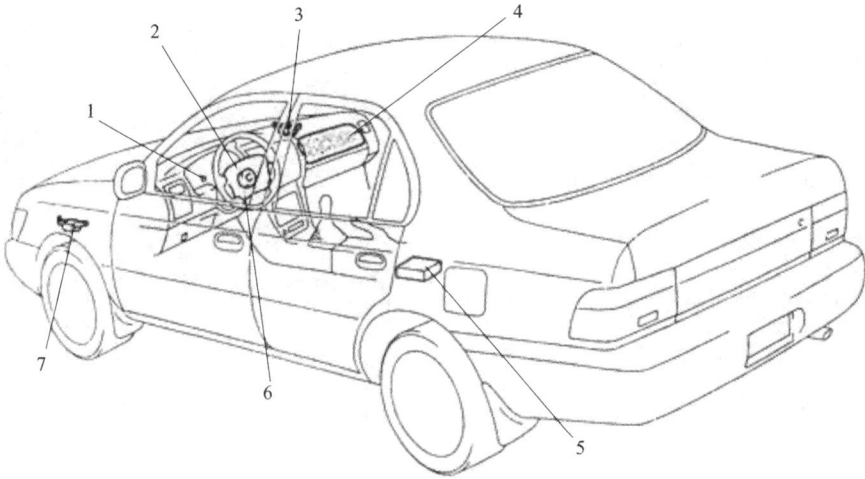

图 5 – 50　电子式 SRS 的组成

1—气囊报警灯；2—螺旋电缆(装于方向盘内)；3—前部碰撞传感器(右)；4—前排乘员安全气囊总成；
5—中央气囊传感器总成及电控单元；6—方向盘(内装驾驶员安全气囊)；7—前部碰撞传感器(左)

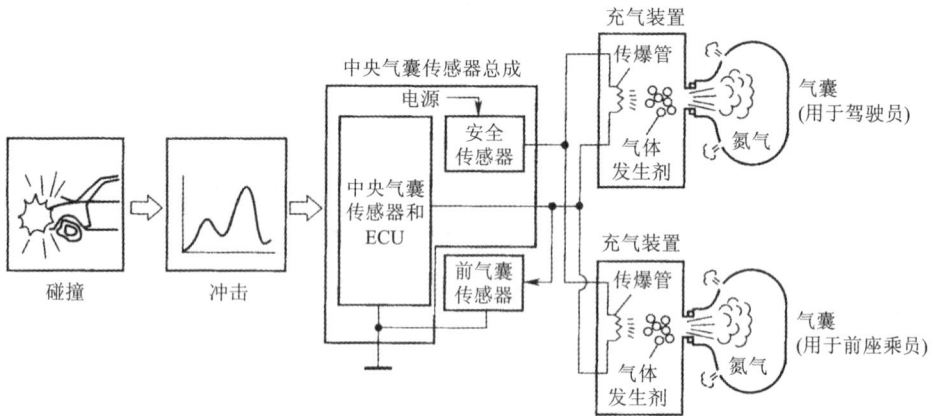

图 5 – 51　SRS 工作原理

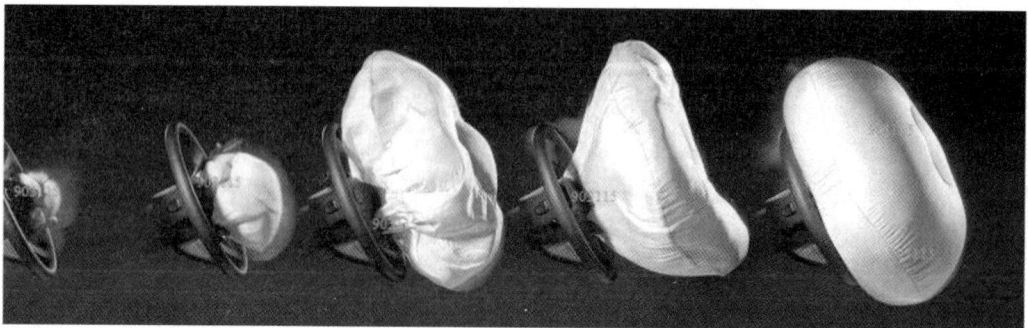

图 5 – 52　安全气囊的膨胀过程

SRS 的整个工作过程大约需要 110 ms，可分为 4 个阶段，如图 5 – 53 所示。

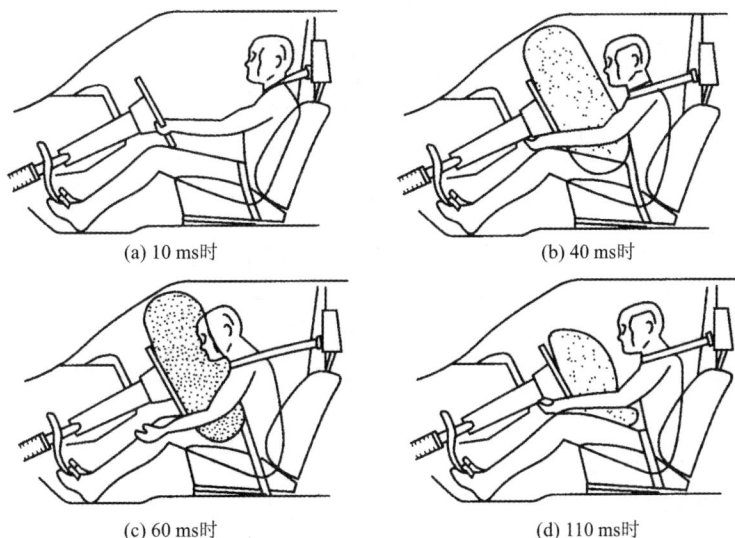

(a) 10 ms时

(b) 40 ms时

(c) 60 ms时

(d) 110 ms时

图 5 – 53 SRS 动作时序

4. 安全气囊系统主要部件

（1）传感器

传感器用于检测、判断汽车发生事故后的撞击信号，以便及时启动安全气囊，并提供足够的电能或机械能点燃气体发生器。

传感器按其功能分为碰撞传感器和安全传感器两种。安全传感器也称触发传感器，其闭合的减速度与碰撞传感器相比要稍微小一些，起保险作用，防止因碰撞传感器短路而造成的误爆炸。

传感器按其结构可分为机械式、机电式和电子式三种。

①机械式传感器。

机械式传感器的机构如图 5 – 54 所示，当传感器中的传感重块的减速度达到某一特定值时，传感重块便将机械能直接传给引发器使气囊膨开，该传感器用于机械式安全气囊系统。

②机电式传感器。

机电式传感器主要有滚球式、偏心式、水银开关式等。

A. 滚球式传感器。平时小钢球被磁场力所约束，当碰撞时，在圆柱形钢套内小钢球就向前运动，一旦接触到前面的触点，则将触发电路接通，如图 5 – 55 所示。

B. 偏心式传感器。偏心式传感器为具有偏

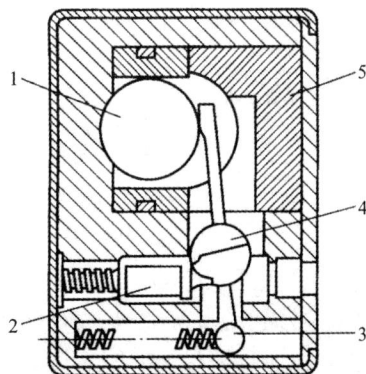

图 5 – 54 机械式传感器

1—感应块；2—撞针；3—偏置弹簧；4—D 轴；5—顶盖

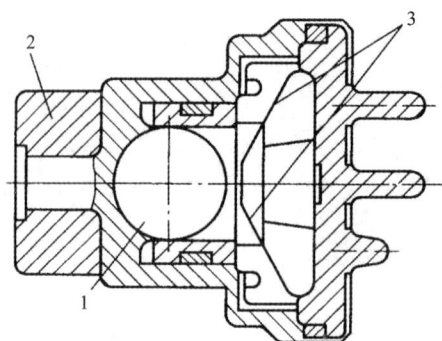

图 5 – 55　滚球式传感器

1—小钢球；2—磁铁；3—触点

心转动质量的机电式加速度传感器，由外壳、偏心转子、偏心重块、旋转触点与固定触点、螺旋弹簧等构成，如图 5 – 56 所示。

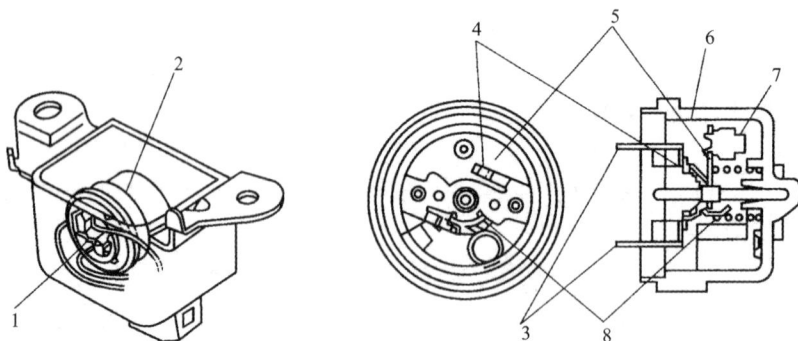

图 5 – 56　偏心式传感器的结构

1—自检电阻；2—传感器；3—固定触点；4—旋转触点；5—偏心转子；6—外壳；7—偏心重块；8—螺旋弹簧

偏心式传感器的外侧装有一个电阻，做自检之用，检测传感器总成与其之间的线路是否开路或短路。

当汽车正常行驶时，偏心转子和偏心重块被螺旋弹簧拉回，处于平衡状态，此时转子上安装的旋转触点与固定触点不接触，当车辆受到正面碰撞且碰撞强度达到设定值时，由于偏心重块惯性的作用，使偏心重块连同偏心转子和旋转触点一起转动，旋转触点与固定触点发生接触，如图 5 – 57 所示，从而向 ECU 发出闭合电路信号。

C.水银开关式传感器。水银开关式传感器是安全传感器中常见的一种，如图 5 – 58 所示。当汽车碰撞时，水银产生惯性力抛向电极 2 和电极 3，使两极接通，并使点火器接通。安全传感器一般比碰撞传感器所需的惯性力和减速度小，以保证碰撞传感器的可靠工作。

③电子式传感器（中央安全气囊传感器）。

电子式传感器中的加速度计对汽车正向减速度进行连续测量，并将测量结果输送给 ECU，ECU 内有一套复杂的碰撞信号处理程序，能够确定气囊是否需要膨开，若需要气囊膨

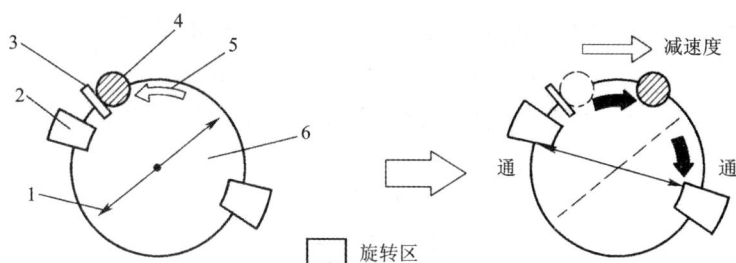

图 5 - 57　偏心式传感器的工作过程

1—旋转触点；2—固定触点；3—止动器；4—偏心重块；5—螺旋弹簧力；6—偏心转子

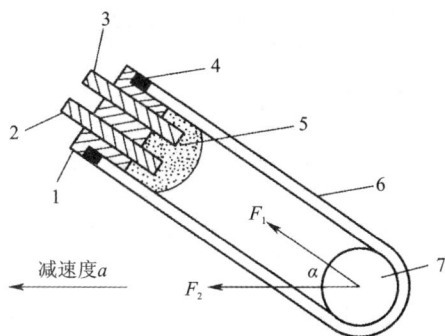

图 5 - 58　水银开关式传感器

1—盖；2、3—电极；4—O 形圈；5—水银撞上后位置；

6—壳体；7—水银；F_1—水银运动分力；F_2—撞击力

开，ECU 便会接通点火电路，安全传感器同时也闭合，则引发器接通，气囊膨开。

电子式传感器通常是一个半导体压力传感器，其结构如图 5 - 59 所示。汽车的速度越大，碰撞后产生减速度的力就越大，则输出的电压也越大，由于半导体压力传感器输出特性受温度影响较大，故应用晶体管的基极—发射极间的电压温度变化来消除传感器输出特性的变化，所以半导体压力传感器要求稳定的电源。

使用水银开关式以外的安全传感器时，在气囊已作用充气之后，中央气囊传感器总成绝不可重复使用。因为在气囊动作时，会有大电流流过传感器触点，使触点表面产生烧蚀而令电阻过大，造成气囊可靠性降低。

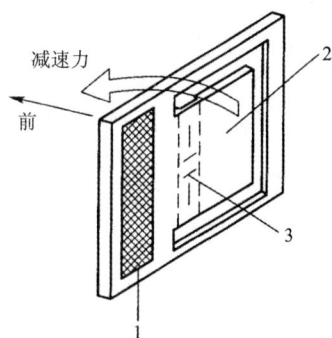

图 5 - 59　电子式传感器

1—集成电路；2—惯性质量；3—变形针

（2）气囊组件

气囊组件主要由气体发生器、点火器、气囊、衬垫、饰盖和底板组成。驾驶员侧气囊组件位于方向盘中心处，乘客侧气囊组件位于仪表板右侧手套箱的上方。

①气体发生器。

气体发生器又称充气器，用于在点火器引爆时产生气体向气囊充气，使气囊膨开。气体发生器用专用螺栓和专用螺母固定在气囊支架上，装配时只能使用专用工具。

气体发生器由上盖、下盖、充气剂（叠氮化钠）和金属滤网等组成，如图5-60所示。上盖上有若干个充气孔，充气孔有长方孔和圆孔两种。

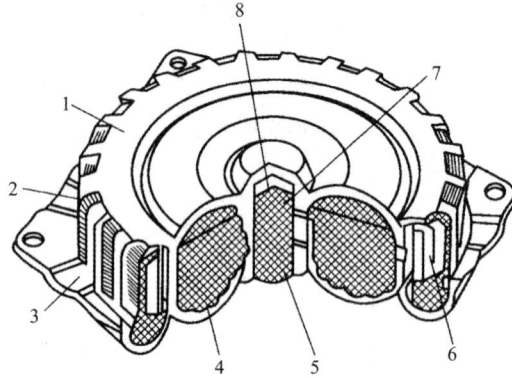

图5-60　气体发生器

1—上盖；2—充气孔；3—下盖；4—充气剂；5—点火器药筒；
6—金属滤网；7—电热丝；8—引爆炸药

下盖上有安装孔，以便将气体发生器安装在气囊支架上。上盖和下盖用冷压工艺装成一体，壳体内装有充气剂、滤网和点火器。金属滤网安放在气体发生器的内表面，用以过滤充气剂和点火剂燃烧后的渣粒。

目前，大多数气体发生器利用热效反应产生氮气充入气囊。在点火器引爆点火剂的瞬间，点火剂会产生大量热量，叠氮化钠受热立即分解，释放氮气，氮气从充气孔充入气囊。

②点火器。

点火器外包铝箔，安装在气体发生器内部中央位置，其结构如图5-61所示。

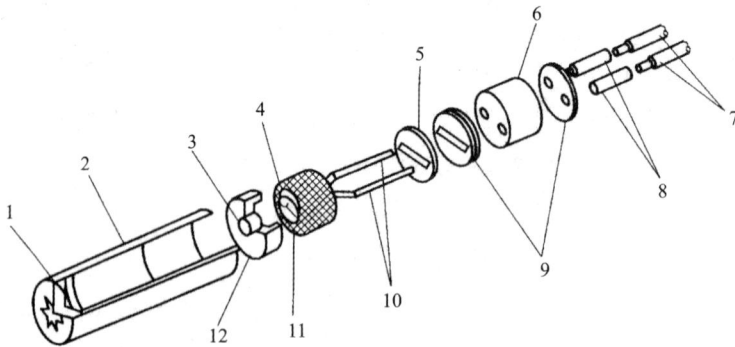

图5-61　点火器结构

1—引爆炸药；2—药筒；3—引药；4—电热丝；5—陶瓷片；6—永久磁铁；
7—引出导线；8—绝缘套管；9—绝缘垫片；10—电极；11—电热头；12—药托

点火剂包括引爆炸药和引药，引出导线与气囊插接器插头连接，插接器中设有短路片（铜质弹簧片）。当插接器插头拔下或插接器未完全结合时，短路片将两根引线短接，防止静电或误导电将电热丝电路接通而造成气囊误膨开。

当 SRS ECU 发出点火指令时，电热丝电路接通，电热丝迅速红热引爆引药，引爆炸药瞬间产生热量，药筒内温度和压力急剧升高并冲破药筒，使充气剂受热分解，释放氮气充入气囊。

③气囊。

气囊按位置分为驾驶员气囊、乘员气囊、侧面气囊等；有用来保护上身的大型气囊，也有用来主要保护面部的小型气囊，驾驶员气囊（图 5 - 62）多采用尼龙布涂氯丁橡胶或有机硅制造，橡胶涂层起密封和阻燃作用，气囊背面有两个泄气孔。乘员气囊没有涂层，靠尼龙布本身的间隙泄气。

图 5 - 62　驾驶员安全气囊组件展开图

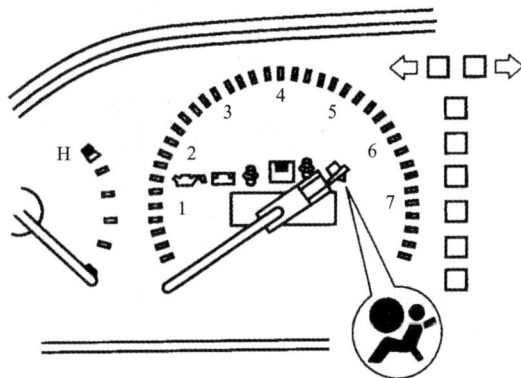

图 5 - 63　SRS 警报灯

④衬垫。

衬垫是气囊组件中一个重要的组成部件，由聚氨酯制成，在制造过程中使用了很薄的水基发泡剂，所以质量特别小，平时它作为方向盘的上表面，把气囊与外界隔离开，既能起到维护作用，又能起到修饰作用。当气囊膨开时，它在气囊爆发力作用下快速、及时裂开，并且对安全气囊展开过程毫无阻碍。

⑤饰盖和底板。

饰盖是安全气囊组件的盖板，上面模制有裂缝（类似邮票边缘的联排小孔），以便气囊能冲破饰盖膨开。气囊和充气器装在地板上，底板装在方向盘或车身上，气囊膨开时，底板承受气囊的反力。

（3）SRS 警报灯

SRS 警报灯位于仪表板上，如图 5 - 63 所示，接通点火开关时，诊断单元对系统进行自检，若 SRS 警报灯点亮 6 s 后熄灭，表示系统正常；若 6 s 后依然闪烁或长亮不熄，表示气囊系统出现故障，应进行检修。

若 ECU 出现异常，不能控制 SRS 警报灯，SRS 警报灯便在其他电路的控制下，作出异常显示。如 ECU 无点火电压，警报灯常亮，ECU 无内部工作电压，警报灯常亮；ECU 不工作，警报灯在看门狗电路控制下，以3Hz的频率闪烁；ECU未接通，警报灯经线束插接器的短接条接通。

（4）ECU

ECU主要由SRS逻辑模块、信号处理电路、备用电源电路和稳压电路等组成，安全传感器一般与SRS ECU一起制作在SRS控制组件中。福特汽车公司林肯城市轿车SRS控制组件的内部结构如图5-64所示。

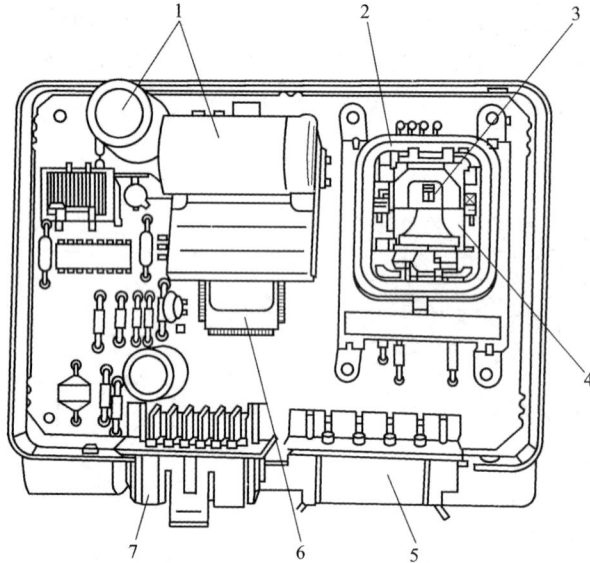

图5-64　福特林肯城市轿车SRS控制组件的内部结构

1—能量储存装置（电容）；2—安全传感器总成；3—传感器触点；
4—传感器平衡块；5—端子插接器；6—逻辑模块；7—SRS ECU插接器

（5）安全气囊系统保险机构与线束

为了便于区别电气系统线束插接器，SRS的插接器与汽车其他电气系统的插接器有所不同，过去曾采用深蓝色插接器，目前的SRS绝大多数采用黄色插接器。

SRS的插接器采用导电性能和耐久性良好的镀金端子，并设计有防止气囊误爆机构，端子双重锁定机构、插接器双重锁定结构和电路连接诊断机构等，用以保证气囊系统可靠工作。

5.5.2　座椅安全带

1. 安全带的作用

汽车安全带是一种安全保护装置，它能在汽车发生碰撞或者在急转弯时约束乘员的身体，使其尽可能保持在座椅原来的位置上而不移动和转动，避免乘员与车内坚硬部件发生碰撞而造成伤害。安全带与安全气囊一样都是现代汽车上的安全装置，共同构成乘员约束系统（SRS），但是安全带历史悠久，应用更普遍。

车辆碰撞时，车与车（或固定物体）的碰撞成为一次碰撞，乘员撞在车内结构物上成为二次碰撞。乘员的伤害程度取决于二次碰撞的程度，车速越高，二次碰撞的减速度越大，伤害越严重。

实践证明，使用安全带，对于减轻交通事故中的人身伤害有积极作用，特别是在高速公路上最常见的多车追尾事故中，安全带的作用尤为明显。

安全带的保护作用分为主动和被动两大类，被动又分为半被动和完全被动。主动保护的作用是由乘员自己系上安全带；完全被动保护作用是不管乘员愿意与否，由自动机构将安全带穿着在乘员身上；半被动保护作用是由辅助操作自动着用安全带。

2. 安全带的种类

安全带的种类分为 4 种，如图 5 - 65 所示。

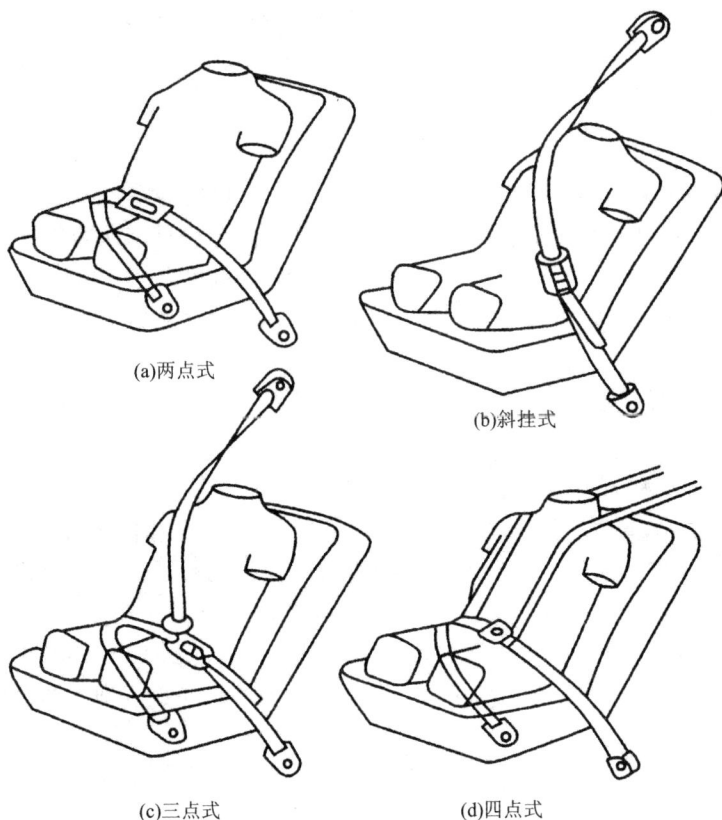

(a)两点式

(b)斜挂式

(c)三点式

(d)四点式

图 5 - 65　安全带的种类

（1）两点式

两点式又称腰带式，是安全带的基本型，飞机乘员一般使用的就是这种安全带。软带从腰的两侧挂在腹部。其优点是使用方便，容易逃出车外，缺点是腹部负荷很大，撞车时，上身容易前倾，前座乘员头部会碰到仪表板或者挡风玻璃。后座乘员一般可以使用这种安全带。

（2）斜挂式

斜挂式又称安全肩带，软带经乘员胸前斜挂在肩部，可防止上体转动。其缺点是撞车时乘员受力不均匀,下体容易向前挤出;若安装不当,身体会从软带中脱出或头部被撞,这种安全带欧洲采用较多,但日本、加拿大、澳大利亚等国在标准这种排除了这种安全带。国际标准中虽通过了这种安全带,但不推荐使用。由于最近开发了膝部保护装置与这种安全带并用,消除了这一缺点,美国已认可使用。

(3)三点式

三点式安全带有两种:一种是两点式和斜挂式合二为一的复合式,又称连续三点式;另一种是将防止上体前倾的肩带连在两点式安全带上任意点而成的,称为分离三点式。三点式兼有两点式和斜挂式的优点,并且消除了缺点,对乘客保护效果良好,实用性高,是现在应用最广泛的一种安全带。

(4)四点式

四点式又称马夹式安全带,是在两点式安全带上再连两条肩带组合而成。其保护最好,也是最完善的一种,但使用不便,一般用于特殊用途车或赛车上。

3. 安全带的结构

安全带的基本结构一般包括软带、带扣、长度调整机构、卷带装置和固定部分。

软带是安全带的本体,一般用尼龙织物、聚酯、维尼纶等合成纤维原丝编织成宽约50 mm、厚约1.5 mm的带子。软带要求具有足够的强度、延伸性和吸收能量性,以便在撞车时起到缓冲作用,可用作腰带和肩带。各国对软带的性能和试验要求都有标准规定。生产的软带必须经过强度、伸长率、收缩率、耐磨、耐寒、耐热、耐水和耐光照等考核试验,符合规定后才能使用。

带扣用以扣合或脱开安全带,分为有舌和无舌两类。有舌又分为包围型按钮式和开放型按钮式两种。

长度调整机构是为了适应乘员的体形调整软带长度的机构。

卷带装置是在不用安全带时自动将软带收卷的装置,以防止损伤带扣和软带。在使用时还具有调整软带长度的功能。卷带装置按卷带方式可分为无锁紧式卷带装置(不能在软带拉出的位置自动锁紧软带)、自动锁紧式卷带装置(可在软带拉出的任何位置自动锁紧软带)、手动无锁紧式卷带装置(能用手拉出软带,但不能锁紧的卷带装置)、紧急锁紧式卷带装置(可将安全带自由拉出或收回,但当拉出带子的速度超过某限值时,则立即锁住)4种。

4. 预紧式安全带

(1)功能与特点

预紧式安全带(Pre - tensional Seat Belt)特点是,当汽车发生碰撞事故的一瞬间(0.1 s左右),乘员尚未向前移动时它立即拉紧织带,将乘员紧紧地绑在座椅上,然后锁止织带以防止乘员前倾,有效保护乘员的安全,如图5-66所示。

预紧式安全带对乘员的约束过程如图5-67所示。

预紧式安全带中起主要作用的卷收与普通安全带不同,除有普通卷收器的收放织带功

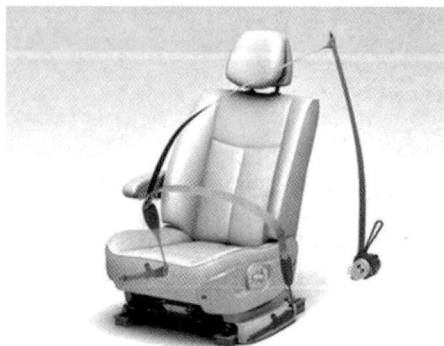

图5-66 预紧式安全带

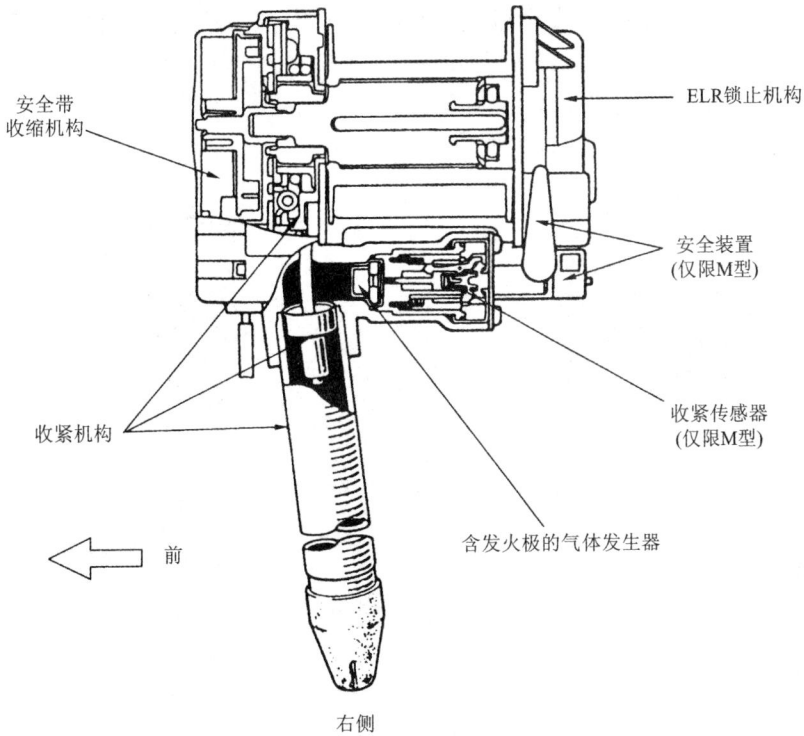

安全带
收缩机构

ELR锁止机构

安全装置
(仅限M型)

收紧传感器
(仅限M型)

收紧机构

含发火极的气体发生器

前

右侧

图 5 – 67　座椅安全带收紧器结构

能外, 还具有当车速发生急剧变化时, 能够在
0.1 s 左右加强对乘员的约束力, 因此它还有
控制装置和预拉紧装置。

(2) 安全带收紧器

控制装置分为电子式(E 型)和机械式(M
型)两种控制装置, 但两者的基本构造和工作
原理实质上是一样的, 只是气体发生器的点火
方式不同而已。

座椅安全带收紧器由收紧机构、收缩机构
和 ELR(紧急锁紧收缩器)组成, 如图 5 – 68
所示, 其中收缩机构和 ELR 属于不带收紧器
的普通座椅安全带的组成部分。

E 型安全带收紧器由中央安全气囊传感
器总成控制其工作。M 型安全带收紧器带有
自己的收紧传感器, 它可检测减速惯性力, 并
根据点燃气体发生器, 此外它还有一个安全装
置锁定该传感器。

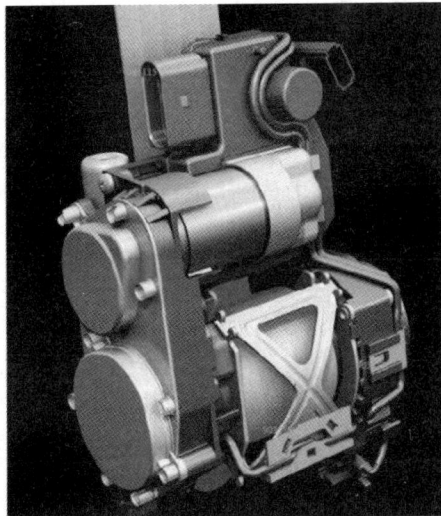

图 5 – 68　座椅安全带收紧器

141

①收紧机构。

收紧机构(图5-69)由气体发生器、缸筒、活塞以及与活塞连在一起的拉索组成。为不影响安全带的正常工作,拉索绕在一鼓轮上,而不与轴的外表面接触。

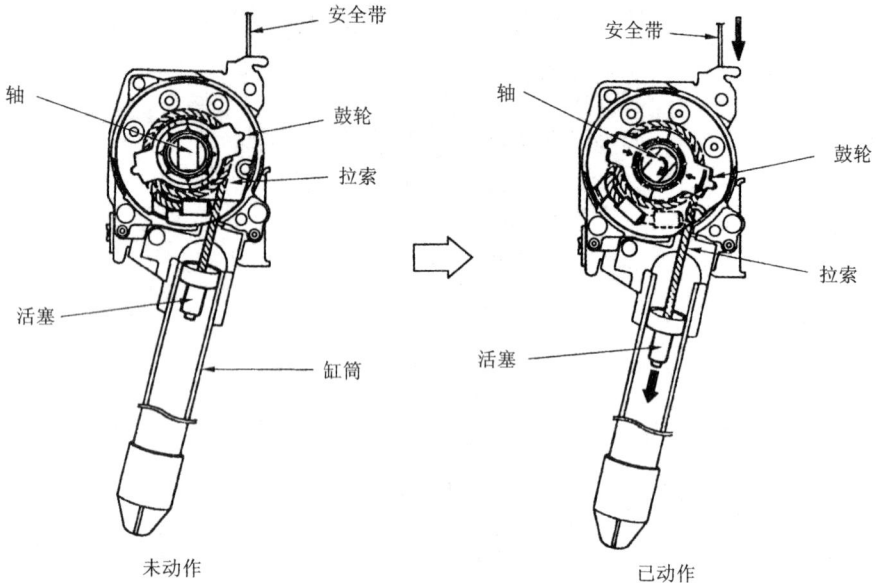

图5-69　收紧机构的结构

当收紧器动作时,由气体发生器释放出的大量气体迫使活塞向下运动。由于拉索与活塞连在一起,所以活塞带动拉索,使鼓轮夹紧轴,这样轴向收紧安全带的方向转动,使安全带收紧一定的长度,实现安全带的预紧。

②气体发生器(E型)。

气体发生器(图5-70)由传爆管(发热丝和点火药粉)和装在金属容器内的气体发生剂(无烟火药)组成。当气囊传感器接通时,电流流到传爆管的发热丝而点燃点火药粉,火焰随即在极短的时间内传到气体发生剂,产生高压气体。

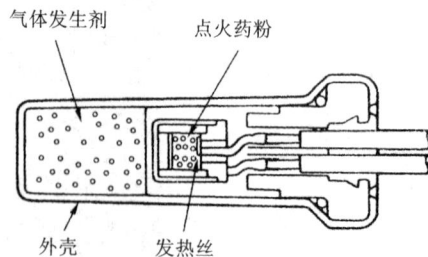

图5-70　气体发生器

需特别注意,即使微弱的电流也可能点燃传爆管,因此维修时绝不可使用万用表测量其电阻。

思考题

1. 地面制动力与附着力有怎样的关系?
2. 说明汽车采用 ABS 的必要性。
3. 后轮低选控制的优、缺点是什么?
4. 当转向车轮抱死时,会对汽车的行驶产生什么样的影响?
5. 简述循环式制动力压力调节器的工作过程。
6. ASR 的作用是什么?
7. 简述 ASR 的工作原理。
8. ESP 的作用是什么?
9. 简述 ESP 的工作原理。
10. ESP 的主要结构包含几个方面?
11. SRS 的作用是什么?
12. 简述 SRS 的工作原理。
13. 安全带的作用是什么?
14. 简述智能安全带的工作原理。

第6章 电子控制动力转向系统

6.1 液压式电子控制动力转向系统

电子控制动力转向系统(EPS)可以在低速时减轻转向力,以提高转向系统的操纵稳定性;在高速时则可适当加重转向力,以提高操纵稳定性。液压式电子控制动力转向系统是在传统的液压动力转向系统的基础上增设电子控制装置而构成的。根据控制方式的不同,液压式电子控制动力转向系统又可分为流量控制式、反力控制式和阀灵敏度控制式三种。

6.1.1 流量控制式 EPS

1. 丰田凌志轿车电子控制动力转向系统

图6-1所示为凌志轿车采用的流量控制式动力转向系统。由图可见,该系统主要由车速传感器、电磁阀、整体式动力转向控制阀、动力转向液压泵和电子控制单元等组成。电磁阀安装在通向转向动力缸活塞两侧油室的油道之间。流量控制式动力转向系统就是根据车速传感器的信号,控制电磁阀阀针的开启程度,从而控制转向动力缸活塞两侧油室的旁路液压油流量,来改变转向盘上的转向力。车速越高,流过电磁阀电磁线圈的平均电流值越大,电磁阀阀针的开启程度越大,旁路液压油流量越大,而液压助力作用越小,使转动转向盘的力也随之增加。这就是流量控制式动力转向系统的工作原理。

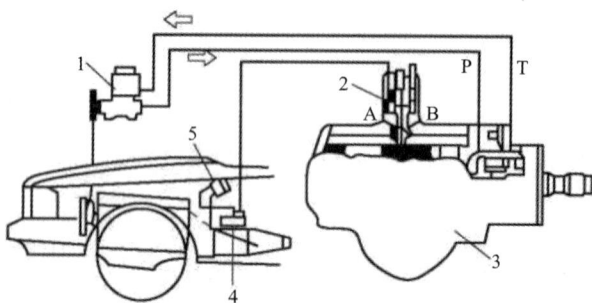

图6-1 流量控制式动力转向系统(凌志轿车)

1—动力转向油缸;2—电磁阀;3—动力转向控制阀;4—ECU;5—车速传感器

图 6 - 2 所示为该系统电磁阀的结构。图 6 - 3 所示为电磁阀的驱动信号。由图可以看出，驱动电磁阀电磁线圈的脉冲电流信号频率基本不变，但随着车速增大，脉冲电流信号的占空比将逐渐增大，使流过电磁线圈的平均电流值随车速的升高而增大。

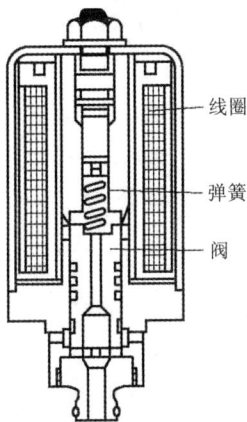

图 6 - 2　电磁阀的结构图

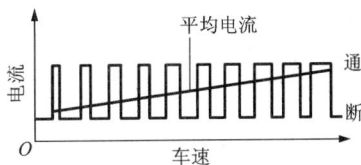

图 6 - 3　电磁阀的驱动信号

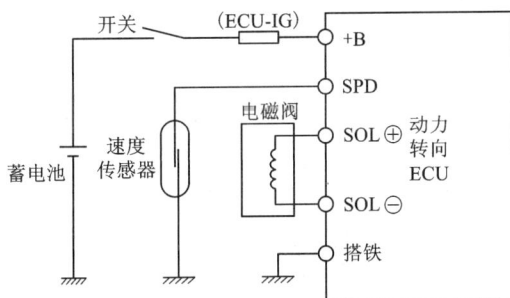

图 6 - 4　凌志轿车电子控制动力转向系统的电路图

2. 蓝鸟轿车电子控制动力转向系统

图 6 - 5 所示为曾在日产蓝鸟轿车上使用的流量控制式动力转向系统。它的特点是在一般液压动力转向系统上再增加旁通流量控制阀、车速传感器、转向角速度传感器、ECU 和控制开关等。在转向油泵与转向机体之间设有旁通管路，在旁通管路中又设有旁通油量控制阀。根据车速传感器、转向角速度传感器和控制开关等信号，ECU 向旁通流量控制阀按照汽车的行驶状态发出控制信号，控制旁通流量，从而调整向转向器供油的流量，如图 6 - 6 所示。

当向转向器供油流量减少时，动力转向控制阀灵敏度下降，转向助力作用降低，转向力增加。在这一系统中，利用仪表板上的转换开关，驾驶员可以选择三种适应不同行驶条件的转向力特性曲线，如图 6 - 7 所示。另外，ECU 还可根据转向角速度传感器输出信号的 大小，在汽车急转弯时，按照图 6 - 8 所示的转向力特性曲线实施最优控制。

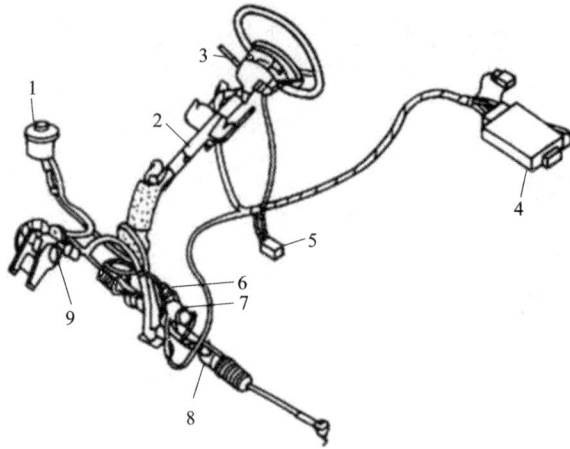

图 6-5 日产蓝鸟轿车流量控制式动力转向系统

1—动力转向油罐；2—转向管柱；3—转向角速度传感器；4—ECU；5—转向角速度传感器增幅器；
6—旁通流量控制阀；7—电磁线圈；8—转向齿轮联动机构；9—油泵

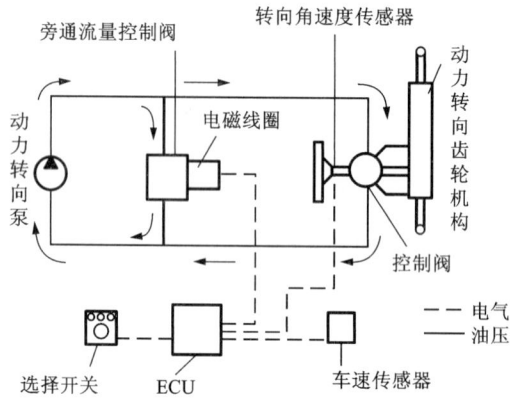

图 6-6 流量控制式动力转向系统

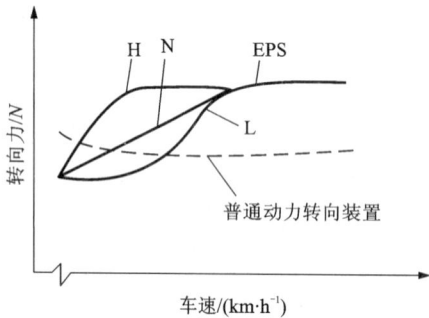

图 6-7 三种适应不同行驶条件的转向力特性曲线

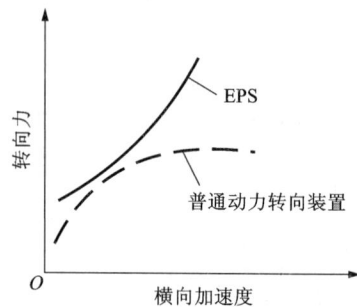

图 6-8 汽车急转弯时的转向力特性曲线

图 6-9 所示为该系统旁通流量控制阀的结构示意图。在阀体内装有主滑阀 2 和稳压滑阀 7，在主滑阀的右端与电磁线圈柱塞 3 连接，主滑阀与电磁线圈的推力成正比移动，从而改变主滑阀左端流量主孔 1 的开口面积。调整调节螺钉 4 可以调节旁通流量的大小。稳压滑阀的作用是保持流量主孔前后压差的稳定，以使旁通流量与流量主孔的开口面积成正比。当因转向负荷变化而使流量主孔前后压差偏离设定值时，稳压滑阀阀芯将在其左侧弹簧张力和右侧高压油压力的作用下发生滑移。若压差大于设定值，则阀芯左移，使节流孔开口面积减小，流入到阀内的液压油量减少，前后压差减小；若压差小于设定值，则阀芯右移，使节流孔开口面积增大，流入到阀内的液压油量增多，前后压差增大。流量主孔前后压差的稳定，保证了旁通流量的大小只与主滑阀控制的流量主孔的开口面积有关。

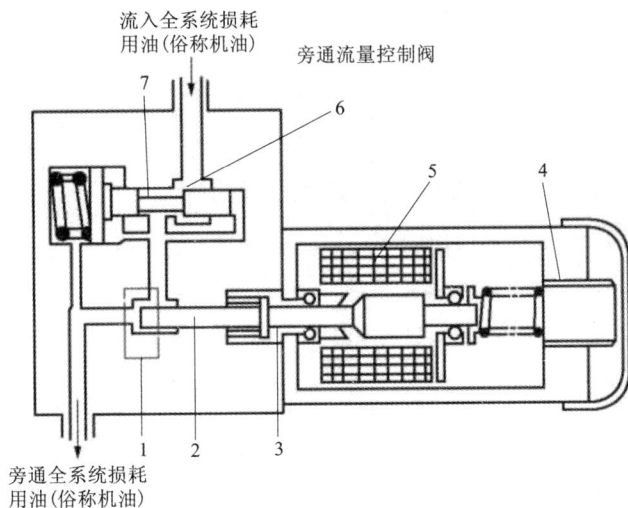

图 6-9　旁通流量控制阀的结构

1—流量主孔；2—主滑阀；3—电磁线圈柱塞；4—调节螺钉；5—电磁线圈；6—节流孔；7—稳压滑阀

图 6-10 所示为日产蓝鸟轿车流量控制式动力转向系统电路图。系统中 ECU 的基本功能是接收车速传感器、转向角速度传感器及变换开关的信号，以控制旁通流量控制阀的电流，并具有故障自诊断功能。流量控制式电子控制动力转向系统是一种通过车速传感器信号调节向动力转向装置供应压力油，改变压力油的输入、输出流量，以控制转向力的大小。这种方法的优点是在原来液压动力转向功能上再增加压力油流量控制功能，所以结构简单，成本较低。但是，当流向动力转向机构的压力油降低到极限值时，对于快速转向会产生压力不足、响应较慢等缺点，故使它的推广应用受到限制。

当控制单元、传感器、开关等电气系统发生故障时，安全保险装置能够确保与一般动力转向装置的功能相同。

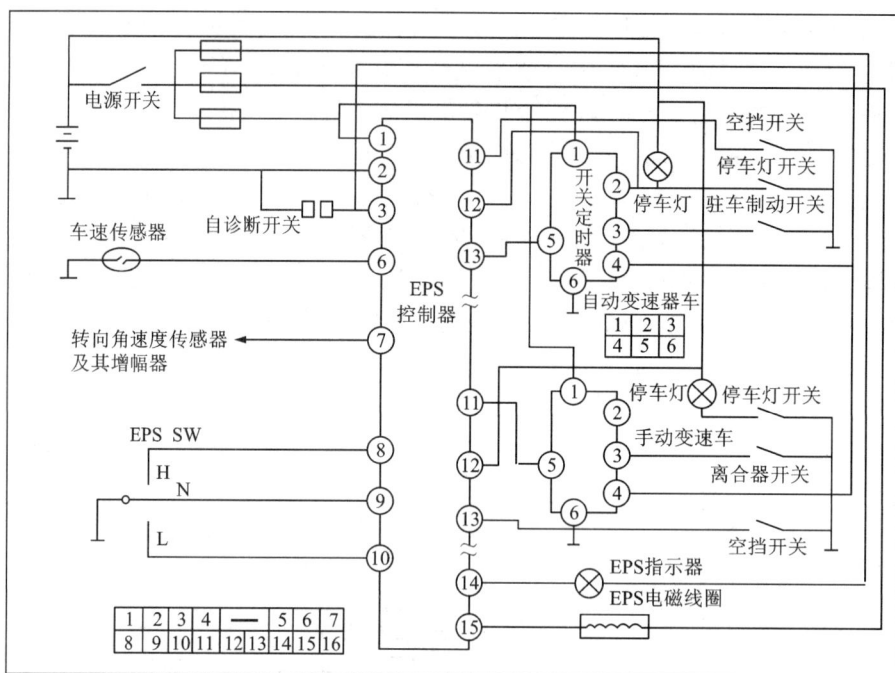

图 6-10　日产蓝鸟轿车流量控制式动力转向系统电路图

6.1.2　反力控制式 EPS

1. 系统组成及工作原理

图 6-11 所示为反力控制式动力转向系统的工作原理图。由图可见，系统主要由转向控制阀、分流阀、电磁阀、转向动力缸、转向油泵、储油箱、车速传感器(图中未画出)及电子控制单元(ECU)等组成。转向控制阀是在传统的整体转阀式动力转向控制阀的基础上增设了油压反力室而构成的。扭力杆的上端通过销子与转阀阀杆相连，下端与小齿轮轴用销子连接。小齿轮轴的上端通过销子与控制阀阀体相连。转向时，转向盘上的转向力通过扭力杆传递给小齿轮轴。当转向力增大，扭力杆发生扭转变形时，控制阀体和转阀阀杆之间将发生相对转动，于是就改变了阀体和阀杆之间油道的通、断和工作油液的流动方向，从而实现转向助力作用。分流阀的作用是把来自转向油泵的液压油向控制阀一侧和电磁阀一侧进行分流。按照车速和转向要求，改变控制阀一侧与电磁阀一侧的油压，确保电磁阀一侧具有稳定的液压油流量。固定小孔的作用是把供给转向控制阀的一部分流量分配到油压反力室一侧。

电磁阀的作用是根据需要，将油压反力室一侧的液压油流回储油箱。ECU 根据车速的高低线性控制电磁阀的开口面积。当车辆停驶或速度较低时，ECU 使电磁线圈的通电电流增大，电磁阀开口面积增大，经分流阀分流的液压油，通过电磁阀重新回流到储油箱中，所以作用于柱塞的背压(油压反力室压力)降低。于是柱塞推动控制阀转阀阀杆的力(反力)较小，因此只需要较小的转向力就可使扭力杆扭转变形，使阀体与阀杆产生相对转动而实现转向助力作用。

148

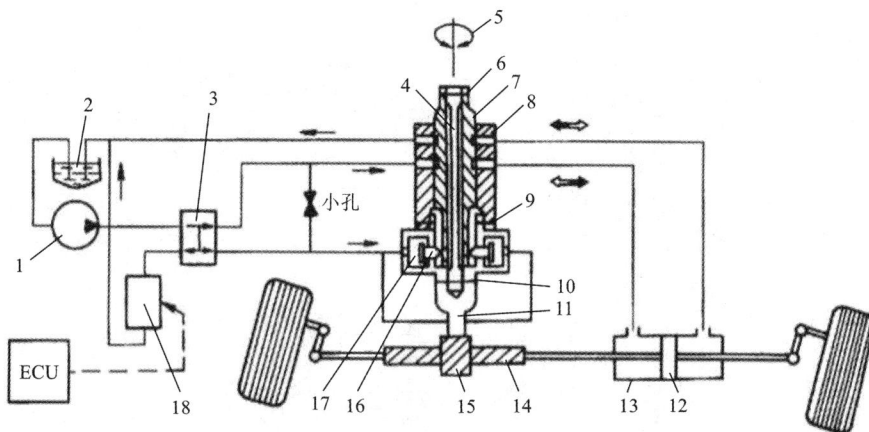

图 6 – 11　反力控制式动力转向系统的工作原理图

1—栗；2—储油箱；3—分流阀；4—扭力杆；5—转向盘；6—销；7—转向阀杆；8—控制阀阀体；9—销；10—销；
11—小齿轮轴；12—活塞；13—动力缸；14—齿条；15—小齿轮；16—柱塞；17—油压反力室；18—电磁阀

　　当车辆在中、高速区域转向时，ECU 使电磁线圈的通电电流减小，电磁阀开口面积减小，所以油压反力室的油压升高，作用于柱塞的背压增大，于是柱塞推动转阀阀杆的力增大，此时需要较大的转向力才能使阀体与阀杆之间作相对转动（相当于增加了扭力杆的扭转刚度），而实现转向助力作用，所以在中、高速时可使驾驶员获得良好的转向手感和转向特性。

2. 反力控制式动力转向系统实例

　　图 6 – 12 所示为丰田汽车公司"马克 II"型车用反力控制式动力转向系统结构图。图 6 – 13 所示为转向控制阀（增设了反力油压控制阀和油压反力室）的结构。

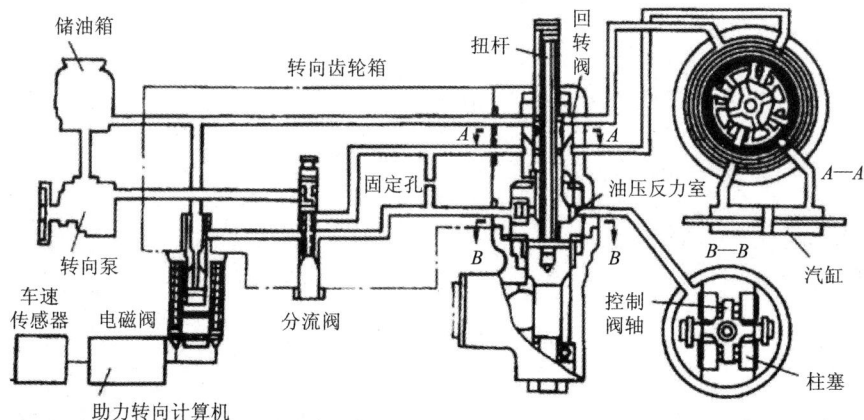

图 6 – 12　丰田"马克 II"型反力控制式

　　图 6 – 14 所示为电磁阀的结构及其特性曲线。输入到电磁阀中的信号是通、断脉冲信号，改变信号占空比（信号导通时间所占的比例）就可以控制流过电磁阀线圈平均电流值的大小。当车速升高时，受输出电流特性的限制，输入到电磁阀线圈的平均电流值减小，所以电

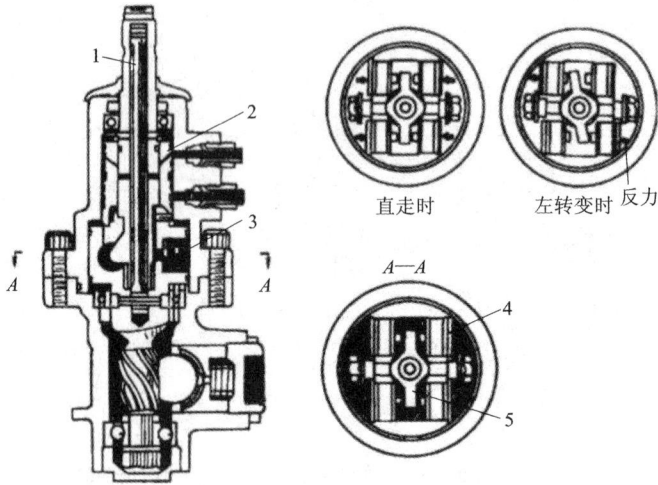

图 6-13 反力控制式转向控制阀的结构
1—扭杆；2—回转阀；3—油压反力室；4—柱塞；5—控制阀轴

磁阀的开度也减小。这样，根据车速的高、低就可以调整油压室反力，从而得到最佳的转向操纵力。

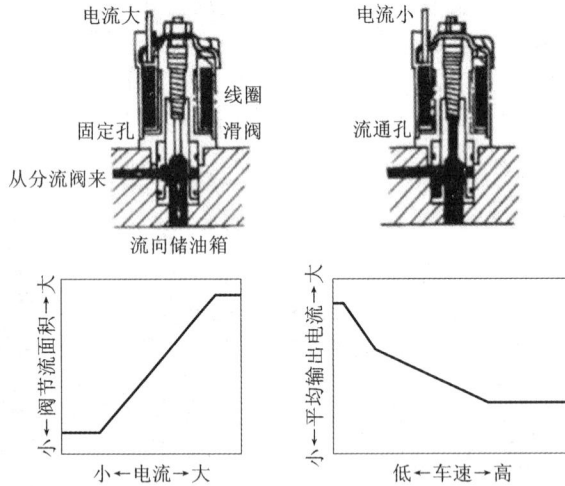

图 6-14 电磁阀的结构及其特性曲

图 6-15 所示为流量控制式动力转向系统与反力控制式动力转向系统转向特性的对比，从图中可以看出，反力控制式动力转向系统的转向还是比较理想的。停车摆放及车辆低速时的转向操纵力比较小，而中、高速时又具有转向力手感适宜的特性。

反力控制式动力转向系统根据车速大小，控制反力室油压，从而改变输入、输出增益幅度以控制转向力。其优点表现在，具有较大的选择转向力的自由度，转向刚度大，驾驶员能感受到路面情况，可以获得稳定的操作手感等。其缺点是结构复杂，且价格较高。

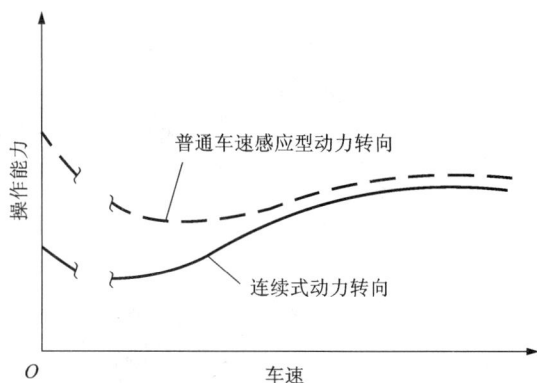

图 6 - 15　两种动力转向特性的比较

6.1.3　阀灵敏度控制式 EPS

阀灵敏度控制式 EPS 是根据车速控制电磁阀，直接改变动力转向控制阀的油压增益（阀灵敏度）来控制油压的。这种转向系统结构简单、部件少、价格便宜，而且具有较大的选择转向力的自由度，与反力控制式转向相比，转向刚性差，但可以最大限度地提高原来的弹性刚度来加以克服，从而获得自然的转向手感和良好的转向特性。

图 6 - 16 所示为 89 型地平线牌轿车所采用的阀灵敏度可变控制式动力转向系统。该系统对转向控制阀的转子阀做了局部改进，并增加了电磁阀、车速传感器和电子控制单元等。

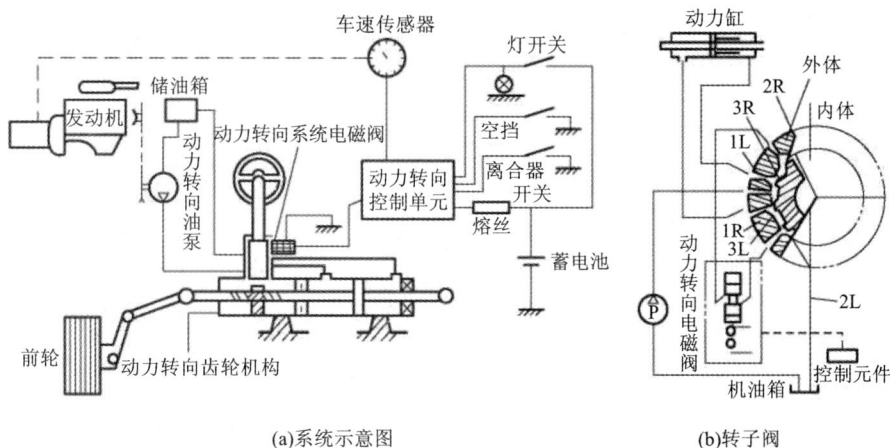

(a)系统示意图　　　　　　　　　(b)转子阀

图 6 - 16　地平线牌轿车采用的阀灵敏度可变控制式动力转向系统

①转子阀一般在圆周上形成 6 条或 8 条沟槽，各沟槽利用阀部外体，与泵、动力缸、电磁阀及油箱连接。图 6 - 17 所示为实际的转子阀结构断面。

图 6 - 18 所示为阀部的等液压回路图，转子阀的可变小孔分为低速专用小孔（1R、1L、2R、2L）和高速专用小孔（3R、3L）两种，在高速专用可变孔的下边设有旁通电磁阀回路，其

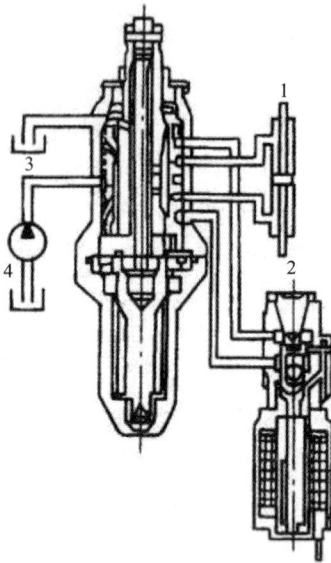

图6-17　转子阀及电磁阀结构断面图

1—动力缸；2—电磁阀；3—油箱；4—泵

工作过程如下：

当车辆停止时，电磁阀完全关闭，若此时向右转动转向盘，则高灵敏度低速专用小孔1R及2R在较小的转向扭矩作用下即可关闭，转向液压泵的高压油液经1L流向转向动力缸右腔室，其左腔室的油液经3L、2L流回储油箱。所以此时具有轻便的转向特性。而且施加在转向盘上的转向力矩越大，可变小孔1L、2L的开口面积越大，节流作用就越小，转向助力作用越明显。

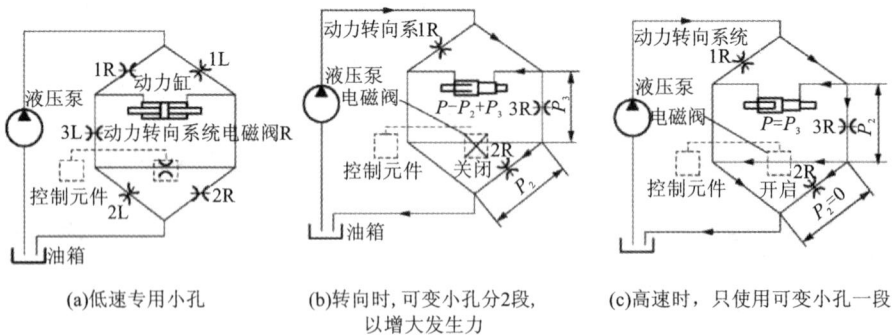

(a)低速专用小孔　　(b)转向时,可变小孔分2段,　(c)高速时,只使用可变小孔一段
　　　　　　　　　　　以增大发生力

图6-18　阀部的等效液压回路图

随着车辆行驶速度的提高，在电子控制单元的作用下，电磁阀的开度也线性增加，若向右转动转向盘，则转向液压泵的高压油液经1L、3R旁通电磁阀流回储油箱。此时，转向动力缸右腔室的转向助力油压就取决于旁通电磁阀和灵敏度低的高速专用可变孔3R的开度。车速越高，在电子控制单元的控制下，电磁阀的开度越大，旁路流量越大，转向助力作用越小；

在车速不变的情况下，施加在转向盘上的转向力越小，高速专用小孔 3R 的开度越大，转向助力作用也越小，当转向力增大时，3R 的开度逐渐减小，转向助力作用也随之增大。由此可见，阀灵敏度控制式动力转向系统可使驾驶员获得非常自然的转向手感和良好的速度转向特性，具有多工况的转向特性，如图 6-18(c) 所示。从低速到高速的过渡区间，由于电磁阀的作用，按照车速控制可变小孔的油量，因而可以按顺序改变特性。

②图 6-17 所示为电磁阀结构图，该阀设有控制上下流量的旁通油道，是可变的节流阀。在低速时向电磁线圈通以最大的电流，使可变孔关闭，随着车速升高，依次减小通电电流，可变孔开启；在高速时，开启面积达到最大值。该阀在左右转向时，油液流动的方向可以逆转，所以在上下流动方向中，可变小孔必须具有相同的特性。为了确保高压时流体有效作用于阀，必须提供稳定的油压控制。

③电子控制单元接收来自车速传感器的信号，控制向电磁阀和电磁线圈输出电流。

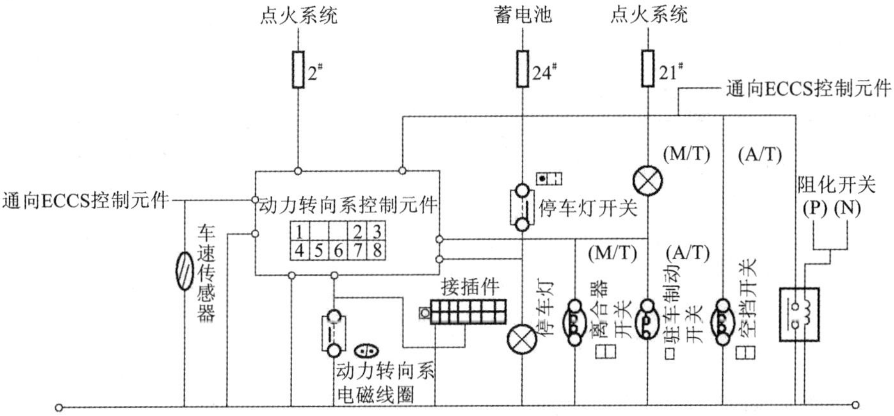

图 6-19　控制系统电路图

6.2　电动式电子控制动力转向系统

液压式动力转向系统由于工作压力和工作灵敏度较高，外廓尺寸较小，因而获得了广泛的应用。在采用气压制动或空气悬架的大型车辆上，也有采用气压动力转向的。但这类动力转向系统的共同缺点是结构复杂、消耗功率大、容易产生泄漏、转向力不易有效控制等。近年来随着微机在汽车上的广泛应用，出现了电动式电子控制动力转向系统，简称电动式 EPS。

6.2.1　电动式 EPS 的组成、原理与特点

电动式 EPS 通常由转矩传感器、车速传感器、电子控制单元(ECU)、电动机和电磁离合器等组成，如图 6-20 所示。上述部件的主要参数见表 6-1。

电动式 EPS 是利用电动机作为助力源，根据车速和转向参数等，由 ECU 完成助力控制，其原理可概括如下：

表 6-1　EPS 系统的主要参数（Minica）

项目		规格
电动机	励磁方式	永磁铁励磁式
	额定电压/V	DC
	额定转矩/（N·m）	0.98
	额定电流/A	30
电磁离合器	形式	干式单片电磁式
	额定电压/V	DC12
	额定电阻沿	19.5（20℃）
	额定传递转矩/（N·m）	1.18（15 V，20℃）
转矩传感器	额定电压/V	5
	额定输出电压/V	2.5（中立时）
	全电阻/Ω	2.18 ± 0.66
车速传感器	输出特性/V	9.5（1000 r/min）
	内阻/Ω	165（20℃）
电动助力转向控制件	控制方式	微机控制（8 位）12
	额定电压/V，工作电压范围/V	DC10，DC16

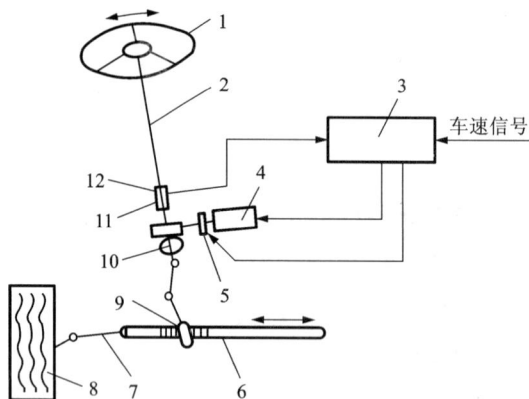

图 6-20　电动式 EPS 的组成

1—转向盘；2—输入轴；3—ECU；4—电动机；5—电磁离合器；6—转向齿条；
7—横拉杆；8—转向轮；9—输出轴；10—扭力杆；11—扭矩传感器；12—转向齿轮

　　当操纵转向盘时，装在转向盘轴上的转矩传感器不断地测出转向轴上的转矩信号，该信号与车速信号同时输入到 ECU。ECU 根据这些输入信号，确定助力转矩的大小和方向，即选定电动机的电流和转向，调整转向辅助动力的大小。电动机的转矩由电磁离合器通过减速机构减速增扭后，加在汽车的转向机构上，得到一个与汽车工况相适应的转向作用力。

电动式 EPS 有许多液压式动力转向系统所不具备的优点:

①将电动机、离合器、减速装置、转向杆等部件装配成一个整体,这样既无管道也无控制阀,使其结构紧凑、质量减小,一般电动式 EPS 的质量比液压式 EPS 质量小 25% 左右。

②没有液压式动力转向系统所必需的常运转式转向液压泵,电动机只是在需要转向时,才接通电源,所以动力消耗和燃油消耗均可降到最低。

③省去了油压系统,所以不需要给转向液压泵补充油,也不必担心漏油。

④可以比较容易地按照汽车性能的需要设置、修改转向助力特性。

6.2.2 电动式 EPS 主要部件的结构及工作原理

1. 转矩传感器

转矩传感器的作用是测量转向盘与转向器之间的相对转矩,以作为电动助力的依据之一。

图 6-21 所示为无触点式转矩传感器的结构及工作原理图。在输出轴的极靴上分别绕有 A、B、C、D 四个线圈,转向盘处于中间位置(直驶)时,扭力杆的纵向对称面正好处于图示输出轴极靴 AC、BD 的对称面上。当在 U、T 两端加上连续的输入脉冲电压信号 U_i 时由于通过每个极靴的磁通量相等,所以在 V、W 两端检测到的输出电压信号 $U_i = 0$。转向时,由于扭力杆和输出轴极靴之间发生相对扭转变形,极靴 A、D 之间的磁阻增加,B、C 之间的磁阻减少,各个极靴的磁通量发生变化,于是在 V、W 之间就出现了电位差。其电位差与扭力杆的扭转角和输入电压 U_i 成正比。

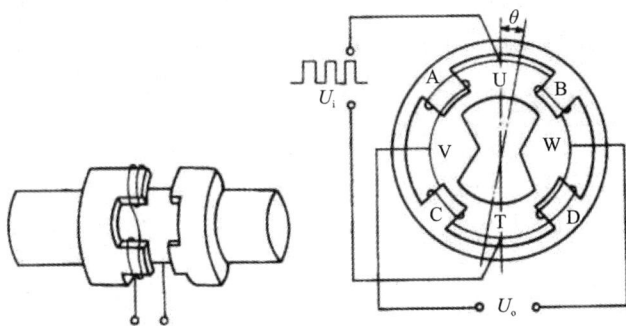

图 6-21 无触点式转矩传感器的结构及工作原理图

所以,通过测量 V、W 两端的电位差就可以测量出扭力杆的扭转角,于是也就知道了转向盘施加的转矩。

图 6-22 所示为滑动可变电阻式转矩传感器的结构。它可将负载力矩引起的扭力杆角位移转换为电位器电阻的变化,并经滑环传递出来作为转矩信号。

2. 电动机

电动式 EPS 用电动机与启动用直流电动机原理上基本相同,但一般采用永久磁场。最大电流一般为 30 A,电压为 DC 12 V,额定转矩为 10 N·m 左右。

转向助力用直流电动机需要正、反转控制,图 6-23 所示为一种比较简单的控制电路。a_1、a_2 为触发信号端。当 a_1 端得到输入信号时,晶体管 VT_3 导通,VT_2 得到基极电流而导

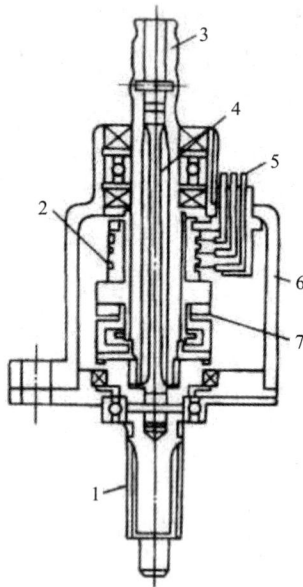

图 6 – 22   滑动可变电阻式转矩传感器的结构

1—小齿轮；2—滑环；3—轴；4—扭矩；5—输出端；6—外壳

通，电流经 VT_2、电动机 M、VT_3、搭铁而构成回路，于是电动机正转。当 a_2 端得到输入信号时，电流则经 VT_1、M、VT_4、搭铁而构成回路，电动机因电流方向相反而反转。控制触发信号端电流的大小，就可以控制通过电动机电流的大小。

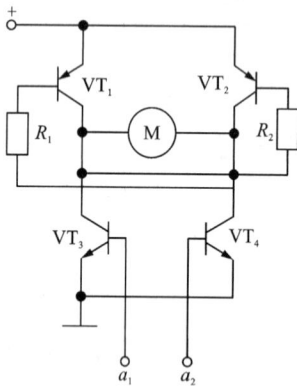

图 6 – 23   直流电动机正反转控制

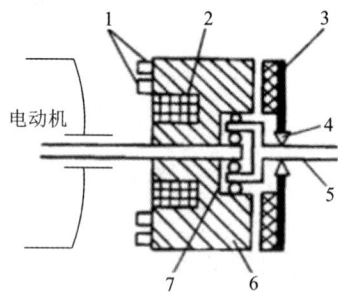

图 6 – 24   单片干式电磁离合器的工作原理图

1—滑环；2—线圈；3—压板；4—花键；5—从动轴；
6—主动轮；7—环动轴承

3. 电磁离合器

图 6 – 24 所示为单片干式电磁离合器的工作原理图。当电流通过滑环进入电磁离合器线圈时，主动轮产生电磁吸力，带花键的压板被吸引与主动轮压紧，于是电动机的动力经过轴、主动轮、压板、花键、从动轴传递给执行机构。

电动式 EPS 一般都设定一个工作范围。如当车速达到 45 km/h 时,就不需要辅助动力转向,这时电动机就停止工作。为了不使电动机和电磁离合器的惯性影响转向系统的工作,离合器应及时分离,以切断辅助动力。另外,当电动机发生故障时,离合器会自动分离,这时仍可手动控制转向。

4.减速机构

减速机构是电动式 EPS 不可缺少的部件。目前实用的减速机构有多种组合方式,一般采用蜗轮蜗杆与转向轴驱动组合式,也有的采用两级行星齿轮与传动齿轮组合式。为了抑制噪声,减速机构中的齿轮有的采用特殊齿形,有的采用树脂材料制成。

6.2.3　电动式 EPS 实例

图 6-25 所示为奥拓(Alto)牌汽车电动式 EPS 配件布置图。该系统由转矩传感器、车速传感器、ECU、电动机和减速机构组成。转矩传感器(滑动可变电阻型)、电动机和减速机构制成一个整体,如图 6-26 所示,安装在转向柱上。电磁离合器安装在电动机的输出端旁,ECU 安装在司机座位下面。

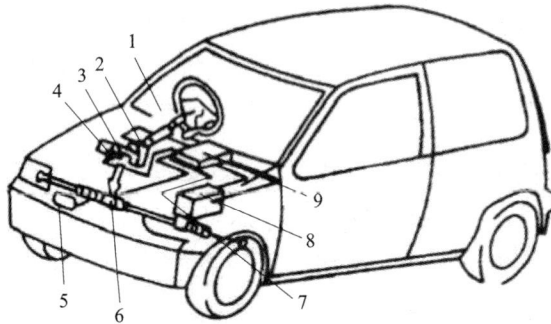

图 6-25　奥拓(Alto)牌汽车电动式 EPS 布置图
1—车速传感器;2—转矩传感器;3—减速机构;4—电动机和离合器;
5—发电机;6—转向齿轮;7—发动机转速传感器;8—蓄电池;9—ECU

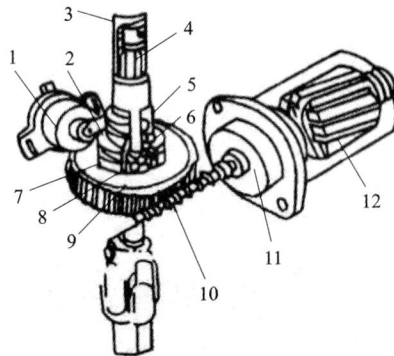

图 6-26　奥拓(Alto)牌汽车电动式 EPS 内部结构
1—转矩传感器;2—控制臂;3—传感器轴;4—扭杆;5—滑块;6—球槽;
7—连接环;8—钢球;9—蜗轮;10—蜗杆;11—离合器;12—电动机

157

图 6 - 27 所示为奥拓(Alto)牌汽车用转矩传感器的结构。当转向系统工作时,施加在转向盘上的转向力经输入轴、扭杆传递给输出轴,扭杆的扭曲变形使输入轴与输出轴之间发生相对扭转,与此同时滑块沿轴向移动,控制臂将滑块的轴向移动变换成电位器的旋转角度,即将转矩值变换成电压量,并输入到电子控制单元。

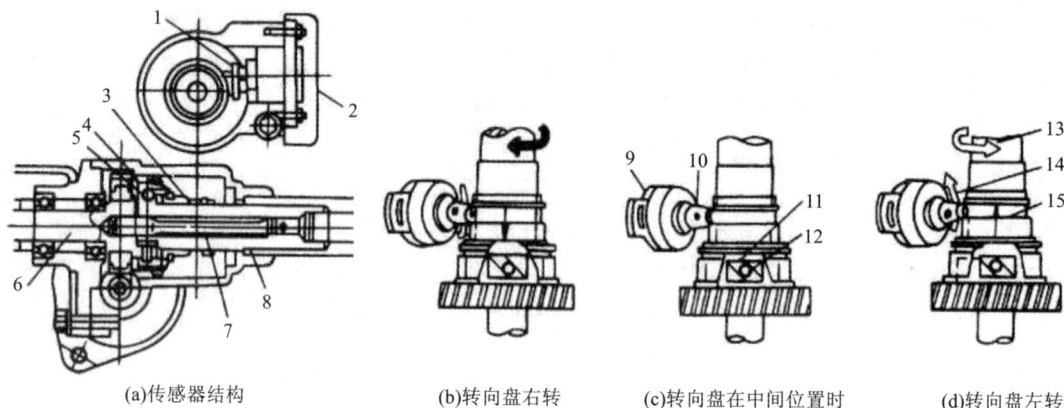

(a)传感器结构　　(b)转向盘右转　　(c)转向盘在中间位置时　　(d)转向盘左转

图 6 - 27　奥拓(Alto)牌汽车用转矩传感器的结构

1、10—控制臂;2—电位器;3—滑块;4—环座;5、12—钢球;6—输出轴;7—扭杆;8—输入轴;
9—扭矩传感器;11—钢球槽;13—芯轴旋转方向;14—控制臂旋转方向;15—滑块滑动方向

当转向盘处于中间位置时,传感器的输出电压为 2.5 V;当转向盘向右旋转时,其输出电压大于 2.5 V;当转向盘向左旋转时,其输出电压小于 2.5 V。转矩传感器的输出特性曲线如图 6 - 28 所示。因此,ECU 根据传感器输出电压的高低,就可以判定转向盘的转动方向和转动角度。

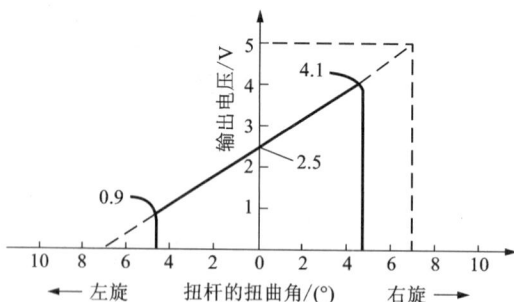

图 6 - 28　转矩传感器的输出特性曲线

图 6 - 29 所示为奥拓(Alto)牌汽车电动式 EPS 控制框图。其控制内容如下所述。

1. 电动机电流控制

ECU 根据转向力矩和车速信号确定并控制电动机的驱动电流的方向和大小,使其在每一种车速下都可以得到最优化的转向助力转矩。

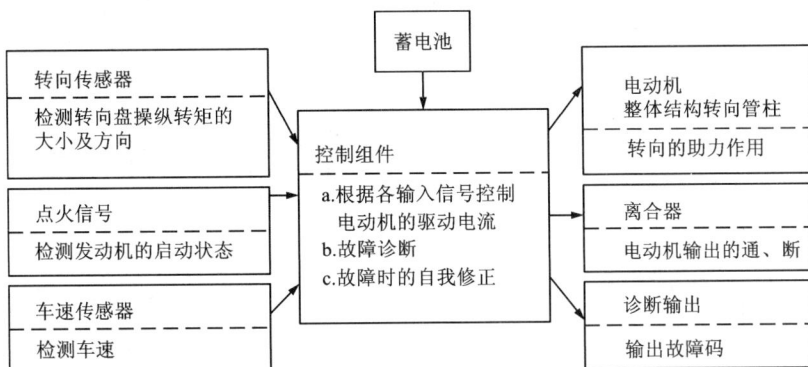

图 6 - 29　奥拓(Alto)汽车电动式 EPS 控制框图

2. 速度控制

当车速高于 43 ~ 52 km/h 时,在停止对电动机供电的同时,使电动机内的电磁离合器 分离,按普通转向控制方式工作,以确保行车安全。

3. 临界控制

这是为了保护系统中的电动机及控制组件而设的控制项目。在转向器偏转至最大(即临界状态)时,由于此时电动机不能转动,所以流入电动机的电流达最大值,为了避免持续的大电流使电动机及控制组件发热损坏,所以每当较大电流连续通过 30 s 后,系统就会控制电流使之逐渐减小。当临界控制状态解除后,控制系统就会再逐渐增大电流,一直达到正常的工作电流为止。

4. 自诊断和安全控制

该系统的电子控制单元具有故障自诊断功能,当电子控制单元检测到系统存在故障时即会显示出相应的故障码,以便采取相应的措施。当检测出系统的基本部件如转矩传感器、电动机、车速传感器等出现故障而导致系统处于严重故障的情况下,系统就会使电磁离合器断开,停止转向助力控制,确保系统安全、可靠。

思考题

1. 简述电子控制式动力转向系统的类别和工作原理。
2. 简述阀灵敏度可变式 EPS 的工作过程。
3. 简述电动式电子控制式动力转向系统的基本组成和工作原理。

第7章 电子控制悬架系统

7.1 汽车悬架的发展概况

7.1.1 汽车悬架的作用

汽车悬架是指连接车架(或承载式车身)与车桥(或车轮)的一系列传力装置。汽车悬架的作用有：

①承载，即承受汽车各方向的载荷，这些载荷包括垂直方向、纵向和侧向的各种力。

②传递动力，即将车轮与路面间产生的驱动力和制动力传递给车身，使汽车向前行驶、减速或停车。

③缓冲，即缓和汽车和路面状况等引起的各种振动和冲击，以提高乘员乘坐的舒适性。

除此之外，汽车的悬架对汽车车轮的定位有较大的影响，进而影响汽车行驶性能、操纵性能及乘坐的舒适性。

7.1.2 汽车悬架的发展历程

20世纪40年代，汽车悬架由工字形系统改变为长短臂系统，20世纪70年代末至80年代初，在前轮驱动的轿车上，麦弗逊(Macpherson)撑杆式悬架又取代了长短臂悬架系统。传统的汽车悬架主要由弹性元件、减振器及稳定杆组成，其中弹性元件、减振器和轮胎的综合特性，决定了汽车的行驶性、操纵性和乘坐的舒适性。由于弹性元件、减振器均是决定刚度的元件，它们对路面状况和汽车的行驶状况(如汽车直线行驶时的加速和制动，汽车转弯)的适应性均受到了很大的局限。而且汽车的乘坐舒适性和操纵稳定性是矛盾的两方面，如果要保证汽车的乘坐舒适性，就要求悬架比较柔和；要保证汽车的操纵稳定性，就要求悬架具有较大的弹簧刚度和阻尼力较大的减振器。如果这两方面任意地加强一面，均会使另一方面受到较大的影响。因此，在汽车设计时，为了对它们进行兼顾，只能采用折中措施，根据汽车的行驶状况、道路状况、悬架结构等进行最优化设计，如改进悬架的结构和有关参数。近年来的轿车越来越多地采用横臂式独立悬架(单横臂式和双横臂式)、纵臂式独立悬架(单纵臂式和双纵臂式)，车轮沿主销移动的悬架(烛式和麦弗逊式)，使汽车的有关性能得到较大的最优化折中处理。尽管如此，汽车的悬架系统也只能适应特定的道路和行驶条件，无法满足变化莫测的道路条件和汽车行驶的各种状况，而且这种悬架只能被动地承受地面对车身的各种作用力,无法对各种情况下的车身状况进行主动地调节,使汽车的操纵稳定性与乘坐的舒适性达到和谐。

近年来,高速路网得到了迅猛的发展,对汽车的性能也提出了更高的要求,许多驾车者在高速公路上行驶时喜欢柔软、舒适的行驶性能;而在急转弯、紧急制动或快加速时又喜欢刚硬稳固的行驶性能,在这些驾驶条件下,刚硬稳固的行驶性能可以降低汽车的横摆、侧倾和俯仰。传统的悬架结构越来越难适应这一发展的势头。为了更进一步提高汽车的性能,提高汽车的质量和档次,突出汽车工业的经济效益,各国汽车行业竞相开发更能适应现代交通的高性能汽车,除了对汽车的其他总成进行更有效的改进之外,对汽车的悬架系统也进行了切实有效的改良。随着电子技术、传感器技术和各种柔性适时控制技术的发展,用这些技术装备起来的汽车悬架系统,既使汽车的乘坐舒适性达到了令人满意的程度,又促使汽车的操纵稳定性得到了可靠的保证。

1981 年汽车上开始应用车身高度控制技术,同年又成功开发出可变换减振器阻尼力控制的新技术,以后又开发出自动变换减振器阻尼力、弹性元件刚度的电控悬架。1987 年,日本本田公司率先推出装有空气弹簧的主动悬架,它是一种通过改变空气弹簧的空气压力来改变弹性元件刚度的主动悬架。1989 年,世界上又推出了装有油气弹簧的主动悬架。20 世纪 90 年代是电子技术在汽车悬架系统中的应用越来越多的时期。现在,某些计算机控制的悬架系统已具有在 10 ~ 12 ms 内即能对路面和行驶条件做出反应的能力,以改善行驶时的平稳性和操纵性。

7.1.3　汽车悬架的分类

目前,汽车的悬架系统通常分为传统被动式、半主动式、主动式三类。其中半主动式又分为有级半主动式(阻尼力有级可调)和无级半主动式(阻尼力连续可调)两种;主动式悬架根据频带和能量消耗的不同,分为全主动式(频带宽大于 15 Hz)和慢全主动式(频带宽 3 ~ 6 Hz);而根据驱动机构和介质的不同,可分为由电磁阀驱动的油气主动式悬架和由步进电动机驱动的空气主动式悬架。

无级半主动式悬架可以根据路面的行驶状态和车身的响应对悬架阻尼力进行控制,并在几毫秒内由最小变到最大,使车身上的振动响应始终被控制在某个范围内。但在转向、起步、制动等工况时不能对阻尼力实施有效的控制。它比全主动式系统优越的地方是不需要外加动力源,但所需要的传感器较多,使成本较高。

主动式悬架是一种带有动力源的悬架,在悬架系统中附加一个可控制作用力的装置。主动式悬架可根据汽车载荷、路面状况、行驶速度、启动、制动、转向等状况的变化,自动调整悬架的刚度、阻尼力及车身高度等。

通常把用于提高平顺性的控制称为路面感应控制,而把用于增加稳定性的控制称为车身姿势控制。另外,车身高度控制是主动式悬架系统的重要控制项目之一。

目前,汽车的悬架系统通常分为传统被动式、半主动式、主动式三类。其中半主动式又分为有级半主动式(阻尼力有级可调)和无级半主动式(阻尼力连续可调)两种;主动式悬架根据频带和能量消耗的不同,分为全主动式(频带宽大于 15 Hz)和慢全主动式(频带宽 3 ~ 6 Hz);而根据驱动机构和介质的不同,可分为由电磁阀驱动的油气主动式悬架和由步进电动机驱动的空气主动式悬架。

无级半主动式悬架可以根据路面的行驶状态和车身的响应对悬架阻尼力进行控制，并在几毫秒内由最小变到最大，使车身上的振动响应始终被控制在某个范围内。但在转向、起步、制动等工况时不能对阻尼力实施有效的控制。它比全主动式系统优越的地方是不需要外加动力源，但所需要的传感器较多，使成本较高。

主动式悬架是一种带有动力源的悬架，在悬架系统中附加一个可控制作用力的装置。主动式悬架可根据汽车载荷、路面状况、行驶速度、启动、制动、转向等状况的变化，自动调整悬架的刚度、阻尼力及车身高度等。

通常把用于提高平顺性的控制称为路面感应控制，而把用于增加稳定性的控制称为车身姿势控制。另外，车身高度控制是主动式悬架系统的重要控制项目之一。

7.2 电控悬架的结构及工作原理

汽车上装用的普通减振器的伸张型减振器，缸筒为全密封式结构，伸缩杆上有一个活塞，阻尼孔位于活塞上，活塞将缸筒分为上下两腔。当汽车向上振动带动活塞杆伸张时，上腔油液通过活塞上阻尼较大的阻尼孔，流向下腔。由于活塞杆收缩时，油液流动阻尼大，流速慢，汽车振动所消耗的能量大，从而有效地减轻了汽车的振动幅度，提高了汽车行驶的安全性和操纵稳定性。由于这种减振器的阻尼孔的通流截面积在汽车行驶过程中不可调节，它只能满足特定车速和路况条件下的有效减振。而对于在复杂的路况条件下行驶的汽车，就不可能满足汽车在所有行驶车速和行驶条件下的有效减振，也就很难满足现代汽车的舒适性和操纵稳定性、安全性的要求。在现代中、高档汽车上很少采用普通的减振器，转而采用电控半主动悬架或电控主动悬架，以提高汽车的综合性能。

7.2.1 电控半主动悬架的结构和工作原理

大部分半主动悬架采用了手动控制方式，由驾驶员根据路面状况和汽车的行驶条件，手动控制相关的动作，对减振器的阻尼力进行变换。如果当减振器的阻尼力被调整为"硬"时，还可增强汽车在转弯或在不平道路上行驶时抗侧倾的能力，提高汽车操纵的稳定性。当减振器的阻尼力被调整为"软"时，汽车行驶时的上、下颠簸幅度减少，汽车乘坐的舒适性得以提高。这种悬架系统，可以通过驾驶员根据汽车行驶的路面状况，借助挡位转换开关来控制悬架的特性参数变化。悬架系统性能控制的特性参数包括减振器的阻尼力、横向稳定杆的刚度。其控制方式有机械式和电子控制式两种。

电控半主动悬架的一般工作原理是：利用传感器把汽车行驶时路面的状况和车身的状态进行检测，检测到的信号经输入接口电路处理后，传输给计算机进行处理，再通过驱动电路控制悬架系统的执行器动作，完成悬架特性参数的调整。其工作原理如图 7 - 1 所示。

1. 阻尼力的调节

所谓阻尼力的调节就是根据汽车负荷、行驶路面的条件和汽车行驶状态（加速、减速、制动或转弯等）来控制减振器的阻尼力，使汽车在整个行驶状态下，减振阻尼力在二段（软、硬）或三段（软、中等、硬）之间变换。近来大多数阻尼力控制系统允许连续改变减振器的阻尼力，并且各种传感器和执行器也可以连续对行驶情况进行检测，从而提高了系统的响

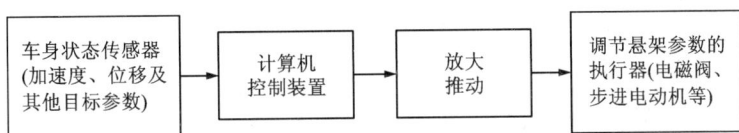

图 7－1　半主动悬架系统的工作原理

应性。

图 7－2 所示为丰田汽车所装用的电子控制半主动悬架系统(TEMS)。它主要由模式选择开关、电子控制单元(ECU)、可调节阻尼力的减振器、转换阻尼力的执行器、车速传感器、转向盘转角传感器、节气门位置传感器、制动灯开关、空挡启动开关等部件组成。

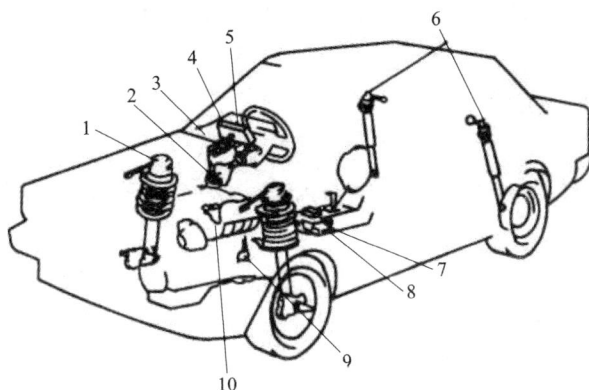

图 7－2　丰田汽车装用的电子控制半主动悬架系统

1—执行部件；2—动力转向传感器；3—停车灯开关；4—TEMS 指示灯；5—速度传感器；
6—执行部件；7—ECU；8—模式选择开关；9—空挡启动开关；10—节气门位置传感器

该系统的基本工作原理是：根据汽车的行驶状态和路面情况，模式选择开关的工作模式，通过相关的传感器对汽车的行驶状态、路面反应及车速等进行检测。ECU 对这些信号进行比较和处理后，控制相关的执行机构来改变减振器的阻尼力，抑制汽车急加速时车尾的下蹲、汽车转弯时的侧倾和紧急制动时的点头，以及高速行驶时车身的振动等来提高汽车乘坐的舒适性和操纵的稳定性。

(1)模式选择开关

模式选择开关位于变速器操纵手柄旁，如图 7－3 所示。驾驶员根据汽车的行驶状况和路面情况选择模式选择开关的组合方式，从而确定选择模式来决定减振器的阻尼力大小。

模式选择开关的不同组合，可使悬架系统有四种工作方式：自动、标准(Auto、Normal)；自动、运动(Auto、Sport)；手动、标准(Manu、Normal)；手动、运动(Manu、Sport)。

如选择自动模式，悬架系统可以根据汽车行驶状态和车速等自动调节减振器的阻尼力，以保证汽车乘坐的舒适性和操纵的稳定性。在手动模式下，悬架系统的阻尼力只有标准(中等)和运动(硬)两种状态的转换。

(2)减振器

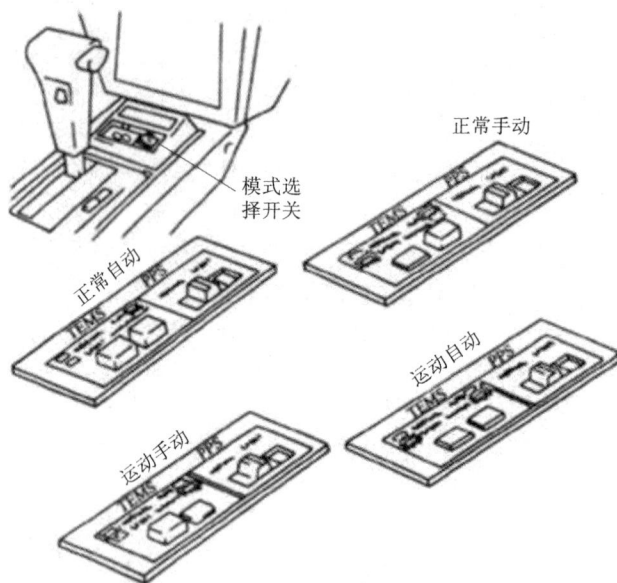

图7-3 模式选择开关的位置和操作方法

可调阻尼力的减振器主要由缸筒、活塞及活塞控制杆和回转阀等组成，如图7-4所示。活塞杆为一空心杆，在活塞杆的中心装有控制杆，控制杆的上端与执行器相连。控制杆的下端装有回转阀，回转阀上有三个油孔，活塞杆上有两个直孔，缸筒中的油液一部分经活塞上的阻尼孔在缸筒的上、下两腔流动；一部分经回转阀与活塞杆上连通的孔在缸筒的上、下两腔间流动。根据回转阀与活塞杆上的小孔不同的连通情况，减振器的阻尼力有硬（hard）、中等（normal）、软（soft）三种。这种阻尼力的特性是：

硬（hard）——减振器的阻尼力较大，减振能力强，使汽车好像具有跑车的优良操纵稳定性。

中等（normal）——适合用于汽车高速行驶。

软（soft）——减振器的阻尼力较小，减振能力较弱，可充分发挥弹性元件的缓冲作用，使汽车具有高级旅游车的舒适性。

当模式选择开关处于自动模式下，减振器的阻尼力与汽车的行驶状态和路面状况的配置情况见表7-1。

表7-1 减振器的阻尼力与汽车的行驶状态和路面状况的配置情况

行驶状态	减振器	阻尼力
	自动、标准	自动、运动
一般情况下	软	中等
汽车急加速、急转弯或紧急制动	硬	硬
匀速行驶	中等	中等

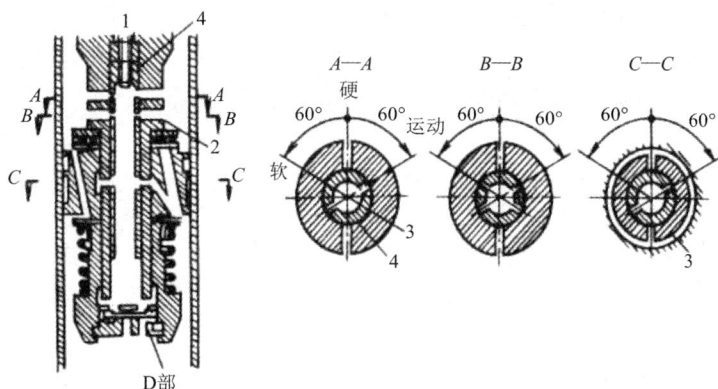

图7-4　减振器的结构示意图

可调节阻尼力的减振器的基本工作原理是：当ECU促使执行器工作时，通过控制杆带动回转阀相对活塞杆转动，使回转阀与活塞杆上的油孔连通或切断，从而增加或减小油液的流通面积，使油液的流动阻力改变，达到调节减振器阻尼力的目的。当回转阀上的A、C油孔相连时，流通面积较大，减振器的阻尼力为软；当只有回转阀B油孔与活塞杆油孔相连时，减振器的阻尼力为中等；当回转阀上三个油孔均被堵住时，仅有活塞上的阻尼孔起衰减作用，此时减振器的阻尼力为硬。

（3）执行器

图7-5所示为丰田汽车采用的直流电动机式执行器的结构和工作原理图。从图中可以看出该执行器主要由直流电动机、小齿轮、扇形齿轮、电磁线圈、挡块、控制杆组成。每个执行器安装于悬架系统中减振器的顶部，并通过其上的控制杆与减振器的回转阀相连接，直流电动机和电磁线圈直接接受ECU的控制。

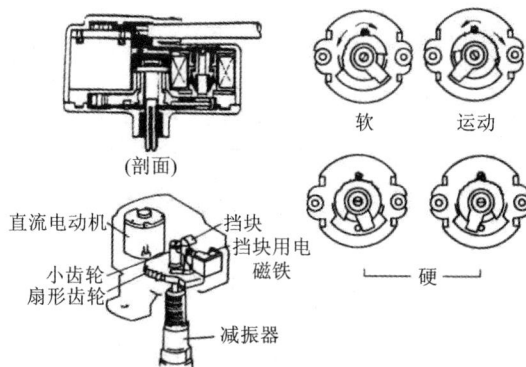

图7-5　直流电动机式执行器的结构和工作原理

该执行器的基本工作原理是：ECU输出控制信号使电磁线圈通电控制挡块的动作（如将挡块与扇形齿轮的凹槽分离），另外直流电动机根据输入的电流方向作相应方向的旋转，从而驱动扇形齿轮作对应方向的偏转，带动控制杆改变减振器的回转阀与活塞杆油孔的连通情况，使减振器的阻尼力按需要的阻尼力大小和方向改变。当阻尼力调整合适后，电动机和电磁线圈都断电，挡块重新进入扇形齿轮的凹槽，使被调整好的阻尼力大小能稳定地保持。表7－2所示为执行器的直流电动机和电磁线圈在工作时的通电情况。

表7－2 执行器的直流电动机和电磁线圈在工作时的通电情况

减振器的阻尼状态		电动机		电磁线圈
调整前	调整后	正极	负极	
	软	—	+	断开
	中等	+	—	断开
软	硬	+	—	接通
中等	硬	—	+	接通

当ECU发出软阻尼力信号时，电动机转动促使扇形齿轮作逆时针方向转动，直到扇形齿轮上凹槽的一边靠在挡块上为止；如发出中等硬度信号，电动机反向通电，使扇形齿轮顺时针方向偏转，直到扇形齿轮上凹槽的另一边靠在挡块上为止；当ECU发出硬阻尼力信号时，ECU同时向电动机和电磁线圈发出控制信号，电动机带动扇形齿轮离开软阻尼力位置或中等阻尼力位置，同时电磁线圈将挡块拉紧，使挡块进入扇形齿轮中间的一个凹槽内。

图7－6所示是由直流电动机与三级齿轮减速机构组成的可调节阻尼力减振器的执行装置。它主要由直流电动机、齿轮减速机构、驱动轴及与轴连在一起的电刷、印制电路板、挡位转换开关、制动电路等组成。

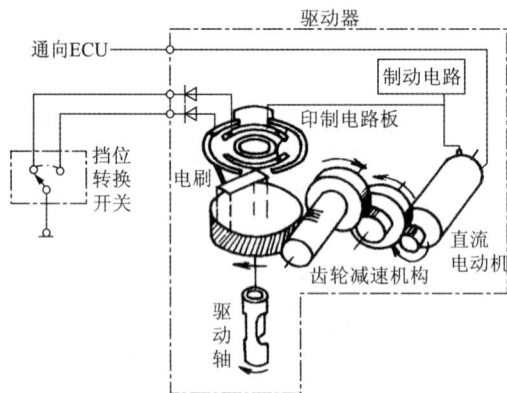

图7－6 驱动器的构造

该执行器只有两段（Touring/Sport）模式控制。随着执行器的工作，驱动轴带动电刷在电路板上扫过，可以接通或切断模式选择开关的电流通路。一般驱动轴每转过90°就进行一次"Touring/Sport"的转换，从而控制直流电动机的工作状态。电刷与印制电路板形成两个接点开关SW_1和SW_2，它们分别与模式选择开关的Touring挡和Sport挡连接。接点开关SW_1和

SW$_2$ 与模式选择开关的对应位置关系见表 7 – 3。

表 7 – 3　接点开关 SW$_1$、SW$_2$ 与模式选择开关的对应位置关系

接点开关	"Touring"挡	"Sport"挡
SW$_1$	OFF	ON
SW$_2$	ON	OFF

电路工作分析：当模式转换开关转换到"Touring"挡时，如图 7 – 7 所示，ECU 与驱动电路被接点开关 SW$_1$ 接通，电动机有电流通过而工作，带动输出轴转动，从而使减振器回转阀也转动，这时减振器的阻尼力变为软(Soft)状态。同时，当输出轴的转角超过 90°时，输出轴上的电刷使接点开关 SW$_1$ 断开，而接点开关 SW$_2$ 接通。电动机电路被切断而停止运转，维持减振器的阻尼力为"Touring"状态。

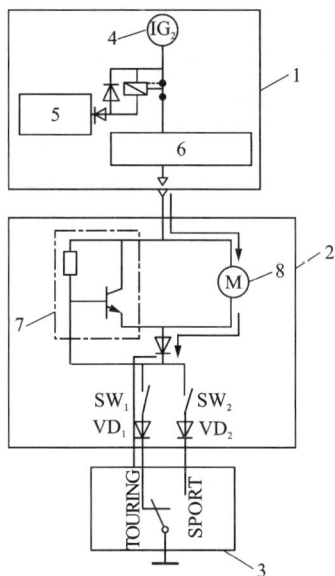

图 7 – 7　电子控制单元 ECU 与驱动器电路图

1—ECU；2—减振器驱动器；3—挡位转换开关；
4—电源电路；5—时间电路；6—电压控制电路；
7—制动电路；8—直流电动机

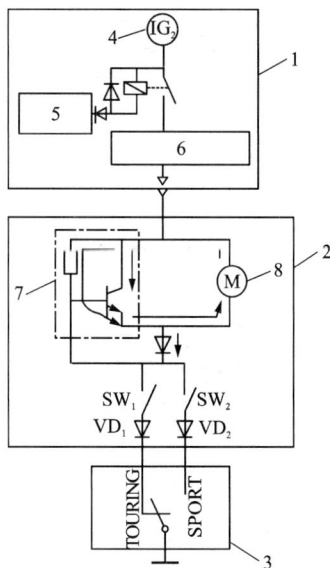

图 7 – 8　电动机电流被切断时的电路状态

1—ECU；2—减振器驱动器；3—挡位转换开关；
4—电源电路；5—时间电路；6—电压控制电路；
7—制动电路；8—直流电动机

虽然电动机外电路被切断，但电动机因惯性继续运转，产生较大的感应电动势。为防止电动机被烧坏，此时其感应电动势经制动，电动机处于待命状态，如图 7 – 8 所示。

(4)转向盘转角传感器

转向盘转角传感器用于检测汽车转向盘的偏转方向和偏转角度，以便于 ECU 判别各减振器阻尼力的控制方式。TEMS 上应用的是光电式转角传感器。ECU 根据转向盘的转角信号，汽车的车速信号及模式开关的挡位等，计算出各车轮减振器阻尼力的大小，然后通过各

执行器进行调节，以控制车身姿势的状态。

(5)电子控制单元

ECU 可根据汽车行驶时的各种传感器信号，如制动灯开关信号、车速传感器信号、模式选择开关信号、节气门位置信号等。经处理后确认汽车的行驶状态和路面情况(如汽车是 低速行驶还是高速行驶；是直线行驶还是处于转弯状态；是在制动还是在加速；自动变速器是否处在空挡位置等)，以确定各悬架减振器的阻尼力大小，并驱动执行器予以调节。图 7 - 9 所示是 ECU 的系统原理图。

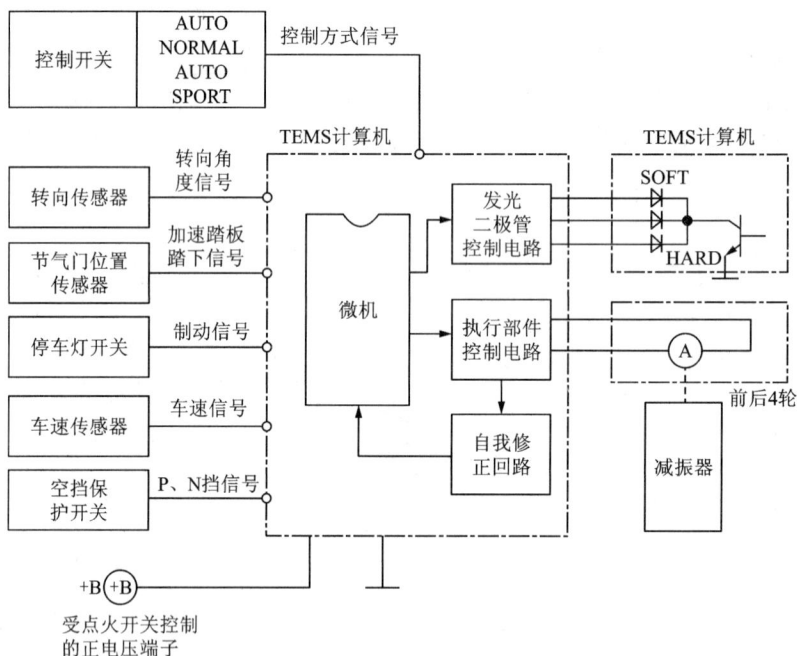

图 7 - 9　ECU 系统原理图

电子控制单元的基本工作原理：各传感器和控制开关产生的电信号，经输入接口电路整形放大后，送入计算机 CPU 中，经过计算机处理和判断后分别输出各控制信号，驱动相关的执行器和显示器工作。这些控制信号有：促使执行器改变悬架减振器阻尼力的阻尼控制信号；促使发光二极管显示悬架系统当前阻尼力状态的显示控制信号。

(6)TEMS 指示灯

TEMS 指示灯的作用：一是显示当前状态下悬架系统的阻尼力状况，二是显示 TEMS 系统是否工作正常和指示 TEMS 系统是否存在故障。一般情况下，当打开点火开关时，TEMS 指示灯应持续亮约 2 s，然后全部熄灭，表明 TENS 系统工作正常；如果不亮或出现闪烁的现象，表明 TEMS 系统存在故障，应予以检修。

行驶过程中，当前状态下悬架系统阻尼力的显示情况：

阻尼力软：只有左边的一只 LED 灯亮。

阻尼力中等硬度：右边和中间的 LED 灯亮。

阻尼力硬：三只 LED 灯均亮。

丰田汽车电控悬架系统的阻尼力大小与汽车的行驶状态、模式选择开关所处的挡位有关。当汽车行驶车速超过 120 km/h 时，悬架系统的阻尼力被调节为柔软状态；当模式选择开关转换为"Sport"挡位时，汽车在大部分行驶状态下，悬架系统的阻尼力处于中等硬度状态。

在出现如下情况时，控制装置自动使减振器从柔软或中等硬度状态变为硬状态：

①速度传感器和转角传感器显示汽车急转弯；

②速度传感器和节气门位置传感器显示汽车在低于 20 km/h 的速度下急加速；

③速度传感器和制动灯开关显示汽车在高于 60 km/h 的速度下制动；

④速度传感器和空挡启动开关显示汽车在低于 10 km/h 的速度下，自动变速器从空挡换入任何其他挡位。

在出现下列情况时，控制装置使减振器从坚硬变为中等硬度或柔软状态：

①根据转向盘急转的程度，转弯行驶 2 s 或 2 s 以上；

②加速已达 3 s 或汽车速度达到 50 km/h；

③制动灯开关断开后 2 s；

④自动变速器从空挡或停车挡位置换挡后已达 3 s 或汽车行驶速度达到 15 km/h。

2. 横向稳定器刚度的调节

具有液压缸结构的横向稳定器，可以通过内部油路的开闭，使其成为刚性体或弹性体，从而调节横向稳定器的刚度。基本控制原理是：驱动器根据 ECU 的信号，通过稳定器缆绳来控制稳定杆内部油路的关闭和开启。

（1）稳定器驱动器

如图 7 – 10 所示，图 7 – 10（a）是稳定器驱动器的外形图，图 7 – 10（b）是挡位选择开关处于不同挡位时驱动杆的位置情况。

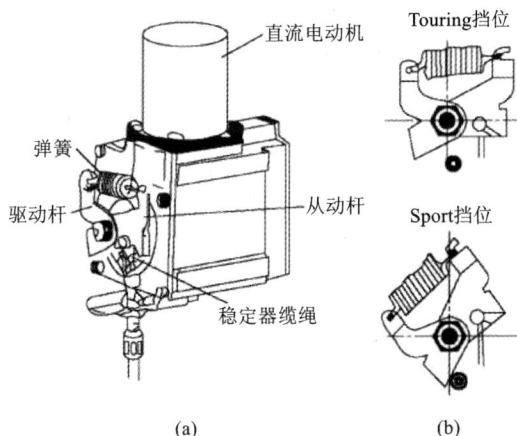

图 7 – 10　驱动器的外形及驱动杆的位置

图 7 – 11 所示是驱动器的构造示意图，它由直流电动机、蜗杆、蜗轮、行星轮机构及限位开关等组成。行星轮机构由与蜗轮一体的小太阳轮、两个行星轮和齿圈构成。两个行星轮装在与变速输出轴为一体的行星架上，齿圈是固定元件，太阳轮为主动件。变速器输出轴

汽车电子技术与电路设计

上装有驱动杆,因此,直流电动机可通过蜗杆蜗轮机构和行星轮机构使驱动杆转动。

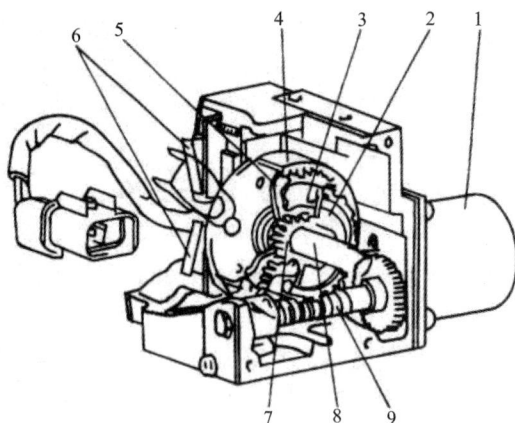

图 7 - 11　驱动器的结构

1—直流电动机;2—蜗轮;3—小行星轮;4—齿圈;5—托架;6—限位开关;
7—太阳轮;8—变速传动轴;9—蜗杆

图 7 - 12 所示为处于"Sport"挡位时稳定器的驱动器电路。SW_1 和 SW_2 为两个限位开关。表 7 - 4 所示为驱动杆位置与限位开关的关系。

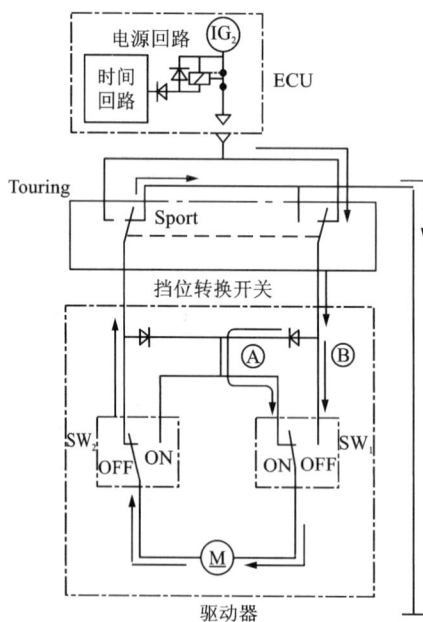

图 7 - 12　手动选择开关在"Sport"挡位时的电路状态

表 7 - 4　驱动杆位置与限位开关的关系

限位开关	"Touring"挡	"Sport"挡
SW_1	ON	OFF
SW_2	OFF	ON

当驱动器的输出轴转动时，则限位开关 SW_1 由 ON 位转换到 OFF 位（如图 7 - 12 中的虚线所示），此时电动机的电流由 SW_1 的 OFF 接点提供。当驱动杆转过全程时，限位开关 SW_2 变为 ON 状态（如图 7 - 12 中的虚线所示），电动机电流被切断。但此时电动机在惯性作用下，继续旋转，线圈中有感应电动势产生，该电动势通过 SW_1（OFF 接点）—右边的二极管—SW_2（ON 接点）—电动机，电动机因短路而被强制制动，避免电动机被损坏。

值得提出的是：如果驱动杆上连接的缆绳因卡滞而不能动作时，可在从动杆不动的情况下，通过一边拉伸驱动杆，一边使弹簧回转，直至限位开关动作使电动机被切断，并顺利地实现制动，来防止电动机被烧毁。

电路的工作情况：当模式选择开关刚转换到"Sport"挡位时，开关 SW_1 处于 ON 位，而 SW_2 处于 OFF 位。此时电流由 ECU—模式选择开关—右边的二极管—SW_1 的 ON 接点—直流电动机—SW_2 的 OFF 接点—模式选择开关—接地，促使直流电动机旋转，通过蜗杆蜗轮、行星轮机构驱动输出轴转动，带动稳定器驱动杆偏转实现阻尼力变化。稳定器驱动原理及限位开关的位置如图 7 - 13 所示。

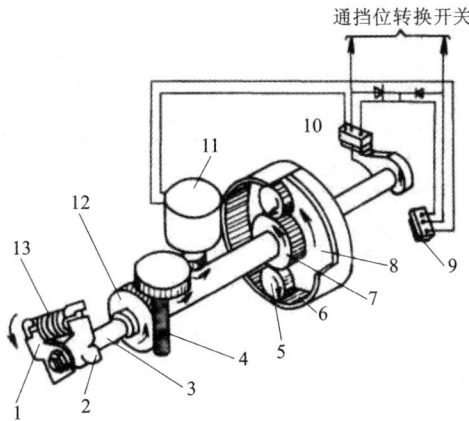

图 7 - 13　稳定器驱动原理及限位开关的位置

1—驱动杆；2—从动杆；3—变速传感器；4—蜗杆；5—小行星轮；6—齿圈；7—太阳轮；8—托架；9—限位开关（SW_2）；10—限位开关（SW_1）；11—直流电动机；12—蜗轮杆；13—弹簧

(2)稳定器杆

稳定器杆安装在稳定器臂（扭杆）端部与独立悬架下摆臂（下臂）之间，如图 7 - 13 所示。可以以两种状态改变安装在活塞杆上端的稳定器臂的扭转刚度，从而改变汽车的抗侧倾刚度。

当在"Touring"挡位时，稳定杆具有能伸缩的弹性体的作用，如图 7 - 14(a)所示，汽车比以 21 mm 直径的稳定器臂获得的抗侧倾刚度小，相当于直径为 16 mm 的稳定器臂的状态。当转为"Sport"挡位时，稳定器具有刚性体的作用，如图 7 - 14(b)所示，汽车的抗侧倾刚度大，即以稳定器臂(直径为 21 mm)获得的刚度。

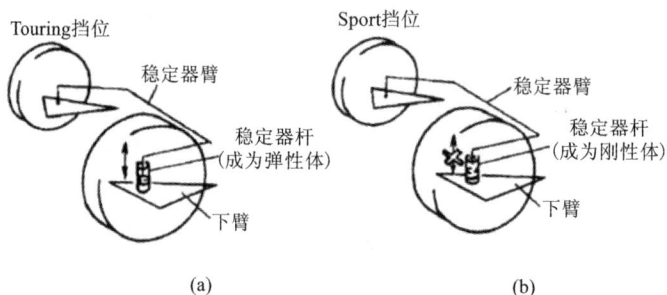

图 7 - 14　稳定器杆的作用

稳定器杆的结构如图 7 - 15 所示。单向阀与推杆用来开、闭液压缸上下室与存油室之间的油路，单向阀受推杆控制。

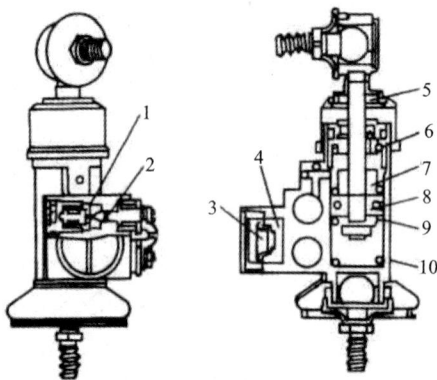

图 7 - 15　稳定器杆的结构

1—单向阀；2—推杆；3—膜片；4—储油腔；5—挡块(压缩侧)；6、9—圈簧；
7—挡块(伸张侧)；8—活塞；10—油泵

图 7 - 16 所示为"Touring"挡位时稳定器杆的动作状态。因缆绳呈放松状态，推杆受弹簧力作用而将单向阀推开，使液压缸上腔与储油室、液压缸下腔与储油室之间的油路呈开放状态。因此，液压缸内的油液可在液压缸与储油室之间自由流动，活塞的动作不受限制。但是，由于活塞行程仅有 16 mm，因此，在急转弯的情况下，活塞运动达全行程状态，稳定器杆又变为刚性体，汽车的抗侧倾刚度自动增大，避免操纵稳定性过低。

"Sport"挡位时，稳定器驱动器通过缆绳拉动推杆向外移，单向阀在弹簧作用下关闭，切断液压缸上、下腔与储油室之间的油路。液压缸上腔与下腔均是独立的密封状态，活塞动作受限，稳定器具有刚性体作用。

模式选择开关处于"Sport"挡位时，活塞可能不处在中央位置。例如，在稳定器杆受压缩

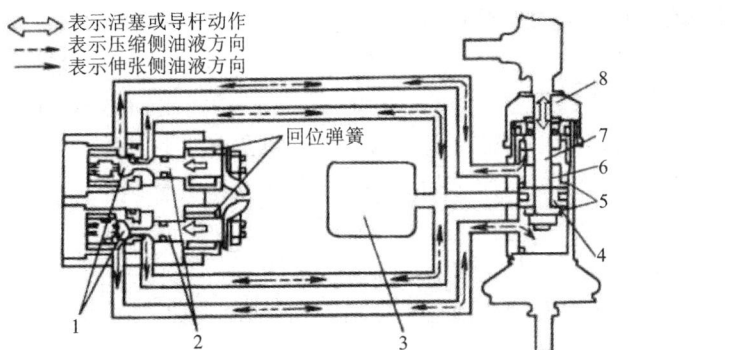

图 7 – 16　"Touring"挡位时稳定器杆的动作状态

1—单向阀；2—推杆；3—储油腔；4—活塞；5—圈簧；6—挡块(伸张侧)；7—活塞杆；8—挡块(压缩侧)

状态下向"Sport"挡位转换时，推杆与止回阀将各油路的通道关闭，液压缸上下腔与储油室之间的油路被切断。这样，由于液压缸下室被封闭，故稳定器杆不能被进一步压缩，成为刚性体状态。反之，由于液压缸上腔控制孔未被封住，受到拉伸作用时，稳定器伸张，如图 7 – 17 所示。液压缸上腔油液通过控制孔被挤回储油室。同时，由于活塞上升而使液压缸下腔形成负压，单向阀打开，储油室向液压缸下腔补充油液。活塞回到中央位置时，控制孔被切断，液压缸上腔也被封闭，活塞被固定在液压缸中央位置。

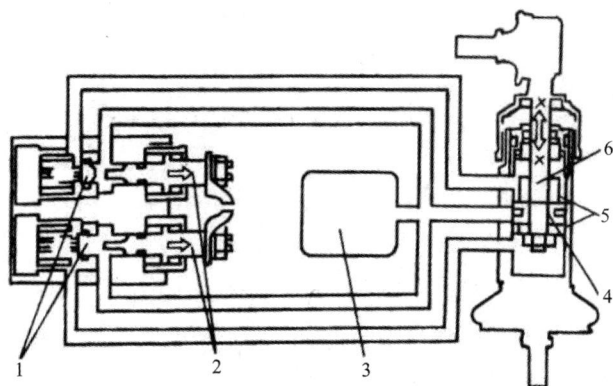

图 7 – 17　"Sport"挡位时的动作状态

1—单向阀(关闭)；2—推杆；3—储油腔；4—活塞；5—圈簧；6—活塞杆

3. 传感器

传感器主要用于采集有关汽车行驶状态和路面情况等方面的信息，形成电信号后输入电子控制单元(ECU)，经比较处理后驱动执行器，完成减振器阻尼力和横向刚度的调节。电控半主动悬架系统的传感器有车速传感器、转向盘转角传感器等。

(1)车速传感器

车速是汽车悬架系统常用的控制信号，而汽车车身的侧倾程度取决于汽车的车速和转向半径的大小。通过对车速的检测来调节电控悬架的阻尼力，从而改善汽车行驶的安全性。

常用的车速传感器的类型有舌簧开关式车速传感器、磁阻元件式车速传感器、磁脉冲式车速传感器和光电式车速传感器。一般情况下，舌簧开关式和光电式车速传感器安装在 汽车仪表板上，与车速表装在一起，并用软轴与变速器的输出轴相连；而磁阻元件式和磁 脉冲式车速传感器装在变速器上，通过蜗杆蜗轮机构与变速器的输出轴连动。

这些传感器的结构和工作原理请参照本书有关章节的介绍。

（2）转向盘转角传感器

转向盘转角传感器用于检测转向盘是否位于中间位置及转向盘可能的偏转方向、偏转角度和偏转速度。在电控悬架中，电子控制单元可根据车速传感器信号和转向盘转角传感器信号判断汽车转向时侧向力的大小和转向的方向，从而适时控制汽车抗侧倾的能力。

丰田汽车 TEMS 应用的是光电式转角传感器，其安装位置和结构如图 7 – 18 所示。

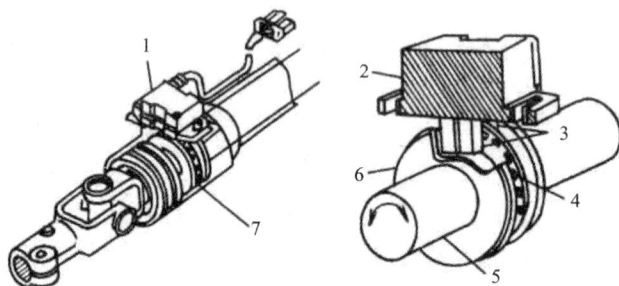

图 7 – 18　光电式转角传感器的安装位置和结构
1—转角传感器；2—传感器；3—光电元件；4—遮光盘；5—轴；6—圆盘；7—传感器圆盘

在转向盘的转向轴上装有一个带窄缝的圆盘，传感器的光电元件（即发光二极管）和光敏接收元件（光敏晶体管）相对地装在遮光盘两侧形成遮光器。由于圆盘上的窄缝呈等距均匀分布，当转向盘的转轴带动圆盘偏转时，窄缝圆盘将扫过遮光器件中间的空穴，从而在遮光器的输出端进行 ON、OFF 变换，形成脉冲信号。

光电式传感器的工作原理如图 7 – 19 所示，电路原理如图 7 – 20 所示。

当转向盘偏转时，窄缝圆盘随之转动，使遮光器之间的光束产生通/断变化，遮光器的这种反复开/关状态形成与转向轴转角成一定比例的一系列数字脉冲信号。系统控制装置可根据此信号的变化来判断转向盘的转角和转速。同时，传感器在结构上采用两组光耦合器，可实现根据检测到的脉冲信号的相位差来判断转向盘的偏转方向。这是因为两个遮光器在安装上使它们的 ON、OFF 变换的相位错开 90°，通过判断哪个遮光器首先转变为 ON 状态，即可检测出转向轴的偏转方向。例如，左转时，左侧遮光器总是先于右侧遮光器达到 ON 状态；而右转时，右侧遮光器总是先于左侧遮光器达到 ON 状态。

半主动悬架系统应用比较普遍，类型也比较多。例如，日产公司 1988 年研制成功，装备于 Maxima 轿车和 Limited 轿车上的超声波悬架系统（SSS）。它利用安装于汽车前轮内侧上方与车架上的超声波发射器和接收器对路面的状态进行检测，电控装置利用接收到的信号来驱动执行器，实现悬架阻尼力的调节。美国福特公司的雷鸟 Turbo 轿车上配置了一种快速作用旋转式螺管电磁开关，在传感器和电控装置的配合下，螺管电磁开关可以调节减振器的阻尼力。

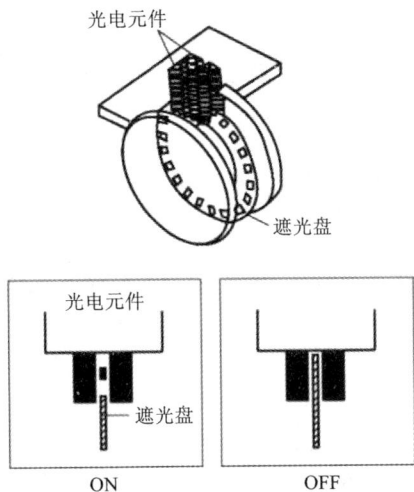

图 7 – 19　光电式转角传感器的工作原理

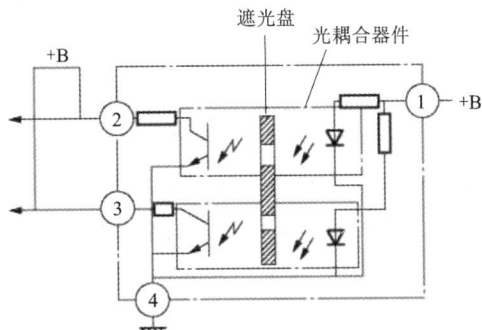

图 7 – 20　光电式转角传感器电路原理

7.2.2　电子控制主动悬架系统

1. 电子控制主动悬架系统的功能

装备电子控制主动悬架系统的汽车能够根据本身的负载情况、行驶状态和路面情况等，主动地调节包括悬架系统的阻尼力、汽车车身高度和行驶姿势、弹性元件的刚度在内的多项参数。这类悬架系统大多采用空气弹簧或油气弹簧作为弹性元件，通过改变弹簧的空气压力或油液压力的方式来调节弹簧的刚度，使汽车的相关性能始终处于最佳状态。

（1）减振器的阻尼力调节

由于减振器的阻尼力对汽车乘坐的舒适性和安全性有较大的影响，所以目前可调节阻尼力的减振器应用十分普遍。这种减振器可以实现以下控制目标：

①防止车尾下蹲控制。汽车在急速起步或加速时，在惯性力和驱动力的作用下，汽车尾部的下蹲控制在最小程度，以保持车身的稳定。

②防止汽车点头控制。汽车在高速行驶采取紧急制动时，由于惯性力和车轮与地面之间的附着力的作用，促使车头下沉。防止汽车点头控制就是要使这种点头现象减小到最小程度。

③防止汽车侧倾控制。汽车在转弯时，由于离心力的作用，汽车与车身的外侧下沉，转弯结束时，会产生车身外侧的侧倾，造成汽车横向摆动。防止汽车侧倾控制就是把这种现象控制在最佳状态。

④防止汽车纵向摇动，控制汽车的纵向摇动。一方面是由于汽车在换挡过程中，驱动车轮上的驱动力在短时间内发生较大变化使汽车纵向摇动；另一方面是由于汽车在不平整的道路上行驶时，汽车的车速与路面的波动产生共振，或受路面的影响，造成车身纵向摇动。防止汽车纵向摇动控制就是使车身的这种状态得到最佳控制。

（2）悬架系统弹性元件刚度的调节

影响汽车乘坐的舒适性和行驶的安全性的另一个主要因素就是汽车悬架弹性元件的刚度，悬架弹性元件的刚度将直接影响车身的振动强度和对路况及车速的感应程度。目前，中、高档汽车倾向于利用可调刚度的空气弹簧或油气弹簧，通过调节这些元件的空气压力的办法来调整弹性元件的刚度。

（3）车身高度和姿势的调节

通过调节弹性元件的刚度和减振器的阻尼力，可使汽车四个车轮上的悬架参数具有不同组合，就可进行车身高度和姿势的调节。如使用空气弹簧的悬架，当乘员人数和载物较重使车身下沉时，通过加大空气弹簧气压的办法，使车身恢复到正常高度；当汽车高速行驶时为了提高汽车行驶的安全性，减少空气阻力，可适当减少空气弹簧的气压，同时减少因减振器的阻尼力使车身降低的高度等。

2. 电子控制主动悬架系统的组成

图 7-21 所示是三菱 GALANT 轿车上装备电控空气主动悬架系统（A-ECS），它能系统地控制汽车的车身高度、行驶姿势和悬架系统的阻尼力特性。

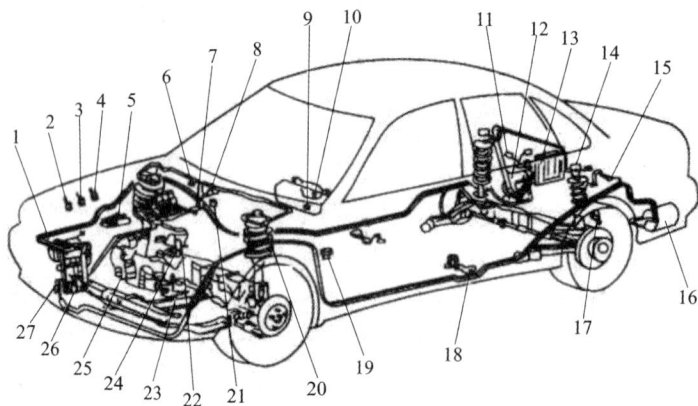

图 7-21　三菱主动电子控制悬架系统

1—前储气筒；2—回油液压泵继电器；3—空气压缩机继电器；4—电磁阀；5—ECS 电源继电器；6—加速度计开关；7—节气门位置传感器；8—制动灯开关；9—车速传感器；10—转角传感器；11—右后车门开关；12—后电磁阀总成；13—电子控制单元；14—阻尼力转换执行器；15—左后车门开关；16—后储气筒；17—后高度传感器；18—左前车门开关；19—ECS 开关；20—阻尼力转换执行器（步进电动机型）；21—加速度计位置；22—空气压缩机总成；23—G 传感器；24—前高度传感器；25—系统禁止开关；26—空气干燥器；27—流量控制电磁阀总成

该系统主要由空气弹簧、普通螺旋弹簧、电子控制单元、车速传感器、G 传感器、转角传感器、节气门位置传感器、高度传感器、阻尼力转换执行器、电磁阀、空气压缩机、储气筒、空气管路和继电器等组成。

（1）汽车车身高度调节系统的结构及工作原理

当出现以下情况时，车身高度调节系统将对车身高度进行调节：

①汽车停车状态下，为增强汽车外观的可观赏性，系统将自动使车身高度降低。

②汽车在发动机启动后，为保证汽车行驶的安全性，系统将自动使车身高度升高。

③当汽车乘员数量和载货质量改变时,系统将对局部车身高度进行调整,以防止车身发生倾斜,保证车身高度的协调性。一般是因装载质量增加而使车身高度下降时,系统将使受影响一侧的车身高度升高,使其恢复到装载前的高度。反之,将使受影响一侧的车身高度降低。

④汽车在高速状态下行驶,车身高度将降低以减少风阻系数,以提高汽车的抓地性能和行驶时的安全性。

⑤汽车行驶在坑洼的路面上,为了提高汽车的通过性,防止车身与地面刮擦,系统将使车身高度增加。

⑥汽车转向或制动时,应保持车身水平姿势。

采用空气弹簧调节车身高度的系统有两类:一类是外排气式,即为了降低车身高度需要将空气弹簧中的空气压力降低,系统将空气弹簧的空气经干燥罐排入大气,同时,可将干燥罐中的水气带走,以维持系统中空气的干燥性,如丰田公司的 LEXUS LS400 轿车。另一类是内排气式,当要降低车身高度,需将空气弹簧空气量减少,系统将空气弹簧中空气排向储气筒的低压腔而不排入大气。因此,该系统又称封闭式悬架系统。三菱 GALANT 轿车采用的就是这样的系统,如图 7 - 22 所示。

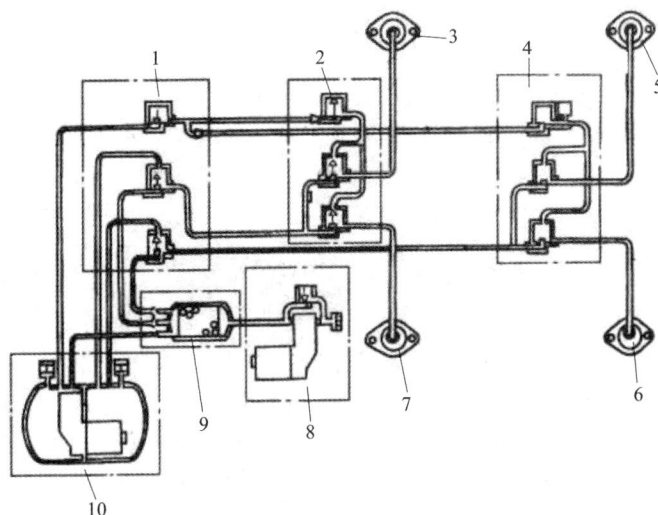

图 7 - 22 ESC 空气压力回路

1—流量控制电磁阀;2—前悬架控制用电磁阀;3—右前带减振器的空气弹簧;4—后悬架控制用电磁阀;
5—右后带减振器的空气弹簧;6—左后带减振器空气弹簧;7—左前带减振器的空气弹簧;8—空气压缩机;
9—空气干燥器;10—储气筒

该系统由空气压缩机、空气干燥器、储气筒、流量控制电磁阀、前后悬架控制电磁阀、空气弹簧和它们之间的连接管路等组成。

工作原理:

①气压的建立。发动机启动后,当处于充电状态时(如果发电机没有发电,此时空气压缩机将不工作,以防蓄电池放电),直流电动机将带动空气压缩机工作。空气经过滤后,从进气阀进入汽缸,被压缩后的空气由排气阀流向空气干燥器,经干燥后空气进入储气筒。储气

筒上有空气压力调节装置，气压达规定值时，空气压缩机将进气阀打开，使空气压缩机空转，防止消耗发动机的功率。储气筒的气压一般保持在 750～1000 kPa。

②车身高度的升高。当 ECU 发出提高车身高度的指令时，流量控制电磁阀和前后悬架控制电磁阀的进气阀打开，储气筒的空气进入空气弹簧使其气压提高，车身高度上升至规定高度时，各电磁阀关闭。

③车身高度的降低。当 ECU 发出降低车身高度的指令时，流量控制电磁阀和前后悬架控制电磁阀的排气阀打开，空气弹簧中的空气经这些阀门流向储气筒的低压腔。当车身降低至预定调节高度时，各电磁阀关闭。

④空气的内部循环。由于该系统是一个封闭系统，从空气弹簧排出的空气并不向大气，而是排入储气筒的低压腔。因此，当储气筒中需要补充气压时，低压腔中压力较高的 空气又经空气压缩机进气阀进入汽缸，被压缩和干燥后，进入储气筒的高压腔。这样，有助于提高充气效率，减少能量消耗，防止过多的水分进入系统污染元器件。

该系统的各空气弹簧为并联独立式布置，各空气弹簧可以单独地进行充排气操作，互不干扰空气的流动。各控制电磁阀均由 ECU 进行控制。空气弹簧有三种工作状态，即低、正常和高。在一般的行驶状态下，车身高度保持正常；车速超过 120 km/h 时，车身高度为低；在 100 km/h 以下时，车身高度为正常；在较差的路上行驶，车身高度为高。其他的车身高度由汽车的行驶状态来决定。

（2）可调阻尼力减振器的执行器

可调阻尼力减振器的执行器是安装于悬架系统上方的步进电动机。步进电动机根据 ECU 发出的脉冲信号的波形数量驱动减振器回转阀动作，改变减振器油孔的通流截面积来改变减振器的阻尼力，使悬架系统具有软、中等、硬三种阻尼力的模式。

如图 7 - 23 所示，步进电动机主要由转子、定子、电磁线圈组成。其基本工作原理是利用转子和定子间的齿形磁极的相互吸引或排斥，实现转子的转动与停止。一般情况下，每一次脉冲使转子所转过的角度取决于转子或定子上均匀分布的齿形磁极的数量。假设转子上齿形磁极的数量是见电动机转子可作 360°范围的旋转，那么，定子线圈每接

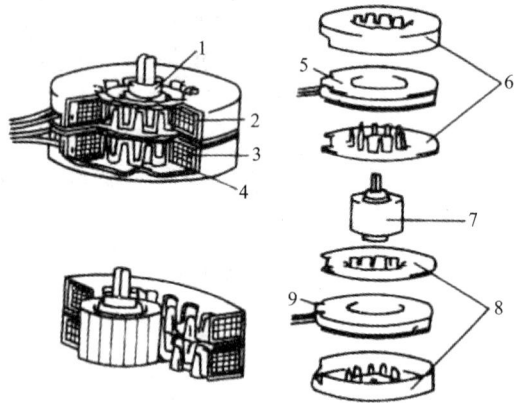

图 7 - 23 步进电动机的结构

1、7—转子；2、3、5、9—线圈；4、6、8—定子

收一个脉冲信号波，转子所转过的圆心角是 α，则：

$$\alpha = 360°/磁极对数\ N \qquad (7-1)$$

或

$$\alpha = 2\pi/磁极对数\ N \qquad (7-2)$$

步进电动机的转子旋转方向取决于脉冲信号输入方式。如果输入正脉冲信号使转子正转，那么负脉冲将使步进电动机转子反转。步进电动机的工作方式是：当有脉冲波输入时，

转子转动,而且一个脉冲波只能使转子转动一步(即一个圆心角的大小,又称齿距);当没有脉冲波输入时,转子处于暂停状态,所以转子的转速只取决于脉冲频率。

近年来步进电动机发展很快,品种规格与结构形式多种多样,但常用的类型多为 3 相、4 相、5 相和 6 相等。一般励磁相数越多,产生的转矩越大,动作稳定性越好,步距角越小。另外,励磁方式的不同,步距角的大小差别较大。

步进电动机常用于开环控制系统,受数字脉冲信号控制,输出角位与输入的脉冲数成正比,其转速与输入脉冲频率成正比,具有自锁能力,不需要角度传感器和制动机构,控制较简单。对于低速、小转角的控制采用步进电动机较为有利。在机电一体化系统中,步进电动机一般用于精确的角度和位置的控制。通常对于步进电动机的要求为:响应速度快、响应特性好、步距角精度高、阻尼特性好。但响应特性和阻尼特性之间又是相互矛盾的,因此应根据实际使用场合而有所侧重。

(3)空气悬架系统弹性元件刚度的基本结构和工作原理

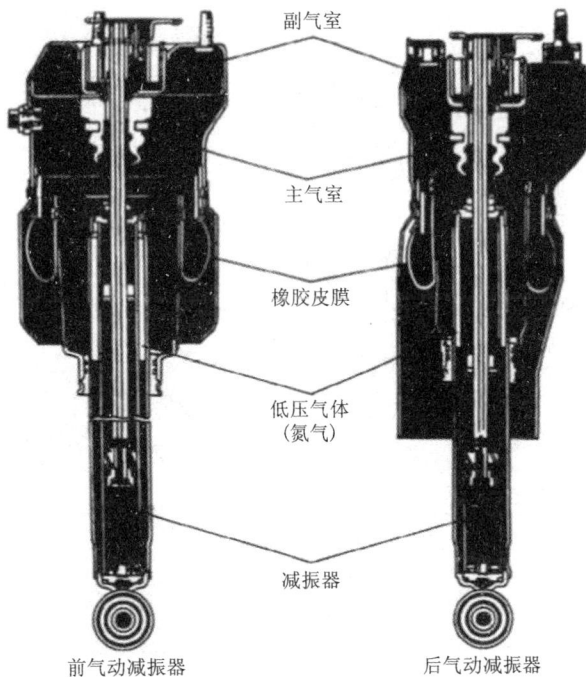

图 7 - 24　空气悬架气动缸的基本结构断面图

图 7 - 24 所示为空气悬架气动缸的基本结构断面图。气动缸由封入低压惰性气体和阻尼力可调的减振器、旋转式膜片、主气室、副气室和悬架执行元件组成。主气室是可变容积的,在它的下部有一个可伸展的隔膜,压缩空气进入主气室可升高悬架的高度,反之使悬架高度下降。主、副气室设计为一体,既省空间,又减小了质量。悬架的上方与车身相连,下方与车轮相连,如图 7 - 25 所示。随着车身与车轮的相对运动,主气室的容积在不断变化。主气室与副气室之间通过一个通道,气体可相互流通。改变主、副气室间的气体通道的大小,就可以改变空气悬架的刚度。减振器的活塞通过中心杆(阻尼调整杆)和齿轮系与直流步进电

动机相连接。步进电动机转动可改变活塞阻尼孔的
大小，从而改变减振器的阻尼系数。

悬架刚度的自动调节原理如图 7 - 26 所示。主、
副气室间的气阀体上有大、小两个通道。步进电动
机带动空气阀控制杆转动，使空气阀阀芯转过一个
角度，改变气体通道的大小，就可以改变主、副气室
之间的气体流量，使悬架的刚度发生变化。

悬架刚度可以在低、中、高三种状态下改变。

当阀芯的开口转到对准图示的低位置时，气体
通道的大孔被打开。主气室的气体经过阀芯的中间
孔、阀体侧面通道与副气室的气体相通，两气室之
间空气流量越大，相当于参与工作的气体容积增大，
悬架刚度处于低状态。

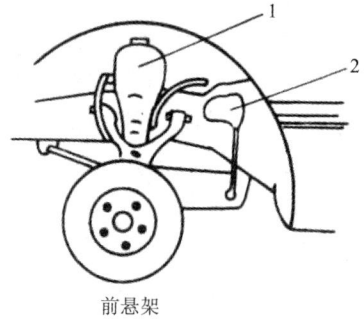

图 7 - 25　悬架安装位置
1—空气悬架；2—车身高度传感器

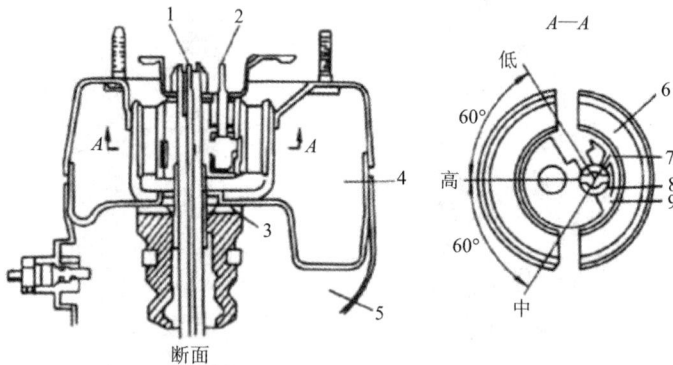

断面

图 7 - 26　悬架刚度的自动调节原理
1—阻尼调节杆；2—空气阀调节杆；3—主、副气室通道；4—副气室；5—主气室；
6—气阀体；7—气体小通道；8—阀芯；9—气体大通道

当阀芯的开口转到对准图示的中间位置时，气体通道的小孔被打开。两气室之间的流量
小，悬架刚度处于中间状态。

当阀芯开口转到对准图示的高位置时，两气室之间的气体通道全部被封住，两气室之间
的气体相互不能流动。压缩空气只能进入主气室，悬架在振动过程中，只有主气室的气体单
独承担缓冲工作，悬架高度处于高状态。

3. 传感器

（1）转向盘转角传感器

三菱 GALANT 轿车采用光电式转角传感器，其包括三个固定的遮光器和一个带窄槽的圆
盘，带窄槽的圆盘固定在转向轴上，并随转向盘一起转动。当转动转向盘时，带窄槽的圆盘
移过遮光器，各遮光器向 ECU 输出脉冲信号，ECU 利用这些信号来判定转向盘的转角和转
动速率，并确定转向盘的转动方向。两边的遮光器用于确定转向盘的转动方向；中间的遮光
器用于确定转向盘的中间位置（汽车直线行驶位置）。

（2）横向加速度传感器

横向加速度传感器主要用于检测汽车转向时，汽车因离心力的作用而产生的横向加速度，并将产生的电信号输送给 ECU，使 ECU 能判定悬架系统的阻尼力改变的大小及空气弹簧中空气压力的调节情况，以维持车身的最佳姿势。

三菱 GALANT 汽车采用的 G 传感器是一小型半导体加速度计，它安装于汽车前端，用于确定汽车转向时的横向加速度。根据储气筒中空气压力的大小，通过低压开关和高压开关打开或关闭空气压缩机。后压力传感器中有一弹性膜片，当空气压力变化时，弹性膜片移动，弹性膜片的移动通过一电位计转化为电压信号输入 ECU。

除上述半导体加速度传感器外，横向加速度传感器还有差动变压器式加速度传感器和钢球位移式加速度传感器。

①差动变压器式加速度传感器。图 7 - 27 所示是差动变压器式加速度传感器的结构图，图 7 - 28 为其工作原理。

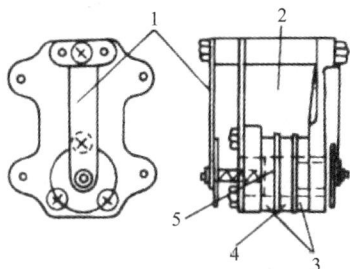

图 7 - 27　差动变压器式加速度传感器的结构

1—弹簧；2—封入硅油；3—检测线圈；
4—励磁线圈；5—芯杆

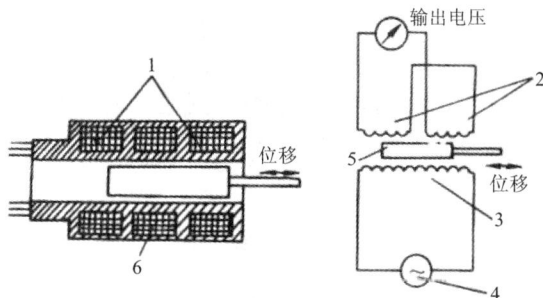

图 7 - 28　差动变压器式加速度传感器的工作原理

1、2——二次绕组；3、6——一次绕组；4—电源；5—芯杆

给励磁线圈（一次绕组）通以交流电，当汽车转弯（或加、减速）行驶时，芯杆在汽车横向力（或纵向力）的作用下产生位移，随着芯杆位置的变化，检测线圈（二次绕组）的输出电压发生变化。所以，检测线圈（二次绕组）的输出电压与汽车横向力（或纵向力）对应，反映了汽车横向力（或纵向力）的大小。悬架系统电子控制装置根据此输入信号即可正确判断汽车横向力（或纵向力）的大小，对车身姿势进行控制。

②钢球位移式加速度传感器的结构如图 7 - 29 所示。根据所检测的力（横向力、纵向力或垂直力）方向的不同，加速度传感器的安装方向也不一样。如汽车转弯行驶时，钢球在汽车横向力的作用下产生位移，随着钢球位置的变化，磁场也发生变化，造成线圈的输出电压发生变化。所以，悬架系统电子控制装置根据加速度传感器输入的信号即可正确判断汽车横向力的大小，从而实现对汽车车身姿势的控制。

（3）车身高度传感器

车身高度传感器的作用是检测汽车行驶时车身高度的变化情况（汽车悬架的位移量），并转换成电信号输入悬架系统的 ECU。车身高度传感器一般有如下几种：片簧开关式高度传感器、霍尔集成电路式高度传感器、光电式高度传感器。

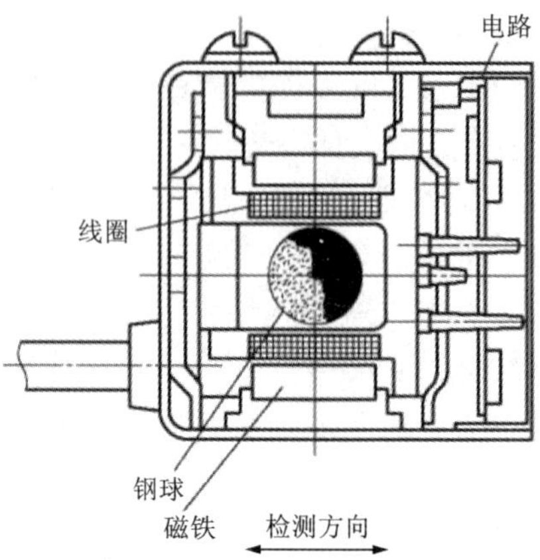

图7－29　钢球位移式加速度传感器的结构

①片簧开关式高度传感器。其结构和工作原理如图7－30所示。片簧开关式高度传感器有四组触点式开关，它们分别与两个晶体管相连，构成四个检测回路。用两个端子作为输出信号与悬架ECU连接，两个晶体管均接受ECU"输出"端子的控制。该传感器将车身高度组合成四个检测区域，分别是低、正常、高、超高。

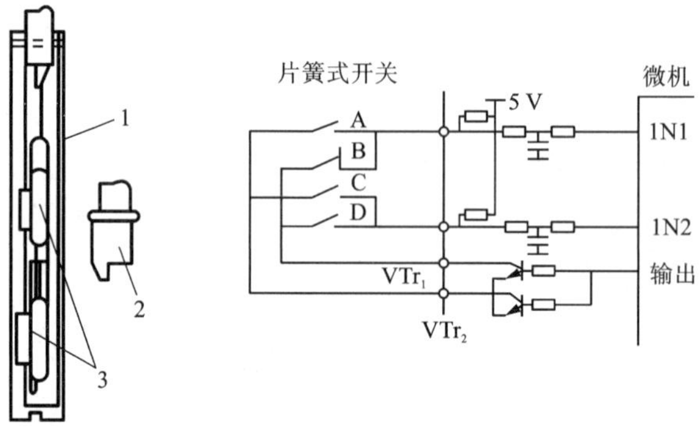

图7－30　片簧开关式高度传感器的结构和工作原理

1—车高传感器；2—磁体；3—片簧开关

　　工作原理：当车身高度调定为正常高度时，因乘员数量的增加，而使车身高度偏离正常高度。此时片簧开关式高度传感器的另一对触点闭合，产生电信号输送给ECU，ECU随即做出车身高度偏低的判断，从而输出电信号到车身高度控制执行器，促使车身高度恢复正常高度状态。片簧开关式车身高度传感器在福特车型上应用较多。

　　②霍尔集成电路式高度传感器。其结构和工作原理如图7－31所示。它分别由两个霍尔集成电路、磁体等组成。其基本工作原理是：当两个磁体因车身高度的改变而产生相对位移时，将在两个霍尔集成电路上产生不同的霍尔电效应，形成相应的电信号，悬架的电控装置根据这些电信号做出车身高度偏离调定高度的情况判别，从而驱动执行器做出有关调整。由于两个霍尔集成电路和两个磁体安装时，它们的相对位置进行了不同的组合，可以对车身高

度状态分三个区域进行检测。

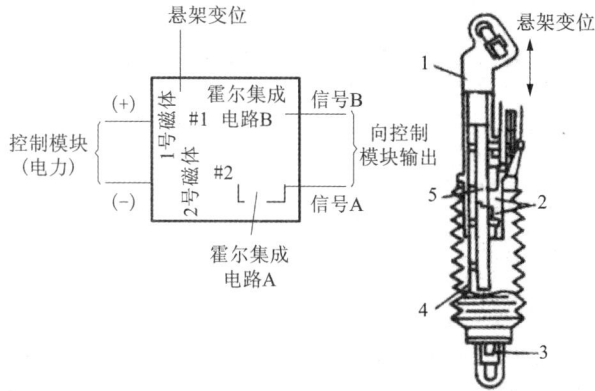

图 7 – 31　霍尔集成电路式高度传感器的结构和工作原理
1—传感器体；2—霍尔集成电路；3—弹簧夹；4—滑轴；5—窗孔

③光电式高度传感器。以上介绍的均是接触式车身高度传感器，在使用过程中存在磨损而影响检测精度和灵敏度的弱点，其应用受到一定的局限。光电式车身高度传感器属于非接触型高度传感器，它有效地克服了上述缺点，因此现代轿车越来越多地采用了光电式车身高度传感器。

图 7 – 32 所示是光电式高度传感器的结构图。在主动悬架系统中，要对车身高度进行检测与调节，一般只需在悬架上安装三个车身高度传感器即可，即在左、右前轮和后桥中部各装一个车身高度传感器。若传感器多于三个，则会出现调整干涉现象。

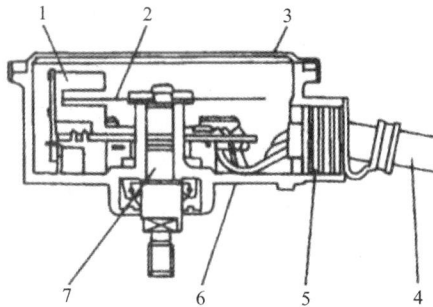

图 7 – 32　光电式高度传感器的结构
1—遮光器；2—回盘；3—传感器盖；4—信号线；5—金属油封环；6—传感器壳；7—传感器轴

在传感器上，有一根靠连杆带动转动的转轴，转轴上固定一个带有许多窄缝的圆盘，圆盘两边是由发光二极管和光敏晶体管组成的光耦合器。每一个光耦合器共有四组发光二极管和光敏晶体管的组合。一般情况下，传感器中有两个光耦合器组。

光电式高度传感器的工作原理是：当车身高度发生变化时，导杆带动转轴转动，圆盘扫过光耦合器组，使光耦合器组相对应的发光二极管和光敏晶体管上的光线产生 ON/OFF 的转换，光敏晶体管把接收到的光线转换成电信号并通过导线输送给悬架 ECU。ECU 根据每一个光耦合器上每组发光二极管和光敏晶体管 ON/OFF 转换的不同组合，判断圆盘的转过角度，从而计算出悬架高度的变化情况。表 7－5 是光耦合器组的状态与车高的对照表。

表 7－5　光耦合器组的状态与车高的对照表

车高	光耦合组件的状态				车高数值（无单位）	计算结果
	1	2	3	4		
高	OFF	OFF	ON	OFF	15	过高
	OFF	OFF	ON	ON	14	
	ON	OFF	ON	ON	13	
	ON	OFF	ON	OFF	12	高
	ON	OFF	OFF	OFF	11	
	ON	OFF	OFF	ON	10	
	ON	ON	OFF	ON	9	
	ON	ON	OFF	OFF	8	普通
	ON	ON	ON	OFF	7	
低	ON	ON	ON	ON	6	
	OFF	ON	ON	ON	5	
	OFF	ON	ON	OFF	4	低
	OFF	ON	OFF	OFF	3	
	OFF	ON	OFF	ON	2	
	OFF	OFF	OFF	ON	1	过低
	OFF	OFF	OFF	OFF	0	

在实际应用中，光电式车身高度传感器固定在车架上，传感器轴的外端装有摆杆，摆杆的另一端通过连杆与独立悬架的下摆臂连接。当车身高度发生变化时，独立悬架的下摆臂通过连杆带动摆杆摆动，从而使转轴转动。

在对车身高度的实际检测中，光电式高度传感器的两个光耦合器组随着车身高度的变化，引起外部传动机件位置的变化，从而使两个光耦合器组产生 ON/OFF 的转换，表明车身高度的不同状态。表 7－6 是两个光耦合器组的不同状态与车身高度的对照表。

悬架高度控制系统对车身高度进行调整时，若只需判断四个车身高度区域，则车身高度传感器中只需两个光耦合器组元件。如果只需判断出三个车身高度区域，即过高、正常、过低，那么只需将表 7－6 中偏高和偏低两种状态均作为"正常"状态即可。

表 7 – 6　两个光耦合器组的状态与车高对照表

车高检验区域	光耦合器 A	光耦合器 B	车高检验区域	光耦合器 A	光耦合器 B
过高	OFF	ON	偏低	ON	OFF
偏高	OFF	OFF	过低	ON	ON

7.3　电子控制悬架系统的检修

电子控制悬架系统一般都设有自诊断系统，随时监测系统的工作情况，当系统出现故障时，可通过自诊断系统获取故障信息，以帮助维修人员检修。下面主要以美国通用汽车和日本三菱汽车为例，简要介绍电子控制悬架系统的基本检修方法。

7.3.1　通用汽车公司电子控制悬架系统的检修

通用汽车公司 1991 款凯迪拉克·塞威利的电子控制系统包括后桥右上部的空气压缩机总成(与排气阀、空气干燥器组合在一起)，位于后桥左侧的车身高度传感器，后桥左、右空气筒式减振器、气管，位于副驾驶座前方的压缩机继电器。

为了避免因路面颠簸而使行车高度的调整过于频繁，电子控制悬架系统在接到车身高度信号约 15 s 后才开始工作；且具有限制压缩机一次只工作 4.5 ~ 7 mm 的功能，防止因空气系统漏气而使压缩机过载而损坏。

凯迪拉克·塞威利车的电子控制悬架系统控制电路如图 7 – 33 所示。拔下车身高度传感器上的插头，插座各端子位置如图 7 – 34 所示。根据图 7 – 33 和图 7 – 34 所示即可对相关部位进行检查工作，其检查方法如下。

①检查 A 脚，应搭铁良好，C、E 脚应为正常带电，B、D 脚应为在点火开头位于"ACC"位置时供电。否则，检查各自的熔丝及线路是否完好。

②将 A、B 脚短接(相当于点火开关位于"ON"时)，空气压缩机应工作，车辆应慢慢升起，否则，应依次检查继电器、压缩机电机、气管、空气筒式减振器。

③将 A、E 脚短接，应听到排气

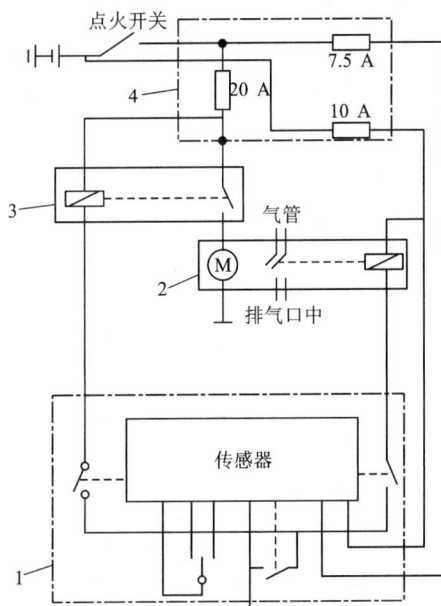

图 7 – 33　凯迪拉克·塞威利的电子控制悬架系统控制电路
1—电子控制悬架车身高度传感器；2—空气压缩机总成；
3—继电器；4—熔丝盒

阀的吸合声,车辆后部应徐徐下降,否则为排气阀故障。

④如果上述检查都正常,可将车身高度传感器插头插上,并将传感器的悬臂与车架分离,然后用手将悬臂推至高位或低位,最多 30 s 后,压缩机或排气阀应工作,否则应更换车身高度传感器。

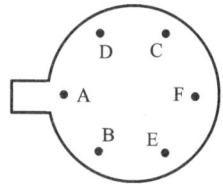

图 7-34 插座各端子位置

通用公司的其他车型可参照此法进行检查。上述第二步也可以这样检查:

检查时,可在汽车后部加 135 kg 物体,约 15 s 后,压缩机应开始工作,车身后部应升高;如压缩机不工作,应检查连接器和后悬架部件的导线情况和连接处有无锈蚀;还应进一步检查压缩机的供电电压是否可达到 12 V。必要时可用跨接连接蓄电池正极和压缩机电源导线,如压缩机仍不能工作,则应予更换。

如发现压缩机工作时间过长,则用肥皂水检查压缩机、空气管道和空气弹簧是否漏气。大多数空气弹簧损坏后不能修理,应予更换。电子控制悬架系统可通过调整传感器和后悬架之间的连杆调整车身高度。连杆的总调整范围为 5,每调整 1,可影响后保险杠高度 6.4 mm。

通用公司的其他车型可参照此法进行检修。

7.3.2 三菱轿车电子控制悬架系统的检修

有些三菱轿车配备了电子控制悬架系统(如发动机型号为 E3000,车身型号为 17E15AFY 的三菱轿车)。它在汽车的四个车轮上都安装有空气弹簧悬架,使汽车在行驶过程中具有良好的减振性能和稳定性能,从而提高汽车的舒适性。三菱轿车电子控制悬架系统由控制传感器、前(后)轮车身高度控制传感器、空气压缩机、电磁阀、调平显示仪表及 ECU 等组成。ECU 根据各传感器提供的信息调整车身高度。

当三菱轿车电子控制悬架系统发生故障后,首先检查该系统的电路连接及各插接器及空气悬架气嘴是否破裂漏气等,然后再按下列数据测量电子控制悬架 ECU 各插头连接的对地电阻和电压。

ECU 安装在后行李箱左侧壁上,其型号为 M1366716、X4T61176、ECSD9619。三菱轿车电子控制悬架系统的仪表显示如图 7-35 所示。ECU 的接插件如图 7-36 所示。

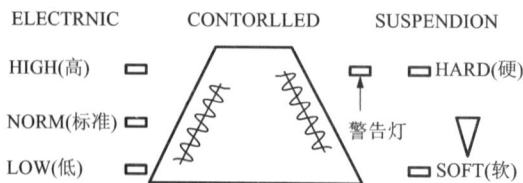

图 7-35 电子控制悬架系统仪表显示

测量时拔掉 ECU 的插头接线,测量插头各端子对搭铁的电阻与电压。测量电阻时应把点火开关处于"OFF"位置,测电压时应使点火开关处于"ON"状态。若使用数字式万用表测量,测电阻时应用 20 kD 挡;测电压时应用直流 20 V 挡。测量时黑表笔均接搭铁,用红表笔接各端子,测试数据见表 7-7(表中 +B 为电源电压)。若实测数据与表中数据相差不多,则

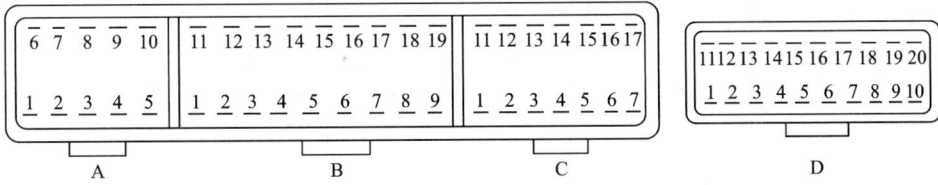

图 7 - 36　ECU 接插件

说明此端子线路或者元件有故障。

表 7 - 7　测试数据

A 插座端子表

端子	电阻/kΩ	电压/V	端子	电阻/kΩ	电压/V
1		0.05	2		0.05
3	0.01	0	4	0.01	0
5		+ B	6		0.05
端子	电阻/kΩ	电压/V	端子	电阻/kΩ	电压/V
7		0.05	8		0.02
9	0	0	10		+ B

B 插座端子表

端子	电阻/kΩ	电压/V	端子	电阻/kΩ	电压/V
1	0.01	0	2	0.01	0
3	0.08	0	4	0.01	0
5		0	6		+ B
7	0.01	0	8		3.71
9	0.01	0	10	—	—
11	0.01	0	12	0.01	0
13	0.08	0	14	0.01	0
15		4.09	16		3.75
17		+ B	18		
17	0	0			

续表 7 - 7

C 插座端子表

端子	电阻/kΩ	电压/V	端子	电阻/kΩ	电压/V
1	0.67	0.54	2	6.48	2.25
3		+ B	4		11.71
5		11.71	6		11.71
7		+ B	11		2.1
12	0	0	13		+ B
14		11.71	15		11.71
16		11.71	17		+ B

D 插座端子表

端子	电阻/kΩ	电压/V	端子	电阻/kΩ	电压/V
1		11.75	2	0	0
3		0.32	4		+ B
5		11.9	6		0.41
7		0.8	8		0.8
9		3.38	10		0.94
11		0.04	12	0	0.02
13	0	0	14		0.02
15		11.68	16		0.9
17		1.06	18		0.9
19	0	0	20		0.1

思 考 题

1. 简述电控半主动悬架的结构和工作原理。
2. 简述电子控制主动悬架系统的结构和工作原理。

第 8 章　巡航控制系统

　　巡航一词原意是指：飞机从某一航站飞行到另一航站的巡逻航行。早在 1965 年，日本丰田汽车公司就已开始在汽车上使用机械式巡航控制系统。随后不久，德国 VDO 公司研制成功了气动机械式巡航控制系统。1968 年德国奔驰公司成功开发了由分立电子元件组成的巡航控制系统，并装备在莫克利汽车上使用。到 20 世纪 70 年代中期，汽车上已普遍采用模拟计算机控制的巡航系统。从 1981 年起，汽车便开始采用数字计算机控制的巡航系统。目前，国产中、高档轿车都已普遍装备数字计算机控制的电子控制巡航系统。

8.1　巡航控制系统概述

　　汽车巡航电子控制系统(Cruising Control System)简称 CCS。汽车巡航是指汽车以一定的速度匀速行驶，故汽车巡航控制系统又称为恒速控制系统。汽车巡航电子控制系统利用电子技术，在一定的车速范围内，驾驶员不用控制加速踏板，而能保证汽车以设定的速度稳定行驶的一种电子控制装置。装有这种装置的汽车在高速公路上行驶时，可以省去驾驶员频繁踩油门这一人为动作而自动维持预先设定的车速，从而可以大大减轻驾驶员的疲劳程度，提高行驶时的稳定性、安全性、舒适性和燃料经济性。

　　1. 汽车巡航电子控制系统的作用

　　随着高速公路的发展，汽车的平均车速已达 80 km/h 以上，高速化后控制加速踏板的腿部肌肉疲劳加大，严重时腿部抽筋，失去制动能力，这也是不安全因素之一。为此，当车速达到 40 km/h 以上时，用手按下巡航控制开关，便进入自动控制状态，使汽车按设定的车速行驶。

　　2. 汽车巡航电子控制系统的使用时机

　　汽车巡航电子控制系统只能用于路况良好的高速公路段，路况不好和滑路段不能使用，具体使用条件为：

　　①四车道以上的高速公路段。

　　②道路平坦，坡度小于 6% 。

　　③路面干燥，雨雪天不能使用。

　　④交通流量正常，不拥挤。

　　⑤车速在 40 km/h 以上(低于此值时，不起作用)。

3.巡航控制系统的优点

汽车巡航控制系统主要具有以下优点：

①减轻驾驶员的劳动强度，提高行驶安全性。在汽车行驶过程中，当车速达到一定值（超过40 km/h）后，只要驾驶员操作巡航开关设定一个想要恒速行驶的车速，CCS ECU就能自动控制发动机节气门开度使汽车保持在设定的速度恒速行驶，不需驾驶员踩踏加速踏板，使劳动强度大大减轻。当汽车在高速公路或高等级公路上长时间行驶时，更能充分发挥CCS的优点，因为巡航行驶不用踩踏加速踏板，驾驶员的劳动强度大大减轻，所以行驶安全性将大大提高。

②行驶速度稳定，提高乘坐舒适性。在巡航行驶过程中，无论汽车在上坡或下坡路面上行驶，还是在平坦路面或风速变化的情况下行驶，只要是在发动机功率允许范围之内，汽车行驶速度都将保持设定的巡航车速不变。

③节省燃料消耗，提高燃油经济性和排放性能。实践证明：汽车在相同行驶条件下，利用巡航行驶可以节省15%左右的燃料。这是因为巡航控制系统CCS与发动机燃油喷射系统EFI以及自动变速控制系统ECT是相互配合工作的，巡航车速被控制在经济车速范围内，汽车巡航行驶时的燃料供给与发动机功率之间处于最佳配合状态，与此同时，有害气体的排放量也将大大减少。

8.2　巡航控制系统的组成

汽车巡航电子控制系统主要由车速传感器、节气门位置传感器或加速踏板位置传感器（柴油机）、控制开关、巡航控制电控单元（CCS ECU）和执行机构等部件组成。图8-1所示为丰田凌志LEXUS型轿车CCS控制部件的安装位置。

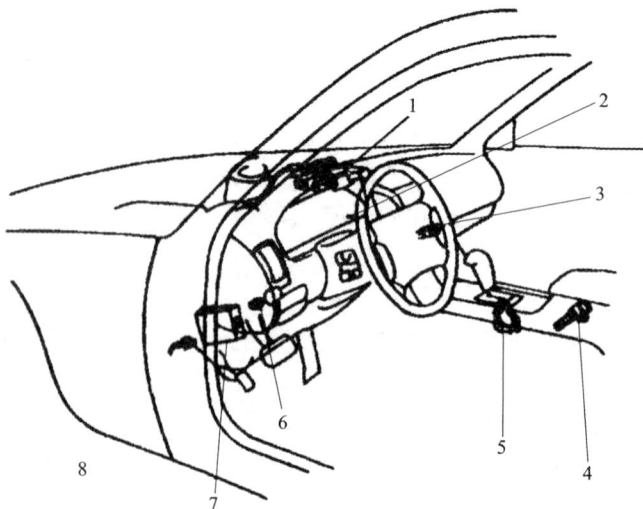

图8-1　丰田凌志LEXUS型轿车巡航控制部件安装位置

1—执行器；2—巡航指示灯；3—巡航开关；4—NO.1车速传感器；5—空挡起动开关；
6—制动灯开关；7—CCS ECU；8—驻车制动开关

汽车巡航电子控制系统的车速传感器(VSS)、节气门位置传感器(TPS)或加速踏板位置传感器既可与发动机控制系统或电子控制自动变速系统公用,也可专门独立设置。在 CCS 中,车速传感器和节气门位置传感器或加速踏板位置传感器的功用分别是向 CCS ECU 提供汽车行驶速度信号和发动机负荷信号,以便 CCS ECU 根据车速变化量来调节节气门或供油拉杆(柴油机)气门开度,从而使汽车行驶速度保持恒定。

控制开关主要有巡航开关、制动灯开关、驻车制动开关、点火开关、离合器开关(仅对手动变速器汽车)或空挡起动开关(对自动变速器汽车)等。巡航开关的功用是将恒速、加速或减速、恢复原速以及取消巡航行驶等指令信号输入 CCS ECU,其他开关的功用是将各种状态信息输入 CCS ECU,以便 CCS ECU 确定是否进行恒速控制。

巡航控制电控单元(CCS ECU)是巡航控制系统的控制核心,由分立电子元件、专用集成电路 IC 和 8 位、16 位或 32 位单片机组成。CCS ECU 具有数学计算、逻辑判断、记忆存储、故障自诊断等功能。

执行机构分为气动式和电动式两种。气动式主要由速度伺服装置和电磁阀等组成;电动式主要由电动机(永磁式或步进式电动机)、减速机构和电磁离合器等组成。执行机构的功用是根据 CCS ECU 指令,通过节气门拉索(钢索)或电子式节气门控制器调节发动机节气门的开度,使车速保持恒定。

CCS ECU 有两个信号输入,一个是驾驶员按要求设定的指令速度信号,一个是实际行车中车速的反馈信号。控制器检测到这两个输入信号间的误差后,产生一个送至油门执行器的油门控制信号,从而使油门执行器根据油门控制信号来调节发动机油门的开度,以修正电子式控制装置所检测到的误差,从而使车速保持恒定。

这四种构件之间的关系如图 8-2 所示。

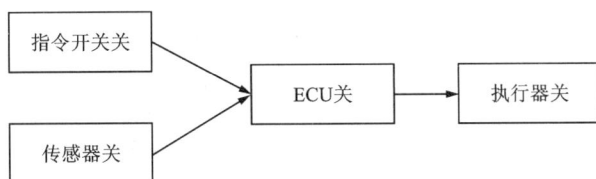

图 8-2　巡航控制系统组成结构示意图

指令开关:一般为杆式开关,安装在转向柱上驾驶员容易接近的地方,或将组合开关设计在方向盘上。大多数开关有三个挡位:设置/减速(SET/COAST)、取消(CANCEL)和恢复/加速(RES/ACC)挡。通常情况下,当车速超过 40 km/h 时,只要按下设定键,车辆就会记住当前的车速并保持定速行驶,当按下取消键时,恒速行驶立即停止。"恢复/加速"挡用于制动或换挡断开电路后,使车辆重新按设定速度行驶。汽车在自动巡航控制状态下,可以通过按加速键提高车速,或按减速键来降低车速。

传感器:这里分为两种传感器,一种是车速传感器,一般安装在变速器的输出轴上,这是因为实际车速与变速器输出轴转速成正比。车速传感器有磁感应式、霍尔式、光电式等多种结构形式,但简单常用的是磁感应式。另一种是节气门位置传感器,该种传感器是用于监测节气门控制摇臂的位置,并将信号传送给巡航控制 ECU。

ECU：也叫电子控制单元，用于接收各种传感器送来的信号或外界所发送过来的指令，再经计算、加工处理后，向执行器发出指令，控制执行器的动作。

执行器：又称伺服器，其作用是受巡航控制 ECU 的控制驱动与节气门拉索并联的拉线盘，用于调整节气门的开度，使车辆作加速、减速及定速行驶。执行器常分为电动式和真空式(气动式)两种。

汽车巡航控制系统采用的车速传感器信号、节气门位置传感器信号、制动灯开关信号、驻车制动开关信号、点火开关信号、空挡起动开关(对于自动变速器汽车)信号等一般都与发动机控制系统和电子控制自动变速系统公用，其结构原理在前述内容中已有介绍，故本章主要介绍巡航开关、巡航控制电控单元(CCS ECU)和巡航执行机构的有关内容。

1. 巡航控制开关

(1)巡航开关

巡航开关是巡航控制系统的主要控制开关，其功用是将恒速、加速或减速、恢复巡航车速以及取消巡航行驶等指令信号输入 CCS ECU，以便 CCS ECU 确定是否进行恒速控制。

巡航开关实际上是一个类似于风窗玻璃刮水与洗涤开关的组合手柄开关，一般都由"MAIN"(主开关)、"SET/COAST"(设置巡航)、"RES/ACC"(恢复/加速)和"CANCEL"(取消)四个功能开关组成。巡航开关一般都安装在转向盘右下侧偏上位置，并随转向盘一向转动，以便于驾驶员操作。在驾驶员转动转向盘的同时，即可用右手手指拨动组合手柄开关进行巡航控制的有关操作。在每项功能开关的旁边，标注有完成相应功能时开关于柄的操纵方向。

各型汽车用巡航开关的工作原理基本相同。但是，巡航开关的外形结构各不相同，在设定巡航功能时，操纵手柄开关的方向也不尽相同。下面以图 8－3 所示丰田凌志 LEXUS400 型轿车用巡航开关的外形结构与内部电路为例说明。

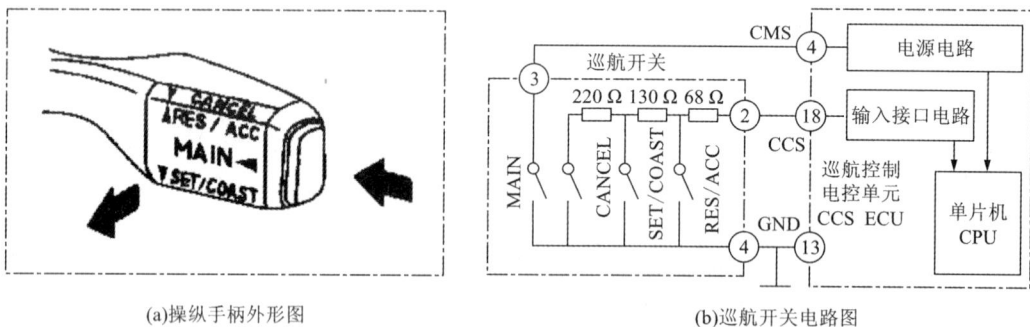

(a)操纵手柄外形图   (b)巡航开关电路图

图 8－3　巡航开关操纵手柄的外形结构与内部电路

①主开关(MAIN)。

主开关(MAIN)为按钮式开关，设在开关操纵手柄的端部，是巡航控制系统的总开关。当单击一下操纵手柄端部的主开关(MAIN)按钮时，MAIN 触点接通，组合仪表盘上的巡航指示灯将发亮指示，此时巡航控制系统处于待命状态，可以进行恒速控制。再次单击主开关(MAIN)按钮时，按钮弹起，MAIN 触点断开，巡航指示灯将熄灭，指示巡航控制系统处于关闭状态,不能进行恒速控制。由图 8 - 3(b)所示电路可见,当主开关(MAIN)触点接通时,巡航电控单元 CCS ECU 的巡航主开关端子 CMS(即 CCS ECU 线束插座上第 4 号端子)通过主开关触点搭铁,CCS ECU 得到一个低电平(0 V)信号。此时 CCS ECU 便控制巡航执行机构处于待命状态。与此同时,CCS ECU 还要控制巡航指示灯电路接通,使巡航指示灯发亮指示系统所处状态。如果主开关(MAIN)按钮按下时巡航指示灯不亮,说明巡航控制系统有故障。

②设定/巡航(SET/COAST)。

即巡航速度设定开关。将巡航开关操纵手柄向下拨动并保持在向下位置时,巡航速度设定开关即可接通。当"设定/巡航"开关处于接通位置时,只要按作操纵手柄不动,汽车就会不断加速。当车速达到驾驶员想要巡航行驶的车速(注:车速应在 40 km/h 以上,低于 40 km/h 不能进行巡航行驶)时松开操纵手柄,手柄将自动复位,此时巡航控制系统就会使汽车以松开操纵手柄时的车速保持恒速行驶。

③恢复/加速(RES/ACC)。

即恢复(RESUME)巡航速度开关。向上拨动操纵手柄时巡航速度"恢复加速"开关即可接通。在汽车以设定的巡航速度行驶过程中,当驾驶员踩下加速踏板超车或踩下制动踏板制动,或将自动变速器选挡手柄拨到前进挡 D 以外的位置时会导致车速升高或降低,如果此时想要恢复到原来设定的巡航车速,那么,将巡航开关操纵手柄向上抬起并保持在该位置使"恢复/加速"开关保持接通,汽车即可迅速加速或减速并恢复到原来设定的巡航车速行驶。但是,如果行驶车速已经低于 40 km/h,则巡航车速不能恢复。

④取消(CANCEL)。

即取消巡航的操纵开关。将巡航开关操纵手柄向驾驶员方向拨动时,即可接通巡航速度"取消"开关来解除巡航行驶。如图 8 - 3(b)所示电路可见,"SET/COAST"(设定/巡航)、"RES/ACC"(恢复/加速)和"CANCEL"(取消巡航)三只开关的信号均从同一个端子(即"CCS"端子或 18 端子)输入电控单元 CCS ECU。三只开关中的任意一只接通时,都是接通搭铁回路。但是,由于各开关之间连接有不同阻值的电阻,因此,当接口电路以恒流源供给恒定电流时,不同开关接通时输入 CCS ECU 的信号电压并不相同,CCS ECU 根据信号电压高低即可判定是哪一只开关接通。

(2)制动灯开关

制动灯开关接通信号为解除巡航控制信号之一。制动灯开关接通信号的功用是:在驾驶员踩下制动踏板接通制动灯电路使其发亮的同时,向 CCS ECU 输入一个表示制动的信号,CCS ECU 接收到该信号后将立即解除巡航控制状态,以便制动器制动将车速降低。

在装备巡航控制系统的汽车上,制动灯开关是一个双闸开关,即制动灯开关是在原有常开触点的两端,并联一个常闭触点构成。常开触点连接在 CCS ECU 与制动灯电路中,常闭触点连接在 CCS ECU 与巡航执行机构(电磁离合器线圈或电磁阀线圈)电路中。当驾驶员踩下制动踏板时,常开触点闭合接通制动灯电路,同时向 CCS ECU 输入一个表示制动的信号,CCS ECU 立即关闭巡航控制程序并控制仪表盘上的巡航指示灯发亮,指示巡航控制状态解除。与此同时,制动灯开关的常闭触点断开,切断巡航执行机构电路,使巡航执行机构动力传递路线切断。将制动开关常闭触点与控制节气门开度的巡航执行机构(电磁离合器线圈或电磁阀线圈)电路串联连接的目的是保证行车安全。因为这样连接可以保证驾驶员踩下制动踏板时,制动灯开关常闭触点断开能将执行机构的电源可靠切断,从而使节气门处于完全关闭状态。

(3)驻车制动开关

驻车制动开关接通信号为解除巡航控制信号之一。在汽车行驶过程中,当制动系统(防抱死制动系统或角规制动系统)发生故障时,就需要通过操作驻车制动器来降低车速。因此,驻车制动开关接通时的信号必须作为解除巡航控制的输入信号之一。驻车制动开关又称为手刹车或手制动开关,其功用是:向巡航电控单元CCS ECU输送一个电信号,以便CCS ECU解除巡航行驶状态。

当拉紧驻车制动器时,驻车制动开关触点闭合,在接通制动警告灯电路的同时,还向CCS ECU输送一个表示驻车制动器处于制动状态的信号(一般为低电平信号),CCS ECU接收到该信号后将解除巡航行驶状态。

(4)空挡起动开关

空挡起动开关接通信号为解除巡航控制信号之一。在装备自动变速器的汽车上配装有空挡起动开关,安装在自动变速器侧面,由选挡操纵手柄(在手动变速器中称为变速杆)通过杠杆机构操纵。当选挡操纵手柄置于"空挡N"位置时,空挡起动开关触点闭合,如果此时点火开关接通"起动START"挡位,则空挡启动开关将向发动机电控单元ECU输入一个电信号(高电平或低电平信号)。

在汽车行驶过程中接通"空挡N"位置时,说明驾驶员想要减速停车。因此,在装备巡航控制系统的汽车上,空挡起动开关还有一个功用就是:向巡航电控单元CCS ECU输入一个电信号,以便CCS ECU解除巡航行驶状态。

(5)离合器开关

离合器开关接通信号为解除巡航控制信号之一。在装备手动变速器而不是自动变速器的汽车上,当驾驶员踩下离合器踏板换挡时车速就会降低,巡航控制系统CCS就会发出指令使发动机转速升高,因此,可能导致发动机超速运转而损坏。为了确保安全,在离合器踏板下面设置有一个离合器开关,开关触点在驾驶员踩下离合器踏板时就会闭合。

离合器开关的功用是:当汽车处于巡航状态行驶时,如果驾驶员踩踏离合器踏板(以便变换变速器挡位等),离合器开关触点就会闭合,并向CCS ECU输入一个电信号(低电平或高电平信号),以便CCS ECU解除巡航控制状态,同时也便于驾驶员变换变速器挡位。

2. 巡航电控单元(CCS ECU)

在20世纪70年代汽车装备的巡航控制系统电子控制单元大多数都是采用模拟电子技术制成。随着数字电子技术的发展,特别是大规模集成电路和单片机的广泛应用,20世纪80年代开始采用数字式单片机进行控制,目前已全部采用数字式单片机控制。图8-4所示为美国摩托罗拉Motorola公司开发研制的数字式巡航控制电控单元电路框图。

巡航控制系统电控单元(CCS ECU)又称为巡航电子控制器,其功用是接受车速传感器、巡航开关、制动灯开关、驻车制动开关、空挡起动开关或离合器开关、发动机电控单元(ECU)以及自动变速系统电控单元(ECT ECU)的信号,经过信号转换与处理、数学计算(比例——积分计算)、逻辑判断、记忆存储、功率放大等处理后,向巡航执行机构输出控制指令信号,驱动执行器动作,从而实现恒速控制或解除巡航行驶状态。

CCS ECU根据驾驶员操作"设置/巡航"("SET/COAST")开关输入的设定车速信号、车速传感器输入的实际车速信号、各种开关输入信号以及发动机电控单元ECU和自动变速电

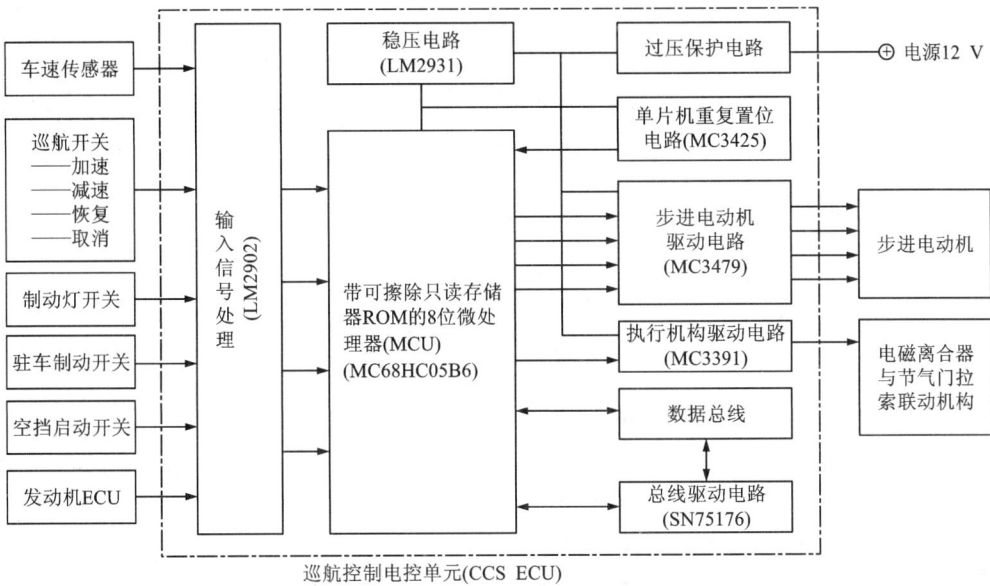

图 8 - 4　**Motorola 数字式 CCS ECU 电路示意图**

控单元 ECT ECU 输入的信号，按照只读存储器 ROM 中预先编制的程序进行计算处理之后，向执行机构驱动电路发出指令，驱动执行器(步进电动机或直流电动机、电磁阀等)动作，执行器通过节气门联动机构和节气门拉索等改变节气门开度，使实际车速达到设定的巡航车速。

　　汽车 CCS ECU 普遍采用大规模或超大规模专用集成电路与单片机组合而成。当汽车上已经装备发动机电子控制系统或自动变速控制系统时，许多传感器(如节气门位置传感器、车速传感器)和控制开关(如制动灯开关、空挡起动开关等)的信号可以共享，只需编制控制程序调用该信号即可，因此，可以大大降低系统的硬件成本。

　　3. 巡航执行机构

　　汽车巡航控制系统的执行机构又称为速度伺服装置，其功用是根据 CCS ECU 的控制指令，通过操纵节气门拉索或供有拉杆(柴油机)来改变发动机节气门开度或供油杆位置(柴油机)，使汽车加速、减速或保持恒定的速度行驶。

　　根据结构形式不同，汽车巡航控制执行机构可分为电动式和气动式两种。电动式采用直流电机或步进电动机驱动，如丰田系列轿车巡航系统和 Motorola 巡航系统；气动式采用真空装置驱动，如切诺基吉普车巡航控制系统。

　　(1)电动式巡航执行机构

　　电动式巡航执行机构结构如图 8 - 5 所示，主要由驱动电动机、安全电磁离合器、减速机构和电位计等组成。

　　①驱动电动机。

　　驱动电动机是执行机构的动力源，既可采用永磁式直流电动机，也可采用步进式直流电动机。

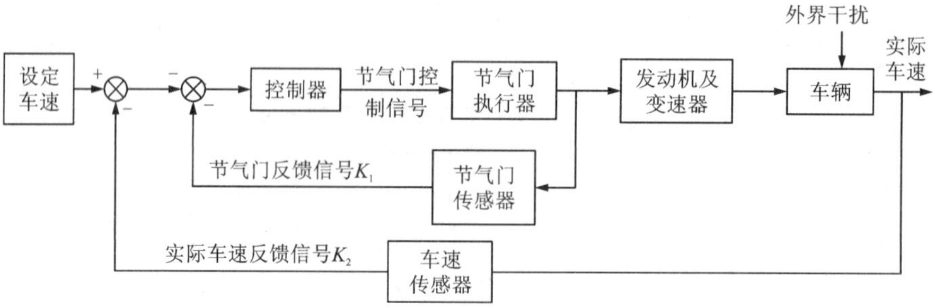

图 8-5　电动式巡航执行结构示意图

电动机转动时通过减速机构和电磁离合器带动控制臂转动,控制臂又通过专用节气门拉索(钢索)拉动节气门摇臂转动。改变流过电动机电枢绕组电流的方向,就可改变电枢轴的转动方向,即可调节节气门摇臂转动角度的大小。为了限定控制臂转动角度,防止发动机发生飞车事故,在电动机电路中安装有限位开关。

当电动式执行机构采用步进电动机作为动力源时,由于步进电动机能将 CCS ECU 发出的数字信号指令转变为一定角度的位移量。CCS ECU 每发出一个控制脉冲,步进电动机就可带动节气门格臂转过一个微小角度(即步进角,其大小可据需要在设计电动机时进行选择)。因此,步进电动机能够保证节气门开度平稳准确地进行调节。节气门摇臂转过的角度与步进电动机转过的角度成正比,步进电动机转过的角度与 CCS ECU 发出的控制脉冲频率成正比。节气门摇臂的转动方向由步进电动机步进方向决定,步进方向由 CCS ECU 控制脉冲的程序决定。

②电磁离合器。

电磁离合器安装在驱动电动机与控制臂之间。在巡航行驶过程中,当驾驶员踩下制动踏板或实际车速超过设定巡航车速一定值(一般为 40 km/h 左右)或车速传感器发生故障时,CCS ECU 将立即发出控制指令使离合器分离,防止发生事故,故又称为安全电磁离合器。由于只有在电磁离合器接合的情况下驱动电动机转动才能改变节气门开度进入巡航控制,因此,当未进入巡航控制状态时,将电磁离合器线圈电路设计为接通状态,使离合器初始状态为接合状态。如此设计的目的是:提高巡航执行机构的响应速度,防止车速突然变化而发生"游车(即车速时快时慢)"现象。

如果将电磁离合器的初始状态设计为分离状态,由于离合器接合的机械惯性动作滞后于 CCS ECU 驱动电动机的电驱动动作,因此,待离合器接合时,电动机将突然拉动节气门接臂转动较大一个角度,使车速突然升高甚至超过设定车速;当超过设定的巡航车速时,CCS ECU 又会发出指令使车速降低,这就会导致"游车"现象。将离合器初始状态设计为接合状态时,节气门摇臂将随驱动电动机转动而转动,不仅能够保证巡航执行机构迅速响应,而且能够防止发生"游车"现象,从而提高巡航行驶稳定性和乘坐舒适性。

③电位计。

在电动式执行机构中,一般都设置一只由滑片电阻器构成的电位计(即转角或位移传感器),其功用是检测执行机构中控制臂转动的角度或拉索的位移量,并将信号输入巡航电控单元 CCS ECU。该信号主要用于 CCS ECU 诊断执行机构是否发生故障。当 CCS ECU 向执行机构发出控制指令后,若电位计信号没有变化或超过设计值,则将判定执行机构有故障。

(2)气动式巡航执行机构

气动式巡航执行机构的结构组成如图 8 – 6 所示,主要由三只电磁阀(真空电磁阀、通风电磁阀和安全电磁阀)、膜片、复位弹簧和密封壳体等组成。

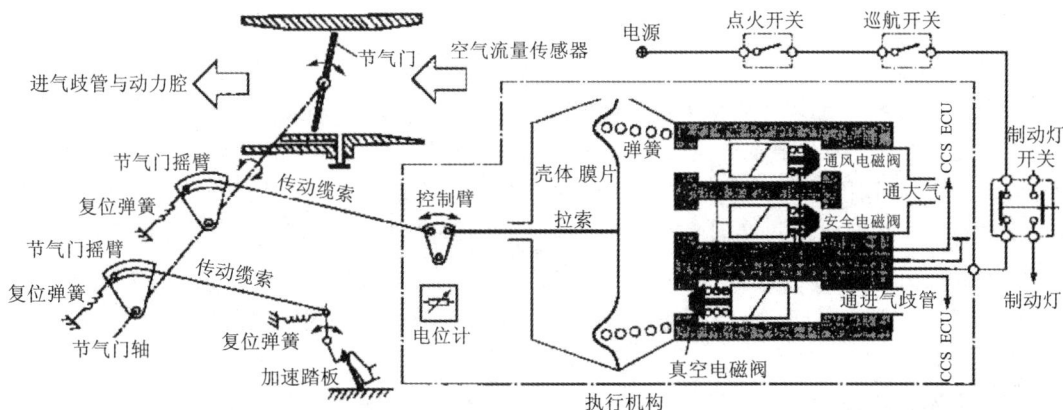

图 8 – 6　气动式巡航控制执行机构的结构组成

三只电磁阀的初始状态如图 8 – 6 所示,真空电磁阀为常闭电磁阀,阀门用橡皮管与发动机进气歧管连接;通风电磁阀和安全电磁阀均为常开电磁阀,其阀门与大气相通。三只电磁阀电磁线圈的一端均与制动灯开关常闭触点连接,真空电磁阀线圈和通风电磁阀线圈的另一端分别与巡航电控单元 CCS ECU 的控制端连接;安全电磁阀线圈的另一端直接搭铁。

膜片将壳体内空间分隔为两个腔室,左腔室与大气相通,在腔室与三只电磁阀阀门相通。膜片上连接有一根拉索,拉索与控制臂和节气门摇臂连接。

气动式巡航执行机构的工作原理是:利用发动机进气歧管的真空吸力吸引膜片,膜片再通过拉索拉动节气门摇臂使节气门开度改变来调节车速。

①升高车速。

当点火开关和巡航"主开关(MAIN)"接通时,三只电磁阀线圈电路便通过制动灯开关常闭触点接通电源。因为安全电磁阀线圈一端直接搭铁,所以安全电磁阀线圈电流接通,产生电磁吸力克服其复位弹簧弹力将阀门吸闭,使巡航控制系统处于待命状态。

当 CCS ECU 根据车速传感器和巡航开关等信号判定需要提高车速时,CCS ECU 将向驱动电路发出接通通风电磁阀线圈电路和真空电磁阀线圈电路的指令,通风电磁阀线圈电流产生的电磁吸力克服其复位弹簧弹力将通风电磁阀阀门吸闭,从而切断右腔室与大气的通路;真空电磁阀线圈电流产生的电磁吸力克服其复位弹簧弹力将真空阀阀门吸开,使右腔室与进气歧管之间的气路接通。由于此时真空电磁阀和安全电磁阀阀门均处于关闭状态,使右腔室与大气隔绝,因此,真空阀阀门打开将使右腔室形成真空状态,膜片在进气歧管真空吸力作用下,通过控制臂和拉索带动节气门摇臂转动使节气门开度增大,汽车将加速行驶。

②保持车速。

当 CCS ECU 根据车速传感器信号判定汽车实际行驶速度与设定巡航车速一致时，为了保持该车速行驶，CCS ECU 将向驱动电路发出接通通风电磁阀线圈电流和切断真空电磁阀线圈电流指令，使通风电磁阀和真空电磁阀阀门关闭。由于此时三只电磁阀阀门均关闭，右腔室的真空度保持不变，因此，节气门摇臂保持在通风电磁阀和真空电磁阀阀门关闭时的位置，从而使车速保持在设定车速恒速行驶。

③降低车速。

当 CCS ECU 根据车速传感器信号判定汽车实际行驶速度高于设定巡航车速时，CCS ECU 将向驱动电路发出切断通风电磁阀线圈电流（使阀门保持常开）和接通真空电磁阀线圈电流（使阀门打开）指令。通风电磁阀阀门打开时，部分大气进入右腔室，膜片在弹簧张力作用下向左拱曲复位，使节气门摇臂放松、开度减小，车速降低。真空电磁阀阀门打开时，进气歧管真空吸力继续作用到膜片上，膜片向左拱曲的位移量取决于弹簧张力与真空吸力的平衡位置。由此可见，在恒速控制过程中，安全电磁阀阀门始终处于关闭状态。当升高车速时，通风电磁阀阀门处于"关闭"状态、真空电磁阀阀门处于"打开"状态；当保持车速时，通风电磁阀阀门和真空电磁阀阀门均处于"关闭"状态；当降低车速时，通风电磁阀阀门和真空电磁阀阀门均处于"打开"状态。

当踩下制动踏板时，制动灯开关的常开触点闭合、常闭触点断开。常开触点闭合将接通制动灯电路使制动灯发亮；常闭触点断开将三只电磁阀线圈的电源切断，电磁吸力消失，三个阀门复位到初始状态，右腔室无真空吸力作用，节气门拉索处于放松位置。当安全电磁阀线圈电源切断时，其阀门打开并引入大气，可以加速膜片左移复位，防止制动时车速来不及降低而发生危险，故称之为安全电磁阀。

8.3 巡航控制系统的工作原理

1. 巡航控制系统的控制原理

巡航控制系统是一个典型的闭环控制系统，控制原理如图 8-7 所示。输入 CCS ECU 的信号有两个：一个是驾驶员根据行驶条件，通过巡航开关设定的巡航车速指令信号；另一个是车速传感器输入的实际车速反馈信号。

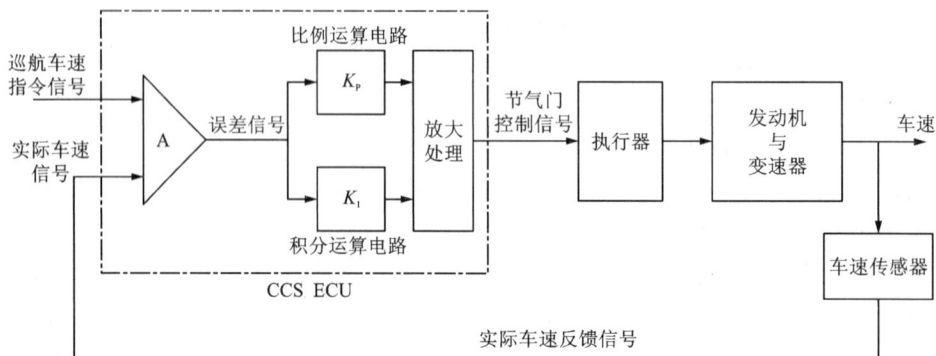

图 8-7 巡航控制系统的基本控制原理

当巡航车速指令信号和实际车速反馈信号输入 CCS ECU 后，CCS ECU 的比较器 A 经过比较运算便可得到两个信号之差，称之为误差信号。误差信号经过比例运算和积分运算后，再经过放大处理就可得到控制节气门开度大小的控制信号，CCS ECU 将控制指令发送给执行机构，执行机构就可驱动节气门拉索（或电子式节气门控制器）调节节气门开度的大小，将实际车速迅速调节到驾驶员设定的车速值，从而实现恒速控制（即巡航控制）。

在控制过程中，当实际车速低于驾驶员设定的巡航车速值时，CCS ECU 将向执行机构发出增大节气门开度的指令，使实际车速升高到巡航车速。反之，当实际车速高于驾驶员设定的巡航车速值时，CCS ECU 将向执行机构发出减小节气门开度的指令，使实际车速降低到巡航车速，从而使实际车速基本保持在驾驶员设定的巡航车速值不变。

2. 汽车巡航控制系统（CCS）的控制过程

汽车巡航电子控制系统普遍采用闭环控制方式进行控制，巡航控制流程如图 8 - 8 所示。

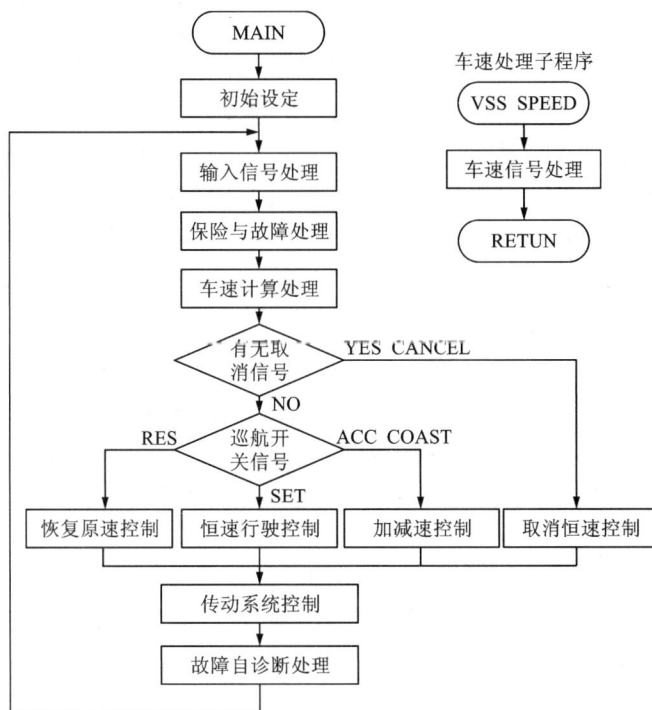

图 8 - 8　巡航控制流程图

汽车巡航车速对闭环控制系统的要求是稳态误差小、响应速度快、系统稳定性好。实践证明，只要选择合适的比例运算放大系数 K_p 和积分运算放大系数 K_I，就能保证系统具有较高的控制精度、较快的响应速度和稳定的工作状态。可见，设计 CCS ECU 的关键是确定合适的放大倍数。与模拟控制系统相比，数字控制系统的突出优点是各种植入信号以数字量表示，受工作环境、温度和湿度变化的影响较小，因此，数字控制具有更高的稳定性。

3. 巡航车速的控制方式

巡航车速一般都采用比例 - 积分算法（Proportion and Integral Calculus）进行控制，又称为

PI 控制方式。比较器 A 运算得到的误差信号经过比例运算电路 K_P 线性放大后，输出的信号将正比于误差信号；积分运算放大电路 K_I 设置有一条斜率可调的输出控制线，用以在短时间内将车速误差调节到趋近于零的很小范围，根据控制线控制的巡航车速与节气门开度之间的关系如图 8-9 所示。节气门控制信号则由比例运算电路和积分运算电路输出信号叠加而成。

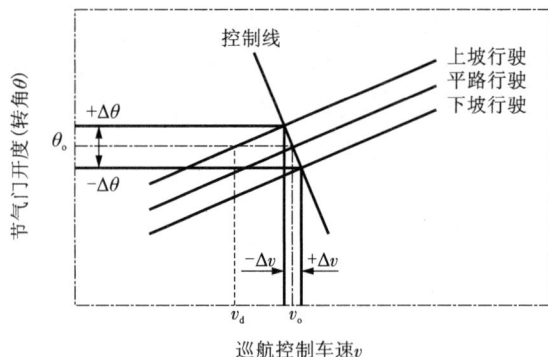

图 8-9 巡航车速控制原理

当汽车在平坦路面上以设定的巡航车速 v_0 行驶时，设节气门开度为 θ_0。如果此时 CCS ECU 向执行机构发出指令使节气门开度保持不变，则汽车将以设定的巡航车速 v_0 行驶。但是，当车辆遇到坡道上坡行驶或遇到刮风逆风行驶时，由于坡道阻力或风阻增加将使车速降低到 v_d，不能以设定的巡航车速 v_0 行驶。因此，CCS ECU 必须向执行机构发出指令使节气门开度增大（即节气门旋转角度增大 $+\Delta\theta_0$），才能使车速接近于设定的巡航车速 v_0（即实际车速比巡航车速 v_0 低 $-\Delta v$ 值）行驶。同理，当车辆下坡或顺风行驶时，节气门旋转角度将减小 $-\Delta\theta_0$，实际车速将比巡航车速 v_0 高 Δv。

由此可见，为使汽车巡航车速 v_0 不受行驶阻力变化的影响，巡航电控单元 CCS ECU 内部积分运算放大电路 K_I 控制的控制线应尽可能使车速变化范围减小，即控制线的斜率应尽可能小。由于 PI 控制方式设置了控制线，因此，当汽车行驶在上坡、下坡道路以及风阻等因素导致行驶阻力变化时，控制系统只要将节气门开度调整 $+\Delta\theta_0$ 转角，就可将车速变化幅度限制在 $\pm\Delta v$ 值的微小范围内。

8.4　巡航控制系统的功能

巡航控制系统主要实现以下几个方面的功能。

1. 定速巡航

将控制手柄开关拨到 ON 位置后，即可在 40 km/h 以上的任何速度，按住（SET/ACC）键 1 s 设定巡航车速，进入巡航状态（无需踩油门，车辆即可按设定的速度巡航）。

2. 巡航加速

在巡航状态下，每按住（SET/ACC）键 0.5 s 可以增加时速 1 km，也可一直按住（SET/ACC）键，车速会自动缓缓提升，直至适合的速度再松开按键。此外，在定速巡航状态下可以直接踩油门加速,当松开油门后,车速将缓缓回复到先前设定的巡航速度。

3.巡航减速

在巡航状态下,每按住(RES/DEC)键0.5 s可以降低时速1 km,也可一直按住(RES/DEC)键,车速会自动缓缓下降,直至适合的速度再松开按键。

4.定速解除

在巡航状态下,轻轻踩下制动,便可解除定速。

5.定速恢复

解除定速后,只要按住(RES/DEC)键1 s,不用踩油门,车速即可自动恢复到定速解除之前的巡航速度。

思考题

1.什么是巡航控制系统?

2.巡航控制系统由哪些部分组成?

3.巡航控制系统所实现的功能有哪些?

第9章 中央门锁与防盗系统

9.1 中央门锁系统

中央门锁系统方便了驾驶员在操作左前门锁时,同时对其他专门的门锁或锁闭(包括行李箱门锁等),但其他各门门锁的开关现在仍然是独立的,各车门机械或弹簧锁可独立进行各门的操作,只是不能同时对其他门锁(含行李箱门锁)进行控制。中央门锁系统还可配合防盗系统,完善汽车的防盗功能。

9.1.1 中央门锁系统的基本组成与工作原理

1.基本组成

中央门锁系统主要由门锁主开关、门锁传动机构、门锁继电器及门锁电动机等组成。

(1)门锁主开关

门锁主开关安装在左前门和右前门的扶手上方便操作的地方,一般采用杠杆型或旋转型开关,如图9-1所示。门锁主开关的开锁与锁止操作在同一个开关上,一个方向为开门操作,另一个方向为锁止操作。

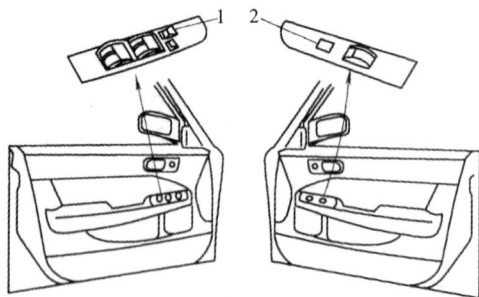

图9-1 门锁开关

1—左前门门锁主开关;2—右前门门锁主开关

(2)门锁传动机构

门锁传动机构由蜗杆、蜗轮、锁杆、位置开关等部件组成,如图9-2所示。当操作门锁时，门锁电动机转动，驱动蜗杆带动蜗轮减速转动，蜗轮上的齿轮推动锁杆，打开或锁止门锁。车锁打开或锁止后，蜗轮在回位弹簧作用下自动回位。位置开关在锁杆推向锁门位置时断开，推向开门位置时接通。

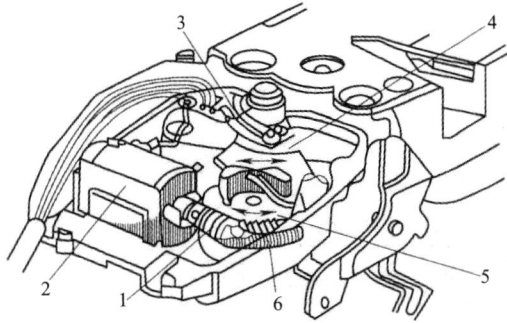

图9-2　门锁传动机构

1—蜗杆；2—右前门锁主开关；3—位置开关；4—锁杆；5—蜗轮；6—回位弹簧

（3）钥匙开锁报警开关

钥匙开锁报警开关用来探测点火钥匙是否插在钥匙孔内。当钥匙在钥匙孔内时，钥匙开锁报警开关电路取消报警，否则，开锁报警开关电路接通报警，如图9-3所示。

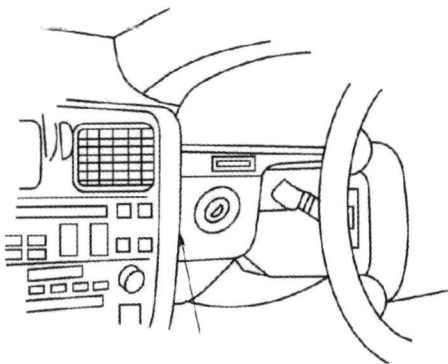

图9-3　门锁传动机构

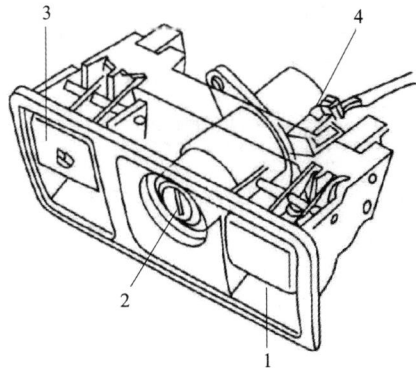

图9-4　行李箱门开启器开关

1—行李箱门开启器开关；2—钥匙门；
3—燃油箱盖开启器开关；4—行李箱门开启器主开关

（4）行李箱门开启器开关

行李箱门开启器开关位于仪表板下方，拉动此开关就能打开行李箱门，如图9-4所示。行李箱钥匙门靠近行李箱门开启器，用钥匙开启行李箱时，推压钥匙门，就断开行李箱内主开关，再拉动行李箱门开启器开关就不起作用。将钥匙插进钥匙门内顺时针旋转打开钥匙门。

（5）门锁继电器

在每个车门上都有开锁继电器和锁止继电器，两个继电器可合成一体，但包含两套触

203

点。各个继电器的触点有两个,一个是常开触点,一个是常闭触点。常开触点与蓄电池正极相连,常闭触点接地。在门锁控制电路中,两个继电器配合使用,完成对门锁电动机的正反转控制。当其中一个继电器线圈中有电流流过时,常开触点闭合,蓄电池电压经过继电器施加到门锁电动机上,而另一个继电器的线圈中无电流流过,常闭触点接合,使电动机中有电流流过。

(6)门锁电动机

门锁电动机一般是永磁直流电动机,在控制电路中采用继电器或功率晶体管控制其转向,如图9-5所示。

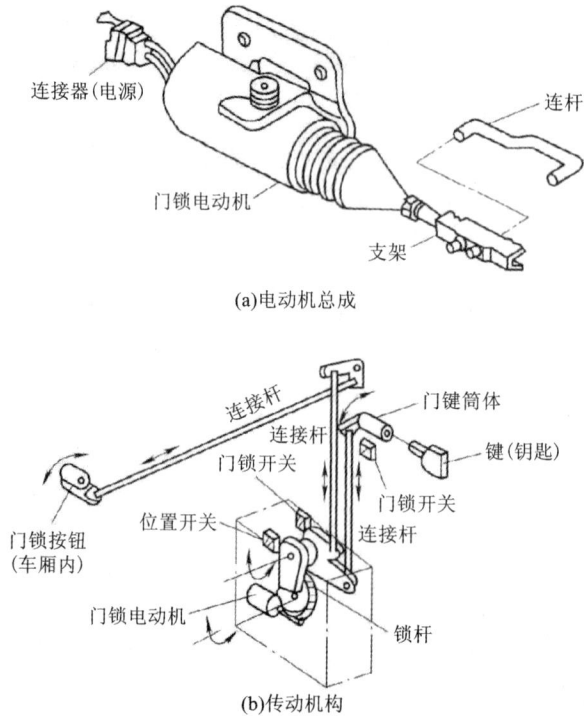

(a)电动机总成

(b)传动机构

图9-5 门锁电动机

2. 工作原理

中央门锁系统的基本电路如图9-6所示。按下开锁按钮时,门锁主开关的门锁电动机的"开锁"触点闭合,门锁继电器右边的继电器线圈通电工作,将"开锁"触电吸合,而左边继电器没有工作,触点被直接引到接地,蓄电池的电流经熔断器流经右边继电器开锁触点,再经过各门的门锁电动机后经左边继电器的触点接地,电动机正向转动将门锁打开。

按下锁止按钮时,门锁主开关的"锁止"触点闭合,门锁继电器左边的继电器线圈通电工作,将"锁止"触点吸合,而右边继电器没有工作,触点被直接引到接地,蓄电池的电流经熔断器流经左边继电器锁止触点,再经过各门的门锁电动机后经右边继电器的触点接地,电动机反向转动将门锁锁止。

图9-7所示为带有防盗控制的门锁控制原理图,控制方法如下:

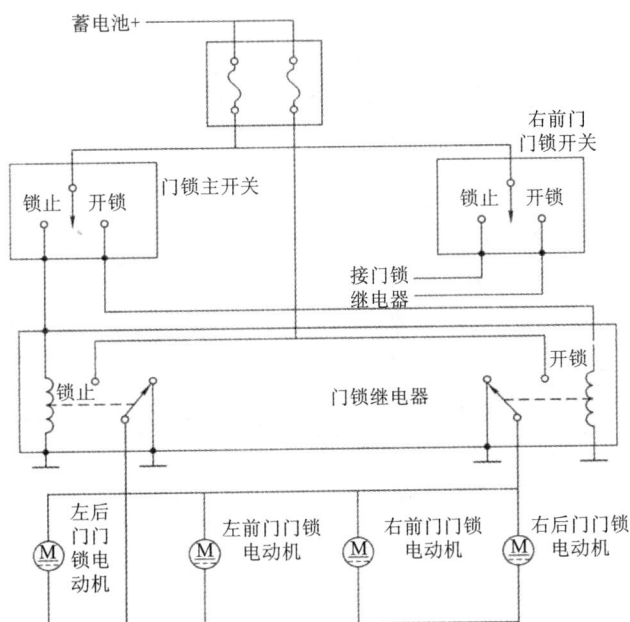

图 9 - 6　中央门锁系统基本电路

（1）用门锁主开关锁门和开门

①锁门控制。图 9 - 7 中所示防盗和门锁控制 ECU 内部为逻辑电路。当门锁主开关门侧推向锁门侧"L"时，由于接地，信号"0"由端子和反相器 A 送至或门 A，或门 A 的输出从"0"变为"1"触发锁门定时器，供给晶体管 VT_1 基极电流约 0.2 s，使其导通，最终 No.1 继电器线圈接通，触点闭合，电流从蓄电池→端子⑧→No.1 继电器→端子④→门锁电动机→端子③→接地，各门电动机锁上全部车门。

②开门控制。当门锁主开关推向开门侧"UL"时，"0"信号经端子和反相器 B 送到或门 B，或门 B 输出高电平信号"1"触发开锁定时器，供给晶体管 VT_2 基极电流约 0.2 s 使其导通，最终 No.2 继电器线圈接通，触点闭合，电流从蓄电池→端子⑧→No.2 继电器→端子③→门锁电动机→端子④→接地，各门电动机打开全部车门。

（2）用钥匙锁门和开门

①锁门控制。当钥匙插进驾驶人侧或前排乘客侧钥匙门内并向锁门方向转动时，钥匙控制开关向锁门侧"L"接通。此时"0"信号经端子和反相器 C 送至或门 A，或门 A 输出从"0"变为"1"，触发锁门定时器，对晶体管 VT_1 基极施加电流 0.2 s 使其导通。No.1 继电器接通，触点闭合，电流从蓄电池→端子⑧→No.1 继电器→端子④→门锁电动机→端子③→接地，各门电动机锁上全部车门。

②开门控制。当用钥匙开门时，钥匙开关向开门侧"UL"接通，"0"信号经端子和反相器 D 送到或门 B，或门 B 输出从"0"变为"1"触发开锁定时器对晶体管 VT_2 基极施加电流 0.2 s 使其导通。因此电流从蓄电池→端子⑧→No.2 继电器→端子③→门锁电动机→端子④→接地。各门电动机打开全部车门。

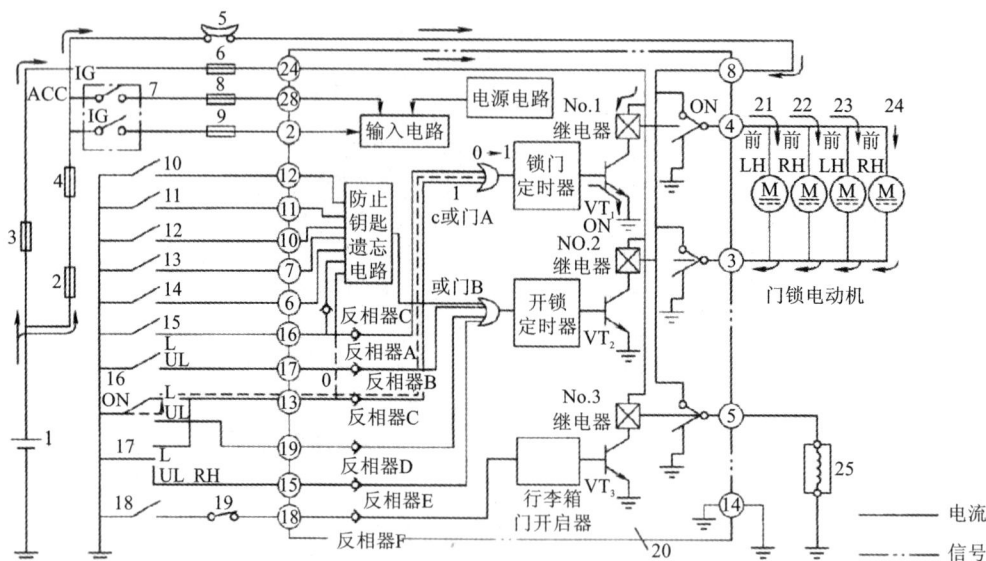

图 9-7 门锁控制原理图

1—蓄电池；2—易熔线(ALT)；3—易熔线(MAIN)；4—易熔线(AMI)；5—断路器；6—DOME 熔丝；7—点火开关；
8—点烟器(CIG)熔丝；9—ECU 熔丝；10—左前门锁主开关；11—右前门锁主开关；12—左前位置开关；
13—右前位置开关；14—钥匙开锁报警开关；15—门锁主开关；16—左前钥匙控制开关；17—右前钥匙控制开关；
18—行李箱门开启器开关；19—主开关；20—防盗和门锁 ECU；21—左前门锁电动机；22—右前门锁电动机；
23—左后门锁电动机；24—右后门锁电动机；25—行李箱门开启器电磁阀

(3)防止钥匙遗忘功能

该功能是防止锁门时点火钥匙遗忘在钥匙门内。

①推动锁钮锁门。当点火钥匙插在钥匙门内，驾驶人侧或前排乘客侧车门打开时，门锁开关 10 和钥匙开门报警开关都接通。因此，这些开关经端子将"0"信号送至防止钥匙遗忘电路。此时，将锁钮推向锁门侧，则由锁门控制电路将门立刻锁上。但由于位置开关断开，高电平信号"1"经端子送至防止钥匙遗忘电路，并使其输出信号"1"送至或门 B，使或门 B 的输出从"0"变到"1"。同时开锁定时器接通晶体管 VT_2 约 0.2 s。电流在系统中的流动路径与门锁主开关开门一样。电动机由 No.2 继电器供电而工作，打开全部车门。

②用门锁主开关锁门。当点火钥匙插在钥匙门内，驾驶侧或副驾驶侧车门打开时，门锁开关 10 和钥匙开锁报警开关 14 都接通。这些开关经端子 12 和 6 将低电平信号"0"送至防止钥匙遗忘电路。此时，当用门锁主开关锁门时，门立刻被锁上时，但由于信号"1"经端子 10 送至防止钥匙遗忘电路和反相器 G，将高电平信号"1"送至或门 B，并使其输出从"0"变为"1"。同时开锁定时器接通晶体管 VT_2 约 0.2 s。电动机接通，全部车门打开。

③车门全关闭时，防止钥匙遗忘功能。当防止钥匙遗忘功能起作用和门锁钮保持向下阻止开门时，门被立刻锁上。此时门锁开关和钥匙开锁报警开关接通，并经端子将低电平信号"0"送至防止钥匙遗忘电路。若此时门处于关闭状态，则门锁开关断开且输入到防止钥匙遗忘电路的信号由"0"变为"1"。约 0.8 s 后，防止钥匙遗忘电路输出高电平信号"1"给或门 B，或门 B 输出信号从"0"变为"1"。因此开锁定时器接通晶体管 VT_2 约 0.2 s，电动机接通，全

部车门打开。若此时车门不能全部打开,则开锁定时器再次起动 0.8 s,使全部车门打开。

(4)行李箱门开启器控制

当行李箱门开启器开关接通时,低电平信号"0"经端子和反相器 F 送至行李箱门开启器。开启定时器送至晶体管 VT_3 基极电流约 0.2 s,使其导通,电流从蓄电池→端子⑧→No.3 继电器→端子⑤→行李箱门开启器电磁阀→接地,打开行李箱门。

9.1.2　无线遥控的汽车门锁

遥控无钥匙进车(RKE)控制电路如图 9 - 8 所示。

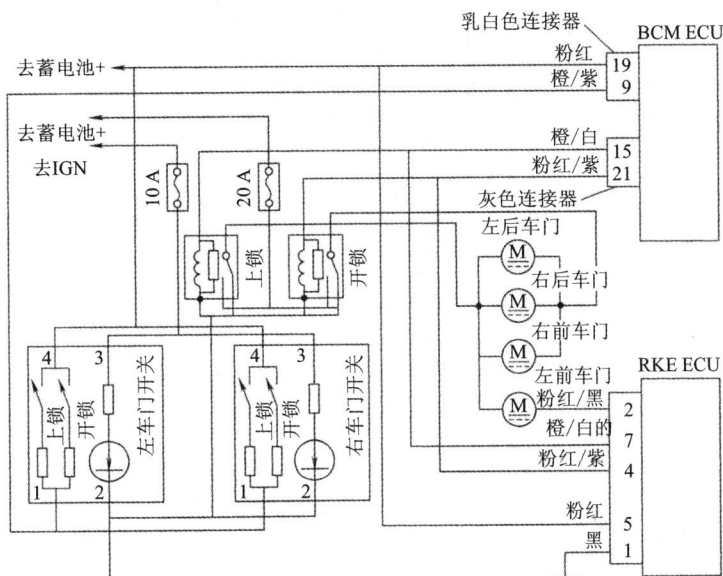

图 9 - 8　遥控无钥匙进车控制电路

RKE 模块与上锁(或锁止)/开锁继电器以及车身控制模块 BCM 之间相互联系,并由蓄电池供电。

RKE 模块在车门上锁和开锁时与 BCM 功能相同。每辆汽车的发射器有各自的密码,将程序储存在 RKE 模块中。行李箱也可用遥控器开锁。RKE 模块通常安装在仪表板顶板下面。遥控器是一个手持式无线电频率发射器,能将"上锁"(或锁止)和"开锁"信号送入 RKE 模块。有些汽车的 RKE 模块与 BCM 制成一体,如图 9 - 9 所示。该系统接收到遥控器的锁门密码后进行以下动作:

①门锁继电器通电使所有的车门都上锁。

②喇叭继电器短暂地通电,使喇叭一声响以作提醒。

③进车照明系统逐渐变暗直至熄灭。

④如果关闭点火开关,且关闭所有车门,汽车防盗系统开始进入防盗准备状态。若仍有车门处于打开状态,则在最后一个车门关上后,防盗系统才进入防盗准备状态。

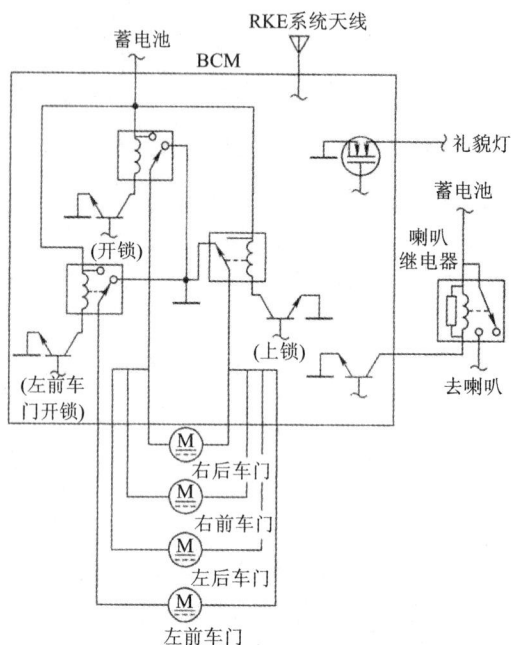

图 9 – 9　RKE 模块与 BCM 模块的合成电路

9.2　防盗系统

　　为了防止车辆被盗,许多汽车公司开始将汽车防盗装置作为汽车的标准配置,防止有人非法进入车内,并可通过音响报警装置报警,由此来提高汽车的市场竞争力。防盗报警系统通常与汽车中控门锁系统配合工作。

9.2.1　防盗报警系统的类型

　　汽车防盗器分为机械式和电子式两种,机械式防盗器以纯机械方式对油路或变速杆等进行锁止控制,安全性差,使用不便,已逐渐被淘汰。目前汽车上应用的防盗器为电子式防盗器,按功能可分为三类:

　　①防止非法进入汽车。主要为红外监视系统,布置在车辆内部周围的一组红外传感器构成一道无形帘幕,以监视防盗系统起动后是否有移动物体进入车内。该系统安全性高,可靠性强,但由于需要布置多个红外发射接收装置,成本较高。

　　②防止破坏或非法搬运汽车。主要通过布置在车内的超声波传感器、振动传感器或倾斜传感器等监测是否有人企图破坏或非法搬运汽车。该系统需增加相应的遥控系统和报警系统,因此成本高,使用不便,而且由于传感器灵敏度难于准确设定,易误报警和漏报警,安全性差,报警信号对环境也构成污染。

③防止汽车被非法开走。多数采用带密码锁的遥控系统，通过决定是否允许接通起动机、点火线圈等，以防止汽车被非法开走，其安全性较差、成本高、使用不便。新型的防盗点火锁系统采用电子应答来判断使用的钥匙是否合法，并以此确定是否允许发动机 ECU 工作，这是目前世界上高级轿车普遍采用的汽车防盗技术。

9.2.2　防盗报警系统的组成

图 9 - 10 所示为汽车电子防盗系统的组成。图 9 - 11 所示为防盗装置在汽车上的布置。当用钥匙锁好所有车门时，防盗系统处于约 30 s 检测时间报警状态。30 s 检测时间之后，系统中的指示器(通常为发光二极管)开始断续闪光，表明系统处于报警状态。

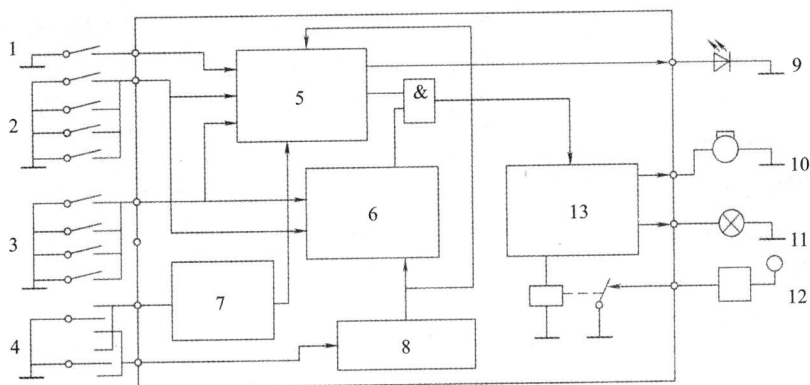

图 9 - 10　汽车电子防盗系统组成

1—钥匙存在开关；2—开门开关；3—锁门开关；4—钥匙操作开关；5—警报状态开关电路；6—盗贼检测电路；
7—30 s 定时器；8—解除警报状态电路；9—LED 指示灯；10—报警器；11—警报灯；12—起动断电器；13—报警电路

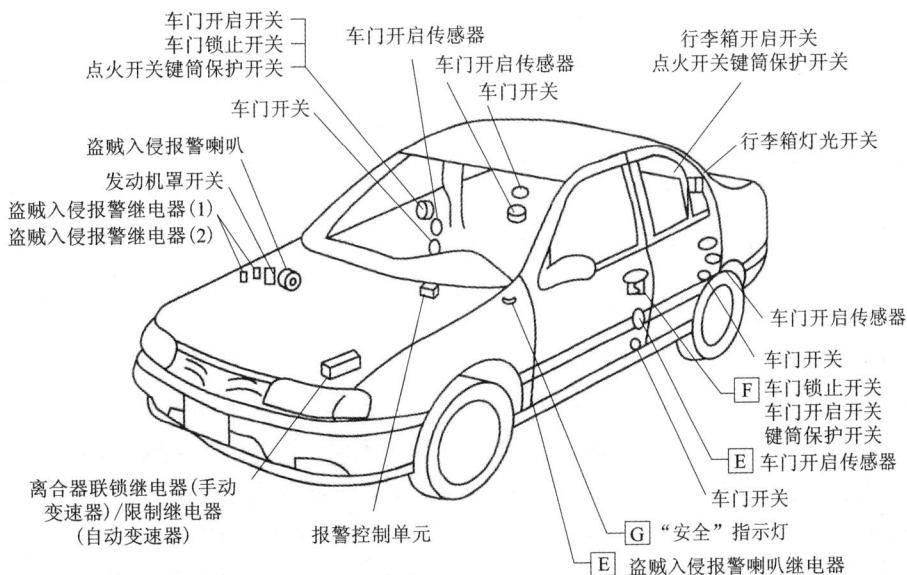

图 9 - 11　防盗装置在汽车上的布置

209

当有人试图非法解除门锁或打开车门时(当所有输入开关均设定为关机状态时),系统则发出警报。当车主用钥匙开启门锁时,报警状态或报警运转解除。警报一般以闪烁灯或发声报警形式发出,警报发生后持续时间为 1 min。在车主用钥匙正常打开汽车门锁之前,发动机起动电路始终处于短路的状态。

9.2.3 防盗报警系统技术方案

目前汽车上采用的防盗系统的技术方案有以下几种。

1.点火控制防盗系统

点火控制防盗系统主要采用控制发动机的点火装置模块,对点火系统进行控制。在车主离开汽车并启动防盗系统后,一旦有人非法进入车内,并试图用非法配制的点火钥匙起动车辆时,点火电路受控制模块防盗装置的作用,拒绝提供发动机运转所需的点火功能,同时也可防止点火开关的线路短接,并通过音响报警装置向车主通报。

还有一种防盗器是用特殊材料制成盒状,将汽车的点火器安装在内,并设置一个错误点火线路模块和开关电路,在开关钥匙上置入密码芯片,一旦密码交流认证不符,就会进入错误模式,使发动机无法起动。这种盒状防盗器在锁止后,除使用密码开关钥匙外无法打开,且有很强的防撬、防钻、防砸功能,在发动机起动后,就可取下开关钥匙。一旦车辆被抢,劫犯在抢劫车辆后不能熄火,或在熄火后就无法再次起动。

2.油路防盗系统

油路防盗系统基本原理与点火控制防盗系统相似,是在汽车油路中安装一套装置来控制发动机的供油系统。只要该系统进入工作状态,有人想要偷车,发动机供油系统将会拒绝提供燃油,发动机起动后会很快耗尽燃油而熄火,由此来起到防盗作用。

3.其他防盗系统

新型防盗系统既有机械方式,又有电子方式,还有防砸功能。它的车门钥匙锁芯可以无阻力旋转,当盗贼用一字旋具或其他坚硬物体撬锁时,该锁芯可随撬动的物体旋转方向转动,而无法撬开。电子静止状态控制,一旦车主打开该系统离开汽车,如有人想移动该车,车辆就会拒绝进入行驶状态。它的前、后风窗玻璃和车窗玻璃都由特种玻璃制成,即使用铁锤或铁棒击打,玻璃也不会出现缝隙和漏洞,令盗贼的手无法伸进车内将车门打开。

还有一种利用电波控制的防盗系统在市场推出。它是在汽车上安装一个类似寻呼机的装置来对发动机点火系统进行控制,只要车主发现车辆被盗或车辆被劫后通知总控发射台,发射台就发出控制电波信号,使发动机无法运转。

9.2.4 汽车防盗系统的应用

1.汽车防盗系统的设定

将点火钥匙转至转向盘锁定"LOCK"位置后抽出,驾乘人员全部下车。关闭并锁定所有的车门、行李箱盖及发动机罩。当安全指示灯开始闪烁时,说明防盗系统已经进入状态。如果任一车门、行李箱或发动机罩在系统设定前未关紧,防盗系统的设定便中断。

完成前三个步骤后,车中的安全指示灯"SECURITY"发亮(不闪烁)。当两个前门被锁定后,防盗系统将在设定之前有 30 s 的检查时间,防止后门、行李箱盖和发动机罩可能还有某一个开启着。在 30 s 内,如果用钥匙或遥控器开启某一个前门,系统的防盗功能将被解除。

2. 重新激活与停止汽车防盗系统报警信号的方法

报警信号停止后，驾驶人将所有车门、行李箱盖和发动机罩重新关闭。防盗系统一旦再设定，也自动让报警装置复位。将点火钥匙从锁定"LOCK"位置转至附属设备"ACC"位置，则报警信号停止，但起动电路仍处于断路状态。此时即使开启任何一个车门、行李箱盖或发动机罩，报警信号也将不再激活。

3. 中断与解除汽车防盗系统的方法

防盗系统设定过程中，若用主钥匙开启行李箱，则防盗系统暂时中断，处于不能激活和解除的状态。在行李箱盖开启的同时，若再将车门和发动机罩打开，只有拆下蓄电池接线柱的接线才能使防盗系统激活。

为了重新恢复防盗系统的设定过程，应关闭和锁定所有的车门、行李箱盖和发动机罩。而且要注意，必须拔出主钥匙后行李箱盖才能闭锁，即关闭行李箱盖时，钥匙不能插在钥匙口中。用点火钥匙开启其中一个前门，此为防盗系统全部解除方式，与此同时，起动电路立即受激导通。

4. 汽车防盗系统安全指示灯的使用

安全指示灯在防盗系统的使用中有以下三种指示：

①指示灯闪烁，说明防盗系统已经设定。此时若开启车门、行李箱盖或发动机罩，必须用主钥匙。

②指示灯常亮，说明防盗系统进入预定的自动设定时期，此期间内车门和发动机罩用副钥匙也能开启。该指示灯在报警信号触发声响时也发亮。

③指示灯灭（如汽车在正常行驶中），说明防盗系统不起作用，可按常规操作开启任何一道车门等。

9.2.5 汽车防盗系统功能的检测

检测防盗系统是否有效，按以下五个步骤进行：

①开启全部车窗。

②按上述方法设定防盗系统，锁定前门时用点火钥匙，安全指示灯闪烁。

③从车内开启一个车门，防盗系统将激活报警信号。

④用点火钥匙开启其中一个前门，解除防盗系统。

⑤重复以上操作，检测其他车门和发动机罩。在检测发动机罩的同时，也检测蓄电池拆下重装上接线柱后系统的激活反应。

拆卸蓄电池接线柱会使存在计算机存储器中的信息丢失，如激光唱机防盗码、收音机预置电台资料丢失等。因此，拆卸蓄电池接线柱以前，应检查并记录存储器中的数据，等蓄电池重新安装好以后数据重新输一次给计算机。

9.3 铁将军防盗报警系统

9.3.1 遥控汽车防盗系统的功能

有些车辆出厂时没有安装防盗系统，为安全起见许多用户将自己的车辆加装一套防盗报警系统。后加装的防盗系统的防盗原理是当车辆在防盗状态时，切断点火系统、供油系统的供电，使发动机无法启动，同时喇叭鸣叫灯光闪动，锁紧车门，起到防盗报警作用。铁将军防盗报警系统是应用较为广泛的一种。

铁将军防盗系统的功能如下。

1. 防误警报

铁将军遥控器上符号代表的意义如图 9 - 12 所示。

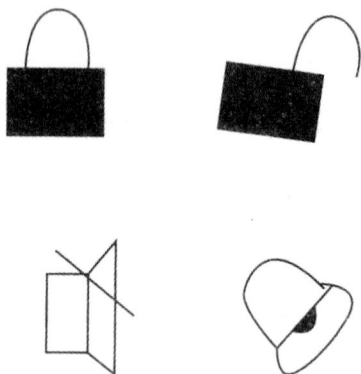

图 9 - 12 铁将军遥控器上键号代表的意义

短按 1 键一下，"Bi"的一声，车灯一闪，同时锁门，发动机锁定。如受到第一下振动，（可能是无意），喇叭只发出短"Bi"5 声警示，车灯同步闪光；如再受到第二次振动，喇叭立即转为间歇报警，以示阻吓；如汽车也安装呼叫器，汽车被触发时，车主身边的呼叫器也会"Bi、Bi"作响。

2. 吓阻防盗

连按两下或长按 1 键 1 s，在"Bi"声后车灯再闪一下，如受到振动触发，警报喇叭鸣叫15 s，发动机锁定。

3. 静音警戒

短按 3 键，车灯闪一下，如受到第一次触发，车灯闪 5 s，如再受到触发，自动延时 15 s，车主身边的呼叫器也会"Bi、Bi"报警。

4. 环保警示

连按两下或长按 3 键，车灯再闪一下。如受到第一次触发，车灯闪 5 s；如再受到触发，喇叭短"Bi"响 15 s 以示警告。

212

5. 紧急报警

防盗警戒中，车门打开，ACC·ON 状态和踩行车制动，均令喇叭长鸣。

6. 解除警戒

防盗警戒中，按 2 键，"Bi、Bi"两声，车灯闪两下，静音防盗警戒中，按 2 键，车灯闪两下，解除防盗设定。

7. 自动回复防盗（防误解除）

车主会因误触，造成解除防盗，当 25 s 内车门未打开或启动，防盗系统视作误解除，会自动回复到防盗状态。

8. 自动提示开启防盗（程式选择）

当汽车行驶，车主关门离开后 10 s，防盗系统会发出"嘀、嘀、嘀"三声，提醒车主开启防盗系统。

9. 自动投入防盗（程式选择）

当汽车行驶，车主关门离开后 1 min，防盗系统会自动工作，而门不上锁，从而避免有时由于车主大意而造成重大损失。

10. 遥控开启行李箱

汽车行驶或警戒中，长按 2 键 3.5 s，后盖行李箱自动打开，方便搬运行李。

11. 抗复制滚动跳码（选择机型）

采用美国 Microchip 公司的滚动跳码技术，拥有长达 66 位加密种子（若每天每秒不断按遥控器，都需要 28 年才有机会复合密码），使任何复制和破密企图化为泡影。

12. 中控门锁自动化

汽车行驶 15 s 后踩行车制动，中控锁自动锁门确保行车安全，当停车熄火后，门锁自动打开。行驶中按 1 键，中控锁闭锁；按 2 键，中控锁开锁。

13. 声光寻车

任何状态下，长按 4 键，喇叭鸣叫 30 s，车灯同步闪光。

14. 紧急求救

任何状态下，长按 4 键 1.5 s，喇叭鸣叫 30 s，车灯同步闪光，再按任意键停止。

15. 防抢劫

汽车行驶中遇悍匪强行抢劫，车主只要按 3 键 2 s，此时车灯急闪；再按 4 键一下，15 s 后喇叭大鸣，继而熄火，强迫停车。

16. 车门未关开启防盗提示

当投入防盗后，出现"Bi、Bi、Bi"三声，提示车门未关妥，车主必须查看，关好后再开启防盗。

17. 路边暂停车灯警示

行驶中，为了乘客上、下车安全，当打开车门时，两边车灯立即闪烁，提醒后方来车注意，避免发生意外。

18. 触发记忆

如防盗状态中车辆被触发过，当解除防盗打开车门时，喇叭鸣叫一声，提醒车主注意周围有无擦撞。

19. 紧急解除

防盗状态中，若因遗失遥控手机急需解除防盗，车主必须使用车钥匙打开车门，此时防盗喇叭大鸣，再将车钥匙转至 ACC 位置，踩住行车制动，连续按 3 下紧急解除按钮(此按钮必须安装于十分隐蔽的地方)，防盗系统暂停，必须使用遥控器 2 键才能将防盗系统复原。

20. LED 记忆防盗受袭程度

正常：闪两下；恶意袭击：闪三下；车门被打开过：连续不停闪烁；紧急解除防盗：长亮不灭。

9.3.2 线路图

铁将军 838 型防盗系统的接线如图 9 - 13 所示。部件包含主机一部，振动传感器一个，喇叭一个，遥控器两个，继电器一个或两个，防盗指示灯一个，BP 机(选装)一个，连线若干。

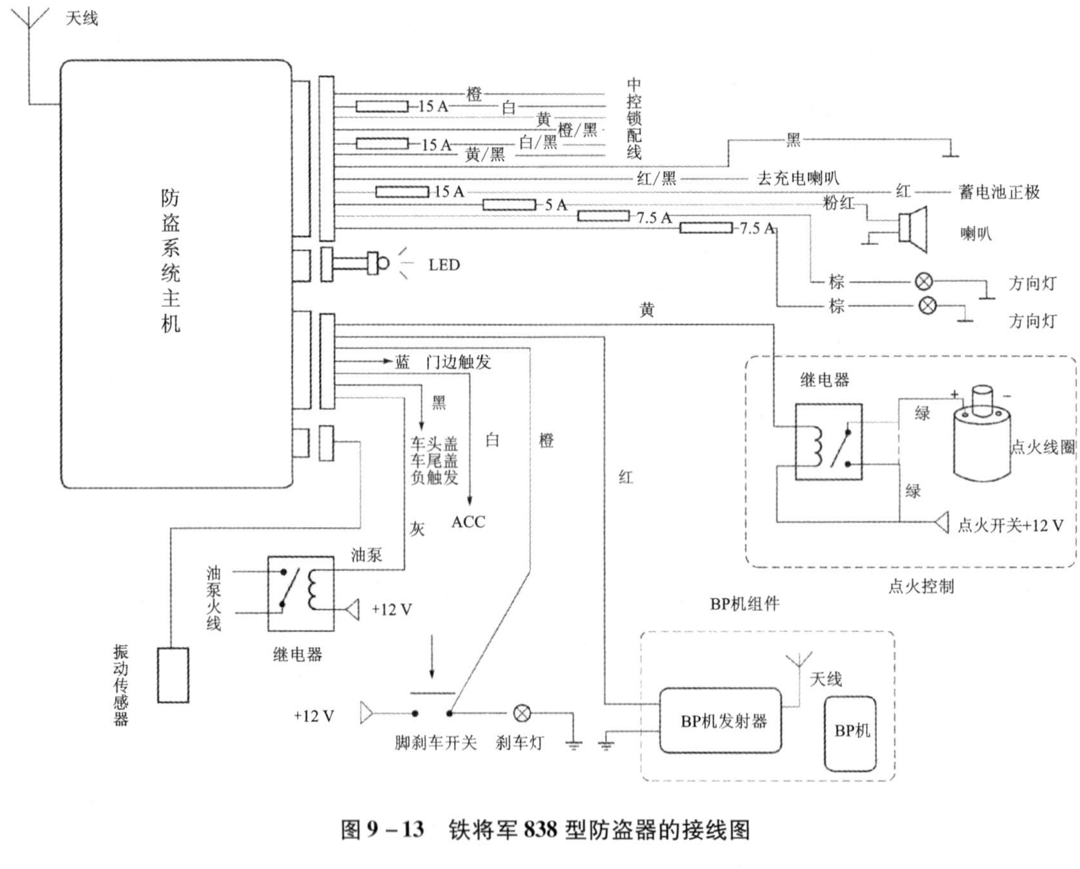

图 9 - 13　铁将军 838 型防盗器的接线图

遥控汽车防盗系统的中控锁配线图如图 9 - 14 所示。

214

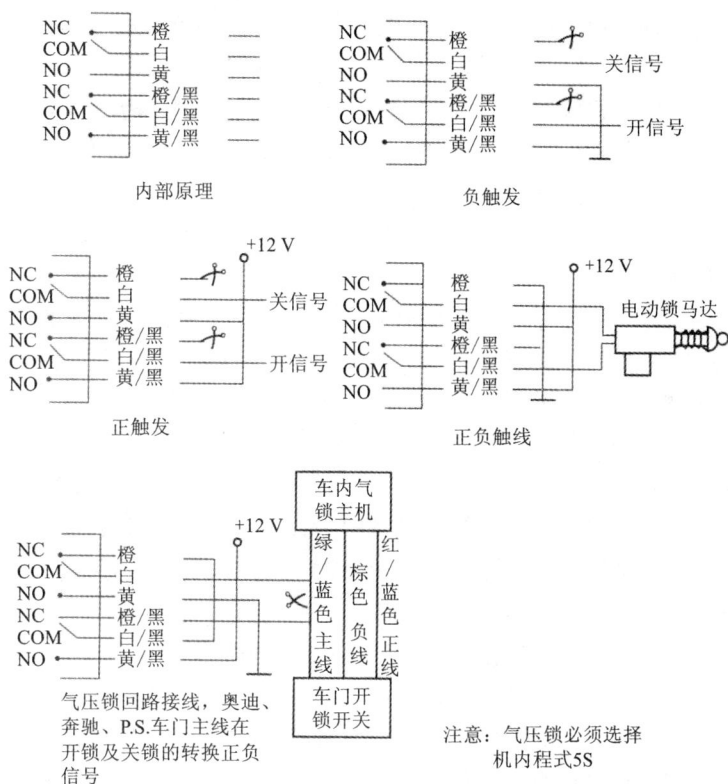

图 9－14　中控锁配线说明图

9.3.3　遥控汽车防盗系统的安装

1. 主机系统安装

主机系统安装位置应在仪表板下方或前方座位放腿上方隐秘处，事先找好主机欲固定的地方，然后再找出欲连接的地方接线，如 ACC、转向灯、制动灯、室内灯、电源等。待线材连接车线时，包扎紧实，不可草率。待全部线束均安装完毕后，依顺序先装 12P 的线头，再装 3P、5P。然后，简单地先测试功能，若无误则把车体所拆装饰板逐步装回还原。

2. 无线呼叫系统 BP 机的安装

将胶片天线水平贴于距右上方玻璃 2 cm 处，引线塞于玻璃边线处，然后与同轴电线连接。

另外一端插入 BP 主机，接地线一定要接好，否则距离缩短。BP 机电源与汽车防盗器主机有专用接头，黑色线接地直接对插即可动作。

BP 机操作说明：

①首先将电池装入，然后将呼叫器开关 ON/OFF 切至 ON 的位置。

②呼叫器会有"Bi、Bi"声，压下按钮声音立即停止，并进入接收待机状态，平时不使用时，将呼叫开关 ON/OFF 切至 OFF 的位置以节省电力。

③待机状态时间最多 72 h，若声音有异常或无声音，应更换电池。

3.振动感应器的安装调整

当主机安装完毕后,再将振动感应器固定在车上,然后视车辆的大小和所需敏感度的不同,适当加以调整(出厂前均已适中调整完毕,如非必需请勿再调)。

振动感应器的调整:感应器上有个 LED 指示灯,当触发时,指示灯会点亮,另外有一旋钮可用小一字形螺丝刀调整(向右表示敏感度越高,向左则表示敏感度越低)。调整时请勿直接敲击振动感应器本体,以免破坏感应器。

振动感应器安装时,尽量贴车体或仪表板附近,以确保感应器侦测。

4.中央控制门锁安装

当今中央控制门锁分类不下十余种,但大致上可用安装线路图所提供的 4 种类型加以搭配触发,即可完成中央控制门锁安装。

以下提供几种情形的方便安装。

①车门锁均无动力带动门锁。建议加装一套中控锁,方便防盗器搭配。常见车种:任何旧型车或较经济型车均可。

②原车配备有中央控制门锁,但是驾驶座门内仅仅只有一个开关带动其他 3 个门作用开关门锁。因此,在驾驶座门内,必须加装一个电动机借以带动门闩拉杆及开关。常见车种:福特、三菱、马自达、日产等。

中央控制门锁安装方法:首先把车门内饰板卸下,在门内手动开关拉杆附近,找一处易固定中控锁电动机的地方,然后将所配备的固定配件手动开关拉杆与中控锁电动机拉杆固定在一起。这样,当中控锁电动机动作时,就会带动门锁拉杆,起到中央控制门锁的作用。

③原车配备有中央控制门锁,驾驶座仪表附近有一个铙板开关带动触发其他 4 个门同时作用开关门锁。因此只要判别是正触发或负触发型,就可以选用安装图上加以搭配。常见车种:本田、丰田、雷诺、美国 GM 车系等。

④原车配备有气压控制中央门锁。常见车种:奥迪 100、奔驰车系等。

9.3.4 常见故障

1.故障一

故障现象:车辆停放进入防盗状态后,每当大型车辆经过或行人走过就触发报警。

可能原因:振动传感器调整太过灵敏。

处理方法:调整振动传感器的旋钮,降低灵敏度。

2.故障二

故障现象:当警报触发时,喇叭不鸣叫。

可能原因:①喇叭故障;②喇叭与主机连接线路故障;③喇叭接地线接触不良;④主机故障。

处理方法:①检查喇叭,将喇叭的正负极接到蓄电池的正负极上,如喇叭鸣叫,则无故障,如不叫,更换防盗警报喇叭;②检测喇叭与主机的连线(正极线),如线路无误,在报警触发状态下,测量该连线的电压值,应为蓄电池电压;③检查喇叭接地线连接情况;④如前面检查均无故障,则故障点在主机上,更换主机。

3.故障三

故障现象:当使用遥控器时,指示灯不亮,或无法进行遥控操作。

可能原因：①遥控器电池电压不足；②遥控器存在或出现过浸水故障；③遥控器摔坏；④遥控器可能进行过频率调整；⑤防盗系统连线故障；⑥主机故障。

处理方法：①拆开遥控器，检测电池电压，应不低于 10 V（标准为 12 V）；②检查遥控器是否有水迹，如有，很可能被烧坏，应废弃或更换遥控器并另行设定；③更换或废弃遥控器，重新设定；④同另一个遥控器进行比较，如另外一个功能正常，且遥控器指示灯闪亮，则可能是人为地调整过频率；⑤检查防盗系统连线；⑥如以上问题均不存在，更换主机。

4. 故障四

故障现象：进入防盗状态后，10 s 之内喇叭鸣叫，解除后再设定为防盗状态，情况依旧。

可能原因：①振动传感器太过灵敏或损坏；②车门没有关严；③接线不正确，尤其制动灯或门边灯室内灯接线不正确；④主机故障。

处理方法：①调整振动传感器，如无反应，更换传感器再试验一下，并观察传感器上 LED 灯的情况；②检查车门是否关严，关严后重新设定；③检查制动灯、门边灯开关及连线，如有错误，更正后再设定；④检查主机，必要时更换主机，设定遥控器（或更换与主机同编码的）。

5. 故障五

故障现象：遥控中央门锁时无法正常动作，或无法动作。

可能原因：①门锁电机故障；②门锁机械故障导致电机无法带动其动作；③中央门锁的主控锁电机故障（都不动作故障）；④中央门锁线路故障；⑤中央门锁系统与防盗系统的连线存在故障，⑥防盗系统的熔断器损坏；⑦防盗系统线路存在断、短路故障；⑧中央门锁系统的控制模块故障；⑨防盗系统的遥控器故障；⑩防盗系统的主机故障。

处理方法：①针对不动作的车门，检查电机，可以将电机的供电及接地线与蓄电池相连试验，确定其故障后更换门锁电机；②检查车门锁机械故障，如存在，先排除后试验该车门锁的动作情况；③检查中央门锁的主控电机（4~5 根接线），必要时更换；④检查中央门锁的连接线路，如有故障先行修复；⑤检查中央门锁系统与防盗系统连线的正确性；⑥检查防盗系统的熔断器有无烧毁，如有则更换后再试验；⑦检查防盗系统的线路是否存在故障；⑧检查中央门锁的控制模块，必要时更换；⑨检查遥控器本身是否存在故障；⑩检查验证主机故障，更换主机后重新设定（或成套更换）进行试验。

思考题

1. 简述中央门锁系统的分类及功用。
2. 简述中央门锁系统的工作原理。
3. 常见的汽车防盗装置有哪几类？各有何特点？
4. 简述防盗汽车防盗系统的组成和工作原理。
5. 遥控中央门锁时无法正常工作的原因是什么？

第 10 章　车载网络技术

随着汽车电子技术的不断发展，车辆上的电控系统的数量不断地增多，而且功能也越来越复杂。如果仍采用传统的布线方式，即每一个电脑都要与多个传感器、执行器之间通信，将导致汽车上电线数目急剧增加。电控系统的增加虽然增加了汽车的动力性、经济性和舒适性，但随之增加的复杂的电路也降低了汽车的可靠性，增加了维修的难度。

特别是近年来，越来越严格的安全、环保技术法规和用户苛刻的个性化使用要求，使得制造商不得不依赖电子技术不断改进其产品的性能，可以说汽车技术所取得的每一项进步都离不开电子技术在汽车上的应用。早期汽车内部的传感器、控制器和执行器之间的通信沿用点对点的连线方式，连成复杂的网状结构。随着汽车内部电控系统的日益复杂，以及对汽车内部控制功能单元相互之间通信能力要求的日益增长，采用点对点连线，就需要大把的线束，这种传统构建汽车内部通信的方式在电线布置、可靠性以及质量等方面都给汽车的设计和制造带来了很大的困扰，电子控制系统间的数据通信变得越来越重要。因此围绕减少车内连线，实现数据的共享和快速交换，同时提高可靠性等方面，在快速发展的计算机网络基础上，实现了以分布式控制单元为基础构造的汽车电子网络系统。

汽车网络是指借助双绞线、同轴电缆或光纤等通信介质，将车内众多的控制模块（或节点）联结起来，使若干的传感器、执行机构和 ECU 共用一个公共的数据通道，通过某种通信协议，在网络控制器的管理下共享传输通道和数据。汽车网络最开始出现在当时的高档豪华汽车上，也缺少相应的标准化的通信协议的支持。随着越来越复杂、精密的功能单元被委托给外部供应商生产，汽车制造商开始从定义各自的专门协议发展到采用整个业界范围内认可的标准化通信协议，提供了不同供应商的产品进行系统集成的可能性，使汽车网络迅速应用到主流车型，到今天车载电控系统的网络已经成为现代车辆中至关重要的部分，在我国也已形成研究和开发使用的热潮。汽车网络减少了线束的使用，改善了系统的灵活性，通过系统的软件可以实现系统功能的变化，消除了冗余传感器，实现了数据共享，也提高了对系统故障的诊断能力。可以说一辆车就是一个网络，汽车的智能化也是在网络基础上才能实现，网络还把汽车的行驶状态参数传送到显示屏上，司机可一目了然，大大方便了驾驶。

车载局域网是汽车网络的统称，又称为汽车车载局域通信网，是指分布在汽车上的电器与电子设备在物理上互相连接，并按照网络通信协议相互进行通信，以共享硬件、软件和信息等资源为目的的电器与电控系统。在物理上互连的电器与电子设备（即硬件）和通信协议（软件）是车载局域网必不可少的两个条件。实际上，在物理上互连就是利用导线（称为数据总线）将若干个电器或电子设备（称为模块或控制模块）连接在一起组成一个网络；通信协议则是为了共享硬件、软件和信息等资源而制定的控制信息交换的一系列规则。

通信协议有很多,如控制器局域网通信协议(Controller Area Network,CAN)(即 CAN 协议)、汽车局部互联网通信协议(Local Interconnect Network,LIN)(即 LIN 协议)、汽车局域网通信协议(Vehicle Area Network,VAN)(即 VAN 协议)、多媒体定向系统传输网通信协议(Media Oriented Transport,MOST)(即 MOST 协议)等。

因此为了减少车内连线实现数据的共享和快速交换,同时提高可靠性等方面在快速发展的计算机网络上,实现 CAN、LAN、LIN、MOST 等基础构造的汽车电子网络系统,即车载网络。所谓车载网络是早期的汽车内部传感器、控制和执行器之间的通信,用点对点的连线方式构成复杂的网状结构。

10.1　车载网络技术概述

在早期生产的汽车上,只有一个电子控制单元(ECU),其信息传输量较小,主要采取了传统布线方式(1 对 1 布线),即线束一端与开关相接,另一端与控制单元、用电设备相连,其连接的线束的数量也不是太多。

进入 21 世纪以来,随着电子技术的迅猛发展和在汽车上的广泛应用,汽车电子化程度越来越高。从发动机控制到传动系控制,从行驶、制动、转向系统控制到安全保障系统及仪表报警系统,从电源管理到为提高舒适性而做的各种努力,使汽车电子系统形成了一个复杂的大系统。这些系统除了各自的电源、传感器和执行器外,还需要相互通信,且信息传输量急剧加大。若仍然采用传统布线方式,将会导致车上线束数量急剧增加,其质量占到整车质量的 4% 左右,这将会降低车辆电气的可靠性,使故障率升高,车载网络技术因此应运而生。

现在车载网络技术,其信息的传输主要基于数据总线(Data Bus,DB)原理进行的。所谓数据总线,简单地说,就是指一种能在一条(或几条)数据线上,同时(或分时)传输大量的、按照一定规律进行编码的数据(信号)的技术,其在数据总线上所传输的数据信息可以被多个系统所共享,从而最大限度地提高系统的信息传输效率。

汽车局域网即是多台计算机共用一条传输线,按照国际上普遍接受的美国汽车工程师协会 SAE 提出的关于汽车网络的划分,汽车内部的网络可以分为 A 类(通信速率 < 10 KB/s 的低速网络,主要应用于电动门窗、座椅调节、灯光照明等系统)、B 类(通信速率为 10 KB/s ~ 125 KB/s 的中速网络,主要应用于电子车辆信息中心、故障诊断、仪表显示等系统)、C 类(通信速率为 125 KB/s ~ 1 MB/s 的高速网络,用于实时控制,主要用于悬架、发动机、ABS 等系统)和 D 类(通信速率在 1 MB/s 以上,用于车内的多媒体网络)。汽车电子设备的工作环境相当恶劣,除能耐受宽范围的环境温度(- 40℃ ~ 125℃ 或更高)外,还要耐受较强的机械振动、冲击及化学品腐蚀,此外设计中要特别考虑的是电磁兼容问题,随着移动电话、无线寻呼、卫星通信等无线电设备的普及应用以及汽车自身的点火系统、各种电机等产生的干扰,汽车的电磁环境日趋复杂恶劣。这些干扰通过网络传入某控制系统,可能会引起 ECU 的误判断、产生误动作(如汽车的安全气囊在行驶过程中突然受到干扰触发,就会造成很严重的事故),同时也要避免电信号产生辐射干扰。因此汽车网络工作的可靠性较一般计算机网络要高得多,它是提高汽车可靠性和安全性的重要保证。

1. 汽车采用局域网技术的目的

一般来说，汽车动力及其传输系统、车身系统等都可以分别按系统、按需要的信息传送速率实现网络化。汽车采用局域网（网络）技术的根本目的，一是减少汽车线束，二是实现快速通信。

随着汽车电子技术的迅速发展和广泛应用，汽车电子化程度越来越高，汽车上安装的电子设备越来越多，如电子控制制动力分配系统（EBD）、电子控制制动辅助系统（EBA）、动态稳定控制系统（VSC）、车辆保安系统（VESS）、中央门锁控制系统（CLCS）、前照灯控制与清洗系统（HAW）、轮胎气压控制系统（TPC）、刮水器与清洗器控制系统（WWCS）、维修周期显示系统（LSID）、液面与磨损监控系统（FWMS）、自动空调系统（AHVC）、座椅位置调节系统（SAMS）、车载电话（CT）、交通控制与通信系统（TCIS）以及可开式车顶控制系统等。

电器线束采用传统的布线方式连接，不仅线束变得更加粗大，而且质量大大增加。电器与电子设备的大量应用，一方面导致汽车导线布置杂乱、安装空间狭小、检修十分不便；另一方面，也为汽车采用计算机网络技术创造了条件。

2. 车载网络系统组成

（1）微处理器（MCU 或 CPU）

从 1975 年摩托罗拉公司为 GM 生产第一个微处理器 68009 应用在 1978 年 Cadillac 汽车上计程开始到目前，汽车上的微处理器类型已经逐渐由 8 位、16 位发展到 32 位，CPU 的结构也由 RISC 逐渐取代 CISC，最近推出了 16/32 位 RISC 微控制器的 M. Core TM 平台。

最近各汽车公司推出的新车型，多数都采用了可编程（FLASH）的 32 位芯片。IBM 和 INTEL 宣布合作开发的车载计算机平台将采用奔腾 MMX 处理器，控制功能由简单的计程向复杂的高端应用领域拓展。

（2）汽车网络互联标准

为了解决信息共享、减少布线问题以及满足政府排放法规要求，汽车制造商和相关组织开发了汽车网络，目前主要的汽车网络互联规范有德国 BOSCH 最早开发推出的欧洲规范 CAN 和美国汽车工程师协会（SAE）开发的美国规范 J1850，其他的总线类型（如 VAN、LIN、TTP 等）在汽车内部网络也有使用，不过 CAN 和 LIN 基本上已经成为标准。IDB（ITS data bus）为汽车网络拓展提供了标准。

3. 车载局域网的优点

21 世纪是汽车自动化、智能化和网络化时代，网络化发展是汽车发展的必由之路。究其根本原因在于车载局域网除具有一般网络的特点之外，还具有以下优点：

①提高控制系统的可靠性。汽车电子控制技术的发展为采用网络进行通信提供了条件，网络技术在汽车内部应用解决了汽车上一直存在集中控制与分散控制的矛盾。分散控制是指汽车上的一个部件如点火器、喷油器或电磁阀等，分别用一只单片机（CPU）进行控制，这种情况出现在微型计算机在汽车上应用的初始阶段。集中控制分为完全集中控制、分级集中控制和分布集中控制三种情况。

完全集中控制系统，如美国通用汽车公司的电子控制系统，采用一只 CPU 分别控制汽车发动机点火与爆震、超速报警、车轮防抱死制动、牵引力控制、自动门锁和防盗系统等。

分级集中控制系统，如日产公司的分级控制系统，采用一只 CPU 控制其余四只 CPU，分别控制发动机燃油喷射、点火与爆震、车轮防抱死制动以及数据传输等。

分布集中控制系统，即分块进行集中控制，如对发动机、底盘、信息、显示和报警等分别进行控制。如日本五十铃公司生产的汽车 I – TEC 系统，对发动机点火、燃油喷射、怠速转速以及废气再循环分别进行集中控制。

上述各种控制方式各有优点与缺点。如果采用网络进行控制，就可发挥各种控制方式的优点，克服其缺点。如果完全采用集中控制，那么 CPU 一旦出现故障汽车整车控制系统就会瘫痪。采用网络技术后，不仅公用所有的传感器，而且可以共用其他设备，共享信息资源。因此，在几只或几十只 CPU 中，一两只出现问题时整车仍然可以正常运行。所以网络技术在汽车上应用不但增加了许多功能，而且大大提高了汽车的可靠性。

②网络组成灵活方便。针对不同汽车电子设备的配置情况，无须对整车控制系统进行重新设计就可构成网络并投入使用，且扩展容易。汽车局域网所用软件和硬件均为普遍流行使用的软件和硬件，设计人员易于进行开发和升级。

③降低生产成本。采用局域网之后，由于硬件、软件和信息等资源可以共享，因此所需传感器、线束及连接器减少，使得生产成本降低、安装工作量减小。

④扩充功能方便。因为系统的硬件和信息资源共享，所以在不增加硬件的情况下，通过修改软件即可提高、扩充子系统的控制功能。

10.2　控制器局域网(CAN)

1. 控制器局域网 CAN 概述

控制器局域网 CAN(Controller Area Network)是由德国 BOSCH 公司于 1986 年提出并推广应用的，按照 ISO 的有关部门规定，CAN 拓扑结构为总线式，所以也称 CAN 总线。CAN 总线是德国 BOSCH 公司为解决现代汽车中众多的控制与测试仪器之间的数据交换而开发的一种串行数据通信协议，它是一种多主总线，通信介质可以是双绞线、同轴电缆或光导纤维，通信速率最高可达 1 Mbps。CAN 总线是车载网络系统中应用最多，也最为普遍的一种总线技术。

汽车控制器局域网是指分布在汽车上的多个控制器(即电控单元 ECU)在物理上相互连接，并按照网络通信协议(CAN 协议)相互进行通信，以共享硬件、软件和信息等资源为目的的控制器系统。

CAN 是由中央控制组件 CEM、控制器局域网总线(CAN 总线)和若干个电子控制器(电控单元 ECU)等器件构成。图 10 – 1 所示为动力及其传动系统和车身系统部分 ECU 组成的 CAN 示意图。

中央控制组件 CEM 由 CAN 控制器、CAN 收发器和微处理器 CPU 等组成。CEM 既是整车网络系统的控制中心，也是高速局域网与低速局域网的网关服务器，电路连接如图 10 – 2 所示。

控制器局域网(CAN)最常用的控制器件有 PHILIPS 公司研究开发的 SJA1000、PCA82C200、PCA82C250、P8XC591 和 P8XC592 等芯片产品。其中，SJA1000 和 PCA82C200 为独立的 CAN 控制器；PCA82C250 是 CAN 收发器；P8XC591 和 P8XC592 则将微处理器 CPU 和 CAN 控制器集成为一体。在独立的 CAN 控制器中，SJA1000 的功能更为完善，其内部逻

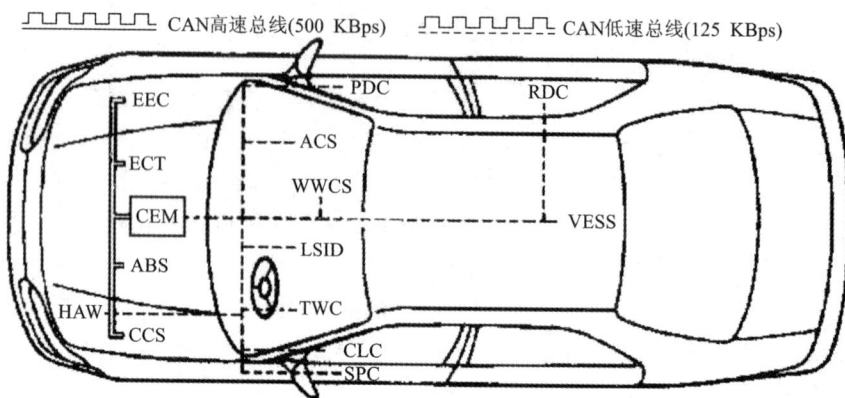

图 10-1　控制器局域网 CAN 的构成

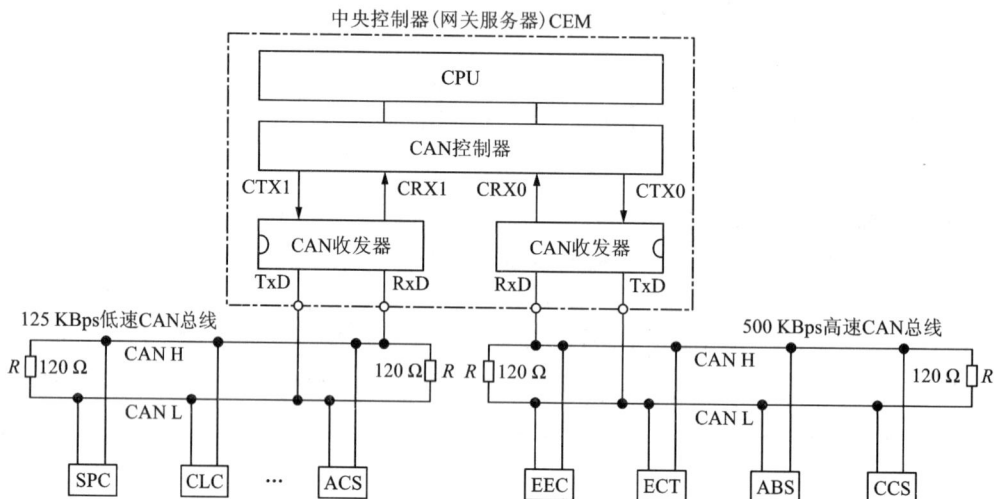

图 10-2　中央控制组件 CEM 与 CAN 总线之间的电路连接

辑示意图以及外部接口连接如图 10-3 所示。

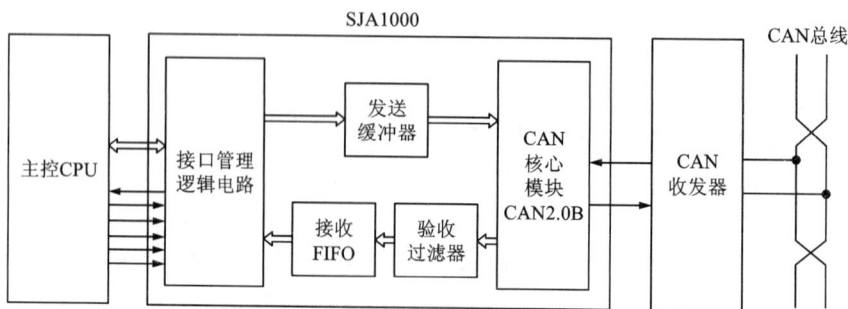

图 10-3　CAN 控制器 SJA1000 内部逻辑及外部接口示意图

SJA1000 拥有标准模式和皮利(Peli)模式两种应用模式。标准模式符合 CAN 协议的 2.0 A 标难，能够实现 PCA82C200 的所有功能，接收缓冲器也增至 64 个字节；皮利(Peli)模式符合 2.0B 标准，具有扩展数据格式功能，增加了仲裁丢失捕获、错误代码读取等功能，设计更为灵活方便。接口管理逻辑电路负责 CAN 控制器与微处理器 CPU 之间的相互通信，CAN 核心块集成了数据收发、处理、定时及错误管理等功能。由于 CAN 控制器 SJA1000 的总线驱动能力有限，不能直接与 CAN 总线连接，因此，在 SJA1000 与 CAN 总线之间需要连接 CAN 收发器。SJA1000 经总线收发器 PCA82C250 与 CAN 总线的连接原理如图 10－4 所示。

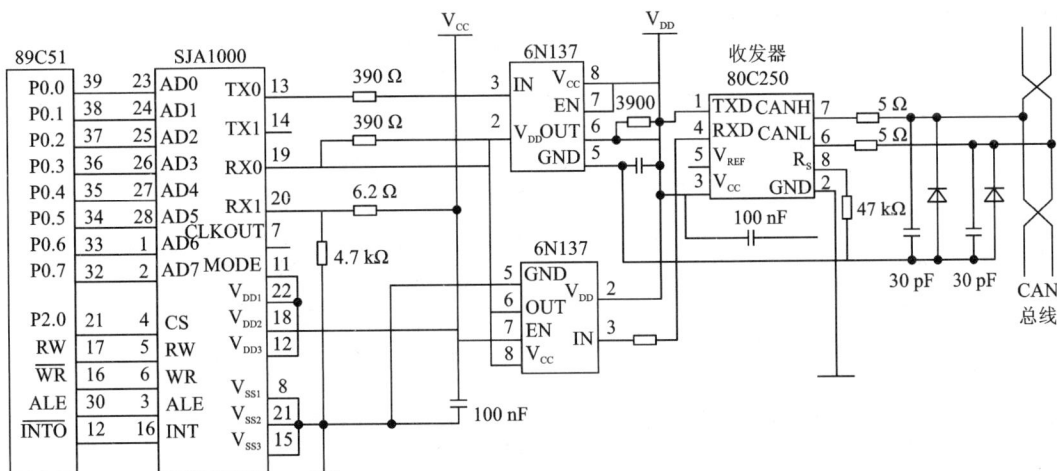

图 10－4　CAN 控制器 SJA1000 的典型应用方案

2. 控制器局域网(CAN)总线的特点

随着电子控制系统控制功能和监测功能的广泛应用，必然要求系统连接或分布更多的传感器和控制器。因此，简化物理布线(电器线路分布)、提高数据传输速率就成为电子控制系统设计研究的重要课题。简化电器线路的方案有许多种，其中采用"CAN 总线"是比较理想的一种，目前已经广泛应用于汽车、船舶、移动设备和工业自动化等领域。

CAN 总线由物理层和数据链路层构成。其中，数据链路层定义了不同的信息类型、总线访问的仲裁规则、错误检测与处理的方式。所有的错误检测与处理、信息的传输与接收等都是通过 CAN 控制器硬件来完成，因此，用户组建两线 CAN 仅需极少的软件开发。CAN 总线具有以下特点：

①所有节点均可发送和接收信息。CAN 总线是一种共享信息的通信总线，即总线上所有的节点都可发送和接收传输的信息。数据通信没有主从之分，任意一个节点可以向任何其他(一个或多个)节点发起数据通信，靠各个节点信息优先级先后顺序来决定通信次序，高优先级节点信息在 134 μs 通信。

②信息发送按信息优先级进行。与总线相连的所有节点都可发送信息，发送信息的节点通过改变所连总线的电平就可将信息发送到接收节点。在两个以上节点同时开始发送信息的情况下，信息优先级最高的节点获得发送权，其他所有节点转为信息接收状态，不会对通信

线路造成拥塞。

③通信距离远。CAN 总线上任意两个节点之间的最大允许传输距离与其信息传输速率有关。在 1 Mbps 速率下，CAN 总线通信距离可达 40 m；在 10 kbps 速率下，通信距离可达 6700 m。因此，CAN 总线既可用于动力及其传动系统网络的连接，也可用于车身控制系统网络的连接。

④通信速率高。CAN 总线采用两线差分传输数据，可支持高达 1 Mbps 的通信速率。CAN 总线传输介质可以是双绞线，同轴电缆。CAN 总线适用于大数据量短距离通信或者长距离小数据量，实时性要求比较高，多主多从或者各个节点平等的现场中使用。

CAN 总线的基本系统是由多个控制单元和两条数据线组成，这些控制单元通过所谓收发器并联在总线导线上，如图 10-5 所示。

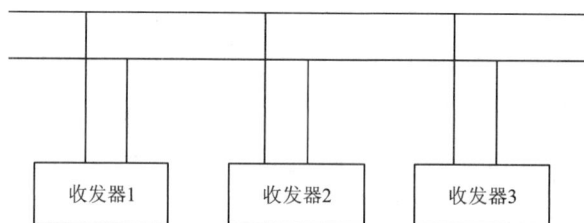

图 10-5　CAN 总线基本系统结构示意图

上面各个收发器的条件是相同的，也就是说，所有收发器控制单元的地位均相同，没有哪个控制单元有特权。从这个意义上来讲，CAN 总线也称多主机结构。

CAN 总线所传输的每条完整信息是由 7 个部分构成，信息最大长度为 108 bit。而且在两条 CAN 导线上，所传输的数据内容是相同的，但是两条导线上电平状态是相反的。其 CAN 总线的数据结构如图 10-6 所示。

开始区(1)	状态区(11)	检验区(6)	数据区(64)	安全区(16)	确认区(2)	结束区(7)

图 10-6　CAN 总线的数据结构

①开始区：长度为 1 bit，标志数据开始。

②状态区：长度为 11 bit，用于确定所传数据的优先级。也就是说，假如在同一时刻，两个收发器控制单元都想发送数据，那么所设定的优先级高的数据优先发送。

③检验区：长度为 6 bit，用于显示数据区中的数据数量，以便让接收端控制单元检验自己所接收到的数据是否完整。

④数据区：最大长度为 64 bit，该区是信息的实质内容部分。

⑤安全区：长度为 16 bit，用于检验数据在传输中是否出现了错误。

⑥确认区：长度为 2 bit，是数据接收器发送给数据发送器的确认信号，表示接收端已经正确、完整地收到了发送器所发送的数据。若检测到数据传输中出现错误，则接收器将会通

知发送器，以便发送器能够重新发送该数据信息。

⑦结束区：长度为 7 bit，标志数据的结束。

3. 控制器局域网(CAN)总线的连接

在车载局域网中，CAN 总线是由两根线 CAN - H(CAN - High 或 CAN +)数据线和 CAN - L(CAN - LOW 或 CAN -)数据线构成。在某些高档轿车的 CAN 中设有第 3 条 CAN 总线，用于卫星导航系统和智能通信系统。

动力与传动系统的控制器采用 C 类高速 CAN 总线连接，数据传输速率可达 500 KBps，以便实现高速实时控制。车身控制系统的控制器采用了低数据传输速率的 B 类 CAN 总线连接，数据传输速率为 125 KBps。各电控单元之间依据 CAN 通信协议相互进行通信，从而完成各种数据的交换。在中央电子控制组件 CEM 中，CAN 控制器具有双通道(CRX0、CTX0 通道；CRX1、CTX1 通道)的 CAN 接口，经过 CAN 收发器分别与高速(500 KBps)CAN 总线和低速(125 KBps)CAN 总线连接。各电控单元通过 CAN 总线与 CAN 收发器相连而相互交换数据。

CAN 控制器根据两根总线的电位差来判定总线电平的高低。总线电平分为显性电平与隐性电平两种，二者必居其一。

4. CAN 总线的数据传输过程

下面以发动机控制单元的传感器接收到发动机转速信息(转速值)，该值以固定的周期到达 ECU 的输入存储器内。对于发动机瞬时转速值不仅可用于发动机运转控制、变速器换挡控制，还需要用于其他控制单元，所以该值需要通过 CAN 总线来传输，以实现信息共享。于是该转速值将被复制到发动机控制单元的发送存储器内，准备通过 CAN 构件的发送邮箱进行对外发送。在发送该转速值之前，应该将该数值根据 CAN 所规定协议转换成标准的 CAN 数据格式进行发送。

其次，当一个收发器的控制单元的邮箱里存在需要发送的信息时，需要通过 RX 接收线来检查总线上是否有其他信息正在发送。若有其他信息正在传送时，则该控制单元需要等待一段时间，等总线处于空闲状态，再继续发送。

最后，就是接收处理过程。在接收过程主要分成两步：首先检查所接收到信息是否正确，然后检查信息是否可用。

①检查信息是否正确。任何收发器控制单元接收 CAN 总线上所发送所有信息，并且有相应的监控层来检查这些信息是否正确。这里主要采用了监控层 CRC 校验和来进行所接收到的信息校验和检查。其校验的方法，首先发送端在发送到 CAN 信息之前，对所有数据位计算出一个 16 bit 的校验值，同样接收器在接收到该数据时，也根据接收到的数据位中计算出一个校验和值，随后接收端系统将接收到的校验和值与本系统所计算出的实际校验和值进行比较，若两个校验和值是相等的，确认该数据传送中无错误，将该接收到的正确信息会送入到 CAN 构件的接收区。

②检查信息是否可用。这里主要由接收层来判断该接收到信息是否有用，若本控制单元判断该数据有用，则将该数据信息接收，放入到接收邮箱中；否则，拒绝接收该数据信息。

若多个发送控制单元同时发送数据信息，那么数据总线上就必然会发生数据冲突。为了避免发生冲突，CAN 总线具有冲突仲裁机制。按照信息的重要程度来分配优先权，对于十分紧急的信息，设定的优先权高，以确保优先权高的信息能够优先发送。

10.3　汽车局部连接网络(LIN)

1. LIN 技术概况

汽车局部互联网(Local Interconnect Network，LIN)主要用于控制开关与操作系统组成的车载局域网。LIN 总线全称为区域互联网络(Local Interconnect Network)，是一种结构简单、配置灵活、成本低廉的新型低速串行总线和基于序列通信协议的车载总线的子系统。LIN 总线为主从节点构架，即一个主节点(Master Node)可以最多支持 16 个从节点(Slave Node)。在从节点上可以不用晶振或谐振器时钟，也能做到自同步性，这能进一步降低成本。

汽车局部互联网是由欧洲汽车制造商 Audi AG(奥迪公司)、BMW AG(宝马公司)、Daimler Chrysler AG(戴姆勒 – 克莱斯勒公司)、Volvo Car Corporation(沃尔沃汽车公司)、Volkswagen AG(大众汽车公司)与半导体厂商 Volcano Communication Technologies AG(火山通信技术公司)、Motorola Inc(摩托罗拉公司)组成的协会(称为 LIN 协会)于 1999 年提出的车载局域网，2003 年开始投入使用，主要目的是降低车载局域网成本。LIN 协议为串行通信协议，数据总线为单线总线。

LIN 协议是基于 UART/SCI 接口协议，可实现极低的软、硬件成本。同时，其信号传播时间是可以预先计算，以保证了传输的确定性。其最大的传输距离可以达到 40 m 左右，数据传输率可达 20 Kbps；LIN 总线系统的突出特点是单线式总线，仅靠一根导线传输数据。

1999 年，LIN 1.0 版本推出后，不断有新版本出现，如 LIN1.3、LIN2.0 等，持续地改进了 LIN 总线的性能与适用性。美国汽车工程协会(SAE)下属的车辆架构任务组(Task Force)也根据 LIN 2.0 提出了 J2602 规范，从而使得 LIN 从节点所需要的软件代码长度大大缩短，进一步降低了 LIN2.0 中软件单元的复杂性和系统配置的有效性。此外，主流厂商也会针对 LIN 的性能推出改进版本或技术，例如意法半导体公司推出的 LINSIC。

LIN 主要用作 CAN 等高速总线的辅助网络或子网络，能为不需要用到 CAN 协议的装置提供较为完善的网络功能，包括空调控制、后视镜、车门模块、座椅控制、智能性交换器、低成本传感器等。在带宽要求不高、功能比较简单以及实时性要求低的场合和设备，如车身电器的控制等方面，使用 LIN 总线可有效简化网络线束、降低成本。

2. LIN 协议的特点

局部互联网(LIN)协议作为车身低端网络协议具有以下两个显著优点：

①节约材料、降低成本。与低速 CAN 协议相比，数据传输线从 2 根减少到 1 根，因此可以节省大量导线；此外，副节点的振荡器由石英或陶瓷振荡器改为电阻式振荡器；收发器由差动放大式改为比较式；通信软件减少，因此网络成本大幅度降低，仅为采用低速 CAN 总线网络的一半。

②网络扩展方便。在 LIN 中，无需改变任何副节点的软件或硬件，就可直接添加节点。

3. LIN 总线系统的组成

LIN 总线系统主要由三部分组成：LIN 上级控制单元(即 LIN 主控制单元)；LIN 下级控制单元(即 LIN 从属控制单元)和单根导线，其系统结构如图 10 – 7 所示。

(1)LIN 主控制单元

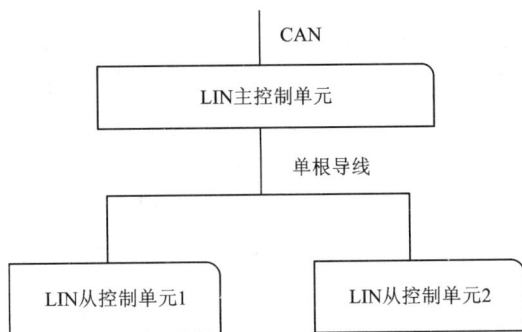

图 10 - 7 LIN 系统结构示意图

LIN 主控制单元对上连接在 CAN 数据总线上，可以与 CAN 总线上其他设备或收发器设备进行通信；而对下主要通过单根导线与下面一个或多个 LIN 从控制单元进行通信，主要实现以下几个方面功能：

①监控数据传输过程和数据传输速率，发送信息标题。

②LIN 主控制单元的软件内已经设定好一个周期时间，该周期用于决定何时将哪些信息发送到 LIN 数据总线上多少次。

③LIN 主控制单元在 LIN 数据总线系统的 LIN 控制单元与 CAN 总线之间起"翻译"作用，它是 LIN 总线系统中唯一与 CAN 数据总线相连的控制单元。

④通过 LIN 主控制单元进行与之相连的 LIN 从控制单元的自诊断。

LIN 主控制单元控制总线导线上的信息传播情况。LIN 总线的信息结构如图 10 - 8 所示。

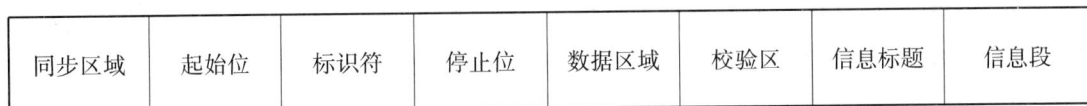

同步区域	起始位	标识符	停止位	数据区域	校验区	信息标题	信息段

图 10 - 8 LIN 总线的信息结构示意图

其中标识符字节包含了 LIN 从控制单元地址、信息长度以及用于信息安全的两个位等信息。

（2）LIN 从控制单元

在 LIN 数据总线系统结构内，单个的控制单元或传感器及执行元件都可看作 LIN 从控制单元。通常情况下，LIN 从控制单元不会主动发起与 LIN 主控制单元的通信，主要采取等待 LIN 主控制单元的指令；当为了结束休眠模式，LIN 从控制单元可自行发送唤醒信号。

4. LIN 总线的数据传输

LIN 总线的数据传输系统，首先由 LIN 主控制单元通过信息标题发送请求或主动向 LIN 从控制单元发送数据信息，其具体过程如图 10 - 9 所示。

对于 LIN 总线的子系统来说，总是由主系统发送相应的信息标题要求时，它才向 LIN 总线发送数据，其发送到总线上数据可供每个 LIN 数据总线控制单元所接收。对于上图示意图

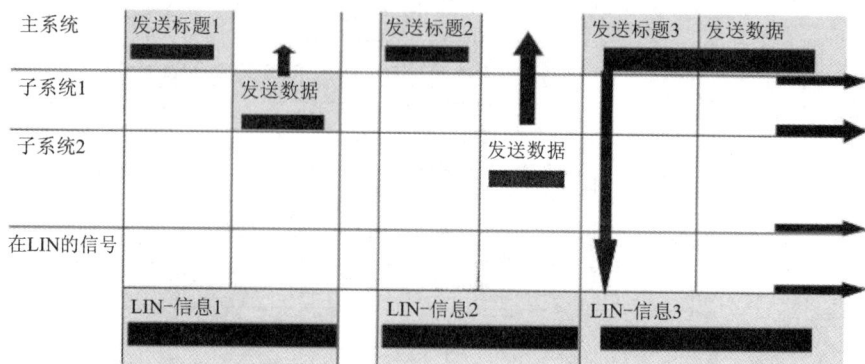

图 10 - 9　LIN 总线的数据传递流程示意图

来说，LIN - 信息 1 表示主系统要求子系统 1 发送其相关数据时，先由主系统向 LIN 总线发送标示子系统 1 的请求信息，当子系统 1 接收到该请求信息后，则向 LIN 总线发送数据信息，所有 LIN 总线系统都能接收到。同样方法，主系统也可以要求子系统 2 发送数据信息；另外，对于 LIN 信息 3 来说，由主系统直接向 LIN 子系统发送数据信息。

5. LIN 总线与 CAN 总线的关系

CAN 总线作为控制器局域网的标准总线已经成为主流，但是低速 CAN 总线用于车身控制网络成本太高。这是因为车身控制网络底层设备多为低速电机和开关器件，对实时性控制要求不高，但节点数目多，且布置分散，对成本比较敏感。

LIN 总线是一种新型的低成本汽车车身总线，可以弥补低速 CAN 总线成本高的不足。LIN 总线的目标定位是作为 CAN 的辅助总线，用于车身控制网络的低端场合，实现汽车车身网络的层次化，以降低汽车网络的复杂程度，力求成本最低。

LIN 总线主要应用于汽车车身中的联合装配单元，如车门模块、车顶模块、座椅模块、空调模块、组合仪表盘模块、车灯模块等。每个模块内部各节点间通过 LIN 总线构成一个低端通信网，完成对外围设备的控制，如图 10 - 10 所示。各个模块又作为一个节点，通过网关（智能服务器）连接到低速 CAN 总线上，构成上层主干网，使整个车身电子系统构成一个基于 LIN 总线的层次化网络，实现分布式多路传输，使网络连接的优点得到充分发挥。由于目前尚未建立汽车车身低端多路通信的汽车标准，因此，LIN 正试图发展成为低成本低端串行通信网络的行业标准。

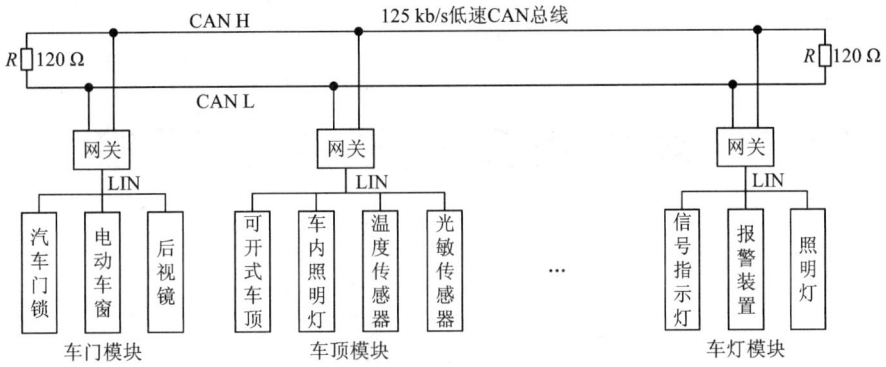

图 10 - 10　基于车载局域互联网 LIN 总线的车身网络

思考题

1. 简述车载网络的分类。
2. 简述 CAN 总线的数据传输原理及其特点。
3. 简述 LIN 总线系统的组成和数据传输过程。

第11章 汽车电子控制新技术

11.1 坡道辅助系统

传统手动机械式变速器车辆的坡上起步要求驾驶员对离合器踏板、油门踏板及手刹车操纵杆等的一系列操作必须协调，才能得以顺利完成起步，这对于驾驶员的驾驶熟练程度要求很高，若配合不当可能发生发动机熄火或者车辆倒溜现象。对于自动挡位汽车来说同样存在这种问题，车辆取消了离合器踏板，离合器的工作过程由 ECU 直接控制，这就给汽车的坡上起步控制增加了一定的难度。坡道起步辅助系统(Hill - start Assist System, HAS)正是针对这一实际情况开发和研制的。HAS 是一种主动控制系统，驾驶员可通过 HAS 开关选择是否启用。HAS 可有效避免车辆坡道起步时，驾驶员松开制动踏板到踩下加速踏板过程中车辆的后溜。

11.1.1 基于坡道起步辅助控制阀的坡道起步辅助控制系统

坡道起步辅助控制系统最早是为了实现自动机械变速器(AMT)的坡道起步自动控制功能而产生的。典型的坡道起步辅助装置就是在原驻车制动系统中添加坡道起步辅助控制阀(HAS 阀)的方式来实现，如图 11 - 1 所示。受 ECU 控制的 HAS 阀平时处于开启状态，制动液可以在制动主缸和车轮轮缸之间自由流动，从而传递制动压力。当驾驶员踩下制动踏板时，制动主缸里的制动液会流向制动轮缸，从而形成制动压力，推动活塞完成制动。制动结束后，驾驶员抬起制动踏板，此时由 ECU 控制的 HAS 阀关闭，阻止制动液流回到制动主缸中，因此车轮轮缸中的制动压力得以保留，即此时仍然有制动效果。在坡道起步的过程中，当离合器开始逐渐接合时，驱动力矩会慢慢传递到车轮上来，一旦 ECU 监测到驱动力矩可以克服阻力矩完成起步时，就会立刻解除 HAS 阀对制动液的滞留过程，释放制动压力，完成平稳起步。HAS 系统就是对制动系统的自动控制。

HAS 阀主要由 ECU 控制，ECU 采集的信号包括油门踏板开度信号、发动机转速信号、离合器行程信号、车速信号、变速器中间轴转速信号、当前挡位信号、制动踏板开度信号等。

HAS 系统不可以代替驻车制动系统进行长时间制动，毕竟液压管路承载能力有限，长时间制动容易导致液压油的泄漏。只有变速器处于一挡或倒挡时 HAS 系统才工作，这样可以有效避免在平路中 HAS 系统频繁地介入正常形式从而影响驾驶员的操作。坡道起步的综合控制原理如图 11 - 2 所示。

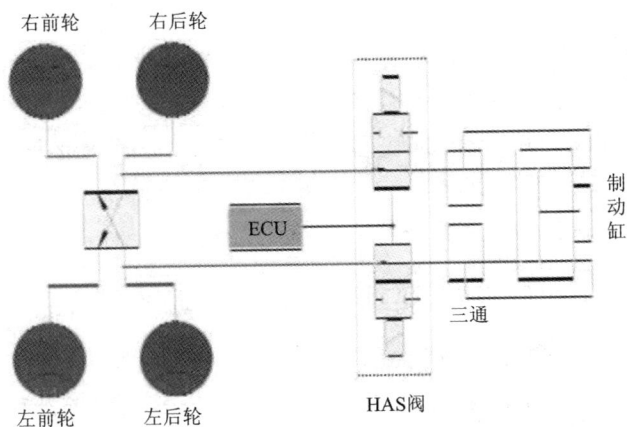

图 11-1　HAS 系统工作原理图

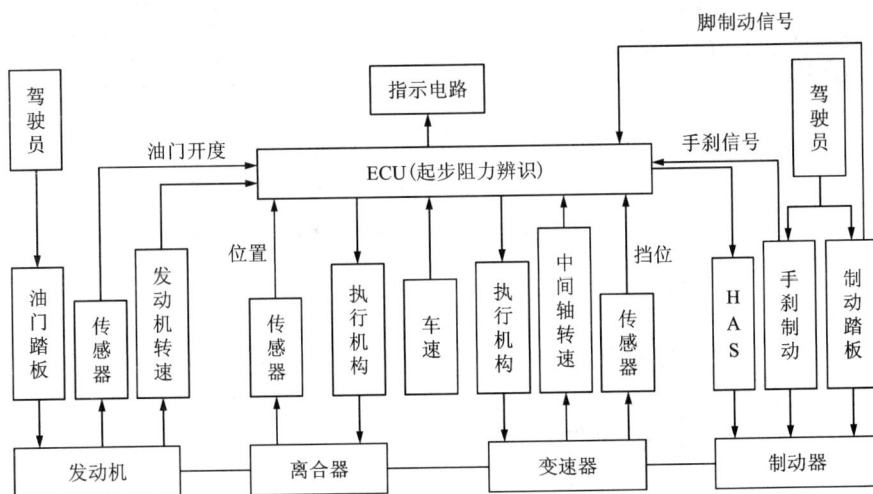

图 11-2　坡道起步综合控制原理

坡道起步能否成功的另一个重要因素就是由 ECU 来实现的起步阻力辨识功能。ECU 根据接收到的各个传感器的信号来计算出车辆起步所需要克服的阻力矩，同时控制离合器传递的发动机驱动力矩来克服这些阻力矩。只有在驱动力矩刚好能克服阻力矩时才可以释放制动力使车辆自由起步，释放得过早会使车辆驱动力不足而后溜，释放得过晚则会将制动力矩也变成起步需要克服的阻力矩。掌握好制动力释放的时刻才能保证不影响车辆正常起步。

11.1.2　基于电子油门技术的坡道起步辅助控制系统

根据节气门或者油门齿杆位置控制方式的不同可以将 AMT 系统划分成刚性和柔性两种。在刚性 AMT 系统中，其节气门或油门齿杆位置的控制由加速踏板通过相应的机构直接进行控制，只有在起步和换挡时 AMT 系统电控单元才会对发动机的工作情况进行干预。相比之下，柔性 AMT 的油门踏板并不直接与节气门或者油门齿杆相连接，油门踏板的位置或者变化率只是用来反映驾驶员的驾驶意图，通过 AMT 系统电控单元的相关控制算法获取驾驶员的驾驶意图之后，采用对应的控制策略来对发动机进行控制。对于采用柔性 AMT 系统的车辆，其可以通过自动变速箱控制单元协调车辆发动机、制动系统以及整车的协调控制，可以在较短的时间内促使发动机增加其转速、加快离合器结合速度，从而防止车辆后溜，理论上讲该种控制方式比人工控制会有更好的控制精度和可靠性。该控制方式的实现需要对车辆起步前的坡度大小进行相对准确的估计或者是测定。

11.1.3 基于 ABS/ASR 的坡道起步辅助控制系统

基于 ABS/ASR 的 HAS 控制系统的关键技术在于对车辆后溜的判断和制动干预解除时机的选择。ABS/ASR 的集成控制系统原理如图 11 - 3 所示，其工作原理为根据车轮上装备的扭矩传感器来判断制动力释放的时机。这套 HAS 系统仅作用于从动轮，因此可以减小起步过程中对驱动轮的干扰，不同于传统的 HAS 系统，该系统的作用对象是 ABS/ASR 系统，可以自动调节轮缸中的制动压力，甚至可以在制动压力不足的情况下继续施加制动压力。加装扭矩传感器之后，可以精确检测车辆坡道起步过程中传动系统传递扭矩的大小，进而可以确定更加准确的驻车制动解除时机。

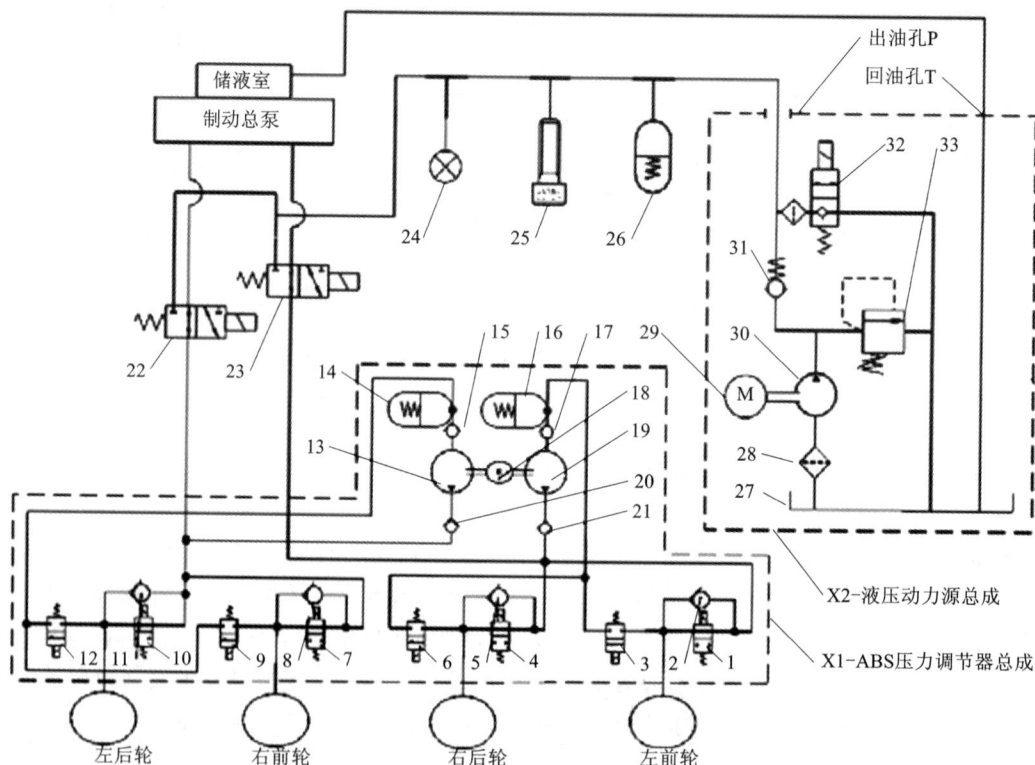

图 11 - 3 ABS/ASR 集成控制系统原理图

1—左前进油阀；2—左前卸压单向阀；3—左前回油阀；4—右后进油阀；5—右后卸压单向阀；6—右后回油阀；7—右前进油阀；8—右前卸压单向阀；9—右前轮回油阀；10—左后轮进油阀；11—左后卸压单向阀；12—左后回油阀；13、19—ABS 回油泵；14、16—ABS 储液器；15、17、20、21—ABS 回油单向阀；18—ABS 电机；22、23—ASR 电磁阀；24—压力表；25—压力传感器；26—ASR 储能器；27—油箱；28—油滤；29—ASR 电机；30—液压泵；31—液压泵单向阀；32—卸荷阀；33—安全阀

11.1.4 基于单向离合器的机械式坡道起步辅助控制系统

单向离合器的作用是只允许连接在其两端的部件单方向旋转，分为楔块式单向离合器和滚子式单向离合器两种。在工程中，应用较多的是滚子式单向离合器。在传统的液力自动变速器中，液力变矩器中的单向离合器可以提高传动效率，变速器控制机构中的单向离合器可以缓和换挡冲击。

单向离合器安装在变速器输入轴的端部。单向离合器的内圈采用花键与变速器输入轴连接，处于常啮合状态，随变速器输入轴的转动而转动，而单向离合器的外圈则与变速器箱体连接，处于静止状态。单向离合器的布置位置如图 11 - 4 所示。

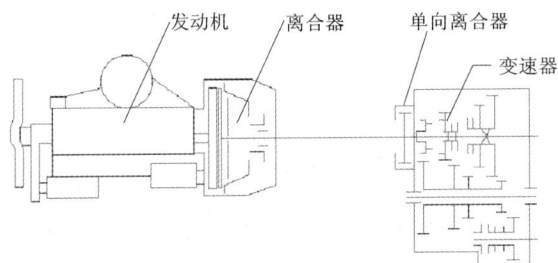

图 11 - 4 单向离合器在传动系中的布置位置

当车辆正常行驶或起步时，变速器输入轴正向转动，单向离合器处于分离状态，对车辆正常运行没有任何影响。

当车辆处于坡道起步状态时，由于重力的作用，车辆会产生向后溜坡的趋势，此时单向离合器处于接合状态，使离合器的内圈和外圈锁死，从而抵消车辆的后溜趋势，即使不实施制动，车辆也不会溜坡。在坡道起步过程中，离合器逐渐接合，当离合器传递的扭矩足够克服车辆起步的阻力和坡度阻力的合力时，车辆完成坡道起步，此时单向离合器自动分离，车辆顺利起步。

如果起步过程中动力不足，或离合器突然打滑，或发动机突然熄火，由于单向离合器会自动接合，因此也不存在溜坡现象。由于单向离合器的这种特性，该装置可以在部分情况下代替驻车制动器的存在，使坡道起步变得更加轻松容易。此时的坡道起步由于不存在后溜，因此相当于阻力稍大的水平路面起步，通过坡度传感器测量出坡度角，将由于坡道产生的坡度阻力转换为水平的阻力，再加上正常水平路面车辆起步时的阻力，即可得到车辆起步中需要克服的总的阻力，并据此得出离合器的控制规律，将坡道起步转化为水平路面起步。

11.2 自动泊车系统

随着汽车保有量的快速上升，在现代都市中"停车难"问题表现得越来越突出。将车辆停入窄小的停车位，对很多驾驶员来说不是件容易的事，尤其是一些初学者，由此引发的交通事故也逐年增加。一个有效的自动泊车系统，不仅能帮助驾驶者快速、安全地完成泊车操作，减轻驾驶员负担，减少交通事故，而且能够有效提高汽车的智能化程度，增加汽车的附加值，从而带来巨大的经济效益。

11.2.1 自动泊车的类别

自动泊车一般包含平行泊车和垂直泊车，一般的平行泊车系统工作过程如图 11 - 5 所示，驾驶员将车辆开到想要停车位置附近，按下泊车辅助控制按钮，泊车系统将系统首先进行车位检测，并计算出在两车中间停泊所需要的距离。如果有足够的空间可以进行泊车，系统将提示，可以进行泊车，如果泊车空间不够，系统会发出声音信号通知驾驶员。垂直泊车系统工作过程如图 11 - 6 所示，感知环境的传感器和路径规划的方法可能会有不同。在泊车辅助系统工作的时候，驾驶员不需要转动方向盘，只需要控制挡位和刹车。自动控制系统能够控制车辆转向行进的全过程。

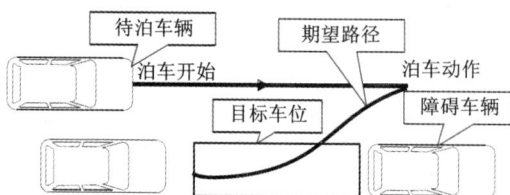

图 11 - 5　平行自动泊车

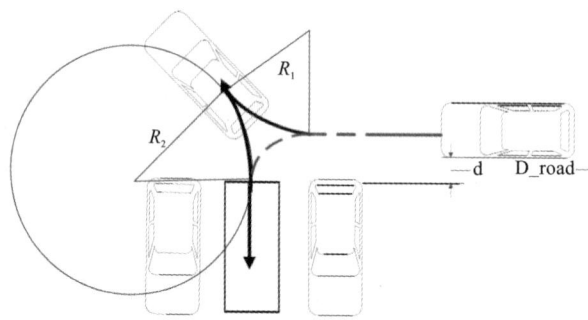

图 11 - 6　垂直自动泊车

11.2.2 自动泊车的组成

如图 11 - 7 所示，自动泊车系统主要由感知单元、中央控制器、转向执行机构和人 - 机交互系统组成，各单元功能简述如下。

（1）感知单元

感知单元功能包括泊车环境信息感知和车辆自身运动状态感知。感知单元对环境信息感知主要包括车位检测和自车与周围物体相对距离测量，环境感知系统由车位检测传感器、避障保护传感器等组成。车辆运动状态感知主要通过轮速传感器、陀螺仪、挡位传感器等获取

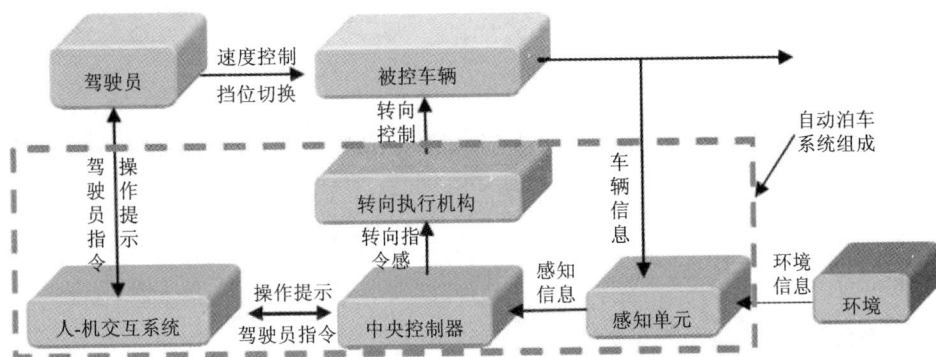

图 11 -7　自动泊车系统组成结构示意图

车辆行驶状态信息。泊车系统中央控制单元在环境感知和车辆自身运动状态已知的前提下进行车辆运动控制，因此感知单元是泊车系统的基本单元。

（2）中央控制器

中央控制单元功能主要有：①分析处理感知单元获取的环境信息，得出准确的车位信息；②车辆泊车运动控制。中央控制器根据车辆运动状态，判断所需车辆挡位，并将挡位操作提示通过人 – 机交互界面传达给驾驶员。当驾驶员完成正确的挡位操作，中央控制器根据车辆实际泊车位姿与目标泊车位姿偏差计算出合理的方向盘转角，并实时向转向执行机构发送转向指令。整个泊车过程中，泊车系统控制器实时接收并处理车辆避障传感器输出的信息，当车辆与周围物体相对距离小于设定安全值时，泊车系统控制器将采取合理的车辆运动控制，以保证泊车过程的安全性。因此，泊车运动控制单元——中央控制器为泊车系统核心单元。

（3）转向执行机构

转向执行机构包括转向系统、转向驱动电机、转向电机控制器、转向柱转角传感器等结构。转向执行机构接收泊车系统中央控制器发出的转向指令后执行转向操作。由此可知，泊车运动由驾驶员和泊车系统配合控制完成。因此，转向执行机构是泊车系统不可缺少的组成部分。

（4）人 – 机交互系统

人 – 机交互系统功能是实现驾驶员与泊车系统之间的信息交互。中央处理单元通过人 – 机交互界面将车位信息及操作提示信息显示给驾驶员，同时，驾驶员通过人 – 机交互系统向泊车系统发出泊车要求指令，如是否选择泊车系统已检测到的车位、车辆停放基准等泊车指令。

自动泊车流程如图 11 – 8 所示。

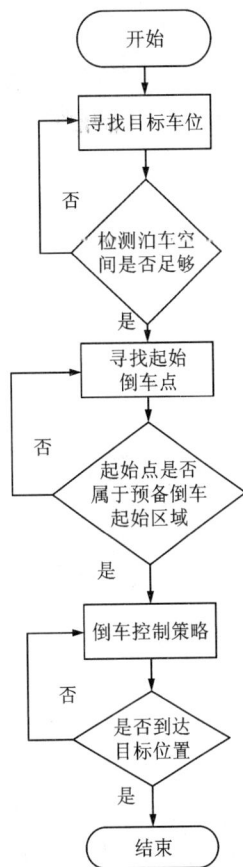

图 11 – 8　泊车流程简图

11.3 辅助驾驶系统

自适应协同控制的辅助驾驶系统包括交通管理系统、主动安全辅助系统、车辆协调应用系统。交通管理系统以提高道路网络性能的技术为开发目标；主动安全辅助系统是以汽车安全为目标的辅助驾驶系统及相关应用；而车辆协调应用系统旨在发展协调汽车辅助驾驶安全应用的通信技术系统。

11.3.1 交通管理系统

交通管理系统能够实现智能车辆系统和智能基础设施单元之间的信息交换与互动。通过交通管理系统把交通信息中心道路的基础设施和智能车辆以一种全新的方式结合起来，建立了汽车行业、道路网络运营商和信息通信技术部门之间合作的新模式。

网络优化项目是对当前交通状况进行实时监控，由实时交通诱导系统将交通信息通过交通中心发送到运行中的车辆终端机上并对驾驶员进行实时警告和引导。如图 11 - 9 所示，某一车辆的实时数据通过路边设备传送到交通中心，在车道另一侧的某一车辆则能接收到实时的警告信息，驾驶员根据警告信息及时避险。此外，该系统也可以应用在一些存在安全隐患的路段，如道路维修施工路段等。

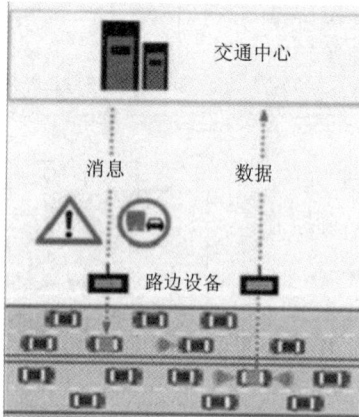

图 11 - 9　实时交通诱导系统

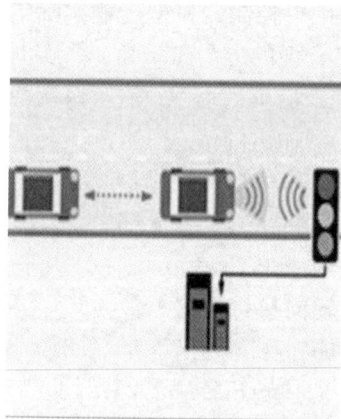

图 11 - 10　交通信号协调系统

交通信号协调系统将实时监控交通路口的流量并进行优化控制（图 11 - 10），从而减少等待交通灯信号的时间。

基于自适应协同控制的智能交通系统的自适应导航系统，能协调车辆和交通基础设施之间的相互关系，为驾驶员驾驶提供必要的动态导航安全信息（图 11 - 11）。除了应用广播和移动通信等单向系统外，建立起对运行中的车辆与基础设施之间的直接双向信息传输功能。行驶时间、优化的行驶路线和基础设施的信息以及警告、限速等信息都将被集成并显示在用户的终端机上。

图 11 – 11　自适应导航系统

路况响应辅助驾驶系统主要是指当车辆经过道路施工路段时,通过通信工具监测当地交通状况以及车辆与车辆之间或车辆与基础设施之间的通信信息,对车辆进行安全引导,使道路施工路段的交通状况得到改善(图 11 – 12),从而避免交通挤塞和交通事故,故又称道路工程导航系统。

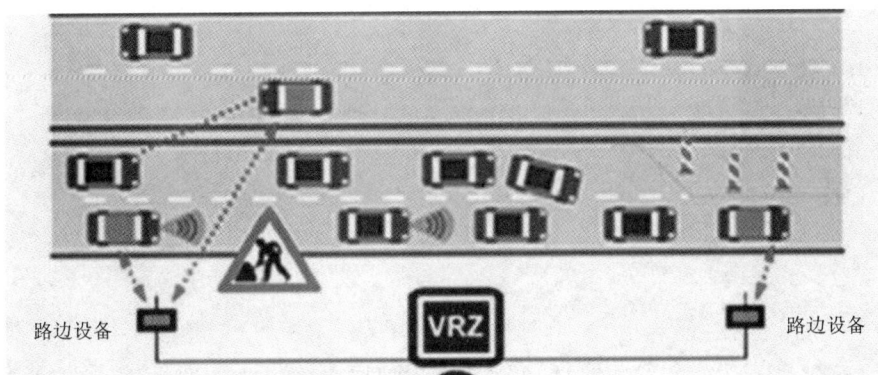

图 11 – 12　路况响应驾驶系统

该系统扩大了自适应导航控制系统在目前车辆上的应用。为了使道路施工路段的交通顺畅,与道路工程有关的最新的路线消息和优化的驾驶策略会被传送到车辆显示终端,其中包含交通引导信息的地图预览。为了接收到该施工路段周边的最新交通信息,车载系统随时跟踪车辆的行驶路线,然后利用车辆和路边设施之间的通信,把最新的交通信息传送到交通中心。大众公司开发了车辆数据分析系统,通过与路边设备进行实时通信,把车道数量、行驶路径和精确的道路行驶路线等信息以实时动态地图的形式传送到驾驶员提供驾驶建议或自动控制距离和速度,并根据交通情况,使车辆在靠近潜在的交通拥挤路段时,采取适当的谨慎驾驶策略,可以在与前方车辆保持安全距离的情况下,以安全的速度通过道路的狭窄部分,在离开施工路段时自动恢复到正常的车速,提高了交通效率。这一具有一定创新性的自适应控制措施使任何挤塞情况都能得到彻底的改善。

11.3.2 主动安全辅助系统

自适应协同控制的智能交通系统的重点之一是主动安全辅助系统，其目的是给驾驶员提供协助和指挥，该系统包括众多主动安全驾驶功能。先进的主动驾驶辅助系统的基础是一个强大的、可靠的环境感知和分析决策系统，该系统不仅能对过度疲劳和疏忽大意的驾驶者提供支持和帮助，引导驾驶者安全到达目的地，有效缓解交通压力，更好地利用现有的道路通行能力，而且也能有效提高所有道路使用者的交通安全性。主动安全辅助系统主要包括以下几个子系统。

1. 主动安全制动系统

主动安全制动系统包括了一些新的功能：前置的传感器会找到静止或移动的障碍，弥补了驾驶员的警觉性不足；而精确的制动时刻适应瞬时的交通情况；把预警概念(警告 > 制动 > 全制动)融入到决策系统中(图 11 - 13)，提高了驾驶环境的精密检测和准确分析以及适应驾驶情况的可靠决策系统使自适应功能的控制精度，并远远超出了现有的制动辅助系统。系统不断收集和监视传感器的数据，详细跟踪驾驶状态，包括车辆的速度和加速度、驾驶员当前的操纵策略、前后车辆的位置和速度、道路的几何形状等，对车辆进行最优的主动安全控制。

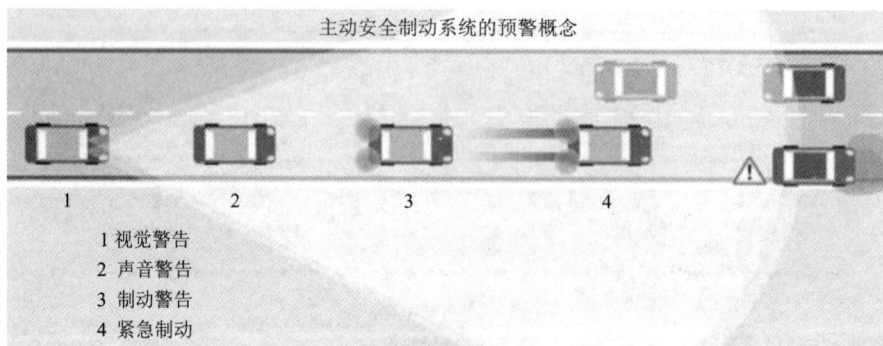

图 11 - 13　主动安全制动系统

为了在整个交通范围内实现快速反应，主动安全制动系统的控制策略适应可能出现意外的各种行驶状况。例如汽车急速地靠近一个障碍物或另一汽车，或者系统检测到驾驶员已经分散了注意力，系统就会发出警告，并准备紧急制动；然而，一旦驾驶员已经认识到危险，采取了制动控制措施，只要驾驶员操纵得当，避开了障碍，该系统就会推迟任何计划的制动干预。

2. 综合横向辅助系统

综合横向辅助系统的目标是给车辆从 0 到 180 km/h 行驶车速范围内提供车道横向安全引导。这种安全车道保持功能甚至能运用到复杂的驾驶情况中。通过利用各种传感器扫描汽车前方的空间，再由系统把各个传感器的信息融合成一个完整的画面，系统分析处理信息后，会产生一个横向的导向控制信号，并将此控制信号传递给动力转向系统，如图 11 - 14 所

示。如果车辆偏离其车道，该系统就会施加轻微的
力使车辆回到原来的轨道。

综合横向辅助系统对车辆通过狭窄的施工区域
予以特别支持（图 11 – 15）。如果车辆需要以
60 km/h 的速度进入到一个狭窄的施工区域，那么安
装在车辆前面的雷达和视频能立即"识别"复杂的形
势，如在遇到标志着车道界限的混凝土障碍时，平
行车道上行驶的车辆就会采取自动转向避障措施。
由于高速公路上行驶的车速更高，这就需要该辅助
系统具有预见性的功能，即要求传感器能够远距离
地测量交通流和车道曲率半径。其中车道的曲率半
径通过由 GPS 定位的数字地图获得。使用该数字地
图能够预见车辆行驶的理想轨迹，从而保证车辆在
该车道内的安全行驶。若行驶的车道足够宽，该系
统则选择一条横向间隔较宽、弯道曲率半径较大的
轨迹行驶。同时纵向辅助系统可以调整车速，使车
辆在纵向和横向两个方向均得到控制，从而实现最
佳的车道保持功能。

图 11 – 14 综合横向辅助系统

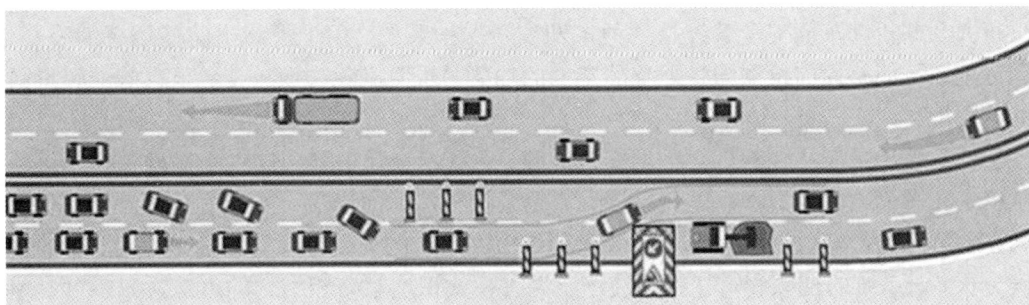

图 11 – 15 综合横向辅助系统的功能

3. 交叉路口援助系统

路口是交通流的交叉点，是交通事故的多发点之一。交叉路口援助系统通过相关的支持
程序降低车辆在进入、穿过路口时的意外情况的发生可能性（图 11 – 16）。为了有效地处理
路口的复杂交通状况，该系统利用机载传感器和计算机监测当前的交通状况，然后通过基于
雷达和高分辨率激光雷达传感器采集的数据通过智能算法对数据进行分析，该算法每隔
20 ms 更新一次信息，提供距离、速度和其他道路使用者的前进方向等信息。同时，车辆之间
还能通过无线局域网直接交流交通数据。

前方的交通标志和交通灯信号通过无线局域网或直接由摄像机检测，基于这一动态信
息，车辆的空间运动轨迹能被实时检测。同时，内部传感器、车载网络和总线数据会监控驾
驶员是否正在对车辆进行控制，从而估计驾驶员的注意力状态和反应时间。如果可能发生碰

239

图 11 –16　交叉路口援助系统

撞，系统会尽快提醒驾驶员，如果驾驶员仍然没有采取任何措施，系统将进行制动干预。作为最后的手段，系统可以启动紧急制动。

4. 行人和非机动车辆安全系统

行人和非机动车辆安全系统是一种主动安全保护系统，用于提高道路使用者的安全性。利用遥感系统能够提前检测即将发生的意外的功能，从而避免碰撞，或者至少能减轻事故后果的严重性。

不同于缓冲吸能式保险杠等被动安全措施，主动安全保护系统提供了额外保护。该系统使用安装在车辆上的相机和雷达传感器，不断地监测其周围环境，提高了对行人和非机动车的动态监测性能。这些传感器于车前数米开始探测未受保护的行人及其行走方向。为了能够精确分析，该系统的视频和雷达图像使用了两种模式识别策略相结合的方法。第一种是基于组件策略，即通过识别不同的身体部位来描述图像里的道路使用者，这种方法把道路使用者简化成一些必要的组件[图 11 –17(a)]。另一种就是基于视图策略，即判断行人会从前方、后方或侧面的行走路线，这样行人的前进方向和速度都能被测量[图 11 –17(b)]。这两种策略相结合得到的模型和数据库中已知的参考模型相比较，就能得到最佳的行驶方案。

5. 驾驶员警示安全系统

驾驶员警示安全系统利用车外传感器、车内摄像机或是两者结合所获取的信息对驾驶员警觉性进行实时检测，测量结果将用于适当的预警和干预控制。此外，一些维持驾驶员警觉性的额外措施也将被应用。主动安全系统为提高驾驶员警觉性所开发的监测系统，可用于评估车辆在危急情况的可控性、预测驾驶者的长期驾驶行为和统计该系统对事故发生率的影响。

(a)　　　　　　　　　　　　　　　　(b)

图 11 – 17　行人和非机动车辆安全系统

11.3.4　车辆协调应用系统

　　驾驶辅助系统与交通管理系统之间需要一个通信系统,能够提供高效、及时的数据交换功能。新一代的移动通信技术构建了车辆协调应用系统(图 11 – 18)。其目标是利用移动网络系统提醒驾驶员有关的交通隐患,并提供有效的道路和交通状况的信息导航。

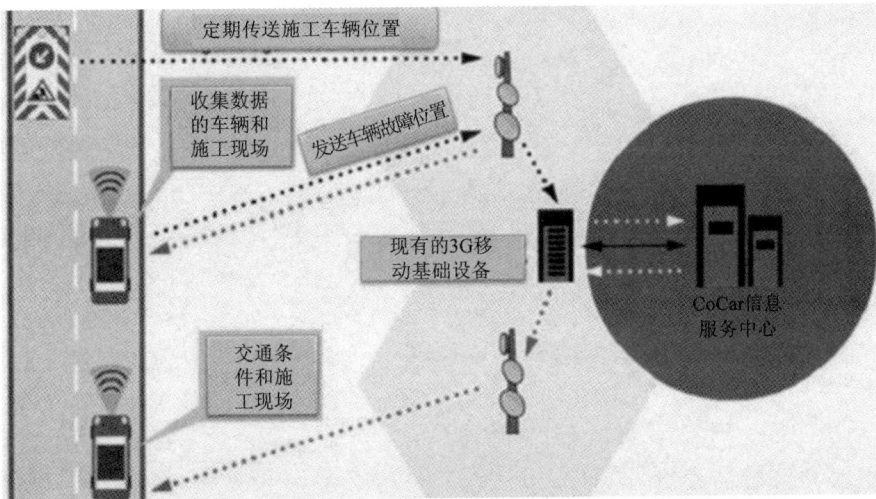

图 11 – 18　车辆协调应用系统

思考题

1. 坡道辅助系统有哪些类型？各有什么特点？
2. 自动泊车由哪些部分组成？各部分的功能是什么？
3. 简述自动泊车流程。
4. 辅助驾驶系统有哪些？
5. 什么是主动安全？
6. 简述汽车辅助驾驶新技术。

第 12 章　汽车电路设计

Proteus ISIS 是英国 Labcenter 公司开发的电路分析与实物仿真软件。它运行于 Windows 操作系统上，可以仿真、分析（SPICE）各种模拟器件和集成电路，该软件的特点是：

①实现了单片机仿真和 SPICE 电路仿真相结合。具有模拟电路仿真、数字电路仿真、单片机及其外围电路组成的系统的仿真、RS232 动态仿真、I²C 调试器、SPI 调试器、键盘和 LCD 系统仿真的功能；有各种虚拟仪器，如示波器、逻辑分析仪、信号发生器等。

②支持主流单片机系统的仿真。目前支持的单片机类型有 68000 系列、8051 系列、AVR 系列、PIC12 系列、PIC16 系列、PIC18 系列、Z80 系列、HC11 系列以及各种外围芯片。

③提供软件调试功能。在硬件仿真系统中具有全速、单步、设置断点等调试功能，同时可以观察各个变量、寄存器等的当前状态，因此在该软件仿真系统中，也必须具有这些功能；同时支持第三方的软件编译和调试环境，如 Keil C51 uVision2 等软件。

④具有强大的原理图绘制功能。总之，该软件是一款集单片机和 SPICE 分析于一身的仿真软件，功能极其强大。本章将介绍 Proteus ISIS 软件的工作环境和基本入门操作。

作为一个从设计到完成的完整电子设计与仿真平台，由于其能实现电路仿真与处理器仿真的有机结合，为电子学的教学与实验提供了革命性的手段，现在已经被越来越多大学采用为电路、单片机与嵌入式系统实验室平台及创新平台。PROTEUS 从 1989 年问世至今，经过了近 20 年的使用、发展和完善，功能越来越强，性能越来越好，已在全球广泛使用。

1. Proteus ISIS 案例应用

图 12 - 1 所示为带有蜂鸣器的无触点式集成电路闪光器。它在原闪光器的基础上增加了蜂鸣功能，便构成声光并用的转向信号装置，以引起人们对汽车转弯安全性的高度重视。电路中的晶体三极管 VT_1 是作为转向灯 M_1 和 M_2 的开关装置，而三极管 VT_2 则直接控制着蜂鸣器 Y 的发声。当汽车转弯时，只要扳动一下转向开关 K，不仅转向灯产生正常频率的闪光，蜂鸣器也将发出同频率而有节奏的声响，其频率可由电位器进行调节。

2. 案例的设计过程

（1）进入 Proteus ISIS

双击桌面上的"ISIS 6 Professional"图标或者单击屏幕左下方的"开始"→"程序"→"Proteus 6 Professional"→"ISIS 6 Professional"，出现如图 12 - 2 所示屏幕，表明进入 Proteus ISIS 集成环境。

（2）调入元件

在新设计窗口中，点击对象选择器上方的按钮 P（图 12 - 3），即可进入元件拾取对话框，如图 12 - 4 所示。

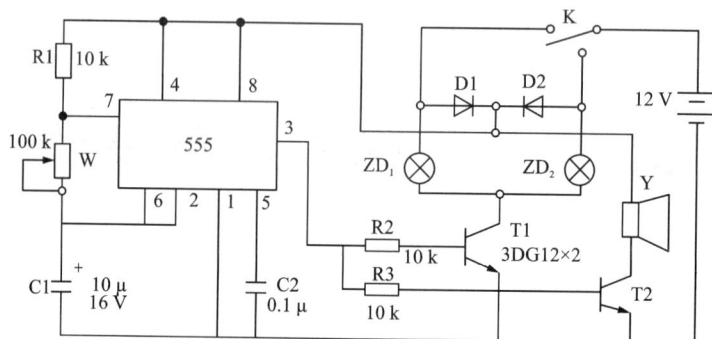

图 12 - 1   无触点式集成电路闪光器

图 12 - 2   ISIS 启动时的屏幕

图 12 - 3   调入元件

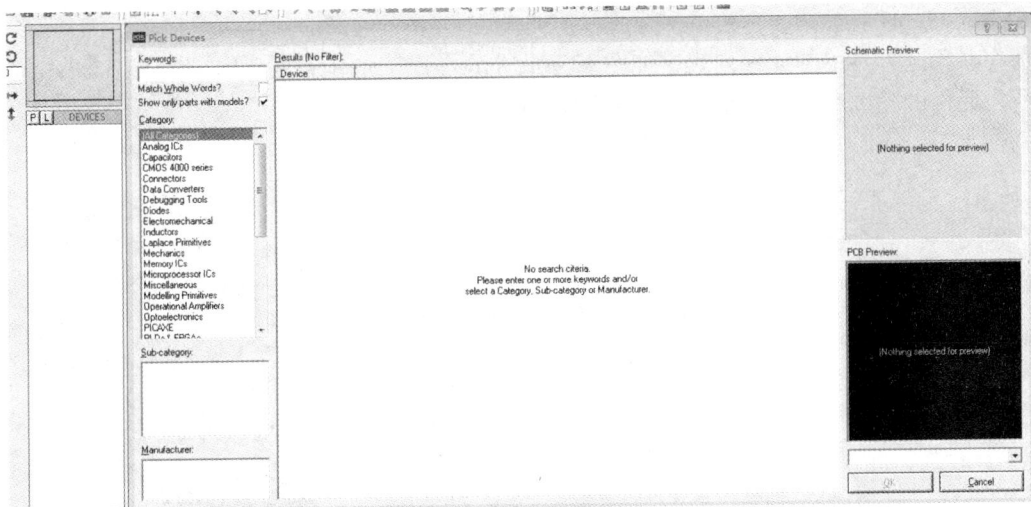

图 12 - 4　元件拾取对话框

在图 12 - 5 所示的对话框左上角，有一个"Keywords"输入框，可以在此输入要用的元件名称(或名称的一部分)，右边出现符合输入名称的元件列表。如果我们要用的单片机是AT89C51，输入 AT89C，就出现一些元件，选中 AT89C51，双击，就可以将它调入设计窗口的元件选择器。

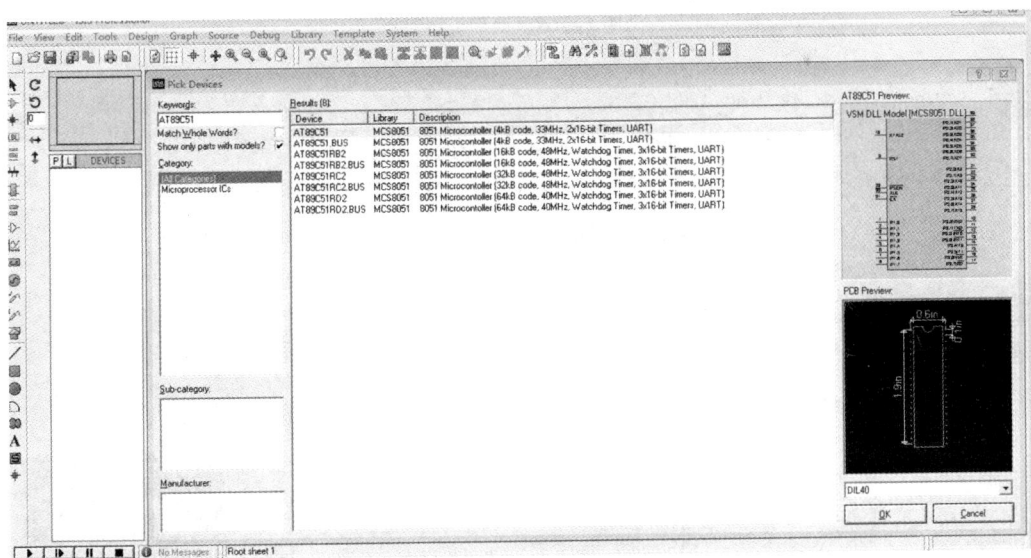

图 12 - 5　搜索查找

在"Keywords"中重新输入要用到的元件，比如 LED，双击需要用的具体元件，比如LED - YELLOW，调入，继续输入，调入，直到够用。点击 OK，关闭对话框。以后如果需要其他元件，还可以再次调入。

（3）设计原理图

①放置元件。

在对象选择器中的元件列表中如图 12-6 所示，单击所用元件，再在设计窗口单击，出现所用元件的轮廓，并随鼠标移动，找到合适位置，单击，元件放置完成。

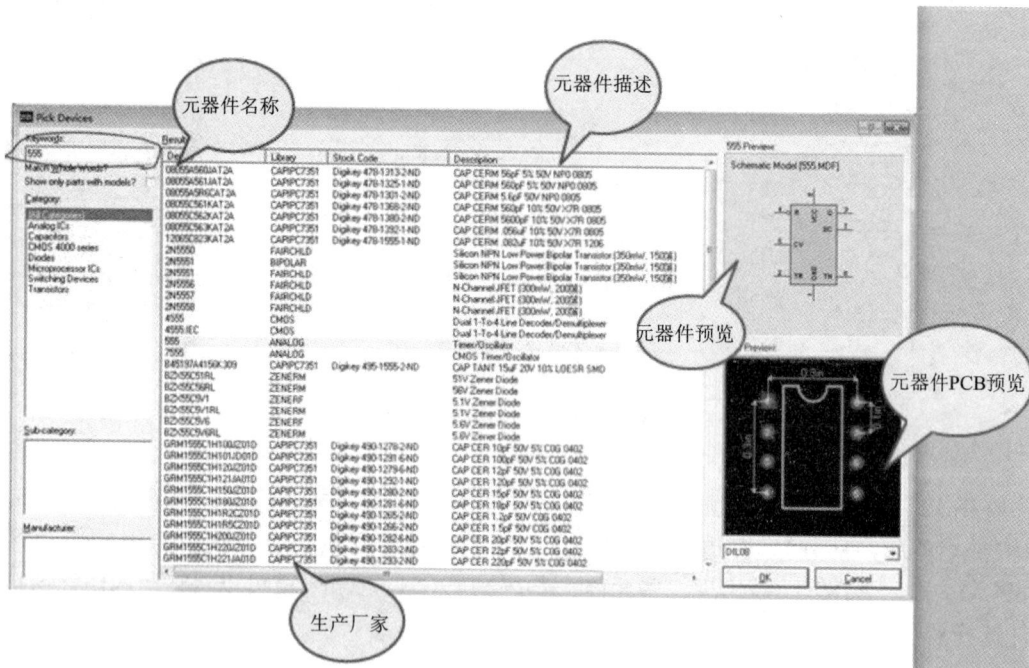

图 12-6　放置元件

②放置、移动、旋转元器件。

单击 ISIS 对象选择器中的元器件名，蓝色条出现在该元器件名上（图 12-7）。

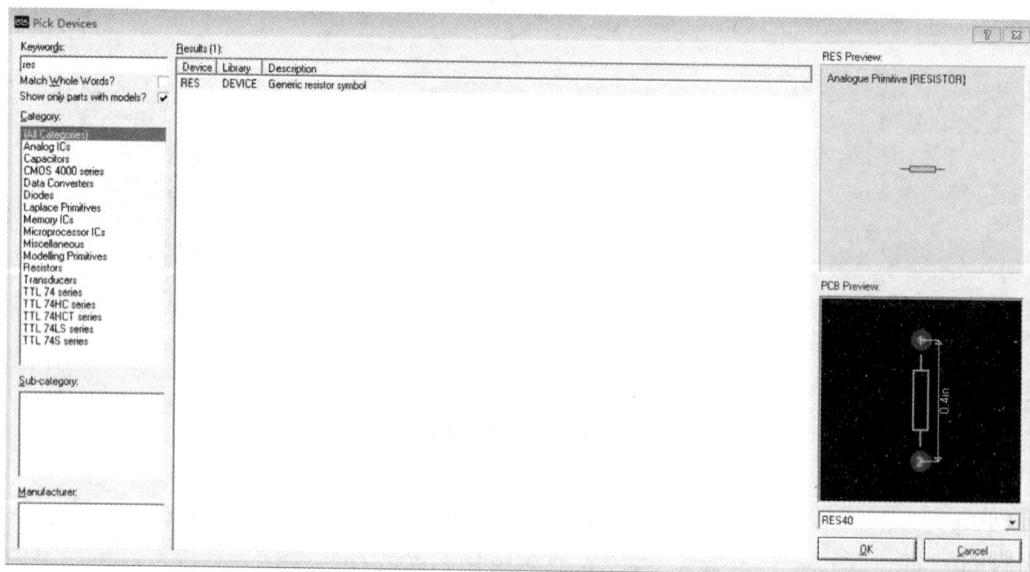

图 12-7　选择元器件

把鼠标指针(以后简称指针)移到编辑区某位置后,单击两次左键就可放置元器件于该位置,每单击两次,就放一个元器件。要移动元器件,先单击左键使元器件处于选中状态(即高亮度状态),再按住鼠标左键(以后简称按住左键)拖动,元器件就跟随指针移动如图 12 – 8所示,到达目的地后,松开鼠标即可。

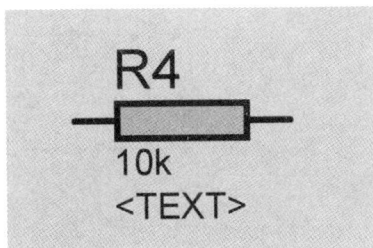

图 12 – 8　移动元器件

如果要调整元器件方向,只需将指针指在元器件上左击选中,再单击相应的转向按钮(图 12 – 9)即可。

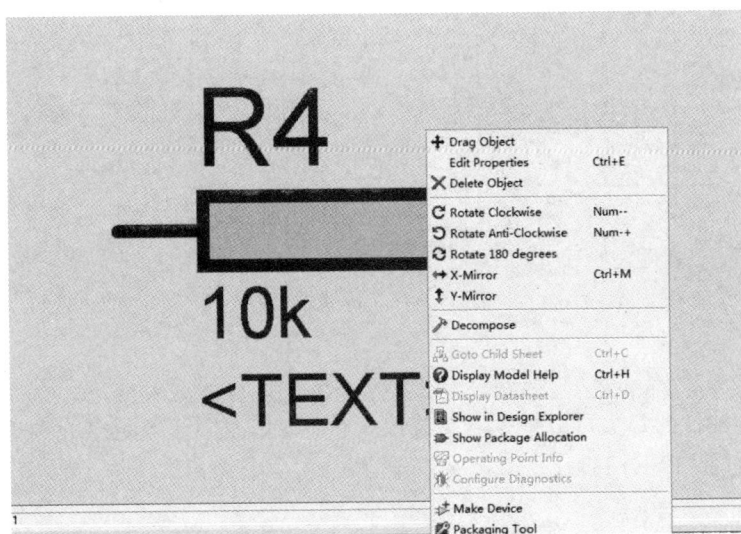

图 12 – 9　调整元器件方向

通过放置、移动、旋转元器件操作,可将各元器件放置在 ISIS 编辑区中的合适位置,如图 12 – 10 所示。

③连线。

把元件的引脚按照需要用导线连接起来叫做连线。首先在开始连线的元件引脚处点击左键(光标接近引脚端点附近会出现红色小方框,这时就可以了),然后移动光标到另一个元件引脚的端点,单击即可。移动过程中会有一根线跟随光标延长,直到单击才停止(图 12 – 11)。

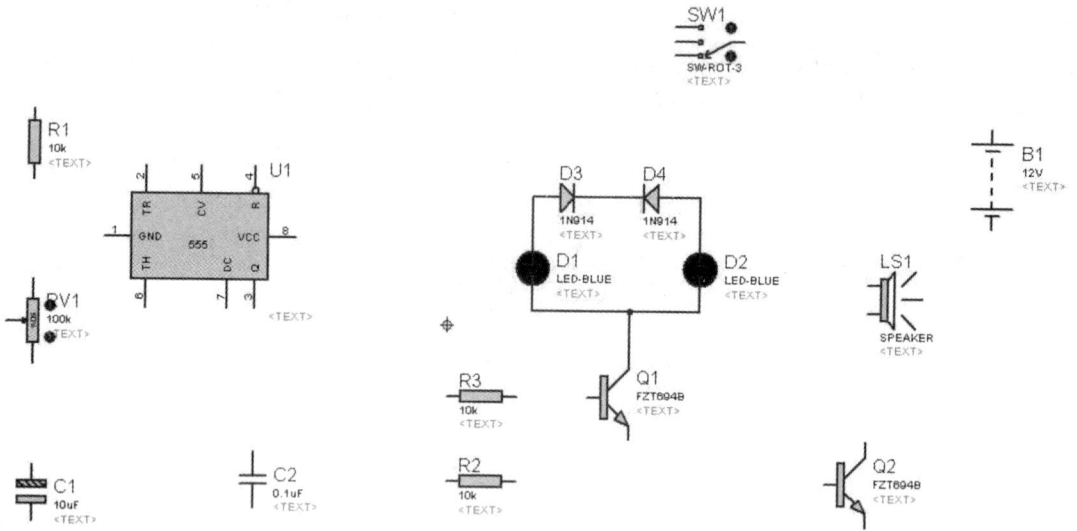

图 12 – 10　元器件的位置

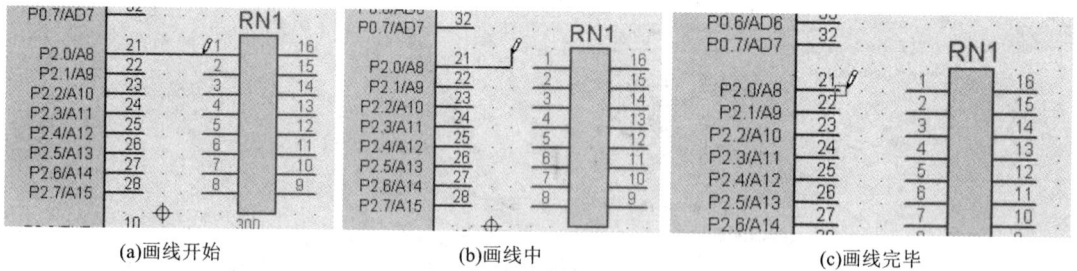

(a)画线开始　　　　　　(b)画线中　　　　　　(c)画线完毕

图 12 – 11　画线过程

④修改元件参数。

电阻电容等元件的参数可以根据需要修改，下面以修改限流电阻排为例进行电阻电容等元件参数的修改(图 12 – 12)。

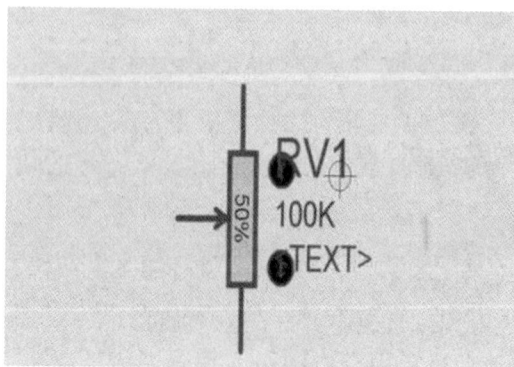

图 12 – 12　电阻值修改

首先单击或右击图 12 - 12 所示元件,出现对话框,如图 12 - 13 所示。

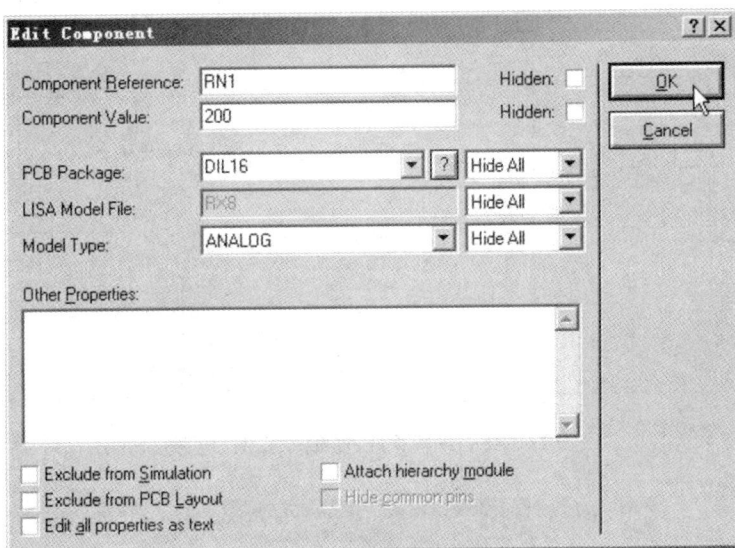

图 12 - 13　元器件参数对话框

在"Component Value"后面的输入框中输入阻值 200(单位 Ω),然后点击 OK 按钮确认并关闭对话框,阻值设置完毕(图 12 - 14)。

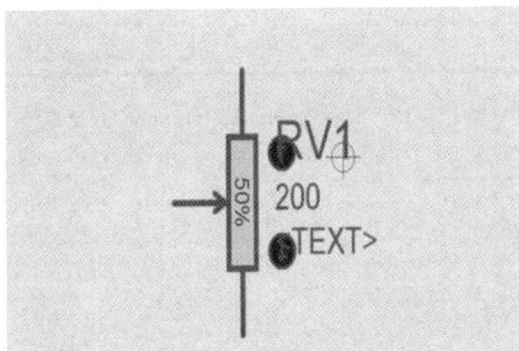

图 12 - 14　修改电阻值

完成的电路图如图 12 - 15 所示,进行仿真测试并开始仿真,找到主窗口底部的仿真工具条,单击左边第一个按钮 。只要扳动一下转向开关 K,不仅转向灯发生正常频率的闪光,蜂鸣器也将发出同频率而有节奏的声响。

通过 Set Animation Options 可以使仿真结果更形象。在"System"菜单下,选中"Set Animation Options"选项,单击它出现如图 12 - 16 所示的对话框。

左边的一般不用修改,我们要改的是右边的"Animation Options","Show Wire Voltage by Colour",元件间的连接线的颜色会随电压变化;"Show Wire Current with Arrows"元件间的连

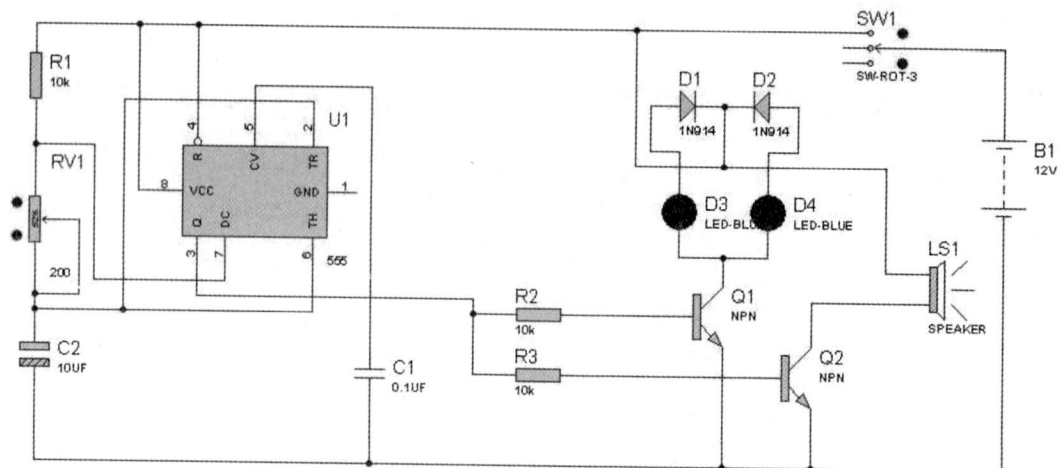

图 12 – 15　编辑完成的"简单实例"电路

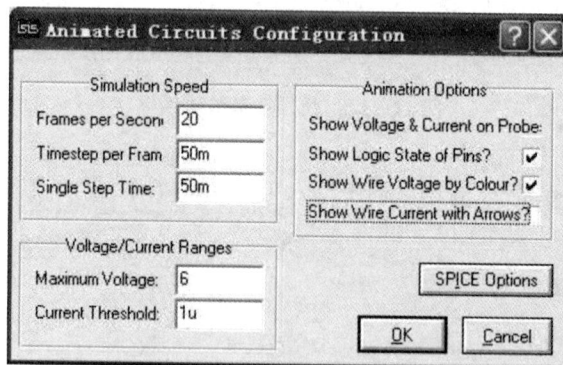

图 12 – 16　"Set Animation Options"对话框

接线上显示电流方向(图 12 – 17)。

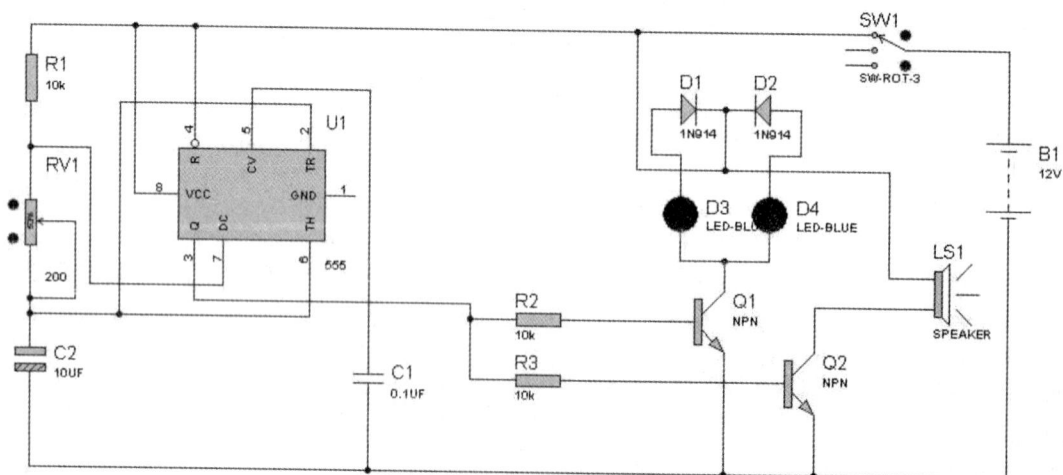

图 12 – 17　电流方向

参考文献

[1] 曹红兵.现代汽车电子控制技术[M].北京:机械工业出版社,2012.

[2] 孙仁云,付百学.汽车电器与电子技术[M].北京:机械工业出版社,2011.

[3] 彭忆强,甘海云.汽车电子与控制技术基础[M].北京:机械工业出版社,2014.

[4] 舒华,姚国平.汽车电子控制技术(第三版)[M].北京:人民交通出版社,2012.

[5] 于京诺.汽车电子控制技术[M].北京:机械工业出版社,2014.

[6] 冯渊.汽车电器与电子控制技术[M].北京:高等教育出版社,2009.

[7] 麻友良.汽车电器与电子控制系统[M].北京:机械工业出版社,2015.

[8] 魏民祥,李玉芳.汽车电子与电气现代设计[M].北京:国防工业出版社,2015.

[9] 冯崇毅,鲁植雄,何丹娅.汽车电控技术[M].北京:人民交通出版社,2011.

[10] 吴刚.汽车电子控制技术[M].北京:人民交通出版社,2014.

[11] 司景萍,高志鹰.汽车电器及电子控制技术[M].北京:北京大学出版社,2012.

[12] 刘振闻.汽车电器与电子技术[M].北京:人民交通出版社,2010.

[13] 陈家瑞.汽车构造(上册)(第三版)[M].北京:人民交通出版社,2001.

[14] 泰明华.汽车电器与电子技术[M].北京:北京理工大学出版社,2003.

[15] 舒华,姚国平.汽车电子控制技术(第二版)[M].北京:人民交通出版社,2010.

[16] 何渝生,石晓辉.汽车电子技术及控制系统[M].北京:国防工业出版社,1997.

[17] 张宝城.汽车电子技术与维修[M].北京:国防工业出版社,1998.

[18] 陈德宜.新型汽车电子装置结构原理检修[M].福州:福建科学技术出版社,1997.

[19] 贺建波,贺展开.汽车传感器的检测[M].北京:机械工业出版社,2005.

[20] 冯崇毅,鲁植雄,何丹娅.汽车电控技术[M].北京:人民交通出版社,2005.

[21] 陈志恒,胡宁.汽车电控技术[M].北京:高等教育出版社,2003.

[22] 张西振.汽车发动机电控技术[M].北京:机械工业出版社,2004.

[23] 王秀红,田有为.汽车发动机电控技术[M].大连:大连理工大学出版社,2007.

[24] 孙余凯,项琦明.新型汽车电子电器元器件的检测与修理[M].北京:人民邮电出版社,2003.

[25] 邹长庚,赵琳.现代汽车电子控制系统构造原理与故障诊断[M].北京:北京理工大学出版社,2004.

[26] 常远,欧阳光耀,杨昆,刘琦.基于模型的高压共轨喷油器驱动控制研究[J].海军工程大学学报,2016.

[27] 徐劲松,魏亮,吴鸿兵,陈丛金,陈贵升.高压共轨柴油机喷油控制策略研究[J].农业机械学报,2016.

[28] 于京诺.汽车电子控制技术[M].北京:机械工业出版社,2014.

[29] 舒华,赖瑞海.汽车电子控制技术.[M].北京:人民交通出版社,2008.

[30] 凌永成,于京诺.汽车电子控制技术[M].北京:机械工业出版社,2011.

[31] 于晨斯.现代汽车车载网络技术应用探析[J].科技资讯,2015.

[32] 朱江源,常久鹏,闫明.某纯电动轻型客车CAN总线车载网络系统开发[J].汽车电器,2016.

［33］谭佳庆.试论车载网络中 CAN 总线技术的应用［J］.电子制作，2015.

［34］李丹.CAN－FD 总线协议及其车载网络应用［J］.汽车制造业，2015.

［35］许信冬.浅谈车载网络技术对汽车的影响［J］.无线互联科技，2015.

［36］郭雪剑.现代汽车车载网络技术应用［J］.电子技术与软件工程，2014.

［37］李振林.浅析 CAN 汽车车载网络［J］.商情，2014.

［38］黄晓鹏，蔺宏良.汽车车载网络系统控制原理分析［J］.陕西交通职业技术学院学报，2014.

［39］曹红兵.现代汽车电子控制技术［M］.北京：机械工业出版社，2012.

［40］李春明.汽车车身电子技术［M］.北京：北京理工大学出版社，2013.

［41］彭忆强，甘海云.汽车电子及控制技术基础［M］.北京：机械工业出版社，2014.

［42］史晓磊.基于激光雷达的自动泊车系统研究［D］.上海交通大学，2010.

［43］李红.自动泊车系统路径规划与跟踪控制研究［D］.湖南大学，2014.

［44］姜辉.自动平行泊车系统转向控制策略的研究［D］.吉林大学，2010.

［45］金翰宇.单向离合器在 AMT 坡道起步辅助装置中的应用研究［D］.吉林大学，2012.

［46］鲁佳.基于多信号融合的 AMT 重型越野车坡道起步控制策略研究研究［D］.湖南大学，2014.

［47］崔海峰，刘昭度，吴利军.基于 ABS/ASR 集成控制系统的汽车坡道起步辅助装置［J］.农机化研究.2006，（8）.

［48］陈平.辅助驾驶中控制与决策关键技术研究［D］.上海交通大学，2011.

［49］黄晓慧.车辆弯道安全辅助驾驶控制系统设计［D］.大连理工大学，2013.